姚涂铭国学智慧系列

学记智慧

姚淦铭 著

山东人民出版社·济南
国家一级出版社 全国百佳图书出版单位

图书在版编目（CIP）数据

学记智慧/姚淦铭著.--济南：山东人民出版社，2023.1（2024.10重印）
ISBN 978-7-209-14404-9

Ⅰ.①学… Ⅱ.①姚… Ⅲ.①教育哲学—中国—古代②《学记》—研究 Ⅳ.①G40-02

中国国家版本馆CIP数据核字（2023）第010610号

学记智慧
XUEJI ZHIHUI
姚淦铭 著

主管单位 山东出版传媒股份有限公司
出版发行 山东人民出版社
出 版 人 胡长青
社　　址 济南市市中区舜耕路517号
邮　　编 250003
电　　话 总编室（0531）82098914
市场部（0531）82098027
网　　址 http://www.sd-book.com.cn
印　　装 济南万方盛景印刷有限公司
经　　销 新华书店

规　　格 16开（169mm×239mm）
印　　张 19.25
插　　页 8
字　　数 340千字
版　　次 2023年1月第1版
印　　次 2024年10月第2次
ISBN 978-7-209-14404-9
定　　价 39.00元
如有印装质量问题，请与出版社总编室联系调换。

前　言

20世纪90年代初，笔者参与全国高校古籍整理委员会组织的《十三经注疏》项目，注译《礼记》。《大学》《中庸》和《学记》都是其中的篇目，《学记》内容精湛，言约而蕴含深邃，却尚未得到应有的重视。笔者撰写《大学智慧》《中庸智慧》时，就有意于《学记智慧》的撰作，祈愿能以当了一辈子教师的经历体会，撰写一本21世纪的《学记智慧》，奉献给广大读者朋友。

关注教育界前辈的《学记》研究，有对《学记》文本及相关资料寻根溯源之探究，也常见到学者以及教育家的发问，为什么《学记》明珠尘封？夸美纽斯《大教学论》300年前在荷兰出版，享誉世界。《学记》成于两千多年前，为什么在国内也没有得到相应的重视？笔者曾为读过师范专业却不了解《学记》而汗颜，回想当时的教学，缺少对我国教育理论和传统经典的传授。以后在教学实践中，接触到诸多《教育哲学》和《教育心理学》之类著作，详细介绍的大多是国外各教育学派之教育思想和教育家，少见对《学记》教学思想及我国古代优秀教育家的介绍和弘扬，这其中的原因也许是多方面的。

王国维在一百年前曾论述到："吾国古书大率繁散而无纪，残缺而不完，虽有真理，不易寻绎，以视西洋哲学之系统灿然，步伐严整者，其形式上之孰优孰劣，固自不可掩也。且今之言教育学者，将用《论语》《学记》作课本乎？抑将博采西洋之教育学以充之也？"（《哲学辨惑》）这里指出我国古书之难读，在王国维所处时代已不能仅用《论语》《学记》作课本了，百年后的现代人更是难以读懂了。古书中蕴含的思想和智慧富足，却因古文深奥难懂，难识其精粹。《学记》仅仅1299字，精而难识尤甚；其义理阐释空间特别大，粹义纷呈，然莫衷一是者也多。《学记》历代有多种注本，有解释原书的"注"，又有解释原书并兼有解释古注的"疏"，这些都是引导读者入门的阶梯。但毕竟遥隔两千多年的作品，我同时代的人大多是无法阅读古文的，现代年轻人外语水平可能要高于古汉语知识。常有俊英名流让我为他们解释翻译古文或古语词的，这也是增强我撰写“国学系列”的信心与动力。

现代人对教育的关注，尤其对子女的培养倾注全力，较以往历代有过之而无不及，参加各类辅导班，培训费用倾囊而出，但对培养之方法效果却很少顾及。笔者偶见20世纪80年代初的书中竟也引用并盛赞《学记》中的教学“十二字诀”：“道而弗牵，强而弗抑，开而弗达。”“和、易、以思，可谓善喻矣。”一种好的教育方法，重在启发、开导、疏导而不是强制、压抑、灌输，并强调指出：“这是一个很重要的教育思想，对于培养创造才能具有重要的意义。可惜，这个思想长期以来，甚至到了今天，仍旧常常没有受到应有的重视。”（《创造心理学》）又过了近半个世纪，至今仍然是一个“可惜”，还是没有得到应有重视。而且，现实的教育却又恰恰缺乏这一教育思想！故笔者也愿助力弘扬《学记》教学精神，阐扬与践履教学“十二字诀”，学生达到“和、易、以思”，是最好的教育状态，也应是最高的教育境界。学生在和乐轻松的气氛中发展了智力，不是抓住了教育的根本问题吗？

学术随时代发展，一时代有一时代的学术，亦有一时代的学风教风。在我国教育历史舞台上，绽放着异彩和光芒的代表人物目不暇接，他们勋业粲然的文化精神是永恒绵延的。无数名家大师、科学巨匠读书为学各自所积淀而成的“学记”，无不可用来诠释与体会古代《学记》的精蕴与价值，且又充实、丰富着古代《学记》的内涵。历史人物及其学说的曲折命运是耐人寻味的，从中可以寻绎不同时代中国教育思想文化和学术发展的轨迹，一定程度上也是对特定范围内风云变幻的历史的折射与反思。

历史文化遗产总是在继承与批判中更新发展。《学记》就教育理念而言，不仅可比肩于《论语》《孟子》《大学》《中庸》之《四书》，亦可媲美于夸美纽斯《大教学论》等世界教育学名著。广大教育工作者要珍惜爱护，吸取其精华养分，滋养我们的心灵，以催生、灌溉出新的创造。当然大浪淘沙，我们也需要有抛弃糟粕、沙里淘金的见识与能力。

笔者采撷集萃的这些“学记”智慧，源自圣哲贤人、名师大家为学与从教的躬行践履，每一心得经验和教训体悟，都是一生苦心孤诣积累而成的宝贵精神财富。他们的信仰、节操、追求和奋进，是国学传统的命脉，也是《学记》学脉文脉的延展。其中的许多治学经验与方法必是后生学者前进路上的指路牌。尽管人类探索知识的内容与途径已有云泥之别，但是人之“学”的内在规律与精神指向却仍可循之记之，习之研之，勉之效之，必会得益无穷。

本书之撰作，尽力瞩目于如何最佳发挥“学记”智慧的内在价值，将优秀文化资源普及于社会，以转化为大众的知识财富。笔者以自成一格的方式切入，融文本学理与人物言行为一炉，既展现名家名作的经典性，又赋予情趣盎然的可读性，更重在追求富有启迪新意、焕发新智的哲理性。此当为解读的上等境界，虽然心向往之，而不能尽至焉，故鞭策一己之我，再跋山涉水，坚毅前行！

目　录

篇一　《学记》精蕴与价值

篇二　《学记》劝学智慧

篇三 《学记》思辨智慧

篇四 《学记》教学智慧

篇五 《学记》为学智慧

篇六 《学记》书缘智慧

篇七 《学记》文脉智慧

篇八 《学记》原文注译

篇一

《学记》精蕴与价值

两千多年前的《学记》，是我国乃至世界上第一部系统论述教育教学理念的理论著作，其最瞩目之贡献，在于揭示了教育原理以及教学方法的规律性，且与今日之教育科学理论颇相吻合。《学记》思想体系之严整，可以视为一部《教育学》之雏形，在中外教育史上有着显著地位。其文简要，其辞丰美，教育旨意宏富，洞察明晰而幽远，哲思与睿智迭见。然而《学记》却有明珠尘封之憾，在我国现代教育史上未曾被充分重视而加以阐明，其教育思想、教学智慧之精义精髓亟待阐扬光大，亟须发掘其“借古开今”的理论价值和现实作用。

《学记》：古代教育思想智慧结晶

先秦时期是中国古代教育理论发展的一个高峰，为中国古代教育思想奠定了基础。当时出现了一批集中论述教育问题的理论著作，《礼记》和《易传》等一批战国后期儒家著作，从各个侧面对先秦的教育理论、教育实践作了十分全面而精湛的总结。从教育理论阐发的集中与专门化而言，在先秦论著中当首推《礼记》中的《学记》，它是我国古代教育思想的集中体现，至今仍能给我们以教育智慧的启迪。

《学记》不仅汇聚了春秋时期私学教学经验，还论述了西周官学的教育体系、教育目的、作用、制度和学校管理等，已涉及与现代教育学中相关的一些基本范畴。“《学记》所记叙的教育和国家典章制度，一部分是西周时期建立起来的，另一部分则是伴以传说的夏殷时期沿袭下来的，所谓‘周礼’与‘夏殷礼’。‘夏殷礼’经过周朝统治者的过滤，形成了相传的‘周礼’。”“《礼记》从其总体来说记叙‘周礼’，不是记叙‘秦汉之礼’。”（高时良著《学记研究》，人民教育出版社）因年代久远，朝代更替，传闻有别，史书记载或有异，内容易有矛盾抵牾之处。《学记》有些内容记载，反映的是战国时期的政治制度和生活情景，到秦汉时期已是时过境迁了。因此，我们有必要对《学记》产生的社会文化之历史渊源作简要了解，这有助于我们更好理解《学记》的思想内容，了解其教育教学的典章制度、名词概念、礼仪称谓及与之相关的文化教育背景等问题。

一、上古教育之发端

中国古代教育思想从远古发端，我们仅能从有文字记载的历史开始探索。教育是与人类社会同时出现的社会现象，学校作为教育的专门机构，其产生需要社会发展到一定历史阶段的各种条件。中华文明对教育的认知并不落后，据古籍记载，我国在公元前二千七百年前后就有学校的雏形。我国唐虞以前的五帝时代（前2700）已有大学，称之为“成均”。最初见于《周礼·春官·宗伯下》：“大司乐掌成均之法。”郑玄注引董仲舒云：“成均，五帝之学。”《礼记·文王世子》：“以其序，谓之郊人，远之于成均。”郑玄注引董仲舒曰：“五帝名大学曰成均，则虞庠近是也。”后泛称官方设立的最高学府。

传说虞舜时代，学校曾是兼做养老、藏米之所，并已经有大学、小学之分。《礼记·王制》篇曰：“有虞氏养国老于上庠，养庶老于下庠；夏后氏养国老于东序，养庶老于西序；殷人养国老于右学，养庶老于左学。是三代大小学制度，亦所以敬老也。国君时幸其处，会国老而咨询政治，于是有相见之礼，而礼乐兴焉。”这里传达出多种信息：其一，养老与老者向年轻人传授生产经验和社会生活知识相结合；其二，敬老，国君也要向老者咨政，体现古代的敬老传统；其三，老者已有国老、庶老之别，体现了最初的等级观念。养老的场所也有了区分，即形成所谓的“上庠”与“下庠”之名称。

因“养国老于上庠，养庶老于下庠”，最初之大小学校称谓亦由此而来。唐虞之时，在王宫左右有两种学校，上庠即大学，下庠即小学。上庠在西，下庠在东。这两种学校，亦见于夏商两朝，只是名称不同而已。夏则曰东序、西序，以方向名之。商则曰右学、左学。右学在王宫之西，左学在王宫之东，其位置与夏时适相反。此等学校，为王子、贵族与下层官员子弟而设。这些学校都设立于建都之地，大抵为贵族子弟入学。此外，国内尚有校、序、乡学与瞽宗等各种学校。以习射事则曰序。商时之学，亦以序名。乡学则侯国四乡设之。瞽宗之名，始见于商时。瞽意目盲，指乐师。瞽宗，即为教礼乐之处。（参见郭秉文著《中国教育制度沿革史》，福建教育出版社）

又据《尚书·舜典》和《尚书·虞典》记载，在虞舜时已有了专门管理教育事业的学官。帝舜有虞氏设九官，其中有三官为掌管教育之职者。一命契为“司徒”之官，主管“五教”，即君臣有义，父子有亲，夫妇有别，长幼有序，朋友有信，皆人伦之道也。二命伯夷为“秩宗”之官，主管“三礼”，即祭祀天（日、月、风、雷之类）、地（山、川、草、木之类）、神（祖先之类）。三命夔为“典乐”之官，掌管乐教。有研究者认为：“此学官之制，建立于尧舜之时，而夏商两代，沿之不替。非独建都之地，设有学官，即诸侯封域，亦间有之。可知吾国之学官，上古时代即已设立之，且为政府之职务，其建立之早，远在世界各国之前也。”可见我国教育传统根柢之深厚久远。

以上所述之古籍记载之内容，有学者认为多有后儒理想化或臆造的成分，不能完全信以为真。不过，“在原始公社末期，已有养老和祭祀天地鬼神的隆重仪式，并且已有比较固定的场所，则是可信的。这些仪式正是当时教育的主要内容和基本手段，这种固定的场所正是当时的学校。”总之，“我国从原始公社制末期到奴隶制社会初期已经逐步建立起专门的教育机构——学校。到了商朝已有比较完备的学校。但学校的教育内容仍与当时的政治、军事、宗教等活动结合在一起，一般文化知识的教育只有初步分化出来的趋势”。（参见王炳照等编《简明中国教育史》，北京师范大学出版社）我国当时“政教合一”的特点亦由此体现。

二、西周教育制度之集大成

西周经历了我国奴隶制政治经济发展的全盛时期和衰落时期。立国之初，形成"普天之下，莫非王土；率土之滨，莫非王臣"的奴隶制专制政体。西周统治者于学校教育，集虞、夏、商之大成，建立起比较完整的学制系统与教学管理规程。这即是《学记》上记载的学校体制："古之教者，家有塾，党有庠，术有序，国有学。"周时升学制度以及入学考试、学业考试之法，也即《学记》所说："比年入学，中年考校：一年视离经辨志，三年视敬业乐群，五年视博习亲师，七年视论学取友，谓之小成。九年知类通达，强立而不反谓之大成。夫然后足以化民易俗，近者说服而远者怀之。此大学之道也。"这也是历代称颂的西周教育制度之完备："是时，教育制度大备，高等教育与平民教育，俱为注意，教育制度之美，为三代冠，为后世所称道。"（《中国教育制度沿革史》）

政府实行"学在官府""官守学业"政策，开办"国学"和"乡学"。"国学"是设在王城和诸侯国都的学校；"乡学"指设在乡遂的学校，都是为奴隶主贵族子弟设立的。仅有极少数庶民子弟经挑选偶尔有机会进入学习。周王设立的大学称为"辟雍"，诸侯设立的大学称为"泮宫"。这些大学校舍都是敞开的建筑，没有围墙，便于习武和军事训练。"泮宫"之称，就因校舍三面有水泽环绕，一面通向陆地。有关"泮宫"的建筑形式还有多种说法，此仅略举一例，知其大概。

教育内容，"六艺"之教为西周教育象征。我国古代在学校教育之初就产生了"六艺"教育。"六艺"包含礼、乐、射、御、书、数六门课程，这是在长期的教育实践基础上发展而来的。"六艺"教育萌发于原始社会，由生存、生活、生产的发展需要而产生，又随着社会分工的细化，技能技术的提升，心理心智的发达，"六艺"之教的内涵也日益丰富完善。

西周以礼、乐为中心，德艺兼求，文武兼备的教育指导思想，标志着中国古代教育思想已经达到一定的水准。其中"六艺"之重视德育之倾向，形成中国传统教育之一大特点。另一特点，是西周后期"六艺"教育由"射"之实战趋于形式化，反映了学校教育对文化知识的加强和逐渐以文为主的倾向。"从习射的泮宫到以习文为主的古代大学定式的形成，从武官身份的师保到以传授道德文化为职责的文职官员的演变"，"西周贵族使'六艺'从尚武趋于尚文，表现了他们教育认识的变化"。（参见孙培青等主编《中国教育思想史》第一卷，华东师范大学出版社）这两大特点，对以后我国两千多年的封建教育模式起着规范化、定型化的奠基作用。

后世学者对“六艺”教育有诸多视角之研究，如“六艺”教育的书（六书）、数（数术）之教，反映了教育的进步及素朴的自然科学观。“六艺”教育的养心说，又体现了原始社会乐教之养生思想有了质的“飞跃”，是我国古代教育的重大发展，从中看到不可忽视的理论价值与理性精神，说明我国古代教育思想不是处于一般的经验形态，而已有相当的思辨性。（参见王炳照等主编《中国教育思想通史》第一卷，湖南教育出版社）

这时的教师还没有形成专门的职业，都是由官吏兼任，体现了“政教一体”“官师合一”的教育制度特征。“官学”的种种规范与限制，以及没有独立的专业教师，或缺少专业化的教学实践，决定了此时不可能产生真正意义上的教育家。随着奴隶制贵族的没落，文化教育将突破奴隶制贵族的垄断，官学日趋衰废，私学兴起的新时期将开启。

三、教学智慧结晶

在《学记》问世之前，我国没有系统专业的教育类著作，许多教育思想都散见在各种政论杂说的记载中，这也与政教合一的体制相合。如孔子的教育思想主要保存在《论语》中，但《论语》不是专论教育的。《学记》则专论教育，这一开创之功载入史册，并显示出弥足珍贵的价值。

《学记》作为我国古代最早的教育理论著述，作者用儒家的思想观点，记载了商周以来的教育典章制度及教学实践经验，其中的史料价值已得到历代研究者的重视。我国有文献记载的教育论述也始于商代。《学记》三次引用傅说的教言，既让后人看到了三千五百年前的教育经验结晶，其史料价值之珍贵也不言而喻。

傅说，商代“王者师”，因其贤德聪颖，由从事版筑劳动的微贱出身而一跃为商武丁的老师，也是当时商朝的宰辅。傅说向武丁传授治国安邦之道，使商朝强大复兴。傅说教育思想颇有建树，其所著《兑命》篇，是我国教育论述最早的记录。

《学记》短短一千二百多字，三次引用《兑命》中之内容。其一，《学记》作者引用《尚书·兑命》篇的“念终始典于学”，来阐述教育的目的和作用。“玉不琢，不成器；人不学，不知道。是故古之王者，建国君民，教学为先。《尚书·兑命》曰：‘念终始典于学’，其此之谓乎！”“念终始典于学”，意思是告诫执政者要念念不忘办学，始终如一地重视教育。其二，《学记》在阐述教学相长的原则时，又引用《兑命》篇中的“学学半”来阐明“教”与“学”的关系。“是故学然后知不足，教然后知困。知不足，然后能自反也；知困，然后能自强也。故曰：教学相长也。《兑命》曰：‘学学半。’其此之谓乎！”“学学半”，表明教与学是相辅相成的，两者一方面有区别，另一方面又有联系。此一精辟见解，即是“教学相长”教学原则的导源和理论基础。其三,《学记》在论述“君子之于学”的经验时,再次引用《兑命》中的话,“《兑命》曰:‘敬孙务时敏,厥修乃来’,其此之谓乎!”表明学习必须具有“敬孙务时敏”的精神,才能取得成功。这里蕴含着专心致志、循序渐进、及时施教和主动进取等原则,而且多以学习经验为依据,体现了“以学论教”的特点。(参见《中国教育思想通史》第一卷)

这里还值得注意的是,《学记》作者引用《兑命》的内容,都是用在其阐述完后作结论时,并三次均用相同的“其此之谓乎”作结语。亦足见作者对《兑命》之言的敬重与重视。

《兑命》为《尚书》中的篇名,相传为殷高宗之臣傅说所作。郑玄注:“高宗梦傅说,求而得之,作《兑命》三篇,在《尚书》,今亡。”《学记》所引用的《兑命》佚文,正是《兑命》三篇中专门论述教育问题的句子。该文多次被先秦学者所引用。现在研究傅说教育思想,一般即以《学记》为主。虽然辑录到的只是片言碎语,但已见弥足珍贵的价值。

《学记》:《礼记》中的“教学论”瑰宝

《学记》选自《礼记》,故有必要对《礼记》先有所了解,以明《学记》的写作背景、时代特征、思想渊源及其在《礼记》中的地位作用。

《礼记》既是儒家思想的经典之一,又是研究中国文化的活水源头。《礼记》较详尽地汇集了先秦儒家的重要教育思想,显示出早期儒家教育思想的成熟,对我国古代教育产生了深远的影响。

一、《礼记》由礼之“记”趋向礼之“教”

《礼记》与《周礼》《仪礼》合称《三礼》,自古至今享有“元典”之尊。《礼记》是对《礼》经义的说明或阐发。汉宣帝时期,礼学名家戴德与戴圣叔侄都在学官向弟子讲授《礼》之经义,他们各自编撰了解读经义的辅助材料,即称之为“记”。戴德所编85篇为《大戴礼记》;戴圣所编49篇为《小戴礼记》。戴圣为今文礼学大师,宣帝时被立为博士,《小戴礼记》得以立于官学被广为推行。尤其有当时注经的权威郑玄为其作注后,《小戴礼记》独立成书,更广泛地为人习诵,逐渐成为定本。以后《礼记》成为其专名。后又被列为《十三经》之一而世代流传。

《礼记》既记礼仪活动,也记道德规范、典章制度和儒家各派的教育思想。

西汉以后，《礼记》由原属于《仪礼》之“记”的从属地位，逐步独立发展，直至超越《仪礼》的范围。其不再只限于对礼文仪节的记载和制度器物的说明，而趋向于成为对儒家政治学说、道德伦理学说和教育教学学说的集大成之作。明代把《礼记》作为《五经》里的《礼经》，又因唐代科举立《礼记》为大经，成为科举取士或进入仕途的敲门砖，其社会地位得到提高。更由于宋代朱熹将《大学》《中庸》从《礼记》中取出来，与《论语》《孟子》编纂为《四书》，《大学》《中庸》便成为与《论语》《孟子》并立的两书，声名卓著，《礼记》之地位又进一步提高，至明清《礼记》地位则更加显著。

《礼记》重视“礼”与“乐”。对包括冠礼、婚礼、燕射礼（交往礼）、丧礼、祭礼作了完备的规范，使古代社会中人们的生活行为有“礼”可循。在《礼运》中还提出了“天下为公”“大同”“小康”的观念，这一中国古代的最高社会理想已达到较高的理论高度。因此，《礼记》在古代文化中居于重要地位，对研究古代哲学、历史、文物和各类制度等都显示出独特价值。

随着社会发展和“礼”内涵不断扩大，当把“礼”作为建立儒家理想社会秩序的主要工具后，“礼”与“仁”相结合，“礼”起到了把政治、伦理、教育三者统一起来的关键作用。各种祭祀等仪式，成为用来教育人们的手段后，“礼”也就成为一种教育的形式。由对“礼”教育作用的重视，《礼记》也被重视，学者们亦开始认可其为儒家的教育学说之专著。

《礼记》为儒家教育思想集大成之作。《礼记》为汉儒讲经时，将先秦儒家各派的著述编纂成集，综合了儒家各派的教育思想，代表了整个早期儒家的思想理念。《礼记》不仅记载了儒家的教育活动与实践经验，还总结出一套教育理论，而且丰富多彩。《礼记》中记载的先秦教育思想是多方面的，对古代教育制度体系，教育理论与实践，乃至妇女儿童、早期教育等都有载录。有关古代教育制度和儒家教育教学理论的内容，主要集中在《学记》《大学》《中庸》《乐记》等一批较系统化、专业化的教育论著中，还有《王制》《儒行》《经解》《文王世子》《内则》《少仪》等也保存了大量古代教育资料。

二、《学记》与《礼记》之渊源

《学记》是《礼记》49篇中的第18篇。有学者研究认为，“《学记》是一本教学论，是《礼记》中的教学论专文，而《礼记》全书则应称为《大教学论》的教学论专著”。这意思是认为《礼记》一书内容的涵盖面非常广，《学记》则是专注于论述教育思想和教育经验，主要论述教育的具体实践，偏重于说明教学过程的各种原则方法，这是《学记》的独到、独异之特色。

《学记》的作者与写作年代，当与《礼记》的成书年代、编纂体例相关。《礼记》成书年代，也是众多学者研究的学术问题。学者大多认为《礼记》是战国至秦、汉年间儒家学者阐述《礼》的资料汇编，且内容众多而庞杂。既是资料汇集，不是戴圣自己所写的专著，收录篇目时代各异，作者不同，故厘定各篇作者确是难事。研究者认为大多篇目是孔子弟子所作；也有认为是周、秦间人所撰；或以为是汉儒所录等等，均未有确切定论。总体而言，《礼记》这些篇目，大多数成于战国时期，为孔门七十子后学所记，亦可能有秦汉时期的作品补充列入。并认为较多篇目为思孟学派所撰作。

《学记》写作时代或认为在战国后期，是思孟学派的撰作，也有认为是荀子学派作品。《学记》集中反映了思孟学派的政治主张和教育思想，故认定《学记》为思孟学派的作品均无异议，但具体作者是谁亦无定论。郭沫若曾论证《大学》为思孟学派中孟子的高足乐正克作，据此他认为《学记》一篇也是乐正克所作。有学者虽然大致认可这一说，但是认为还需要足够的证据，不能凭依推测而作定论。也有研究认为是汉代董仲舒所作，还有认为是荀子学派所作，但同样证据不足，期待后学来者破解这一历史之谜。

三、《学记》为“教学论”瑰宝

以《学记》为篇名，顾名思义即是记“学”，是专论教学问题的“教学论”。《学记》主要论述教育的具体实施，重点在于对教育过程内部关系的阐明与教育规律的揭示。《学记》最大贡献，就在于从人性的角度，揭示了教学原则与方法的规律性。其对相关教育学的基本范畴之问题，都有精到的论述，自成独立的教育思想体系，其精华至今仍有重要指导意义。

思孟学派中的学者、教育者，在长期的教育实践中，积累丰富的感性认识与教育经验，再经过深入的探索与由浅入深的理论思维，逐步总结出规律性的认识，形成各具特色的教育思想。尤其是总结了私人授徒传习、讲学实践中所取得的极其丰富的宝贵经验，概括的一些教育教学理论充满了辩证法因素，而且很多是首次归纳总结而提出的，令人赞叹折服。

其一，《学记》首次提出“教”与“学”的对立统一关系。

教学，是“教”与“学”矛盾两方面的统一体。是“教者”与“学者”双方互动推进的过程。没有“教”就不存在“学”；没有“学”，也不存在“教”。在长期的教育理念中，对师生学习关系的定位，总是习惯于教师处于绝对主导地位的一种主从关系。“在《学记》里，我们看到了它又是历史上第一个把‘学’字从‘教’字中分离出来，作为独立的教育范畴，与‘教’构筑对立的统一关系。‘教学相长也’便可得到印证。”(《学记研究》)《学记》首次提出“教学相长”的命题，是对以前教育理论的拓展与升华，是教育科学理论的高度概括，成为“教”与“学”之总纲，后文将再作详细阐述。

其二,《学记》首次总结了我国教育史上较完整的学制。

《学记》在我国教育史上提出了第一个较完整的学制。关于学校体制,《学记》提出：“古之教者，家有塾，党有庠，术有序，国有学。”此虽寥寥数语，却规划了一个从中央到地方按照行政建制办学的蓝图，古代学校制度似乎已能类似于当今的地方建制办学模式。即使是产生于当时的托古或传说之记载，也确是了不起的规划设想，而且对汉以后的封建国家兴办学校确是起了影响作用，史载历代一些重大的教育改革计划，曾以此为历史根据。

关于学年,《学记》又指出：“比年入学，中年考校：一年视离经辨志，三年视敬业乐群，五年视博习亲师，七年视论学取友，谓之小成。九年知类通达，强立而不反，谓之大成。夫然后足以化民易俗，近者说服而远者怀之。此大学之道也。”这里制定了一个九年制的从初级到高级完整的大学学制。把大学教育的年限设定为七年“小成”、九年“大成”，让学生按照年龄阶段接受教育。同时还有视学、考试等一系列教学大纲和管理实施规程。这一组织形式框架竟然影响了两千年后的学校建制。这一大学学制具有历史突破性功绩，“由此可以看到古代年级制的萌芽。”(参见《中国教育思想史》第一卷)

其三,《学记》首先提出真正意义上的“尊师”。

“《学记》是我国历史上(也许还是世界上)第一个名副其实地提出尊师的一部论著。”(《学记研究》)为什么说是真正意义上的尊师？略作以下分析：

首先，上古时已有尊老祭师之传说，如：“祭先圣先师。”《礼记·王制》说：“有虞氏养国老于上庠，养庶老于下庠。”(注曰：“上庠大学，在西郊；下庠小学，在国中王宫之东。”)这里的养老敬师，更多是“老吾老”，“亲吾亲”之内涵，而且此时也尚无专职的教师。

其次，孔门、墨家有许多脍炙人口的尊师故事，可也只是各自门庭内的事。《学记》才以“三王四代唯其师”相号召，唤起全社会都来尊师，树立前所未有的良风美俗。(参见《学记研究》)

再次,《学记》对教师提出严格具体的要求。“教之所由兴”，“教之所由废”，教师起着主导作用。教师不能搞“记问之学”，要不断总结反思，“学然后知不足，教然后知困”。这些对教师的高标准，高要求，故又有“择师不可不慎”之告诫，这才可谓抓到了提高教育质量的根本关键。

最后，“尊师”非“师道尊严”。《学记》说：“凡学之道，严师为难。师严然后道尊，道尊然后民知敬学。”在十年动乱时期，人们把这句误说为“师道尊严”，其实应该是说：“师严道尊”。所尊的是道，并不是人。（参见冯友兰著《三松堂全集》第一卷，河南人民出版社）这一“尊师”内涵何等富足，至今熠熠生辉！

其四，《学记》首创“十二字”启发式教学命题。

《学记》中把成功的教学，概括为“道而弗牵，强而弗抑，开而弗达”12字诀，这是全文的精华，自古至今都是教学论的中心问题。教学是引导学生，而不是牵着学生强迫其服从；鼓励学生，而不是抑制其个性发展；启发学生，但不能替其做结论。它生动正确地反映了教学的过程是辩证的、个性化的，不是简单划一的。教与学，是对立面的统一，不是单方面的教师灌输能奏效的。教学过程中要珍惜并开发学生的思维潜能，要尊重学生的思考权利。

有学者早就指出：“这12个字，在中国的《教育学》教科书中应该有专章阐明这一辩证法的教学理论思想，我们有时也引用了这12个字，但只是像蜻蜓点水一样，一忽而过，这不是‘总结’，而是‘点缀’。”（陈元晖《中国教育学史遗稿》，北京师范大学出版社）至今在中国数量惊人的各类《教育学》著作中，很难见到对这12个字的深入阐发。在专业教师中，能知道或听说过这“十二字诀”的或许也不多。

“《学记》作为世界的第一部教育理论专著，它的教育思想是极其丰富多彩的，历代教育都‘奉为法戒’，‘后世教士当以此为法’。或奉‘为三代圣王教科之书’。与今之教育科学理论又多所相合，体现了它在教育理论方面的不朽贡献。而且其思想远播海外，‘对日本教育史所发生的影响，是极为罕见的’。时至今日，‘仍然指示着昭著的真理大道’，‘其本身是具有永久性的存在’。”（《中国教育思想通史》第一卷）《学记》中精到、精准、精彩的教育理论与教学经验，在其全文中琳琅满目，俯拾皆是，这里仅对其具有首创之功的四方面简要概括，笔者将在后文对《学记》教育思想作较全面的阐述。

《学记》教育思想之承继与发展

《学记》主要目的并不是对战国时期学校教育经验作全面总结，但它吸取了西周以来官学体制和春秋时期私学教学方式方法的精髓，既与孔子的教育思想一脉相承，同时博采当时各家众长，以继承儒家各派教育思想为主，尤其荟萃了思孟学派的教育思想精义，加上教学实践经验的丰富，使《学记》教学理论处在较高起点上，又有新的见解并拓展、升华。

一、儒家教育思想的独尊地位

每个国家和民族的教育思想都是在长期的历史发展过程中形成的，每一时代的教育思想都有鲜明特色，也会形成占主导地位的主体教育思想。儒家教育思想在中国教育史上曾长期处于独尊地位，有其事所必至和理所固然的主要原因。

其一，教师职业由“儒”发展而来。我们从“儒”内涵的演变轨迹中更能明白这一由来。儒，最早是指春秋末期办理养生治丧等礼仪活动的“相礼”职业者。秦汉以后多指称“术士”为儒，术士是有方术的人，后逐渐演变为从事文化教育的术士。这可以史料为证，《说文》：“儒，柔也。术士之称。”《汉书·艺文志》：“儒家者流，盖出于司徒之官，助人君顺阴阳、明教化者也。”又《周礼》的《天官太宰》《地官司徒》确有“师”“儒”的官职。郑玄注曰：“师，诸侯师氏，有德行以教民者；儒，诸侯保氏，有六艺以教民者。”此可见儒与儒家及教师职业的联系和起始渊源。

其二，私学是由孔子最先创立的。孔子早年也曾是给人相礼的“儒”。孔子所在的鲁国，古代文化典籍保存得最为完好，史称“周礼尽在鲁矣”。(《左传·闵公元年》)社会与家庭环境的影响，使孔子耳濡目染，自幼“为儿嬉戏，常陈俎豆，设礼容”。(《史记·孔子世家》)在《论语·子罕》中也有孔子自述“吾少也贱，故多能鄙事”。但孔子好学，志向远大。他继承了儒者“教人以道义”的传统，发扬儒者擅长的六艺之文，充分利用夏商周三代的教育思想遗产，整理了《诗》《书》《礼》《乐》《易》《春秋》等古代典籍，并以此授徒讲学，开创了私人讲学的先河。“儒者从当礼生、傧相、介，逐渐转到学而不厌和诲人不倦、为人师表的工作上来，这应该说是由孔子办私学开其头的。儒者逐渐从执礼转到执教上来，再到执政，这就是儒家所要求和所走过的道路。儒家从执礼到执教的转变，就把礼从行礼如仪的活动移到教学上来，把礼作为教育的中心，从教育的内容与方法，都贯穿着礼的精神。”(《中国教育学史遗稿》)日后在中华大地上盛行的私塾皆因此而生，孔子乃私学之鼻祖，封其为“万世师表”是实至名归，恰如其分的。

其三，儒家有长期教学实践经验，以及参与社会文化活动的经历与影响力。教育实践是教育思想产生的本源，也是教育思想发展的基础。没有长期的教育实践经验，没有一定的历史文化背景，教育思想是无法产生的。中国历史上的教育思想家，大都也是教育活动家。孔子致力于教育事业后，在当时特定的历史条件下进行了大量文化教育和社会政治实践，建立起自己的思想学说，逐步产生了系统的教育和政治思想体系。孔子有弟子三千，贤人七十二，这种盛况，别的学派都难以企及。

其四，儒家总结了诸多教学经验，写出了教学理论著作。儒家始祖孔子有门人记述的《论语》一书。其后有孟轲的《孟子》、荀况的《荀子》，加上《礼记》，这四部书是中国教育学的四大源泉。这些作品都出于儒家之手，其中《礼记》一书，又是吸取了前三书的精华，加上新的教学经验，综合而成为教育理论的汇集。（参见《中国教育学史遗稿》）

其五，顺应时代潮流，善于吸纳众派所长。春秋战国时期文化下移，私学兴起，“士”阶层的出现，形成了思想活跃、学派纷呈、争鸣迭起的局面，促进了教育思想大发展。孔子、墨子教育思想反映了奴隶制向封建制过渡初期的社会需要，代表了冲击“学在官府”、发展私学的进步潮流，因而孔、墨两家并称为显学。又因儒家能不断融合和吸取其他学派的学说，故常能以新的形式出现，顺应时代发展趋势和统治阶级的政治需要。汉代施行“独尊儒术”的政策以后，在两千多年的封建社会中儒家教育思想一直居于统治地位。

中国传统教育思想以儒家教育思想为主导，同时也博采众长。先秦诸子百家教育思想群芳异彩，各有建树。“众多的政治家、思想家纷纷设计出各不相同的改革方案，教育思想往往是各种改革方案的重要组成部分。儒家的‘德教’，墨家的‘兼爱’‘尚贤’，法家的‘法教’，道家的‘自然无为’等等，都是以各自的不同地域文化为背景，以各自的生活阅历和教育实践为基础，以各自设计的社会改革方案为指向而提出的教育思想。这正是先秦教育思想呈现出多元性的根据所在。”（《中国教育思想通史》第一卷）而且，在不同历史时期，在文化教育的不同方面，其他各派也起着举足轻重的作用。各学派影响的侧重点不同：“如果说在德育方面主要是以儒家的思想影响为主；在智育的范围内，墨家和名家在科技、逻辑学方面有着重要的贡献；在美学思想和审美教育方面，道家思想的影响是相当深刻的；正由于有儒道互补，才有文艺上的现实主义和浪漫主义的结合。兵家的贡献也不应低估，其中所反映出的辩证思维方法，对教育工作具有普遍的意义。”（黄济著《教育哲学通论》，山西教育出版社）可见，中国教育思想具有多样性、融通性、互补性，因而能形成强大的向心力、凝聚力而生生不息。

二、思孟学派的杰出贡献

春秋战国时期，每一学派都在探索治世良方，寻求实现自己学派的主张与见解，有“诸子百家”“九流十家”之称。以后各派又发展为派中有派，家中有家。《韩非子·显学》云：“自孔子之死也，有子张之儒，有子思之儒，有颜氏之儒，有孟氏之儒，有漆雕氏之儒，有仲良氏之儒，有孙氏之儒，有乐正氏之儒。”儒家也有了互异的八家，即为儒家“八儒”。

后人以子思与孟子有师承关系，两者的思想和学说有相似之处，故合称为思孟学派。有学者认为，思孟学派渊源于曾子，视曾子为思孟学派的先驱。《二程语录》中有载：“孔子没，曾子之道日益广大。孔子没，传孔子之道者，曾子而已。曾子传子思，子思传之孟子，孟子死，不得其传。至孟子而圣人之道益尊。”曾子的学说与思想表现与孟子颇多相似，因其同根同源，所以学者普遍认为，思孟学派的学说确是由曾子的思想一脉相承发展而来的。

思孟学派中最突出的是孟子，《孟子》七篇记载自己一生的主张和学说。孟子是孔子学说的主要继承人，故历史上有“孔孟之道”的定评。思孟学派的著作，除《孟子》七篇外，还有《礼记》中的《大学》《中庸》《学记》也被认定为思孟学派所撰作。《孟子》《大学》《中庸》，加上《论语》，即是中国皇皇巨著《四书》，可见其学术地位至高无上，其学术贡献之巨大不言而喻。

三、《学记》思想与思孟学派的联系

《学记》为思孟学派的作品，研究者认为《学记》思想与思孟学派一脉相承，诸多内容与思孟学派著作有内在联系。

我们从《大戴礼记》中保存的“曾子十篇”，就可以看到其对《学记》思想的影响。如《曾子立事》篇的“日旦就业，夕而自省思”，同《学记》的“时教必有正业，退息必有居学”；“君子既学之，患其不博也；既博之，患其不习也”，同《学记》的“博习亲师”；“三十四十之间而无艺，即无艺矣，五十而不以善闻矣”，同《学记》的“时过然后学，则勤苦而难成”；“能取朋友者，亦能取所予从政者矣”，同《学记》的“论学取友”；“导之以道而勿强也”，同《学记》的“道(导)而弗牵”等等，都互为表里。

《学记》与《孟子》的思想联系。《学记》提出的教学原则和方法，也与孟子的教学观点相契合。如《学记》有“道而弗牵，强而弗抑，开而弗达”，《孟子》中则有“君子深造之以道，欲其自得之也”(《孟子·尽心章句下》)、“君子引而不发，跃如也”(《离娄章句下》)；《学记》有“其言也，约而达，微而臧，罕譬而喻”，《孟子》上则有“言近而旨远者，善言也；守约而施博者，善道也”(《孟子·尽心章句下》)；《学记》有“学不躐等也”，《孟子》上则说：“助之长者，揠苗者也，非徒无益，而又害之。”(《公孙丑章句上》)等等。

《学记》首节说的“不足以动众”，就是导源于《孟子》上所说的“徒善不足以为政，徒法不能以自行”(《孟子·离娄章句上》)；《学记》上“未足以化民”，则是导源于《孟子·尽心章句上》的“善政不如善教之得民也。善政，民畏之；善教，民爱之。善政得民财，善教得民心”。这些内容的对比，正反映了《学记》思想与思孟学派的内在联系。

至于《学记》最后有“五声”“五色”“五官”“五服”的说法，实际上是推衍《尚书·洪范》的五行说，《洪范》正是子思学派的作品。《学记》末节说：“大时不齐”，是《中庸》的“上律天时，下袭水土”命题的推衍，借天时来附会人事，与邹衍的“学究天人”学说相呼应。邹衍是思孟学派的正统人物。（参见《中国教育史遗稿》）

同时，我们看到《学记》教育思想在前人基础上的延展与升华。孔子在《论语》中提出了“学而不厌”“诲人不倦”的学与教之态度，尚未明确论及教与学两者之间的相互关系和互为促进的作用。《学记》作者进一步发现，揭示了教与学两者具有相互进益、互为转化的关系，指出“学然后知不足，教然后知困。知不足，然后能自反也；知困，然后能自强也”。从宏观方面辩证地论述教与学的关系，把教学中这一具有普遍意义的问题，提到一个新的理论高度，终于在教育史上首先提出了“教学相长”这一“教”与“学”的总纲领。

又如《论语》云“三人行，必有我师焉”，《学记》曰“独学而无友，则孤陋而寡闻”。孔子提出“不愤不启，不悱不发”（《论语·述而》）。孟子发展为“引而不发，跃如也”（《孟子·尽心上》），以及“君子深造之以道，欲其自得之也”。（《孟子·离娄下》）《学记》进一步深化、具体化，提出“道而弗牵，强而弗抑，开而弗达”的启发式命题。“弗牵”“弗抑”“弗达”之意蕴，与孔子、孟子一致，均重在对学生的启发引导。《学记》又以《中庸》为其方法论基础，与《大学》亦多思想关联。《学记》与《大学》《中庸》的关系，笔者将在后文有专篇论述。

四、《学记》思想内容博采众长

数千年的中国教育思想富有深厚的传统文化积淀，《学记》主要传承儒家学派教育思想，也吸纳其他各派各家的优长。

《学记》与《荀子》之间亦可见思想内容之相互渗透。如《学记》的“玉不琢，不成器；人不学，不知道”，同《荀子·大略》的“人之于文学也，犹玉之于琢磨也”；《学记》的“故安其学而亲其师，乐其友而信其道”，同《荀子·修身》的“故君子隆师而亲友”；《学记》的“相观而善之谓摩”，同《荀子·性恶》的“身日进于仁义而不自知也者，靡使然也”；《学记》的“道而弗牵”，同《荀子·大略》的“导之以道而勿强”；以及《学记》的“时过然后学，则勤苦而难成”，同《大略》的“少不讽诵，壮不论议，虽可，未成也”等等，彼此间多有相互渗透。

这里还需要提及的是，《学记》也吸纳了墨家“尚贤”“兼爱”等教育思想，以及道家顺应人之天然本性，遵循人之生理、心理之身心发展规律等思想，对《学记》作者亦不无启迪影响作用。又如教育方法和思维方式，儒墨之间亦有相同相合之处。如《墨子·公孟》说：“夫知者，亦必量力所能至。”又《大取》说：“子深其深，浅其浅，益其益，尊其尊。”《学记》说：“人之学也，或失则多，或失则寡，或失则易，或失则止。此四者，心之莫同也。知其心，然后能救其失也。”还有“当其可之谓时，不陵节而施之谓逊”，讲的都是因材施教。另外，《学记》的“知类通达”“比物丑类”，“是故”“故曰”“夫然，故”，还引用了玉、蛾、马等系列譬喻，看来都是墨家的“明故”“察类”“举辟(譬)”的思维方法的具体运用。(参见《学记研究》)当然，这两千多年前的作品肯定会有至今不合时宜的糟粕之类，需要我们鉴别摒弃。其中也有对自然科学未予重视等欠缺和不足，需要我们引以为戒。

《学记》比肩《礼记》中经典名篇

《礼记》是儒家思想的经典文献，汇集的各篇均有其专述与特质。《礼记》49篇，刘向《别录》将其分为八类，梁启超分之为五类。梁氏分的五类为：一是通论礼之意义或论述相关学术。二是解释《仪礼》的专篇。三是杂记，大多为记述孔子言行或孔门杂事。四是记述古代制度礼节，略带考证性质。五是记述古代格言，散见于各篇中。其中通论部分内容最为精彩。依据“礼”的发展内涵，研究者把《礼记》看作是一本记“教”之学，从“大教学论”的角度，“礼”与“仁”的结合，那么政治道德、修身养性即是重要教育内容，《礼运》《乐记》《儒行》《经解》等篇都是这类教育名篇，与《学记》教育思想也有互见、互为阐述的增益意义。

一、《礼记》经典中的经典名篇

《礼记》这一经典中又蕴藏着众多经典之名篇佳作，大多汇聚在通论部分，有《礼运》《经解》《乐记》《大学》《中庸》《学记》《儒行》等篇，世代脍炙人口。在此，我们不妨概要地领略一下其中几篇经典的风采。

《礼运》提出了以礼治为中心的国家政治制度之理想。其中“大同”世界、

"小康"社会、"天下为公"之经典阐述，曾令古今许多思想家、政治家为之赞叹，至今使人充满向往。《礼运》开篇所描绘的"大同世界"："大道之行也，天下为公。选贤与能，讲信修睦，故人不独亲其亲，不独子其子，使老有所终，壮有所用，幼有所长，矜寡孤独废疾者，皆有所养；男有分，女有归。货，恶其弃于地也，不必藏于己；力，恶其不出于身也，不必为己。是故谋闭而不兴，盗窃乱贼而不作，故外户而不闭。是谓'大同'"。这一美好蓝图竟然出自两千多年前的《礼记》中。清末戊戌变法倡导者康有为据此蓝图而著《大同书》。民主主义革命家孙中山以"天下为公"作为自己的座右铭，并提出"三民主义"学说。当然，原始共产主义与未来共产主义的性质是不同的。

《礼运》将"小康"和"大同"划分为两个社会阶段。"今大道既隐，天下为家，各亲其亲，各子其子，货、力为己。大人世及以为礼，城郭沟池以为固，礼义以为纪，以正君臣，以笃父子，以睦兄弟，以和夫妇，以设制度，以立田里，以贤勇知，以功为己。故谋用是作，而兵由此起。禹、汤、文、武、成王、周公，由此其选也。此六君子者，未有不谨于礼者也，以著其义，以考其信，著有过，刑仁讲让，示民有常。如有不由此者，在势者去，众以为殃，是谓'小康'。""大同"是建成"小康"后的必然结果。今日谓之"小康"社会，与《礼记》之"小康"本质区别何在呢？纵观世界兵戎干戈不断，我国先贤两千多年前就预见了吗？足见其生命力之强大，洞察力之深邃、高远，弥久不衰。

《乐记》是战国、秦汉时期乐理与乐义的总汇。主要阐述乐的形成和功能，并论述礼乐的关系及影响等。《乐记》指出："乐者，音之所由生也，其本在人心之感于物也。"此可见人之心理、社会环境对音乐产生的重要作用。所以历代君王都重视礼乐，制订礼仪，宣导和协调音乐氛围，以约束人之情性欲望，使社会和谐安定。我国成为"礼仪之邦"，即是以"礼乐"为核心和基石的。自周公制礼作乐，逐渐形成系统化的礼乐制度和仪式，并渗透了道德伦理的内涵。《乐记》对我国古代文艺理论有诸多贡献，对我国美学思想的发展起了尤为重要的作用。

《儒行》提出儒者不以"金玉"为宝，而以"忠信"为宝；不以土地、财物为重，而以"道义""文章"为重；非分之财，分文不取，千钟之禄，非义不受，崇奉"出淤泥而不染"的高尚情操。《儒行》中有"儒有可亲而不可劫也，可近而不可迫也，可杀而不可辱也"，如此浩然之气"大丈夫"气概，培育了中华民族一代代志士仁人能够为真理而献身的崇高气节。《儒行》所提出的儒者价值观、生死观与立身出仕的原则，至今仍有现实指导意义。

《经解》开篇就引用孔子之言，描绘出诗书礼乐之教敦厚的社会良风美俗，一一赞美《诗》《书》《礼》《乐》《易》《春秋》的教化作用。“孔子曰：‘入其国，其教可知也。其为人也温柔敦厚，《诗》教也；疏通知远，《书》教也；广博易良，《乐》教也；洁净精微，《易》教也；恭俭庄敬，《礼》教也；属辞比事，《春秋》教也。’”孔子认为，进入一个国家，就可以知道它的教化程度。国人说话温柔，性情敦厚，这是得力于《诗》的教化；通达政事，知晓古事，这是得力于《书》的教化；襟怀宽广，性情和通，这是得力于《乐》的教化；纯洁宁静，心思精微，这是得力于《易》的教化；谦逊俭约，庄重恭敬，这是得力于《礼》的教化；善于撰作，编次史事，这是得力于《春秋》的教化。

《经解》又强调治国之本莫若于隆礼的要义。指出能行仁义方可治理天下，霸主王者必须以“和、仁、信、义”方能治民。《经解》所说：“夫礼禁乱所由生，犹坊止水自来也。故以旧坊为无所用而坏之者，必有水败，以旧礼为无所用而去之，必有乱患。”这也是封建统治者重视“礼治”，积极“制礼”的社会文化根源。篇末还指出礼之潜移默化的影响作用：“礼之教化也微，其止邪也于未形，使人日徙善远罪而不自知也。”这里深刻点醒了礼之防恶于未然的重要性，体现了礼由“事神致福”、治政安民的功能，向礼与教育职能结合的更大范围扩展，“隆礼”的目的向更高层次提升。

二、《大学》的教育思想

《大学》为《礼记》中的第42篇。

《大学》篇名释义，有说“大学”为“大人之学”；有说“大学”为“太学”等。有学者认为“太”通大，含“最”“极”之意，指博学的“大学之道”。国外学者翻译为“大学习论”，也比较合适。可见《大学》篇名的涵义，比《学记》涵盖面更大更广泛，包括了道德教育、政治教育和哲学等多方面的内容，可概括为“博学”。朱熹在《大学章句》篇首语中称，“于今可见古人为学次第者，独赖此篇之存，而《论》《孟》次之”。一个“独”字，充分体现了《大学》一文的重要意义。而《大学》也确实对大学教育的目的、程序和要求，作了完整、精要、明确的概括。

《大学》即是大学问，主张的宗旨即是开篇就说“大学之道，在明明德，在亲民，在止于至善”。这是儒家对大学教育目的和为学做人目标的纲领性表述，被后人称为“三纲领”。“明明德”，是说为学做人首先能彰显光明之德性。其次，是要“亲民”。朱熹认为“亲民”应解作“新民”，意思是要使人亲爱于民，臻于善的、新的境界。再次，是要达到“止于至善”的终极目标。《大学》的解释是："为人君止于仁，为人臣止于敬，为人子止于孝，为人父止于慈，与国人交止于信。"即要求社会不同角色身份的人，都能在其不同环境职责中止于完善完美的境界。

如何实现"三纲领"？《大学》又提出一系列具体步骤，这就是后人称为的"八条目"："格物、致知、诚意、正心、修身、齐家、治国、平天下。"《大学》揭示的"八条目"，明确了治学为人的过程与步骤，体现了阶段性与过程性的统一。格物、致知被理学家视作"为学入手"或"大学始教"，是士人求学的第一步。诚意、正心、修身是学习的深入。齐家、治国、平天下是个人完善的最高境界。需要一说的是，"格物""致知"在《大学》原文中未有具体说解，而形成长期争论的问题。宋明学者因接受的重点和理解阐述不同，各按自己学派的观点加以诠释。"程朱主张格万物，知天理；陆王主张格吾心，知心性。由此产生教育上的两大派别，一派强调读经书、道问学；一派强调静省思，尊德性。两派主张对教育影响极大。这是研究宋明以后教育思想的一个关键问题。"（《简明中国教育史》）这也体现出"格物""致知"在我国古代哲学思想和教育思想发展中的深远影响。

《大学》内容强调要博学，要学习能够治国平天下的为政之道，所以大学之教，涉及更广博的道德教育等多方面理论。因而有内圣外王之论、三纲八目之说、格物致知之述、诚意慎独之谈、絜矩之道之评，修齐治平之议。其中的财富智慧、管理智慧、教育智慧，都足以启迪后来者。

《大学》与《中庸》的作者，在《礼记》中均无说明。《大学》作者的认定也有不同看法。宋代理学创始人程颢、程颐认为："《大学》，孔氏之遗书，而初学入德之门也。"宋代朱熹将《大学》分为"经"和"传"，认定"经"是"孔子之言而曾子述之"，此说亦多有怀疑。郭沫若认为是孟子学派中的乐正克所作，此说也不能作定论，尚需要有足够的真凭实据。虽然与《学记》一样，具体作者没有完全一致的确认，但研究者可认定为思孟学派所撰作，而其中也受荀子学派的思想影响。如《大学》所说的"在明明德，在亲民，在止于至善"，与孟子所言"人伦明于上，小民亲于下"的涵义颇为一致，可见其思想渊源确属孟子学派。郭沫若亦认为"《大学》实是孟学，它是以性善说为出发点的，正心诚意都原于性善，如性不善则心意本质不善，何以素心反为'正'，不自欺反为'诚'？"（郭沫若《十批判书》：《儒家八派的批判》）《大学》一书中，也有荀子思想的渗入，如《荀子·不苟》篇有关诚心和慎独的论述，对我们理解《大学》所说的诚意与慎独，有互补或会心会意之处。

三、《大学》与《学记》相表里

《大学》是论“大学之道”的论文，阐明“大学之道”，是大学教育的纲领，被认为与论述“大学之法”的《学记》互为表里，相辅相成。笔者在《大学智慧》一书中对《大学》与《学记》已有相关论述，两书都谈到了“大学之道”，且“彼此学派性质相同，彼此著作年代相同，彼此旨意互有发明。如果将两书对读，可以彼此打通、感悟、触发。”（姚淦铭著《大学智慧》山东人民出版社）读者可参阅，这里略作些新的阐发与提要。

王夫之说：“《学记》之义，与‘《大学》相表里’。”（《礼记章句》卷十八）相表里，就是互为外表与内里。我们如果只读《大学》，了解了大学学习的目标是“三纲八目”，可能会觉得比较原则、抽象，感觉大学学习是否是天天坐而论道、修身养性，读了《学记》，会对那时的大学教育过程有具体清晰的了解。《大学》与《学记》互为表里，互相补充，给了人们对先秦大学教育教学的完整认识，可使《大学》与《学记》两者相得益彰。

清代陈澧在《东塾读书记》卷九说：“《大学》篇首有云，‘大学之道’，《学记》亦云‘此大学之道也’，可见《学记》与《大学》相发明。”两书在思想内容的阐发上，颇多一脉相承之处。《学记》上说“一年视离经辨志，三年视敬业乐群，五年视博习亲师，七年视论学取友，谓之小成。九年知类通达，强立而不反，谓之大成。夫然后足以化民成俗，近者说服而远者怀之，此大学之道也”，这里的“知类通达”，近于《大学》所说的“物格而后知至”；“强立而不反”，通于“知至而后意诚，意诚而后心正”；“化民成俗，近者说服而远者怀之”，亦与“齐家治国平天下”有相通或相近的道理。《学记》中所说的“有志于本”，“此之谓务本”，也接近“止于至善”之意思，“至善”几近于“务本”。又如《学记》所说“三王之祭川也，皆先河而后海，或源也，或委也，此之谓务本。”与《大学》的“物有本末，事有终始，知所先后，则近道矣”，也都有相通之处。再如《大学》中提到了“如切如磋，如琢如磨”，《学记》在继承总结这一思想的基础上，进一步提出“相观而善之谓摩”的“群育”教学原则。特别强调在“善”的前提下，群体相互观摩，相互帮助，相互学习切磋的作用。因而把“乐群”“亲师”“取友”作为重要的教育要求。并且还突出了“群育”中的正面导向作用，指出都要从好的方面互相影响以达到“善”，揭示了“相观而善”的实质与智慧。

总体而言，《大学》侧重于“大学之道”，重在阐明大学教育的目的内容；《学记》侧重于“大学之教”，重在阐明大学教育教学的原则和方法，彰显了其名副其实的“教学法”之作的特质。我们可在后文篇章中，更多领略《学记》教育经验与智慧之精湛精彩。

《学记》与《中庸》教育思想

《中庸》蕴藏的哲学理论，被视为圣学的宝藏，它主要阐述了先秦儒家的人生哲学和修身养性之法。《中庸》思想的核心是“中”与“和”，其提出的“中庸之道”，与《大学》互为阐发。《中庸》有关教育表述，与《学记》有互通之处。《中庸》更是《学记》思想的哲学方法论基础，“《学记》思想具有辩证法和唯物主义因素，其辩证法思想主要当来自《中庸》。”(《学记研究》)《学记》在教与学诸多环节所阐发的辩证关系，以及“和、易、思”等教育主张，都可充分说明这一点。

一、《中庸》与“中庸之道”

“中庸之道”由孔子首倡，也是孔子思想的集中概括，贯穿于孔子的全部学说之中。孔子提出“中庸之道”，但“中庸”二字在《论语》中仅出现一次“子曰：中庸之为德也，其至矣乎？民鲜久矣！”(《论语·雍也》)这是孔子处世之道的体现。孔子在春秋大变革时代，既想维持封建统治者的地位，又关心民间疾苦，反对苛政，尖锐地指出“苛政猛于虎。”(《礼记·檀弓》)他的“中庸之道”就含有调和折中封建统治者与民众间矛盾之意，有对上对下都要退让的意思。希望统治者施行仁政，又要求民众以“孝悌为仁之本”，不“犯上作乱”。孔子以“仁”来阐明为人与为政之道，孔子的教育目的也是以“仁”为基础，他的教育理想就是要培养能“修己以安人”、能施行仁政的“士”“君子”“成人”“贤人”，这里体现其积极进取的一面。孔子又将“仁”与“礼”相结合，以“礼”来定尊卑、贵贱、长幼。要求人人都要以规范的礼节约束自己，使自己的一言一行都要合乎礼节，才是合乎“中庸之道”，这是中庸思想保守落后的一面。

孔子的中庸之道应用于人伦方面，则为“君君、臣臣、父父、子子”；(《论语·颜渊》)；应用于政治方面，则为“君使臣以礼，臣事君以忠”。(《论语·八佾》)在天道观方面，他对鬼神采取“存而不论”的态度，但是还拥护祭祀，重视对祖先的崇拜。在教育方面，他赞成“中行”的人(《论语·子路》)他认为：“攻乎异端，斯害也已。”(《论语·为政》)此意思是事物的道理都有两方面，如果放弃了那一端而专攻这一端，就不合乎中庸之道了，所以有害。(顾

树森编著《中国古代教育家语录类编》上册，上海教育出版社）

《中庸》对“中庸”作了进一步阐发，提出“择乎中庸”，“执其两端用其中于民”，“中立而不倚”，既无过，也无不及，不偏不倚。也即是要掌握好事物之“度”。《中庸》之“用中”“中和”之义，是儒家基本思想方法之一。儒家对事物对立面的依存、联系和转化研究颇为深入，将其运用于教育，故能有儒家教育的大成。

南宋朱熹在《中庸章句》篇题之下，对“中庸”下一定义：“中者，不偏不倚、无过不及之名。庸，平常也。”用“平常”解释“庸”，借以指出中庸的合度性、日用性。是“放之则弥六合，卷之则退藏于密”的道理，都是实用的学问，认真研读之，可使人终身受益不尽。

二、《中庸》的教育思想

《中庸》是《礼记》中第31篇。《中庸》和《大学》是《礼记》中谈哲理的专文，是与儒家的教育学说密切相关的。儒家施教以社会和谐为终极目标，而其立足点却是个人。个人之修养、美德寓于社会，即形成社会之良风美俗。儒家修身，以调和天下美德于一身为能事，诸如刚而柔、文与质、藏和行，以及温而厉、辩且讷、勇又怯，等等。融合对立的品质于一体，臻于“恰到好处”，这亦是一种“用中”。儒家的教学，更以用中为至上追求。

《中庸》论道，其开篇即指出：“天命之谓性，率性之谓道，修道之谓教。”意思就是天所赋予人的就是自然之性，循性而行就叫作道，修治此道就叫作教。《中庸》论“天之道”“人之道”“诚之道”。“诚”的概念，在子思学说中，既指宇宙的根本，也指人的社会行为准则。《中庸》在人性和教育问题上，立足点仍在教育，重视人之努力的作用。

《中庸》就治学途径而言，教诲世人“尊德性而道问学，致广大而尽精微，极高明而道中庸，温故而知新，敦厚以崇礼”的智慧，指出了学习中相反两方面总是相辅相成，互补互制的，充分体现了中庸的原则。

《中庸》把学分为“知”与“行”两个方面。“知之”，谓明理；“行之”，谓成事。由此又指出：“或生而知之，或学而知之，或困而知之，及其知之一也；或安而行之，或利而行之，或勉而行之，及其成功一也。”“生而知之”，谓天生即知；“学而知之”，谓学而后知；“困而知之”，谓经困学而知。在此强调了无论从何途径去获知，只要能努力求知，都同样可以达到“知”之目的。“人一能之，己百之；人十能之，己千之”，必定能“虽愚必明，虽柔必强”。这些都教诲人们只要择善固执，都能抵达成功之域。

《中庸》的教育思想与《大学》是一致的，并都有互为阐发。《中庸》的“五步骤”与《大学》的“八条目”各有侧重。“学、问、思、辨、行”之“五步骤”，仅限于知识获得过程中一些基本的学习环节之顺序和过程，而“八条目”之“格物、致知、诚意、正心、修身、齐家、治国、平天下”，则涵盖治学、为人、处身、立命诸多方面的完整过程，内涵更为丰富。但它们的共同点都把学习视为有时序的完整过程，缺一不可。

《中庸》在儒家经典中，属于较高层次的理论著作。朱熹还说，他早年对《中庸》有很多疑问，经过“沉潜反复”，多年思考，才得其要领，最后“会众说而折其中”，才作成《中庸章句》。因此，朱熹认为读四书应最后才读《中庸》，表明《中庸》学问之高深。

三、《中庸》:《学记》思想的哲学方法论基础

《学记》作为专门的“教学论”，更多揭示了教育教学领域中诸多相对而成的基本范畴。教与学，是教学领域内两个相互关联的总范畴。“教学”是矛盾的统一体，包含着正反两个方面。教学过程中又包含诸多相对的小范畴。揭明这些教学基本范畴，需要更多的辩证方法和善于“用中”的智慧。《学记》总结的教育教学原则、方法和经验，在方法论上是遵循了《中庸》的“中”与“和”，并且发挥到极致。如：“教学相长”总原则下的师与生、教与学之相互关系的论述；“正业”与“居学”并重之经验心得；因材施教中“长善救失”之辩证转换；循序渐进原则中“豫、时、孙、摩”之时段时机的把握，还有启发式教学中的诸多命题等等，无不精到“用中”，且把握得十分精准、适时，令今人也不得不赞叹，或可自叹不如。我们不得不看到，当今的教育教学方法有诸多不尽人意的问题，甚至有与此细致入微的个性化教学相违背的，值得我们总结反思。

《学记》在总结教学之成功与失败的经验教训中，提出了“君子之教，喻也：道而弗牵，强而弗抑，开而弗达”，这“十二字诀”，更是教学高手之绝妙高招！非有深厚教学经验与功底总结不出来。可谓教学方法论“用中”之法典、圭臬。教学中如此个性化的精准“用中”，能开发多少人之天赋潜能！如此教学艺术，能使学生个人与社会国家，乃至世界人类受益无穷！这是真正值得开掘、弘扬的教学智慧、教师风范！也彰显了以人为本的教学精神能与天地千古长存，“中庸”理论之树长青！

《中庸》与《学记》也多有互为阐发。有学者认为，《学记》的首节就是以《中庸》的“诚”作为指导思想。并认为《学记》的末节说“大德不官”“大信不约”，

实质上都是讲“诚”。《学记》从首节到末节，都在发扬《中庸》的“诚”的思想。（《中国教育学史遗稿》）

四、《中庸》为思孟学派作品

《中庸》与《大学》《学记》同为思孟学派的作品，总体上都体现了儒家教育思想的基本特点。儒家施教以社会和谐为终极目标，把教育与政治汇为一途，强调教育对社会原则的遵循，寻求和谐的思想方法是其基本方面。因而重视对个人修身养性基本素养的教育培养，以及注重对个人在社会安身立命之行为准则的规范。《学记》开篇所提出的“化民成俗，其必由学”，“建国君民，教学为先”，正是对儒家教育思想本质的揭示。

《中庸》所说与《孟子》的思想学说相通之处很多。例如孟子的性善论与《中庸》的“天命之谓性”，就有密切的关联。《中庸》所说“诚者，天之道也；诚之者，人之道也”，“诚者，物之终始，不诚无物，是故君子诚之为贵”，与《孟子》所说的“是故诚者，天之道也，思诚者，人之道也；至诚而不动者，未之有也，不诚未有能动者也”，“反身而诚，乐莫大焉”的含义相通。孟子所主张的完全与《中庸》的理论相符合。

以上可知《学记》不仅如前文所述，与《大学》《孟子》相互印证，而且与《中庸》所述也多有互为发明。所以大家公认《中庸》《大学》和《学记》均为思孟学派的作品是毫无疑义的，但究竟为何人所作，《大学》《学记》仍无定论。相对而言，认为《中庸》是孔子之孙子思所作，以昭明其圣祖孔子的德行，这一说法得到基本认可，几乎成为定论。

《大学》《中庸》《学记》三篇，在我国思想史和教育史上确实产生了很大的影响。尤其是《大学》与《中庸》，自从成为《四书》中的二篇后，已享有经学的地位。宋儒当时为了开创传统儒学的新风气，为强调儒学是谈义理之学，不是训诂章句之学，需要以《大学》《中庸》作为理学的哲学理论根据，所以竭力宣扬阐发这两篇文章。朱熹作《大学章句》《中庸章句》，从理学角度对两书进行了重新解释，提升了两书的哲学理论高度，直至提高到与《论语》《孟子》并立的地位。自宋至清，两书成为科举应试的基本科目，也是青年学子需要熟读背诵的必读书，因而地位更加显著。

相比之下，人们对《学记》的了解与重视还远远不够。陈元晖指出：“如果把《礼记》作为集教育学说大成的著作来读，《学记》的地位，应该放在各篇之首，因为一部教育学的结构和体系，教学论部分是细胞，又是基础，通过细胞或基础才能形成整体的组织和结构。教育学一般把教与学的问题，放在首先的地位，《学记》就是专论教与学的问题，所以《礼记》的‘通论’部分，应作为《礼记》的重点理论来读，而重点之重点是《学记》，不是《中庸》和《大学》。”（《中国教育学史遗稿》）这是不同于宋儒的看法，关键也因研究问题的立足点不同。

《大学》《中庸》和《学记》的教育思想，反映了先秦教育学术的风貌，凝聚了思孟学派教育学者的卓识。《学记》的教育教学理论，是在长期的教学实践传承中，才逐步系统化，完整化，成熟化，直至定格在如此高的理论水准上。《学记》之教学论瑰宝实至名归，在此简略概括述之，后文各篇再作具体论述。

篇二

《学记》劝学智慧

劝学读书，是中华民族的优良传统，劝学智慧源远流长，博彩精湛。从童蒙学子始，劝学箴言与勉学行为导向无处无时不在，渗透进各种礼仪活动和日常生活中。我们可以从《学记》等历史文献中去寻找，去探源，去明鉴；亦可从智者个体独特的思维创造或民族教育等文化习俗中去鉴赏，去领悟，去吸纳。我国劝学的文化意蕴、精神内涵和价值取向是多元的，且随着时代变迁而发展升华。荀子有《劝学》篇；韩愈有《进学解》；皇帝宋真宗有《劝学》诗。清代张之洞的《劝学》篇还曾被译成英文，流布海外。当今之劝学，更需要与时代精神之契合，尤其能与莘莘学子互勉互益，敦品励学，铸就更多现代人才。

《学记》说学与劝学

说《学记》之“学”字，似乎人人尽知，无人不晓。然而，要了解“学”字之渊源流变，还真不简单。在我国古代教育思想的表述中，没有现代意义上的“教育”一词。最早使用的也不是“教”字，而是“学”字。古人重视“学”，不是“教”。人们耳熟能详的是“学而不厌，诲人不倦”“为学由己”“学以为人”“学而为君”等等。学的最高境界是成为“圣人”“真人”“神人”。一个“学”字，意蕴丰厚，传承着数千年人文传统，显现着学习的境界，传递着人世的关怀。

一、“学”字之结构与含蕴

追溯“学”之字源与结构，也很有趣味。明代方以智《通雅》：“学(學)、教、觉(覺)，俱从爻，学字本于孝，生于觉孝。”觉，觉悟、觉醒之意，即是获取知识，消除愚昧，开启智慧。学，强调的是内在、合乎自然的成长过程。我们追溯字源，简化字的“学”，由繁体字的“學”而来，一路追寻至古文字，那便是双手奉持爻，在演算，参悟天地变化的大道。

我国的汉字留下了先人思维的轨迹。分析“学”字的结构，我们可以窥见自文字记载以来，商代人对教育认识水平的不断演进发展。甲骨文中“学”写作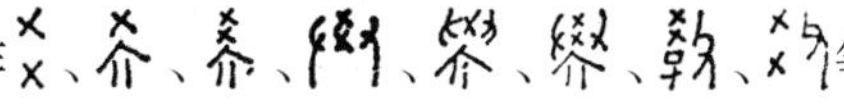等字形，从最初的写作“爻”，到后来发展到较复杂的多笔画。体现了“学”字概念的不断充实，教育内涵也在不断丰富发展。通常认为，甲骨文“学”字包含了三个基本要素：(1)教学内容()；(2)教学活动()；(3)教学场所()。此外还有第四个要素。先秦时，人们对教、学二字常不加区分。甲骨文的教字(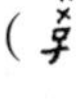)也可读作学。因此学字的第四要素是教育对象——()。至此，从学字可见商代人对教育内涵的基本理解和对教育活动相当程度的抽象。尤其是学、教二字的不分和两者的派生与被派生关系，表现出商人教育思维的特点：强调教首先在于学。这种思想倾向到了春秋战国的诸子那儿，更有明显的表现。从甲骨文，可以看到中国古代学与教的观念开始形成。(参见《中国教育思想史》第一卷)

“学习”两字，原本指小鸟学飞翔。《礼记·月令》：“(季夏之月)鹰乃学习。”陈澔集说：“学习，雏学数飞也。”“习”的繁体字为“習”，清晰显示了习的本义。“习，数飞也，从羽从白，会意，数飞则气急见于口鼻，故从白。”(朱骏声《说文通训定声》)小鸟初生羽毛还不会飞，要反复练习飞翔。且表明“数飞”也要花力气的。习，就从鸟练习飞翔，引申到实习、演习。后来又引申为从阅读、听讲、研究、实践中获得知识和技能。随时代迁移，汉字由单音节向双音节、多音节转化，一般意义上的“学”就成为“学习”一词。总之，古代的“学”字，意义较为复杂。

二、《学记》篇名之涵义

《学记》主要论教育教学的原则与方法，为何以“学”字命名呢？我们首先了解一下“教”与“学”概念之涵义。杨树达曾说：“古人言语，施受不分，如买与卖、受与授、籴与粜，本皆一词，后乃分化耳，教与学亦然。”(《积微居金文说》，科学出版社)这里可见“学”与“教”概念之派生关系，所以当“教”的概念已经形成时，人们仍旧可以以“学”来指称“教”，这也明白了谈教育问题的论著却以“学”来记之，来命名的缘由。

再者，《学记》的名称反映了先秦教育家教育实践和教育思想的着眼点在“学”。“从孔丘乃至更早的伊尹、傅说，到孟轲、荀况等，中国上古教育和教育思想的着眼点是在学习者的学习，而不在教育者的教导。教育家习惯于把教育归结为教育对象的主动学习过程，这可以说是中国古代教育思想的一大特点。《学记》非常集中地反映了这一思想特点。把对教育的研究理解为‘为学之道’，把从事教育理解为‘治学’，这可以说是中国古代教育思想的独特之处，显示了与西方古代教育思想的差异。”(《中国教育思想史》第一卷)可见，“教”是外在的熏陶，是外加于学习者的人为灌输；而“学”则是内在的自发的吸收生长，是合乎自然本性的发展过程。《学记》的教学思想充分体现了这一点，其阐发的诸多教学要诀都以此为立足点，紧紧扣住学生自动、自觉、自我发展的学习主动性。明乎此，更容易理解《学记》之教学论精华，以及其传承不息的缘由所在。

总之，古代的“学”涵盖面比“教”宽泛。“教”本由“学”发展而来，所以“教”与“学”两字，是以“学”为基础、为核心的。我们看古代思想家、教育家的论著，频频出现的是与“学”组成之词汇，如“治学”“为学”“勉学”“讲学”等等。

三、《学记》劝学：“学”之目的作用

《学记》一个重要理念是“劝学”，虽然《学记》全文主要是谈“学”，不是论“政”，但是劝学的旨意还是十分明确。《学记》从教育重要性的角度来阐述，认为“学”的作用胜过良好的施政纲领，“学”之广泛性、普及性、渗透性无与伦比，其潜移默化，在习而不察中却能起到化民成俗的强大作用。

（一）社会治理的作用

《学记》开宗明义就指出：“发虑宪，求善良，足以谀闻，不足以动众；就贤体远，足以动众，未足以化民。君子如欲化民成俗，其必由学乎！”此意思是，统治者发出的法令，以及寻求贤能的人，这两件事能取得小名声，但还不能感动众人。亲近贤良的人，关怀疏远的人，能感动众人，但还不能教化整个的人民。君子如果想要教化人民，移风易俗，那一定要从学习上入手！这里的“虑”“宪”，指的是“尧舜禹汤文武之道”，赞扬先王的业绩，具有托古改制的意义和作用。“求善良”，也必然是从宗亲贵族的圈子中去求之，延揽他们来辅助治理国家。这一章揭示了新兴地主阶级掌握政权后，推行“化民成俗”之教育政策。认识到实现政治理想的有效途径，即要兴办学校，培育人才，感化人民，以形成良风美俗。这也十分切合孟子所言：“善政不如善教之得民也。善政民畏之，善教民爱之。善政得民财，善教得民心。”（《孟子·尽心上》）此言何等深刻！至今依然是真知灼见，仍能打动人心。

《学记》接着又说：“玉不琢，不成器；人不学，不知道。是故古之王者，建国君民，教学为先。”并引用《尚书·兑命》之言：“念终始典于学。”此处的“学”含有求学与办学的双重意思。这是商代“帝王师”傅说告诫武王重视教育的劝学之言。这一见解，也是商代治国经验的历史总结。武丁在这一思想影响下，提高了对于教育和教师作用的认识。傅说“念终始典于学”的思想不仅有益于当朝，而且对历代教育产生了深远的影响。《学记》由此为据，提炼出“建国君民，教学为先”，“化民成俗，其必由学”的警句名言。《学记》此十六字概括成的理念，在封建社会被作为长期奉行的教育指南，对于形成我国尊重教育的良风美俗，起了重要的作用。

（二）修己育人的作用

《学记》认为治人、自治皆须以学为先的理念，良风美俗只能依靠教育来完成。个人是社会的细胞，每一个自然的人，如同天然的玉那样素朴美好；但人需要通过学习才能懂得道义；然后按照天道或自然之道，来“修身、齐家、治国、平天下”。《白虎通义·辟雍》也指出：“学之为言觉也，以觉悟所不知也。故学以治性，虑以变情。故玉不琢不成器，人不学不知道。”这里采用了与《学记》同样的表述：“人不学不知道”。学则使人能觉而悟，觉悟则是明理，获得知识，增益智能，提升才干，然后才能成为对社会有用的人。这里强调了学习对个人成长成才的作用。

然而，在贵族统治的时代，“学”主要是对统治阶层而言，要求本阶层子弟学好治理国家社稷的本领，使他们成为国家的人才、栋梁。上古的大学都是贵族子弟的学校，只有统治阶层的子弟，才能享受高等教育，学习“至道”，因此只有王公贵族的子弟才有可能成为管理国家的人才，达到“学为君”的目的，平民子弟是无法问津的。

正是到了春秋战国时代，贵族阶层礼崩乐坏，周室衰微，官学亦日衰，教育开始有了民间聚徒讲学的发展机遇，教育面得以扩大。“由于春秋战国时期阶级分化和阶级斗争的剧烈，庶人工商上升为自由民，政治和经济地位改变了，他们的教育便相应地提到历史日程上来”。“《学记》的‘其必由学’自是对‘民’，即自由民或平民说，从其上承‘化民成俗’句可知”。(《学记研究》)由此开启了知识下移和“有教无类”的新时代。以前官府藏之金匮石室的书籍也逐步扩散到民间，自此读书为学劝学勉学之风日盛。

四、劝学之绵延与境界

中国历代统治者拟定的教育政策，多有曲折反复。秦统一中国后，曾有焚书坑儒之变，官学时兴时衰，但民众劝学读书之传统却一直绵延。荀子的《劝学》篇，韩愈的《进学解》，读书人都耳熟能详，科举制度更将劝学读书推向极点。皇帝宋真宗曾作《劝学》诗：“富家不用买良田，书中自有千钟粟。安房不用架高梁，书中自有黄金屋。娶妻莫恨无良媒，书中有女颜如玉。出门莫愁无随人，书中车马多如簇。男儿欲遂平生志，六经勤向窗前读。”科举制的建立，是人才选拔的杰出创举，是世界领先的文官制度。由此也形成中国知识分子崇尚虚文，为功名而读书，以致忽略了对自然科学的重视。这也是明清时期科技落伍和国力衰退的原因之一，最终走上了彻底废除科举的不归之路。在此期间，清代张之洞发表了彰显这一时代特色的《劝学篇》。

张之洞在其《劝学篇·序》中告诫世人：“古来世运之明晦，人才之盛衰，其表在政，其里在学。”这里的“劝学”已经不是从“书中自有黄金屋，书中自有颜如玉”那种极微小的视野与心胸出发了，而是已从国家、天下、世运的格局来劝学了，襟怀气度已展示出很高的境界。

张之洞于1898年4月发表《劝学篇》，大体上是反对维新变法的，推崇纲常、名教；否定民权、立宪。因而受到守旧人士的赏识，称道说：“疆臣佼佼厥南皮，劝学数篇挽澜作柱。”(苏舆《翼教丛编·序目》)尽管张之洞反对维新，但也痛斥守旧派的泥古不化。他在《劝学篇·循序》中疾呼：“今欲强中国、存中学，则不得不讲西学。”而且认识到西学、西政中一切可以“补吾阙者”“起吾疾者”，都应在学习之列。（张之洞《劝学篇·劝学篇书后》）“1898年11月，美国传教士伍德布里奇把《劝学篇》译成英文，在《教务杂志》上连载，并在译序中称道说：‘长期以来习惯于在孔夫子陈词滥调下变得死气沉沉的中国人，终于在时代的现实面前苏醒过来。’1900年，《劝学篇》在纽约被更名为《中国的唯一希望》，全文出版。洋人的评价虽言过其实，但却也不无道理。1902年8月和1904年1月，张百熙、荣庆、张之洞等人正是在‘中体西用’方针的指导下，制定了壬寅、癸卯学制，以国家法令的形式启动了中国从传统教育向近代教育的历史性转变。”（杨宏雨《困顿与求索——20世纪中国教育变迁的回顾与反思》）张之洞的《劝学篇》在特定历史条件下，还是发挥了积极的促进作用。

由此联想到劝学在国际间的教育与科技竞争中同样起着重要作用。这里略说美国因苏联科技发展而深受刺激的历史事实，值得我国对照反思。

20世纪60年代以后，美国在面临来自其他国家挑战的形势下，产生了强烈的危机意识。特别是1957年苏联成功地发射了第一颗人造地球卫星，充分显示了勃勃生机和实力，表明当时的苏联已经在国防科技，尤其是在空间科学等方面开始超越自居于“自由民主”之首的美国，而占据领先的地位。这对美国是一次沉重的打击，震动了美国。他们一致把科技落后的原因归结为教育落后，认为为了与苏联抗衡，美国必须大力加强教育。美国上下对教育质量提出新要求是：每一名儿童都能够学习，并且都应该达到学业上的高标准。于是追求优质教育、追求平等教育等成为社会的一种共识。（何齐宗主编《现代外国教育理论》，高等教育出版社）

1984年，苏联进行了新一轮大规模教育改革，总结以往历次教育改革的正反两方面经验教训。其中，把“实现教育跟生产和科技的最紧密的一体化”作为高等教育改革的基本方针。美国于1987年发表《高等教育——应付新的挑战》白皮书，提出高等教育应同工商界建立更紧密的联系，更有效地为经济发展服务。法国决心“改变教育与社会隔绝的局面”，强调大学应“是发明创造的基地，又是工业和经济发展的动力”。德国、瑞士、澳大利亚、日本等一些国家，为加强应用研究和发展战略研究，对高等教育的专业设置进行了调整，实现高等院校教育方针的战略转变。

世界各国有识之士形成共识，这就是世界范围的经济竞争、综合国力的竞争，归根到底也就是科学技术的竞争和国民素质的竞争，而教育正在各类竞争中发挥着一种基础性的作用。（参见郑谦著《被革命的教育》，中国青年出版社）

可惜的是，我国自1966年废除高考到1977年恢复高考的十年间，完全停止了正常的教学秩序，广大青少年不上学，不读书，是何等的历史倒退啊！这时没有了劝学，而且反对读书学习，鼓吹“知识越多越反动”；个人读书研究，是走“白专”道路，要受到批判。至今想来是多么不可思议啊！改革开放后恢复高考，并扩大高校招生，至今国家教育已发生重大变化。《学记》所论的教育目的作用，倡导的劝学崇学精神，对增强国家科技实力，提高国民素质，形成全社会良风美俗，仍然是切合适用的。历史的经验教训不可忘却，目的是历史的悲剧不再重演。

《学记》学校建制与学程管理

《学记》在充分肯定教育目的作用的基础上，提出了教育制度与学校管理的设想。这是一个从中央到地方，从城市到乡村，从初级教育到高等教育比较完备而系统的教育体制。同时论述了“大学之道”，主要指大学教学的方法与路径。大学教育管理制度与学程规划既有总目标，又有分阶段实施的具体标准和要求，还体现出循序渐进、德智并重等符合教育规律的前瞻性理念。

一、学校建制系统

西周的学校制度集前代之大成，已构成比较完备的学制系统。周时已有教育行政法，中央设专职官员管理。因上古教育统计不易周全，一些典籍记载多有不合，各家的注释和理解更多分歧，但都可作参考。一般只能依据经典和注家的文字记载作综合判断，有些史实也不断被出土文物等史料所佐证。有些内容也可能是理想化的假设，并非实际存在，我们重在理解其内在的精神蕴含。能看到我国在两千多年前就有如此不凡的教育思想和教学管理水平，确实会使我们大开眼界，反思现实而得益匪浅。有兴趣者，尚可在此基础上展开深入一步的探究。

古代立学设教与地方组织制度有关。《学记》说：“古之教者，家有塾，党有庠，术有序，国有学。”据《周礼》所载，王城之外，百里之内是乡的组织；百里以外是遂的组织。乡属每二十五家组成里，设立“塾”。乡属每五百家组成党，设立“庠”。每一万二千五百家组成遂（术），设立“序”。天子的王城和诸侯的国都设立“学”。根据古籍书所载，我国古代学校制度似乎已能与地方行政建制相配合，设立相当的“塾”“庠”“序”等学校，而且在天子诸侯的首都或国中开办大学，选择各地方“庠”“序”学校的优秀子弟，进入较高一级的学校学习。当然，进入这类学校的基本上都是天子诸侯公卿等贵族子弟。这样统一的教育体制，是为中央集权的封建制政治经济制度服务的。有学者指出：“此等传说，多系儒家改制所托，在当时并不见得有此种整齐划一的教育制度；即令有之，但以教育权柄诸贵族，平民也就不见得有受普及教育的机会。”（《杨东莼学术论著选》，华中师范大学出版社）

二、考核考试与升学制度

（一）学年与学业考核考试

《学记》记载：“比年入学，中年考校：一年视离经辨志，三年视敬业乐群，五年视博习亲师，七年视论学取友，谓之小成。九年知类通达，强立而不反谓之大成。夫然后足以化民易俗，近者说服而远者怀之。此大学之道也。《记》曰：‘蛾子时术之’，其此之谓乎！”这里文字虽不多，却是一个比较具体且考虑全面的学程规划和完整的教育大纲，内涵十分丰富。

学生每年入学一次，每间隔一年考查学生学业及操行成绩一次。学习了一年后，就考查他们经文句读、析句分段的能力，辨别他们的志向所趋。学习了三年，就考察他们是否专心致志于学业，能否亲爱同学，乐于合群。学习了五年，就考察他们是否有广博的学识，能否亲敬师长。学习了七年，就考察他们能否讨论学问上的深奥道理和选择朋友。达到这些标准已可称为“小成”。学习了九年，就能闻一知十，触类贯通，临事独立判断而不惑，不再违背师道，这就可以称为“大成”。然后才能教化人民，移风易俗，使附近的人心悦诚服，远方的人也都来归附，这些就是大学教育的方法路径。古书上说：蚂蚁时时都在学习衔泥，小蚂蚁跟着大蚂蚁的路径走，大概就是说的这个意思吧。

以上分年考查学生学业和操行成绩的方法标准，虽然记载很简单，或也不一定全是事实，但可以肯定当时已形成了一定的制度。从学生开始入学起，以至最终结业止，已有严格的学籍管理和学业要求，而且都是依据循序渐进、逐步加深、前后连贯、各得其分的精神而规定的，从这里也可窥见我国古代年级制的萌芽。

何为“大成”？《学记》基本上按照子思、孟子的口径立说。《孟子》中讲“大成”只有孔子当之无愧：“孔子之谓集大成。”是“集三圣之事为一圣之事”，其分量之重，用以衡量二十来岁的小伙子是不切实际的。《礼记·曲礼》还有“四十曰强而仕”之语，表明“三十而立”还不过硬。这一说就与“九年”相关联，历来注释都认为是七年加两年。但“大成”要达到“知类通达，强立而不反”，似非两年所能达到。高时良研究认为：“‘知类通达’句前不冠以‘视’字，表明它与‘小成’有别，不是属于‘中年考校’范围，更重自觉地学习，如方苞所说的‘非教者所能程，惟学者之自致焉耳’。”（《学记研究》）此亦聊备一说。当然，“知类通达，强立而不反谓之大成”的内涵，亦可从深浅、宽窄等不同层面之要求去理解。

那时学期学年之长短，后世已难详考。“但一年中之四季，为四个学期，则颇有说以证明之。且四学期中之每一学期，所教之事，各有不同。大抵春夏学干戈与羽龠于东序，诵歌于瞽宗；秋会于瞽宗而学礼；冬读书于上庠，此其教育之大概也。但人民之务农者，不得终岁受教。然为普及教育计，亦不得不有以为之备。故古者耕稼毕，男子未有室者，咸入学听讲。冬至，复之田亩，备农事。期45日，化民成俗，意志善，法至美也。”（《中国教育制度沿革史》）这里描绘的也是学习与季节相合，与农事结合，专业与业余结合的美好教育图景。

（二）入学与升学之法

西周时的入学年龄，据古籍记载，诸说不尽一致。据《大戴礼·保傅传》及《白虎通》之说，王太子自8岁入小学，15岁入大学。据《尚书大传》之说，公卿、大夫、元士之嫡子，为13岁入小学，20岁入大学。入学年龄之迟早，是以贵贱而分。王太子所以较卿大夫之长子为早，信其智能较聪慧。后人从《白虎通》之说者较多。（参见《中国教育制度沿革史》）《白虎通·辟雍》：“八岁入（小）学，学书计；十五成童志明，入大学，学经术”。按照此说，“学生十五岁左右入大学，七年后‘小成’，约为二十一岁，加上九年深造，到三十岁，政治上和思想上达到‘强立而不反’，正符合孔子‘三十而立’的说法，亦符合《学记》‘虽离师辅而不反也’之意。这样，从‘小成’过渡到‘大成’将是九年，而不是两年。”（《学记研究》）笔者也认为，从“小成”到“大成”是再需要九年的磨炼，而不是仅两年就能达到的，此说比较符合学生成长成才的年龄实际情况。

西周时的升学制度已经比较完备。“选于党庠者，升于州序；选于州序者，升于乡庠；选于乡庠者，升于诸侯之泮宫；而其中之超群者，则升于国学。凡学者自此学而升入彼学，乃尊荣之事也。士之秀者，司马论定其材，使之任官，或王都，或侯邑，而后与之爵禄。”这里已充分体现了升学与仕途、官爵的紧密结合。“唯入学必经考试也。所试者为德行、言语与治事之才能。选与小学者，则升于成均，而天子与其处，亲受杯酒，以为荣宠。反之，考试不及格者，则留读以待下次之考试。然苟学者，于德行、言语、治才三者，有一擅长，亦可升入大学。”(《中国教育制度沿革史》)可见这制度既严格，也有灵活性，给有专长者留有机会。

三、考校制度的特征

首先，这是我国及世界上最早的教学考试制度。《尚书·舜典》记载：“三载考绩，三考出陟幽明。”后在《周礼》等也有相关“考校”之记载，但这些都指选官之考。《学记》的“比年入学，中年考校”，则专指学校教学考试。考校对象是学生，内容是课业与操行的考查考试。尽管当时也只是定期检查学生品德和课业水平达到某一程度。可能“考校”结果也是教师和主管学校的官员作出的“等级”判断，但这却是我国及世界上最早的教育评价雏形，正源于我国两千多年前的教育论著《学记》。

其次，注重运用考试手段来保证教学要求的实施。整个考试考核过程规划合理，规格要求具体明确。一定程度上反映了我国早期大学教学的体制已经相当完备，教学规程和教学质量检查考核制度已非常周密有序，教学内容也已经很丰富，这应该是在长期教育教学经验积累的基础上总结发展起来的。

再次，考校制度人性化，德智并重，体现学生心智成长的规律。在学业方面注重阅读、分析和思维能力的培养，如：“离经”“博习”“论学”“知类通达”等等。在德育方面重视培养学生远大志向和群体意识，如：“辨志”“乐群”“亲师”“取友”“强立不反”等等。“志向”乃是学生学习动力的心理基础，对学生培养矢志不渝的学习毅力和坚定信仰，确实起着至关重要的作用。

最后，考校制度体现以社会为本位的教育特征。考试考核内容密切联系社会需要，引导学生树立社会责任心。完成学业以后的目的是“足以化民易俗，近者说服而远者怀之”，培养“修己安人”的政治人才。社会是由人组成的群体，所以大学教学与考核有“乐群”的要求，十分强调群体意识。又如：“亲师”“取友”“强立不反”等要求，无不充满人文情怀，这些都是社会和谐发展不可或缺的。两千多年前能有这些考核内容，不能不钦佩那时“大学之道”高瞻远瞩的先进理念。

另外，值得指出的是，《学记》中的大学教学与考核内容均忽视了自然科学知识。蔡元培早年就认为：“我国古代学校的课程，过分重视人文学科，特别是文学、考据学等。我国早期的教育制度实际上只重视个人修养的尽善尽美，重视培养个人的文学才能，而不注意于科学方面的教育。”(《蔡元培教育名篇》，教育科学出版社)，此分析中肯到位，也符合《学记》的实际情况。

大学开学典礼及劝学寓意

古代大学在开学的时候，需要举行隆重的典礼仪式。整个活动过程，彰显礼仪之邦的文明文化，也展现礼治社会中礼仪活动的教育约束功能。典礼活动中，由最高统治者或主管教育的国家官员祭奠先圣先师，竭力渲染敬道崇学及“官其始也”的氛围。并要告示教学规程及师生需要遵守的“教之大伦”，体现教学之极其郑重和规范的意义。这些都预示着新学年新的开端，也寓意着师生新的期盼与祝愿，劝学勉学蕴含其中，现在看来也仍是具有积极意义。

一、大学开学之“典礼”

我国古代学校开学，很早就有一套完整的仪式。《学记》寥寥一千二百多字，也不忘记载开学时候“皮弁”“祭菜”“鼓箧”等典礼活动，目的是敬道崇学，重在劝学勉学。因此，那些“礼”已成为学校教学和管理中不可或缺的组成部分，并对主管教育的官员、教师和学生都起着警示与激励的作用。

《学记》说：“大学始教，皮弁祭菜，示敬道也。《宵雅》肄三，官其始也。入学鼓箧，孙其业也。”当大学开学的时候，天子就让主管教学的官员穿戴皮制弁帽的朝服，主持一场十分隆重的典礼。让他用苹藻一类菜蔬来祭祀先圣先师，向学生表示对于道术的尊重。学生吟诵《诗·小雅》中的《鹿鸣》《四牡》《皇皇者华》三首反映君臣宴乐和相互慰劳的诗歌，使学生在开始学习时就能为以后当官而各自勉励。学生听到击鼓声，就打开书箧，各自拿出自己的书籍。如此郑重其事的仪式感，目的是为形成庄严神圣的学习氛围，提示学生当有敬畏之心，让他们一开始就能恭顺自己的学业。

这里需要进一步理解“皮弁”“祭菜”“鼓箧”等我们已经久违的词汇，但其中都蕴含着极其丰厚的历史文化积淀与智慧。

“皮弁祭菜”：“皮弁（biàn）”，古代用白鹿皮制作的尊贵的帽子，也是古时天子在朝的礼服。因“皮弁祭菜”在原文中无主语，注解不免产生诸多分歧，因为在那时等级社会中，穿衣戴帽也是等级身份的体现。此条注解有说是天子敬学之礼；有说是主管教育官员代表天子敬学之礼；有说是士敬学之礼。有人认为“皮弁祭菜”之礼，是天子专用之礼。“君礼”，士是不得逾越的。那么，“士”能否戴上皮弁呢？“北宋治礼专家陈祥道这样说：‘古者天子以皮弁视朝，而士以之为饰，则皮弁上下通服，而三王共焉者也。’但同是皮弁，卿大夫以上有饰，士无饰。这是等级制度在服饰方面的反映。”（《学记研究》）在此，我们可深切体味到“礼治”社会，封建统治者为维护封建等级制度的良苦用心。

“祭菜”：指用“芹藻”之类祭先圣先师。又作“释菜”“舍采”“择菜”。“祭菜礼”，取其简单朴素，这是古时读书人在入学时所行的一种典礼，即用苹（又叫苹蒿，嫩芽可以食用）、蘩（白蒿）等野生菜蔬祭奠先师，敬奉给老师，以此表示尊师从道。“祭菜”的典礼仪式在夏代已经形成。据《夏小正》经文：“二月：……丁亥，万用入学。”传文解释说：“丁亥者，吉日也。万也者，干戚舞也。入学也者，大学也。谓今时大舍采也。”（《中国教育思想史》第一卷）此可见其历史渊源之深厚久远。据史载，释菜礼在秦以后成为一种制度，唐代已发展为成熟的太学开学典礼仪式。目的在于对刚入学的学生进行一次尊师重道的教育，激发学生亲师爱学，对老师的教育能怀感恩之心。近年来常见报道，一些地方正在重现释菜、释奠的尊师古礼。释奠礼比释菜礼更隆重，还要有乐有舞。

“《宵雅》肄三”：《宵雅》，即《小雅》，是《诗经》三百首中的篇名。“肄”，是学习。“肄三”，就是学习《小雅》中的《鹿鸣》《四牡》《皇皇者华》三首诗歌。其内容如陈祥道所说，《鹿鸣》主于和乐，《四牡》主于君臣，《皇皇者华》主于忠信，可以看出它同国家政治生活的关系。上层社会的子弟，只要于“和乐、君臣、忠信之道不阙”，便“可以入官从政”（参见《学记研究》）。这便是《学记》说的“官其始也”。在祭菜礼时，歌咏此三首诗，以激发学生的为官之志，并渲染一种与民同乐共欢的气氛，也有各自劝励互勉的意思吧。

“鼓箧”：“箧”，是竹编的方形书筐。“鼓箧”，指入学时要击鼓召集学生，表示要郑重而认真、警惕地对待书本。“孙其业”，是使学生要谦逊恭敬地从事于自己的学业。“鼓箧”又常用以喻大学入学时的一种盛况和热闹的气氛。

二、《学记》说“教之大伦”

大学开学时，除了举行典礼外，还对学生提出应有的警惕事项，宣布应该遵守的规约，继而订定视学时间，并告诫教学时必须遵守的原则，这些都是当时大学教育工作的主要大纲。由此可见，当时不但统治者要重视抓好教育工作，教师也要严格遵守这些大纲中的原则。

《学记》又说：“夏楚二物，收其威也。未卜禘不视学，游其志也。时观而弗语，存其心也。幼者听而弗问，学不躐等也。此七者，教之大伦也。《记》曰：‘凡学，官先事，士先志’，其此之谓乎！”此节意思是说，夏、楚两种木条做的鞭棒，是老师用来打罚不上进学生的，使他们有所畏惧，以收得整肃的威仪。夏天还没有禘祭以前，天子就不到学校去视察考查，使学生能够优游宽缓地用心学习。老师要时常静观默察，不必多说话，使学生在内心自觉地受到启发。年幼的学生只能听讲，不要乱发问，那是因为学习需要一步一步地循序渐进。这七项是教学的大道理。古书上说：凡是教育学生，对那些带有官爵入学的，首先要指导他们如何办事，处理政务；对那些未带官爵入学的，要首先指导他们确立坚定的志向。大概就是说的这个意思吧。

这里也有必要进一步解释几个词语，以能帮助我们更好理解文意。

“夏楚二物”：“夏楚”，都是木名，古时常制成长形的木条，用以责打犯规的学生，就是俗称的戒尺，这是教育体罚的实物。王夫之撰作的《尚书引义·舜典二》说：“是故夏楚之收，以施于弦诵之不率，而司徒之教，未闻挞子以使孝、扑弟以使顺也。”可见“夏楚二物”，主要起到整齐严肃之畏惧的作用，也不常用，还应以耐心教育，使其内化为上。有意思的是，捷克教育家夸美纽斯竟然也持《学记》同样的观点。“他认为体罚是执行纪律的极端措施，学校不能完全放弃。”同时，夸美纽斯又在其《大教育论》中强调“不过我们总该格外当心，这种极端的方法不可用得太随便、太热心，因为倘若我们滥用了，那么责打应当对付的不服从的极端情形还没有发生，我们早已智穷力竭了”。（均见赵祥麟主编《外国教育家评传》第一卷，上海教育出版社）这也是世界上人性相通之缘故吧，教育家们英雄所见略同。

“卜禘视学”：“禘”，是祭祖，但不是一般人都可用的祭祖。从字形上就看出，这为统治者所专用。祭祀前必先占卜，故称“卜禘”。“视学”，是到学校去考察学生的学业成绩。古时天子每年视学，必先祭祀，故“未卜禘不视学”，体现统治者重视教育，劝勉师生继承祖先开创的事业。禘祭本身也为“礼治”“化民”的手段和方法之一。“游其志”：一般作优游从容，让学生得有充分的时间专心致志地学习。

“时观而弗语”：是说教师要时时观察学生的学习情况，给学生思考的余地，而不马上告之答案。而要在他们内心有所要求，迫切需要启发时才告诉他们。即所说的“存其心也”。这是遵循启发式教学的原则，学生必须自己动脑思考的问题，教师要把握好讲解的时间与火候。

“幼者听而弗问，学不躐等”：那是不同年龄层次学生混合一起上课的模式，不是按照年级的分班制。未经历过的很难想象和理解，笔者当年插队落户时，不仅见过村里的孩子自带大大小小的凳子去上学，我也当过他们的老师。联想到几十年前的复式班，教师对高年级学生讲课时，希望低年级学生不提问插嘴，以遵守课堂秩序，使教学能正常进行下去。学生有年龄差距，不能教之同样的内容。

教师对年长的学生进行教学时，年幼的学生只能听而不问，这说明求学之道应该循序渐进，“学不躐等”，不可超越等级。

“官先事，士先志”：意思是对有官爵的学生指导他们如何办事，对未带官爵的学生，要先指导他们立志。这里反映了两方面的信息：一是学生有“已仕”和“未仕”的两种身份。“已仕”的即已为“官”，是已经有了爵位、封邑的学生。先事的“官”，是“仕而优则学”；先志的“士”，是“学而优则仕”，目的都是学习以后成为统治者。二是两种身份学生的存在，体现了政治上不再是“任人唯亲”一条路，这是历史进步潮流在生源上的体现。

三、开学典礼的内涵解读

首先说“礼”的内涵。《礼记》以“礼”命名，但不是专谈礼仪的书，而是一本教育人如何知礼向善的著作。礼从开始敬鬼神的祭祀，发展到礼治人情、讲修睦，直至成为“君之大柄”。礼与政的结合，必定会反映到教育上来。《学记》开学之“礼”，正是其开篇所说“君子如欲化民成俗，其必由学乎”的有机组成部分，化民即是教育。开学典礼的形式本身，就是一种潜移默化的教育。我国大学开学“礼”之传统已很久远，《大戴礼记·夏小正》已有记载：规定了夏历二月为大学开学日期，并举行开学典礼。这不仅反映出学校教育发展的历史轨迹，那时已经有学期学年的教学内容安排，并已经成为自觉意识或制度。同时还可以看到尊师养老之类礼仪教育已成为夏人对学校教育的基本要求。礼仪形式也随时代发展不断赋予新的内涵，如“祭菜礼”在秦以后成为一种制度固定下来，到唐代已发展为成熟的太学开学典礼仪式。

笔者所在地有历史上著名的东林书院，最近几年正在重现东林尊师古礼。“祭菜礼”又称“释菜礼”，是古代东林书院的传统礼仪。书院根据《东林书院志》中记载，对东林书院原有的释菜礼进行恢复，主要为了祭祀孔孟贤圣和东林书院的先贤。现代家长也认可“不学礼，无以立”的古训。这出自《论语》的简单六个字，却道明了不学会礼仪礼貌，就难有立身之处的大道理。国人出境旅游不文明现象为何频现？中小学生校园暴力为何频发？专家们认为礼是社会一切活动的准则、修身的主要门径。在当代中国，传统礼学依然有其生命力。过去，中国人在童蒙教育阶段即教以礼，今天，这一环节仍不可或缺。内涵可按照时代发展而改进。（参见《江南晚报》2017年4月3日）

其次说“官其始也”的内涵。《学记》此章开始就说：“大学始教，皮弁祭菜，示敬道也。《宵雅》肄三，官其始也。”隆重的大学开学典礼，内在蕴含就是教育学生，要明确为日后当官从政而学习的目的。这是“读书当官论”教育目的观的最好例证。这是对中国人数千年“读书当官论”的深刻揭示，也是“万般皆下品，唯有读书高”这一价值取向的渊源所在，它得到了中国人世世代代的认同和追求，至今绵延不息。就此“官其始也”一句话的揭示，我们就可明白《学记》内涵有多么深刻而深远！

章太炎启蒙于国学世家

《学记》有言：“良冶之子，必学为裘；良弓之子，必学为箕。”好铁匠的儿子，一定先学会缝补皮衣；弓匠的儿子，一定先学会编制畚箕。后有成语“为裘为箕”，喻指子弟能继承父兄的事业，往往是指家传的祖业。家学，是家庭里世代相传的学问。章太炎这位经学宗师的斐然成就，超越了寻常的博学弘通，显然与他深厚优渥的家学渊源分不开。了解和领悟他独特的家学、家风，有利于我们更好理解他的传承脉络、学术生涯和为学风范，也能开拓我们求学为学的视野和境界。

一、章太炎的学术成就

章太炎（1869—1936）浙江余杭人。初名学乘，后改名炳麟，字枚叔，或作梅叔。又因仰慕顾炎武（名绛），故改名绛，别号太炎。他用过的笔名、别号颇多。这是一位杰出的中国近代民主革命家、思想家、著名学问家。

“章太炎是20世纪中国思想史、学术史上屈指可数的巨人之一，他的独特的学术贡献可当之无愧地称作‘章学’，是20世纪中国国学的一块瑰宝。”（姜义华著《章太炎评传》自序，百花洲文艺出版社）章太炎思想、学术独树一帜，在文学、历史学、语言学等方面均有建树。著述除刊入《章氏丛书》《章氏丛书续编》外，遗稿又刊入《章氏丛书三编》，在中国学术史上留下灿烂瑰异的篇章。他多次修订再版的《訄书》等著作，永远载入史册，其宣扬革命的诗文，影响很大。

章太炎主笔、主编或主持的报刊有10多种，如：《时务报》《经世报》《实学报》《昌言报》《苏报》《民报》《教育今语杂识》等重要刊物，如此气魄，实属罕有。

章太炎授徒讲学，声名显赫，成其一大特色。章门弟子众多，尤其是名人之多，引人瞩目。当时北京大学有名的教授，大多出自章太炎的门下。弟子及徒孙中，志士仁人、英才俊杰云集。如：黄侃、朱希祖、钱玄同、周树人（鲁迅）、沈兼士、胡适等，以及吴承仕、许寿裳、刘文典、周作人、苏雪林、马裕藻、柳亚子等等，这些名人也都纷纷在历史上留下耀眼显赫之光。

章太炎能有如此思想、学术成就与声望，是其一生的聪慧与努力，但是不可忽视他幼年非同寻常的家学，为其奠定了坚实的基础，他为学治学的志向早已萌发在心里。这里或可以初窥其向学的志趣所在和家学承继之脉络。

二、三位国学启蒙老师

章太炎的家庭教育颇可关注。他出身于国学世家，家学渊深。从小家教甚严，尤其得益于外祖父、父亲以及哥哥的国学启蒙，自小打下了坚实的旧学根柢。

章太炎出生于浙江余杭东乡。曾祖父章均，数十年经营房产、田地和畜牧业。积累一定资产后，曾捐资建立苕南书院和章氏义庄，开办义塾，以供合族子弟入学念书。章均是县学增广生，做过海盐训导。祖父章鉴，是县学附贡生，曾被选贡为国子监生，喜欢购书、藏书，曾收藏宋、元、明旧刊本五千卷。这些珍本后来都毁于兵灾，但留下的藏书目录，仍可使章太炎想见当年盛况。（参见《章太炎评传》）真可谓书香门第，世禄之家。

章太炎父亲章濬，是县学廪生，曾经担任过余杭的县学训导，在杭州诂经精舍担任多年监院。诂经精舍，专意于培养青年汉学家。“肄业于是者，讲求古言古制，由训诂而名物，而义理以通圣人之遗经”。（俞樾《春在堂杂文》卷一）精舍中建有许慎、郑玄祠，纪念和崇尚这两位文字学大家，其办学宗旨显而可见。现存《诂经精舍课艺文三集》己巳年上下两卷和《诂经精舍课艺文四集》十六卷，分别刊刻于1869年和1879年，校刊者就是章濬和相当有名的汉学家孟沆、高学治等人。章太炎刚懂事时，父亲便教他识文断字。由这样一位专业的文字、训诂学家亲授课业，章太炎的旧学根柢自然是非同寻常了。

章太炎的外祖父朱有虔，一字左卿，浙江海盐人，家学渊源更深。其祖父朱兰馨是乾隆辛丑进士，官至吏部稽勋司员外郎，著有《松乔诗抄》。父亲朱锦琮，先在国史馆为誊录，后来历任安徽、江西、山东等地知县、知府。并潜心汉学，著有《治经堂诗文集》四十卷、《信疑随笔》十二卷和《治经堂外集》等。朱有虔本人是庠生，撰有《双桂轩集》二十卷和《读书随笔》若干卷。

1876年，外祖父来余杭亲自为外孙启蒙教育。他根据清代汉学由声音、文字以求训诂、由训诂以求义理的治学要求训导外孙。对当时约9岁的孩童，“授音必审，粗为讲解”，历时四年，使其“稍知经训”，在文字音韵方面打下了很好的基础，这就像有了武功中的卓越的“童子功”那样了。此后外祖父返乡，由其父亲和大哥章炳森督教，课以律诗和科举文字。

章太炎哥哥章炳森，又名章篯，比章太炎年长16岁，是其接受启蒙教学的又一位严师。章太炎出生时，他哥哥已经是县学生员。章太炎由父亲亲自课读时，哥哥已是县学训导。章太炎回忆“时闻说经门径于伯兄篯，乃求顾氏《音学五书》、王氏《经义述闻》、郝氏《尔雅义疏》读之，即有悟。自是一意治经，文必法古。”（《太炎先生自定年谱》光绪十一年）许慎的《说文解字》、段玉裁的《说文解字注》、顾炎武的《音学五书》、郝懿行的《尔雅义疏》，都是文字音韵学方面的一批权威性著作，通过精研这批名著，章太炎对我国古文字和古音韵有了较为系统的了解。接着，他仔细研读王引之的《经义述闻》。在《经义述闻》中，王引之利用古文字学方面的新成就，广泛援引各种古代文献，对儒家经典中许多经文作出了超越前人的较为准确的解释。从这部著作中，章太炎窥见了步入汉学堂奥的阶梯。（参见《章太炎评传》）可见，章太炎哥哥又是汉学方面的专业行家，精准的指点和导向，使章太炎径自跨进了国学殿堂。

三、自我发愤砥砺

家学是外在的陶冶，是一种文化氛围和学习境遇，对学习者起着十分重要的作用。但是要取得学习成效，关键还在内因，还得靠学习者自身主因的契合、吸收，产生内在的动力后，才能获得自我的进步成长。章太炎的性情、天分和志趣颇与父兄、祖辈启蒙路径相合，故承继了家学，能浸润其中，并发愤砥砺，求取新的创获。

父亲起初希望章太炎进学中举，指定他读《四书》，学律诗，作八股文。后章太炎曾应奉父命参加县试，却因癫痫病发而退出，此后其父同意他放弃八股制义，专心学业，“颇涉猎史传，浏览《老》《庄》”。此可见章太炎很早就已经接触《老子》与《庄子》了。

章太炎从1886年开始，用整整两年时间，通读了道光年间刊刻的《学海堂经解》。这部丛书，凡七十四家，一百八十八种，共一千四百零八卷。在这之后，又通读了光绪年间刊刻的《南菁书院经解》，这部丛书收录著作凡一百一十家，二百零九种，共一千四百三十卷。这一番扎实的基本功，真是“茫茫书海苦作舟”，也应了“梅花香自苦寒来”。经由此番苦功磨砺，使章太炎治学站到了较高的起点上，且受用终身。

1890年，父亲去世后，章太炎直接去了诂经精舍深造整整七年。师从精舍院长俞樾，研治群经与诸子。正规的课程就是学习训释诸经疑难字句名物，进而阐明经文本义。重点是训练字句疏解，能阅读古代典籍。在此，章太炎还可向高学治、谭献、黄以周等著名专家问学。尽管如此，章太炎认为：“学问只在自修，事事要先生讲，讲不了许多。予小时多病，因弃八股，治小学，后乃涉猎经、史，大概自求者为多。”（《章太炎先生答问》，《太炎先生最近文录》附录）章太炎渊深的家学基础，诂经精舍名师训练，再加坚持自修并独立思考。他尤善在阅读古籍、关注典章制度时，倾注了对政治兴亡得失的关切，开始了学业上新的探索。他又将眼光投向世界，阅读江南制造局、同文馆和广学会所译的西学书籍，系统地了解西方自然科学和社会政治学说。

著名学者陈衍曾对青年时代的钱钟书说过“学”之要诀，曰：“为学总须根柢经史，否则道听途说，东涂西抹，必有露马脚狐尾之日。”其实不仅是经史，还有子集等，不仅是国学还有西学，如果有这些中西的基本文献经典为根柢的话，那么生命的枝干与花叶必定更为丰茂卓越。章太炎就是掌握了这一“学”之要诀，终获花果飘香的思想与学术之硕果。

章太炎于书法也有造诣，他的篆籀，纯是金文，有本有源，蔚然成大家。他对于医术、医理也颇多研究，早年就阅读过医书，记诵古医方。因其精深的哲学修养根柢，使之能旁通古代医经，能够综合了解病理成因，在医理探究方面下过功夫。其在医学理论方面的建树，得到医学界认同，曾在上海、苏州多所国医学院、国医研究院任过院长。《章太炎全集》第8卷为《医论集》，收集了章氏医论134篇。（参见姜义华著《章炳麟评传》，南京大学出版社）足见其对医学界之贡献不俗，想见其学术门类之宽广而博综。

章太炎的家学，奠定其深厚的旧学根柢，形成其鲜明的经学专长；对西学又有自己独到的见解和体悟，使他在学术上孑然屹立，贡献独特。幼年时受祖父及外祖父的民族主义熏陶，通过阅读《史记》《东华录》等书，奠定了贯穿其一生的思想观念，并在后来与《春秋》的夷狄观以及西方的现代民族主义观点相结合，形成具有其个人特色的民族主义观，使其能成为中国近代“有学问的革命家”。鲁迅先生在《关于太炎先生二三事》中说，“我以为先生的业绩，留在革命史上的，实在比在学术史上还要大”；“七被追捕，三入牢狱，而革命之志，终不屈挠者，并世亦无第二人；这才是先哲的精神，后生的楷范”。有兴趣的读者，不妨再了解章太炎在“革命史”上的经历，或许会有更多新的触发和体悟。

家训遗命与寡母课子

中国的家训、家规、家教里对于家人以及后代的训学、劝学、勉学都置于极其重要的地位。从古至今，精深宏富的家教箴言、遗命训诫，口传心授，浸润了一代代孩童学子的心灵，激励着他们进德修业，奋发有为。许多仁人志士、学界翘楚、国家栋梁之材，更是得益于孩童或青少年时代家训家风的滋养熏陶。

一、家训家规之传统

人生从家庭开始，父母、家人的言传身教，是孩子的第一课堂。人之初，善恶并存，而人本应向善，所以幼年时受到的启蒙教育，会影响人的一生优劣。历代家训家教关注最多的是教育后代读书明理，进德修业，留下脍炙人口的寓言传说、成语典故不计其数。

蒙童读物《三字经》有言："昔孟母，择邻处；子不学，断机杼。""孟母三迁"，大家耳熟能详，几乎家喻户晓，都知道要为孩子选择利于学习成长的良好环境。"子不学，断机杼"，即孟母"断织"，汉刘向《列女传·邹孟轲母》载传说，孟轲少时，废学归家，孟母方绩，因引刀断其机织，曰："子之废学，若吾断斯织也。"孟轲因此被激励，勤学奋发，终成大儒。后来也成为母亲督促子女勤学的典故。唐代骆宾王《上兖州张司马启》就用此典："加以承断织之慈训，得锐志于书林；奉过庭之严规，遂容情于义圃。"可见慈母严厉教子、劝学勉学的影响世代流传。

人初之学习尤其重要。《文心雕龙·体性》："夫才有天资，学慎始习，斫梓（指砍削木材，制作木器）染丝，功在初化，器定采成，难可翻移。"孩童处于成长阶段，可塑性强，此时教育有事半功倍的效果。一旦形成陋习，要改则难矣。《晋书·王导传》："故圣王蒙以养正，少而教之，使化沾肌骨，习以成性，迁善远罪而不自知，行成德立，然后裁之以位。"幼时之教化，容易止邪于未形，防患于未然，使之徙善远罪而不自知。

《颜氏家训·勉学》："见有闭门读书，师心自是，稠人广坐，谬误差失者多矣。"此中又力戒"师心自是"，即是固执己见，自以为是。师心者，以心为师；自是者，自以为正确。后来又由此化出"师心自用"之说，如唐代陆贽《奉天请数对群臣兼许令论事状》："又况不及中才，师心自用，肆于人上，以遂非拒谏，孰有不危者乎？"宋陆九渊《与张辅之书》："学者大病，在于师心自用。师心自用，则不能克己，不能听言。"严复《救亡决论》："夫陆王之学，质而言之，则直师心自用而已。"当然，笔者还认为"师心自是""师心自用"成语，或许可以远溯至于《庄子·齐物论》："夫随其成心（指成见，主观偏执之见）而师之，谁独（岂，难道）且（语助词）无师乎？""成心"与"师之"，便是自己师其成心，亦即"师心"且又含"自用"与"自是"的意思了。

二、重视德业并举之教育

家庭、父母和社会交往等成长环境，对孩子潜移默化的影响作用是十分重要的。孩子在家庭教育中涵养的性情，形成的道德习惯是终生难忘的，有的甚至一生都难以改变。所以，善于教导子女的人，首先要重视孩子的早期道德教育，让他们从小就能明辨邪正、善恶是非，学好样，走正道最为重要，这将对孩子一生的成长起决定性的作用。若以恩宠、声色、财利、权势去诱导，则会助长孩子的私欲，毁坏品性而误入歧途。陆游在《放翁家训》中指出："后生才锐者，最易坏。若有之，父兄当以为忧，不可以为喜也。切须常加简束，令其熟读经子，训以宽厚恭谨，勿令与浮薄者游处。"否则，"其可虑之事，盖非一端。"陆游深悟对聪明孩子更要严格要求，严加管教，实为经验之谈。

清代甘树椿的《甘氏家训》有言："我欲汝等读书，并非要汝等猎取高官厚禄，为宗族交游光宠。但欲汝等学道理，识礼义，为乡里善人耳。谨身节用，以养父母，方可谓之佳子弟。世习诗书，不坠先绪，方可谓之老世家。若性情乖僻，行检有亏，虽猎高科、跻朊仕，吾不取也。"（卢正言主编《中国历代家训观止》）甘树椿阐明让子女读书，并非为了将来升官发财、光宗耀祖。首先要他们学好做人的道理，做乡里的好人、父母的好儿女。只有世代习诗书、践礼仪，才能接续祖先的功业家风，才可称为世禄之家。如果情性乖僻，行为不检，即使享有高官厚禄，也不足取。这里强调读书贵在明理识礼，教育子女重在先做人，做社会有用之人。这也是"教"之本，也是值得今人嘉许点赞的警醒之言。

家训家风，直接影响着孩童个人与家族的命运。山西省闻喜县礼元镇裴柏村的闻喜裴氏，是中国历史上声名显赫的名门巨族之一，先后出过宰相59人、大将军59人，正史立传与载列者600余人。"天下无二裴"，是对裴氏家族的褒誉。研究者指出裴氏家族之所以在我国历史上声名显赫，经久不衰，除了特定的历史因素外，与严格的家训家规密切相关。裴氏的家训家规，是这一家族最闪亮的文化符号，譬如12条《裴氏家训》、10条《裴氏家戒》等。现代研究者归纳出"重教守训，崇文尚武，德业并举，廉洁自律"，要求家族子弟崇德尚德，以孝友立身，以勤俭持家，以忠义为本，以才学自立，以仁爱待人，做到廉洁奉公、忠心效国。另外家训进行正面引导，是道德高线；家训列出负面清单，是纪律底线：两方面的标准正反结合，共同发挥着训育教化作用。（《新华每日电》）

三、胡适父命遗训与寡母课子

现代学者胡适幼时之家教亦感动人心。胡适（1891—1962），徽州绩溪人，原名嗣糜，笔名胡适，字适之。著名思想家、文学家、哲学家，以倡导"白话文”，领导新文化运动闻名中外，为中国现代新文化和新文学的开拓者之一。胡适一生读书、著述，治学严谨，成就卓著。主要著作有《中国哲学史大纲》（上）、《尝试集》、《白话文学史》（上）和《胡适文存》（四集）等等。在很多领域具有开创性成果，给后人留下很多宝贵的精神财富。父亲的开蒙与遗命，寡母课子的艰辛与严厉，成为胡适一生努力的内在动力，激励他一生与书结缘，严谨刻苦地做学问，终成名师大家。

（一）父亲开蒙以学为人

胡适之父胡传，出生于经营茶叶的商人家庭，因他在私塾读书，表现出读书的才能，故未走从商之路，坚持读书。尽管科场并不如意，曾四方游历，后到达台湾，任台湾巡务总巡。虽在官场游宦多年，本质上仍是文人学者，有著作《胡铁花遗稿》留世。胡适在《我的信仰》文中说他父亲“是一位学者，也是一个有坚强意志，有治理才干的人”。胡适开蒙较早，还不满三岁，父亲就教他识字，很快就能识七百多个字。胡适读的第一本书是父亲亲自编写、手抄的四言韵文《学为人诗》，主要也讲做人的道理。其中开篇有言：“为人之道，在率其性。子臣弟友，循理之正；谨乎庸言，勉乎庸行；以学为人，以期作圣。”这些教言体现了当时的主流教育观念，也寄予着父亲的殷切期望。在书的后面写道：“五常之中，不幸有变，名分攸关，不容稍紊。义之所在，身可以殉。求仁得仁，无所尤怨。古之学者，察于人伦，因亲及亲，九族克敦；因爱推爱，万物同仁。能尽其性，斯为圣。经籍所载，师儒所述，为人之道，非有他术；穷理致知，返躬践实，黾勉于学，守道勿失。”这些话语也很有深意，胡适与其寡母生活在当时封建大家庭中，唯信守这些人伦礼仪，才能和睦相处，由此也养成了胡适宽和温良的性格品行。

胡适读的第二本书，也是父亲编的《原学》。可惜胡传早逝，留下23岁的妻子和不满4岁的儿子，也留下了让儿子读书的遗命。“给我母亲的遗嘱上说穈儿（我的名字叫嗣穈，穈字音门）天资颇聪明，应该令他读书。给我的遗嘱也教我努力读书上进。这寥寥几句话在我的一生很有重大的影响。”（胡适《九年的家乡教育》）胡适年幼丧父，很难体会父亲的挚爱之情，但父亲的著作与遗命给了胡适一生的精神力量，书籍成为胡适的生命世界，激励他一生遨游书海，终究登临成功的彼岸。

（二）寡母课子读书上进

父亲去世后，母亲就送胡适去家乡私塾读书。每天早晨天还很早，胡适就被母亲叫起来。母亲上的第一课就是让胡适反省昨天的过失，接下来是强调父亲让他好好读书的遗嘱和让他以父亲为榜样之类的话。母亲为求得老师多给胡适帮助，煞费苦心。母亲多给老师学费，目的是希望老师对胡适严格要求，并能对儿子进行逐字逐句的讲解。母亲对儿子要求相当严格，一旦犯错就严加惩罚。

母亲也很有眼光和胆识。胡适14岁时，母亲就送他到上海去读书，后胡适又到美国留学，一心只指望儿子读书进取。在胡适留学期间，母亲重病，为不耽误儿子学业，母亲照了照片，让人收拾好。并嘱咐家人说，一旦她死后，要继续给胡适写信，先不要让胡适知道，让胡适学成回来，再把照片拿给他，见到照片如见母亲本人。后来，胡适母亲病愈，但她这种坚定与决断真是感人肺腑！

胡适还在日记中写道，在他留学期间，家中经济十分困难，母亲往往靠典当首饰过年。但当母亲听说守焕家有一部儿子喜欢的《古今图书集成》要卖，她竟然借钱80元买下这部书。胡适说："吾母遭此窘态，犹处处为儿子设想如此。"（1914年3月12日《胡适日记》）胡适深知母亲用心之良苦，发愤读书。同时，为宽慰母亲，胡适请人拍了一张在室内的读书照片寄给母亲。胡适深知母亲最大的心愿就是他能好好读书，学成回国。胡适一生读书不辍，嗜书如命，深牵着母亲的严责与期盼。母亲是胡适人生的启蒙老师，也是胡适与书结缘的重要带路人。（参见王兆胜著《一生伴书走天涯——胡适的读书生活》）

胡适母亲的这一课子图景很艰难，也颇励志感人。其母一生辛苦，课子读书、教子进取，演绎了现代版的恪守父命遗训，寡母课子成才的范例，永存人世间，亦给我国传统的家训、家教文化增添了新的浓重一笔。

《学记》及古代劝学典故箴言

中国的汉语历史悠久，词汇十分丰富，成语典故的运用，更使语言表达形象生动，赋性传神，深蕴美妙领悟与回味无穷。《学记》语言运用堪称典范，语句精炼，词意丰美，整篇文字不长，在一千二百多字中，却有许多成语典故，且千古流传，深深地影响着后人。

一、《学记》成语典故衍化例释

《学记》用词精当练达，整篇文字古朴典雅，成语典故，箴言熟语琳琅满目，不绝如缕。如：罕譬而喻、扞格不入、敬业乐群、教学相长、学不躐等、大道不器、大信不约、记问之学、三王四代唯其师等等，有的在流传过程中又衍生出新的不同形式，丰富了语言词汇，如：克绍箕裘、穷源竟委、祭海先河、师道尊严、为裘为箕、琢玉成器、箕引裘随、箕裘相继、袭冶承弓等，都由《学记》中词语导源而来。即如“化民成俗”“教育为先”等口语亦朗朗上口，有韵有味，多为人们知悉常用。

《学记》词汇用语对后世影响很大。有些常用的熟语、成语和典故，如敬业乐群、教学相长、学不躐等、大道不器、大信不约、记问之学等等，笔者在本书各篇中已有阐发，在此不再重述。此仅举数例阐述之，看其在几千年的传承流变中，影响之大，形成新词汇之多姿多彩。

《学记》原文有言：“良冶之子，必学为裘；良弓之子，必学为箕。”仅此一句，在代代流传过程中，就创造衍生出很多新的典故用语，扩大了原词语的内涵与外延。

（1）“良冶”，本指精于冶炼铸造的工匠，后又借指教子有方之贤父。孔颖达疏：“言积世善冶之家，其子弟见其父兄世业陶铸金铁，使之柔合以补冶破器，皆令全好。故此子弟仍能学为袍裘，补续兽皮，片片相合，以至完全也。”再如唐代李邕：“息女择于贤夫，允子训于良冶。”（《唐赠太子太保刘知柔神道碑》）这里“息女”，谓亲生女儿。

（2）“良弓”，指擅长制弓的人。明代何景明《内篇》：“良弓之子，不失为箕，失其弓矣！”

（3）“良裘”，又比喻先辈高超的技艺。如唐代何延之《兰亭始末记》：“右军亦自爱此书，留付子孙，传之七代孙智永……舍家入道，俗号永禅师。禅师克嗣良裘，精勤此艺，常居永欣寺阁上临书。”

（4）“弓箕”，比喻父子世代相传的事业。孔颖达疏：“善为弓之家，使幹角挠屈调和成其弓，故其子弟亦睹其父兄世业，仍学取柳和软挠之成箕也。”

（5）“弓裘”，也成为词语，其涵义与“弓箕”相同。如元代辛文房《唐才子传·张继》：“诗情爽激，多金玉音，盖其累代词伯，积袭弓裘，其于为文，不雕自饰，丰姿清迥，有道者风。”

（6）“弓冶”，意涵亦与“弓箕”“弓裘”同。如唐陈子昂言：“陈其弓冶，戴其簪缨。”（《临邛县令封君遗爱碑》）清龚鼎孳诗：“国士知弓冶，家声薄鼎钟。”（《吴郎南征赋别》）

（7）“良弓无改”，谓继承父祖的优良传统和事业。如唐代刘知几《史通·书事》：“其有开国承家，世禄不坠，积仁累德，良弓无改……略书于传可也。”

（8）“箕裘”“箕裘相继”“箕引裘随”等，均谓前辈功业深厚，恩德流传广远，后继有人。清代钱谦益《和州鲁氏先茔神道碑》：“箕裘之美，侔于带砺，积厚流光，斯已信矣。”明代无名氏《精忠记·赏春》：“愿百年奕叶传芳，好儿孙箕裘相继。”明宋濂《题张如心初修谱叙后》：“升其堂，则箕引而裘随；周其庑，则壎唱而篪和；临其阶，则珠联而玉缀：提镇公之后嗣何多贤哉！”

以上所列举成语，都由《学记》一句“良冶之子，必学为裘；良弓之子，必学为箕”，变化而出，竟然组成这么多新形式，足见人们对《学记》内容的重视和熟知。同样，《学记》中“玉不琢，不成器；人不学，不知道”，也有“琢玉成器”“玉琢成器”等新词汇衍化而成。再如“师道尊严”“师严道尊”等变体，中国的语言词汇真是美妙无比，变化无穷。

上述“良弓”“箕裘”等成语尽管形式多变，但主要内涵未变，也有词语在流变中词义逐渐引申或转移。如成语“扞格不入”，出于《学记》“发然后禁，则扞格而不胜”。“扞”，拒。“格”，坚。郑玄注：“扞，坚不可入之貌。”孙希旦集解：“孔氏曰：‘扞，谓拒扞也。格，谓坚强。’譬如地冻则坚强难入，情欲既发而后禁教，则扞拒坚强，强之不复入也。”原意指坚硬而难于深入，后指彼此意见完全不相合。与“格格不入”等义同。

《学记》有“三王四代唯其师”的典故。孔颖达有说：“三王，谓夏、殷、周，四代则加虞。”郑玄又有说：“四代：虞、夏、殷、周。”方悫认为：“三王者，禹、汤、文武也，四代者，虞、夏、殷、周也，指其人则曰王，指其世则曰代。”在此解释基础上，还有深一层研究的学者，笔者见高时良先生对此典故由来之阐述，颇有研究，较一般辞书解释详备，录之共赏，也聊备一说：

俞樾认为：“既言三王，又言四代，必当有义。”他采取董仲舒的《春秋繁露》的“四而相复”说，即五帝中黄帝最尊，不数，而数颛顼、帝喾、尧、舜四帝，合夏、殷、周三王，为“三王四代”。传说的黄帝“明民共财”，基本上属原始共产制。黄帝后裔的氏族部落同夷人部落和羌人部落结成新的部落联盟，其中夷人部落奉颛顼、帝喾、伯益、皋陶为始祖，而尧、舜、禹又相传是这部落联盟的首领。《荀子·大略》：“尧学于君畴，舜学于务成昭，禹学于西王国”；伊尹为汤师，臧丈人为文王师，吕尚为武王师。传说这些人为古帝王的创业作出了贡献。《韩诗外传》就说这些帝王“未遭此师，则功业不能著乎天下，名号不能传乎后世”。这大概是《学记》“三王四代唯其师”典故的由来。（《学记研究》）

随文一说，“祭海先河”也出自《学记》，意指有本有源。譬如唐文治《三省楼剩稿跋丁未（1907）》：“弱冠以后，幸得奉教先生（王紫翔）之门，粗知为学大旨。然祭海先河，实维太师母（王紫祥之母，撰有诗稿为《三省楼遗稿》）为渊源之所自。”（《唐文治文选》）笔者认为此当为成语，然而可能书证缺少，笔者查阅《汉语大辞典》《大成语词典》均失收，殊为惜也。

二、古代劝学之典故箴言

学习要成功，刻苦的钻研精神是必具的。古有“钻坚仰高”之说，激励了无数学子。《论语·子罕》：“颜渊喟然叹曰：‘仰之弥高，钻之弥坚。’”颜渊对于孔子之道的赞叹，后人也以此来激励学人当努力攻读，深入研究，力求达到极高的境界。汉赵壹《非草书》：“博学余暇，游手于斯，后世慕焉，专用为务，钻坚仰高，忘其罢（疲）劳。”朱熹《答林退思》：“故夫子尝以先难后获为仁，以先事后得为崇德，盖于此小差则心失其正，虽有钻坚仰高之志，而反为谋利计功之私矣！”

古人好读书，劝学与求学是盛行的社会文化传统，由此留下许多脍炙人口的经典成语与典故，以及尊师崇学的逸闻趣事。

“断织”，前文已有述，引汉刘向《列女传·邹孟轲母》所载之传说，此为母亲劝子督学的典故，国人传为美谈，并乐以效仿。有意思的是，妻子劝勉丈夫勤学也有“断织”的典故。《后汉书·列女传·乐羊子妻》：东汉乐羊子远出求学，以久行怀思，一年即归。其妻引刀趋机曰：“夫子积学，当日知其所亡，以就懿德。若中道而归，何异断斯织乎？”反映出我国妇女崇学之精神，为母为妻都热忱劝学之风尚。

“程门立雪”。《宋史·道学传二·杨时》：“（杨时）一日见颐，颐偶瞑坐，时（杨时）与游酢（zuò）侍立不去。颐既觉，则门外雪深一尺矣。”事亦见《二程语录》卷十七引侯仲良《侯子雅言》。后因以“程门立雪”为尊师重道的典故。元代谢应芳《杨龟山祠》诗：“卓彼文靖公，早立程门雪。”此亦作“程门度雪”“程门飞雪”。清代金埴《不下带编》卷一：“一日，其人留诗为别而去，云：‘一架绳床供众同，坐虚使院仰清风。独惭三十无能立，难向程门度雪中。’公见诗大惊，亟遣追还，不及。”鲁迅《书信集·致许广平》也曾用此典：“程门飞雪，贻误多时。”

“羊体嵇心”。《南史·柳恽传》记载：南朝宋时有嵇元荣、羊盖，都善琴，能传戴安道琴法。柳恽从二人学琴，曲尽其妙。齐竟陵王子良赞曰：“卿巧越嵇心，妙臻羊体。”由此产生了这一成语，指精于琴艺，深得琴师心体之妙。后来清代吴伟业《偶成》：“雅擅潘文乐旨，妙参羊体嵇心。”这里可悟转益多师的道理，从不同的老师那里可以学到互补的学问与技艺，必然获益良多！

又有成语“减师半德”，谓只是学到老师的一半。宋代陈善《扪虱新话·右军书东坡字鲁直诗》：“若乃学退之而不至者为孙樵；学渊明而不至者为白乐天，则又所谓减师半德也耶！”这又从另一视角阐明重视师教。

三、“一”字组成典故成语例释

汉字为中国文化的重要载体。古人在“字”上痛下功夫，锤炼较劲，在读书、写作、创作上留下无数典故与佳话，其中的智慧也是无穷无尽。此列举几个由“一”字组成的成语典故，足见一个字的分量不苟、不易，价值千金之重。

“一字千金”，一个字可以价值千金！秦相吕不韦使门客著《吕氏春秋》，书成，公布于咸阳城门，声言有能增删一字者，赏予千金。此见《史记·吕不韦列传》。汉刘安著《淮南子》，亦然悬千金赏征求士人意见。见汉桓谭《新论·本造》。后来“一字千金”极言文章价值的高贵。南朝梁钟嵘《诗品》卷上：“古诗其体源出于《国风》，陆机所拟十四首，文温以丽，意悲而远，惊心动魄，可谓几乎一字千金。”再如宋张齐贤《洛阳搢绅旧闻记》：“古人酬文士，有‘一字千金’之语。”唐吴融《赠巩·言光上人草书歌》：“不系知之与不知，须言一字千金值。”宋戴复古《望江南》词之一：“结屋三间藏万卷，挥毫一字值千金。”真是令人叹为观止！由此又有“一字千秋”“一字不易”等成语。古有名句：“吟安一个字，捻断数根须”，实为吟诗填词的甘苦心声，也是大多文字工作者常有的体会。在书法创作上也有“一字千金”之说，唐权德舆《马秀才草书歌》：“变化纵横出新意，眼看一字千金贵。”

“一字褒贬”，出自晋杜预《春秋经传集解序》：“《春秋》虽以一字为褒贬，然皆须数字以成言。”孔颖达疏：“褒则书字，贬则称名。”唐柳宗元《上扬州李吉甫相公献所著文启》：“又不得效薄技于前，以希一字之褒贬。”

“一字师”典故，谓订正一字之误读，即可以为师。“一字师”，后来也指更换诗文中一、二字的老师。宋代魏庆之《诗人玉屑·一字师》：“郑谷在袁州，齐己携诗诣之。有《早梅》诗云：‘前村深雪里，昨夜数枝开。’谷曰：‘数枝非早也。未若一枝。’齐己不觉下拜。自是士林以谷为‘一字师’。”

“一家之言”，谓学问自成一家的开拓与建树。一家之言的智慧，虽说是一家之言，但往往有独特见解，能够自成一家的学说或论著。司马迁《报任少卿书》：“欲以究天人之际，通古今之变，成一家之言。”后来“一家之言”深入学者之心。

以上所提的“一”字成语典故，价值千金重，自然所含的内涵与功力之分量也是不菲，且与之相符相称，价值相合，才能名至实归，千古流传。

四、古代勤学苦读典故逸闻

读书学习是每个人终身的事情。如果说做学问并不难，但要做好学问必定是难的，必须得下一番功夫才行。即使知道了读书学习的诸多方法诀窍，这也只是给你指引的路子或门径，到达成功彼岸的路程还得靠你自己走，其中所化出的精力功力才是你能否成功的决定因素。故勤学苦读的传统深入人心，自古有贫苦力学者，有雄才大略者，有立志发愤者，无论贫富贵贱，年龄大小，好学不倦之典故汗牛充栋，皓首穷经者比比皆是。其中有正面赞颂的，也有反面针砭的。

“断虀画粥”“断虀块粥”之说。此形容贫苦力学，流传的是范仲淹的故事。虀，同“齏”，如腌菜、酱菜等。《五朝名臣言行录·参政范文正公》：“公生二岁而孤”原注引宋代魏泰《东轩笔录》：范仲淹，“公少于刘某上长白僧舍修学，惟煮粟米二升，作粥一器，经宿遂凝，以刀画为四块。早晚取二块，断虀数十茎，醋汁半盂，入少盐，暖而啖之，如此者三年。”《书言故事·苦学·断虀画粥》：“贫而力学，断虀画粥。”又如清代冯桂芬《潘绂庭京卿五十寿序》：“少陵（杜甫）秋风茅屋，而有广厦万间之愿；希文（范仲淹）断虀块粥，而有先忧后乐之志。”

“吞纸抱犬”之说。古人好学者，又如北齐颜之推《颜氏家训·勉学》有说：朱詹“好学，家贫无资，累日不爨（cuàn，烧火做饭），乃时吞纸以实腹；寒无毡被，抱犬而卧。”此等贫寒学子，苦学如此，令人千载之下读来依然感动。

刘献廷读书而眇目。一日偶尔翻阅马南邨《燕山夜话》里《广阳学派》一文，写到了刘献廷学派。刘献廷的同乡王源，在《刘处士墓表》有载，刘少年时，“读书每竟夜不卧，父母禁不与膏火，则燃香代之。因眇（miǎo，瞎）一目，又折其左肱，落落摄蔽衣冠，踯躅风尘之中，人无敢易之者。盖其心廓然大公，以天下为己任”。后来“遍历九州岛，览其山川形势，访遗佚，交其豪杰，轶事，以广其见闻，而质证其所学”。刘献廷勤苦学习，且以实践验证学问。其时学习条件之艰苦，不可想象；对其毅力之坚持不胜感慨系之！

“三年不窥园”。汉代董仲舒苦读，此出自《汉书·董仲舒传》记载：“少治《春秋》，孝景时为博士。下帷讲诵，弟子传以久次相授业，或莫见其面。盖三年不窥园，其精如此。”颜师古注：“虽有园圃，不窥视之，言专学也。”后来“三年不窥园”谓专心苦学，也成为成语流传不废。元代马祖常《壮游八十韵》：“三年不窥园，自谓五经笥。”苏曼殊《焚剑记》：“生专心笃学，三年不窥园。”

古代流传着许多好学不倦的典范与榜样。苏秦锥刺股之苦学精神也是千年流传，妇孺皆知的。史载战国时期苏秦曾以“连横”游说秦惠王，然而奏章连上十次，还是没有成功。此时苏秦黑貂皮裘已破弊，黄金百斤也耗尽，于是去秦而归家。其“羸（缠绕）縢（绑腿布条）履（穿）蹻（jué，草鞋），负书担橐（tuó，囊，袋子），形容枯槁，面色犁（通‘黧’，黑色）黑，状有愧色”。然而，家人绝不同情理解他，“妻不下纴（rèn，纺织），嫂不为炊，父母不为言”。如此冷遇，苏秦喟然而叹曰：“妻不以我为夫，嫂不以我为叔，父母不以我为子，是皆秦之罪也。”从此激发出苏秦发愤勤读的志气。

《战国策·秦策一》记载：“乃夜发（取出）书，陈（摆出）箧（qiè，书箱）数十，得《太公（姜太公）阴符（兵法）》之谋，伏而诵之，简练（指选择重要的内容熟读熟练）以为揣摩。读书欲睡，引锥自刺其股，流血至足”。“阴符”，现有文献最早亦见诸此文。如此艰苦用功，“期年（满一年）揣摩成”，最后苏秦终于游说成功。（《战国策·秦策一》）后“引锥自刺其股”一语，也成为“锥刺股”的成语典故，激励人们立志于好学，且好学不倦。

我国古代劝学勉学，勤学苦学的箴言警句、成语典故如沙海群星，不胜枚举。尽管古人的读书状况至今时过境迁，现在读书学习环境与前人大不相同了，有的词语已陈腐蜕化，但提醒我们记住历史上的曾经，善于沙里淘金，吸取其中的精神正能量，以充实自我反省自问的能力，从而获取更多推陈出新的现代新智慧、新词汇。

篇三

《学记》思辨智慧

《学记》是我国最早的体系较为严整的教学论著作，其教学思想具有一定的素朴唯物论与辩证法因素，具有在变化发展和对立统一中来观察事物的思辨智慧。它首先提出了“教学相长”的命题，揭示了教学基本范畴之间相互联系与相互制约的关系。既有宏观总纲，又有“长善救失”“正业居学”等教学环节的辨证施治，揭示出教育过程中诸多相对而成的辩证关系，如教与学；学、思、行；师、学、友；以及“时”“序”“度”，“和、易、思”等等，均充溢着教育哲学的智慧之光。

教学相长之总纲

《学记》在教育史上首次提出“教学相长”的命题，揭示了教与学的本质特点及其基本规律，提挈出教与学的总纲领，将教与学中最具统摄意义的问题，提到一个新的理论高度。“它是我国古代教学原则中最为重要的一条，是地道的‘国货’，我们民族教育的最可宝贵的精华。”（《简明中国教育史》）“即在现代世界教育论著中亦属罕见。”（毛礼锐等主编《中国古代教育史》）“教学相长”揭橥的教与学辩证关系，其纲领性、深刻性确实超越了前人的教育理论，在今天依然是必须尊奉的教与学理论纲领。

一、教与学的辩证统一

《学记》指出：“学然后知不足，教然后知困。知不足，然后能自反也；知困，然后能自强也。故曰：‘教学相长也。’”“长”，是促进的意思。“教学相长”本义是专指教师应从学习与施教两方面来提高自身素质，边教边学，以学促教，揭示了教与学之间相互促进的辩证关系。教师因“学”而“教”愈博；因“教”而“学”愈深。后人在注释“教学相长”时，将其视为教师与学生在教学过程中双方互动的过程，教师教的过程，也是学生学的过程，两者是相辅相成，相互促进，又相得益彰的辩证关系。“教学相长”成为《学记》提出的最重要教学原则，是对教育理论的重大贡献。

“教学相长”命题由《学记》作者首先提出来，但它是从我国长期的教学实践经验中总结出来的，既从《论语》中孔子的教导那里得到启示，也导源于上古教育著述中的精华，《学记》中引用的“学学半”，即印证了教学相长辩证统一思维的内涵与来源。

《学记》在提出“教学相长”命题后，紧接着引用：“《兑命》曰：‘学学半’，其此之谓乎！”这里的“学学半”，《学记》作者引作论据，其实“教学相长”也是由此发展而来。孔子教育思想已具有“教学相长”的精神实质，孔子没有提炼出“教学相长”这四个字，而有《学记》作者第一个提了出来。“学学半”也是作者这一思想升华的基础和发展来源之一。

“学学半”，出自《尚书·兑命》，在我国教育史上第一次揭示了“教”和“学”的辩证关系。古代学者考释原文中的“学学半”为“斅学半”，第一个“学”字，在《古文尚书》中读音为xiào，是“教”的意思；第二个字读音为xué，是学习的意思。关键的是要理解好这一“半”字的内涵。《说文》：“半，物中分也。”“半”，既是分，也可合，一分为二或二分之一，即为本义。但不能简单地用一半对一半去理解教与学的关系，“教学是矛盾两方面的统一体，两方面是不断地向前推进的，学是从不知到知的推移，教是从知到不知的推移；‘学’到了‘知’，又会发现更高一层的‘不知’。‘教’到‘不知’的时候又会去追求‘新知’。知和不知，在教学过程中，在师生之间，地位会互相变换，这就是教与学的辩证关系，这就是教学论的辩证法。”（《中国教育学史遗稿》）

“教学相长”的理论概括，不仅发展和代表了儒家教育思想和教学观念的精粹，先秦诸子百家也一致赞同，并得到后世教育工作者的共同认可，世代沿用，影响甚广。“斆学相长”与“教学相长”都有广泛运用：明代王守仁《教条示龙场诸生·责善》：“使吾而是也，因得以明其是吾而非也，因得以去其非，盖斆学相长也。”梁启超在《“知不可而为”主义与“为而不有”主义》文中也说道：“再如教员天天在堂上给大家讲，不特不能减其所有，反可得教学相长的益处。”梁启超为清华国学院名教授，他认为教员天天讲课，“得教学相长的益处”。此言再次验证了《学记》的经验，教师因讲课或教人而遇到新的问题和困难，正是教而知困，促进自己再去学习进修而能自强。这是对《学记》“学然后知不足，教然后知困。知不足，然后能自反也；知困，然后能自强也”，最为贴切的现代解释。这就是教因学而得益。同样，学生通过听课，受教师启发而得悟，认识和思维进入更高一层境界，因学而发现自己的“不足”。“知不足”而能自反，则更加发愤自励，更感到需要在教师指导下去获取新知，这是学因教而日进。所以教与学两者，都能彼此相长而相互发生作用，辩证之法相当深刻。

也有学者这样理解“半”：“教的人一半是教，一半是学；而学习的人，一半靠教师来教，一半靠自己去学。”此亦为很有见地的学习体悟。

二、教与学互为转化

教与学的对立统一，形成教学的全过程。“教学相长”的原则，揭橥了教学基本范畴之间相互联系与相互制约的关系，对教与学施行过程的各环节都具有普遍的理论指导价值。《学记》提出的诸多重要教学原则与方法，都能统摄在“教学相长”的总纲领下，使教学过程各阶段或主要环节，有了内在的联系，形成了较为系统的教学整体。

《学记》内容的主要精华，即是其集中笔墨撰述的教学论。作者总结先秦儒家教学经验，尤其在孔子教育思想的基础上，进一步发现并升华、提炼，将很多正确的、科学的观念渗透于教师施教和学生学习的具体环节中。作者从正反两方面总结出师与生、教与学的相互关系及其互为转化的经验教训，成为教学过程中必须遵循的科学原则，对于全面增强教学效果，具有重要的现实意义。

《学记》指出："学者有四失，教者必知之。人之学也，或失则多，或失则寡，或失则易，或失则止。此四者，心之莫同也。知其心，然后能救其失也。教也者，长善而救其失者也。"在任何教学活动过程中，无论是"教"还是"学"，都会有得与失的矛盾存在，这是不可避免的客观规律。但是得与失的矛盾不是固化不变的，总是处于不断地运动变化之中，而且还会相互转化。

学生学习中存在的"四失"，即或贪多，或狭窄；或把学看得容易而轻率，或把学习看得艰难而止步。这些情况产生的原因各异，每个学生的表现有别，教师要善于掌握辩证施教的方法，才能"长善救失"。清代学者王夫之认为："多、寡、易、止虽各有失，而多者便于博，寡者易以专，易者勇于行，止者安其序，亦各有善焉。救其失，则善长矣。"（《礼记章句》卷十八）这是非常辩证的认识，教师能够从学生的不足中，发现蕴藏着的长处，并能以恰当的教法，善于因势利导，将其不足转化为长处。如：多则引导其趋向渊博；寡则引导其向精深专一发展；易则引导其轻松自信，且要更上一层楼；止则引导其再接再厉，坚毅前行。能达到如此效果的"长善救失"，非"乐学"与"善喻"之结合不能做到。如果学生没有学习积极性，不能思考、自契，教师再努力也不能起作用；如果教师没有诲人不倦的精神，不能因材施教，不去熟悉了解学生，或缺乏晓喻学生的能力，自然也救不了学生的"失"，更谈不上"失"能转化为"得"了。此正向与负向的两种教学结果，充分体现了教与学互动互制互为转化的辩证关系。只有在教学相长的原则指导下，才能使教和学真正达到双方预期的最佳效果，两者缺一不可。

三、师生平等互学

教学相长，是建立良好师生关系的基础。教师诲人不倦，学生尊师敬学，形成和谐民主的学习氛围。我们从《论语》的记载中，不时可以看到师生融融乐乐言"志"论《诗》的场景。《论语》里2次提到的"舞雩"，也成为《论语》的著名典故与意象。其中一处见诸《颜渊》篇："樊迟从游于舞雩之下"，向孔子请教"崇德""修（治，改正）慝（tè，邪恶，恶念）""辨惑"人生修养诸方面的问题，孔子循循善诱，一一回答。这里的"舞雩"是孔子喜好的一个游乐休闲之地，同时也是师生继续教学与交流之处。《先进》篇又载，弟子子路、曾皙、冉有、公西华四人陪坐，孔子让他们各言其志。曾皙则说："莫春者，春服既成。

冠者五六人，童子六七人，浴乎沂，风乎舞雩，咏而归。”夫子喟然叹曰：“吾与点也！”孔子如此坦率地亮出自己的观点，表示很是赞同，展现出一个十分民主、平等、和谐的学习氛围。

《子张》篇记载，有人欲毁谤孔子，子贡竭力维护，说：“仲尼不可毁也！他人之贤者，丘陵也，犹可逾也；仲尼日月也，无得而逾焉。人虽欲自绝，其何伤于日月乎？多见其不知量也。”《子罕》篇记载颜回赞扬孔子：“仰之弥高，钻之弥坚。瞻之在前，忽焉在后。夫子循循然善诱人，博我以之，约我以礼，欲罢不能。既竭吾才，如有所立，卓尔。虽欲从之，末由也已。”学生如此崇拜老师，孔子却希望听到对他有启发的见解，批评颜回不能对他的教学提出意见和建议，说：“回也无所助我者也，于吾言无所不说。”（《论语·先进》）。《论语》中多次记载子路对孔子的辩驳、不说。其中一次是反对孔子到公山弗扰去出仕，孔子虽经解释：“如有用我者，吾其为东周乎！”（《阳货》）最终孔子还是接受了子路的意见，没有到政局不清明的地方去出仕。另有一次，是孔子在卫国接受了卫国君夫人的召见，《雍也》记载：“子见南子，子路不说。”孔子听后不是勃然大怒，而是很尊重子路，竟然对子路发誓，说：我如果是这样，天厌弃我吧！天厌弃我吧！师生坦诚交流、平等规劝之情感何等深切感人！

孔子始终不以教师的权威慑服学生，而视弟子如朋友，善于发现他们的长处给予赞扬，于子夏，孔子说：“起予者商也，始可与言《诗》已矣。”（《论语·八佾》）于子路，孔子说：“子路无宿诺。”（《颜渊》）同时，《论语》中也多见孔子对子路的批评、教诲或实事求是的评价，如：《先进》载：孔子曰：“由也升堂矣，未入于室也。”孔子了解每一学生的性格特点，因材施教。《史记·仲尼弟子列传》说：“子路性鄙，好勇力，志伉直，冠雄鸡，佩豭豚。”孔子初见子路，他头戴公鸡形状的帽子，身佩野猪形状的饰物，粗鄙好斗。但他忠诚直率，好学好问，又刚强果断。孔子补偏救弊，培养其治政的才能。最终在孔子的指导下，子路治理蒲地三年后取得了很好的业绩。对其他弟子，孔子都能一视同仁，扬长避短地培养成才。他教过三千弟子，有特殊才能的七十余人，《论衡·率性》有说：“孔门弟子七十之徒，皆任卿相之用，被服圣教，文才雕琢，知能十倍，教训之功而渐渍之力也。”“继其志”者绵延不绝，孔子的学说与教育思想薪火相传，至今不衰！

孔子以自身的教学实践树立了“教学相长”的范例，由《学记》作者进一步发展升华，概括成我国古代独具特色的教学理论，至今仍然在教育学中充满着生命力。至此，笔者不禁忆及年轻时没有书读，进了师范读书时，也不能自己去找书读，想读又不敢读，害怕戴上“白专”的帽子。两年课堂教学也没有读到真正的文化典籍，从未听到《学记》两字。却记得那时正值“批林批孔”时期，与同学们一起集队上街游行，还高呼“打倒孔老二”（即孔子）的口号，不觉无知可笑如此。历史的教训不该轻易忘却，还是应该记得必要的反思，不重蹈覆辙，历史才会进步。

循序渐进之原则与方法

《学记》教育论的经典总结，历经了两千多年的教学实践检验，它超越了时空地域，没有受历史条件的局限，竟然与现代中外教育理论多有相似相通之处。正确的教育方法，必须坚持循序渐进与启发诱导两大教学原则，以有效开发学生智力及收到预期教学效果。重视发展学生的思维能力，是教育的基本目的所在。《学记》提出“教不陵节”“学不躐等”等原则主张，对我们今天的教育仍有启发和指导意义。

一、教不陵节

《学记》指出：“大学之法，禁于未发之谓豫，当其可之谓时，不陵节而施之谓孙，相观而善之谓摩。此四者，教之所由兴也。”这里的“不陵节而施之谓孙”，即是提出了循序渐进的原则。“陵”，超越；“节”，次序。“孙”，其他书有作驯、训，皆通，均有顺从、循序之义。意思是指教学要遵循一定的顺序和原理进行，这是从教师之教的维度提出的原则和要求。《学记》接着又从反面论述“杂施而不孙，则坏乱而不修。”“杂施”，指施教者的教学杂乱无章，没有程序。“不孙”，指没有按照科学的原理程序进行教学。如没有考虑到学生年龄和接受能力等具体情况而盲目施教，那必然是失败的教学，学生学不到真正的知识，这即是《学记》所说“教之所由废”的原因之一，这样的教师不具备为师的资格。

现代教育也坚持循序渐进的原则，并认为循序渐进需要按照知识的层次顺序来开展教学活动。人的思维认识总是遵循由此及彼、由近及远；由表及里、由浅入深的规律，这是事物对于人的认识所呈现的顺序。学者这样解释：“存在的事物反映到人头脑中以后就是元；彼就是与这个事物有因果、部整联系（系）的其他事物（元）。由此及彼，就是事物一元二系对人的反映。一元二系反映的是事物的外部现象，也就是表。表还要及里，里就是事物之间的内在的本质联系，即共性和相似两种联系。当人对事物做到了由此及彼、由表及里的认识，即完成了对事物由元到一元二系、再到一元四系的三个层次的认识。”（吴宗熿《智能学论纲》，三联书店）此中蕴含着人们由感应、感知到思维的三个认识过程。“感应是人的无意识活动，感知和思维属于人的认识，所以循序渐进，就是按照事物一元二系到一元四系的顺序，来建构主体的由感性到思维的认识顺序的教学活动。可是，在教学活动中，事物的元系已转化成教材中的感知知识，理论知识和综合知识。所以教学必须按照知识的层次顺序。”感知知识，理论知识和综合知识三个层次，即是由感性到理性、再到综合的知识的逐层递进。对此理解容易，做到不容易，在教学实践中多有违背循序渐进原则的教学失误。

形成这方面失误的原因之一，教师自身能力不够，讲课不得法，随心所欲，东拉西扯，没有规律与程序可言。原因之二，教师急功近利，急于出成果，拔苗助长，以“填鸭式”锻造速成的解题高手。传授零散的、孤立的知识点，让学生死记硬背。看似掌握了许多，但却经不起推敲，因为学生大都不知道所以然，缺乏对知识结构的系统了解。不能理解知识与知识之间的逻辑关系，说明学生尚未真正理解和弄懂，学过以后很快就会忘掉，结果就是教和学的双方都失败。

教师授课是传统教育模式的基石。课堂教学是师生共同营造、相互制约、相互影响的统一体，是教师展示学术水平与教学能力的舞台。教师的每堂课，应该使学生都能获得知识的增益，同时也让学生获得教学艺术美之享受与陶冶。正确的教学，教师首先应考虑如何把教材知识内容转化为学生的智力因素，而非只是让学生简单记住就行。教师要对所授专业课程和教材烂熟于心，全面理清讲授教材的知识要点和逻辑顺序，按照学生的接受能力来合理安排教学进度。教师在全面掌握教材内容和学生状况的前提下，再精心组织施教的方法与艺术，让学生乐于接受，学得轻松自如。

“善喻”的教师，会按照学生接受知识层次的顺序，采用启发诱导的方法，使学生积极主动地进入学习状态，能够自己去发现问题，去找疑、析疑、解疑，直至弄懂弄通。当学生感知知识丰富以后，教师再引导学生归纳、演绎、类比等推理方法，逐步培养学生抽象思维和辩证思维的能力。

“博喻”的教师更会以卓越的学术眼光和高超的教学艺术折服学生。他们对自己的专业知识了然于心，能将所授的篇章内容融入整本教材的框架中去综合融汇，去选择提炼。往往善于用思维导图的方式来展示知识体系，串联起学生所学的专业知识，基本脉络一目了然。又能以幽默风趣的语言吸引学生，将枯燥的理论表达得明白易懂。同时，还会跳出教材课本，引入更高更前沿的学术知识，拓宽学生的视野，激发学生的学习兴趣和爱好。

随着现代科技发展，教学的方法手段更加丰富多彩。多媒体技术的广泛应用，为教学提供了更多直观形象的学习空间，一些课程内容可以图片和画面的形式展现，吸引学生的“眼球”。但都应立足于提高学生思维能力的基本点，遵循从易到难，由简到繁，由浅入深，从具体到抽象，从感性到理性的基本认识规律施教，这才做到了“不陵节而施”，学得知识步步扎实，为学生的知识“大厦”稳筑根基。

二、学不躐等

《学记》在“大学始教”时列出“教之七大伦”，其中有“幼者听而不问，学不躐等”这一大伦。这是从学生之学的维度提出循序渐进的原则要求。学不躐等是对教不陵节的肯定，其内在精神是一致的。两者互应，再次体现了教与学相辅相成，互为影响的辩证关系。

学生学的过程，即是教师教的过程。但是学生所学，并非被动接受教师所传授的知识，而是要将教师传授的知识进行自我消化吸收，也即是经过自己头脑的思维转化后才能成为自己的知识，促进自我智力的逐步发展。学生学习的消化吸收能力，也须要遵循知识先与后、多与少、浅与深等规律顺序，因为“饭是要一口一口吃”的，还要消化后才能再吃。而且“一口不能吃成一个胖子”，道出的也都是循序渐进和积少成多等自然之道，学不躐等就是这些精神的体现。

循序渐进是儒家传统的教学原则，各教育学派都非常重视。《中庸》把学习过程归纳为“博学之，审问之，慎思之，明辨之，笃行之”五个先后相续的步骤，简称为“学、问、思、辨、行”，概括了知识获得过程中的基本学习环节和顺序，朱熹将此称之为“为学之序”，成为后世学者普遍遵循的求知过程。

成语有“道头会尾”，意思是开个头便能推知尾，甚至举意知心。此等聪明人思维敏捷，悟性极好。这样的人是有的。然而从教学来讲，不能天马行空一般，必须循序而进，按部就班。如《朱子语类》卷四九所说：“惟圣人道头便知尾，下学便上达，若教学者，则须循其序也。”即使“温故而知新”也有程序规则，获取新知需要以旧知为基础，传授与学习新的知识，需要把握好新旧知识之间的衔接和迁移，这是学习获得成功的要诀之一。

夸美纽斯的《大教学论》也主张循序渐进的原则。夸美纽斯根据“自然并不跃进，它只一步一步地前进”的法则，以及幼鸟慢慢学飞的事例，引出教学应循序渐进的原则。他主张“一切功课都应该仔细分成阶段，务使先学的能为后学的开辟道路，指出途径”。要严格遵守时间和科目的划分，不能“省略或颠倒”。夸美纽斯曾以绘画为例来说明循序渐进的道理：认为一个画家并不是一开始就学画人像，而是先学调颜料、握笔、画线条；然后再画粗糙的轮廓，这样按部就班地发展下去，到一定时候，水到渠成，就可以掌握娴熟的绘画技巧了。并指出："假如有人对于任何一种艺术都能够按照这里所指示的，一步一步前进，他是不会得不到进步的。"夸美纽斯提出的学习程序是："学生首先应当学会理解事物，然后再去记忆它们。"要求让学生"从书写去学书写，从谈话去学谈话，从唱歌去学唱歌，从推理去学推理"。(参见《外国教学家评传》第一卷)以上所引的教学原则方法，与《学记》的精神是很一致的。最后也提到实践的重要，从"做中学"，这也符合"学思行"的序列过程。

这里还需一提的是，《学记》指出"大学之教也，时教必有正业，退息必有居学"。学生的"正业"，即在学校学习的主要任务还是学习，而不是实践。回想"文革"期间的"开门办学"，学校"停课闹革命"，不学文化课，整天去工厂田边搞所谓的"社会实践"，则是大大的教育失误，荒废了一代人学习的黄金岁月，教训深刻！

三、循序渐进的读书智慧

《学记》设计的教学规程，始终包含两方面，其一是掌握知识以达智育的要求；其二是积极进行"学为君"的自我品德修养以达德育的要求。这两方面的要求，都不可能一蹴而就。学有所得，进德有成，都必须读书学习，且须遵守读书学习的规律。读书学习贵在循序渐进，其进步不能妄求骤进，但可渐渐得寸进尺，计日程功。朱熹指出"为学之道，莫先于穷理；穷理之要，必在于读书；读书之法，莫贵于循序而致精；而致精之本，则又在于居敬而持志；此不易之理也"。(《上皇帝疏》)这里强调了"致精之本，则又在于居敬而持志"，关键要先立志，能"志"于学，才能"居敬"，而后才能"循序而致精"。

朱熹认为："为学不可以不读书，而读书之法，又当熟读沉思，反复涵泳，铢积寸累，久自见功。不惟理明，心亦自定。若欲为涉猎而求此理之明，又欲别求方便，以望此心之定，其亦难矣！"(《答江端伯书》)"只要常自提撕，分寸积累将去，久之自然接续，打成一片。"(《朱子全书·存养》)这里再三强调了读书当"熟读沉思，反复涵泳，铢积寸累，久自见功"，循序而有常乃为不二法门。

朱熹《答陈师德书》有说："抑读书之法要，当循序而有常，致一而不懈，从容乎句读文义之间，而体验乎操存践履之实，然后心静理明，渐见意味。不然，则虽广求博取，日诵五车，亦奚益于学哉？"这里指点的门径内涵丰富，正面的是：

（1）“循序而有常”，一是循序而进，不要躐等，躐等则容易犯蹈空、不踏实之弊。二是这种循序渐进，不是一阵子，而是要坚持下去，成为常态化。俗话说：“行百里者半九十。”以“有常”而不至于半途而废，终至于理想之目的。

（2）“致一而不懈”，既不要好高骛远，也不要贪多嚼不烂，而是“致一”，聚焦式地专攻，就像水滴石穿式地不懈怠。

（3）由书本的研习，而至于操存践履之实践。实践而后有实用，有功效；或能有益于社会民众，或更有推动时代历史进步之功。

（4）如此进程的逻辑归趋，便是“心静理明，渐见意味”。意味日浓，学思更勤。如此良性循环，学必有长进，事必可成。

反面的戒律则是，若反其道而行之，那么虽然“广求博取，日诵五车”，于学业还是无益。

循序渐进是个大原则，其涵盖诸多方面。就读书由浅入深的层次而言，也有阅读先后次序之诀窍。朱熹曾以学习《论语》与《孟子》两书为例阐述之，《读书之要》有曰：“以二书言之，则先《论》而后《孟》，通一书而后及一书；以一书言之，则其篇章文句首尾次第，亦各有序而不可乱也。量力所至，约其课程而谨守之。字求其训，句索其旨，未得乎前，则不敢求其后；未通乎此，则不志乎彼。如是循序而渐进焉，则意定理明，而无疏易凌躐之患矣。”（张明仁《古今名人读书法》）

朱熹又认为读好《四书》，也有先后次序讲究，他在《朱子语类》卷十四里说：“先读《大学》，以定其规模。次读《论语》，以立其根本。次读《孟子》，以观其发越。次读《中庸》，以求古人之微妙处。”（王浩《四书集注》）这也体现《中庸》的高深、理论性强，比较难读难懂，故放之最后读，可易于明了、疏通。正如朱熹在《读书之要》里还说：“如攻坚木，先其易而后其节目；如解乱绳，有所不通，则姑置而徐理之。此读书之法也。”朱熹此“如攻坚木，先其易而后其节目；如解乱绳”之喻，则与《学记》所说“善问者如攻坚木，先其易者，后其节目，及其久也，相说以解”多相类似，想见朱熹对《学记》的熟悉推崇，并以灵活化用。

能成大业者，必有大学问；能有大学问，必是饱学勤勉之士。朱熹如此大学问，其读书心得感悟、谆谆教诲之言，必是读书智慧中的“上品”“极品”，后人当汲取阐扬，获益定是匪浅。

以上简述《学记》从教师之教和学生之学两方面提出的循序渐进原则与方法，朱熹的读书智慧，又从为学的视角进一步佐证读书需要循序渐进的重要性。

《学记》文中还多处阐明学习必须打好基础，教学需要抓住根本等问题。其中论述到“良冶之子，必学为裘；良弓之子，必学为箕；始驾（马）者反之，车在马前。君子察于此三者，可以有志于学矣。”这里强调幼时家学家教的重要性，也是重视人生基础的奠基作用。《学记》在文末还论述到“三王之祭川也，皆先河而后海，或源也，或委也。此之谓务本”。这里的溯源也是重视教学根本、根基的思想反映，体现出循序渐进原则在全文中的系统性和完整性。

因材施教原则与方法

《学记》针对当时教师教学照本宣科的状况，严厉批判了“使人不由其诚，教人不尽其材”的不良教学方法，疾呼“其施之也悖”，提出了因材施教的问题，这是教学论中的精华，因其遵循学生身心发展的规律，符合现代生理学与心理学等科学原理。正因为其具有辩证法的因素，至今仍然是深具教学理论魅力的研究课题。

一、因材施教之楷模

因材施教，是教育成功的要诀之一，各教育学派都认同这一教学原则，也是儒家教育传统。孔子是第一位主张与实践因材施教的教育家，《论语》中有很多精彩记述，留下其因材施教的不朽范例，在此略作如下简要勾勒。

首先，孔子看到学习主体的差异性。《雍也》篇：“子曰：‘中人以上，可以语上也；中人以下，不可以语上也。’”意思是中等水平以上的人，可以告诉他高深的学问，中等水平以下的人，不可以告诉他高深的学问。意思是教育人，当视其资质水平的高下，分别以深浅不同的内容进行教学，这是从受教育者的接受能力考虑。

其次，孔子认识到各人的品性与学之所求不同。孔子对弟子的性格特长、优缺点了如指掌，分析得很准确。《先进》篇记载：“柴也愚，参也鲁，师也辟；由也喭（yàn）。”孔子认为弟子高柴愚笨，曾参天性迟钝，子张偏激，子路性格鲁莽。了解了弟子们的性格特征后，孔子就能施以针对性的教育。

此篇又记载：“子路问‘闻斯行诸？’子曰：‘有父兄在，如之何其闻斯行之？’冉有问：‘闻斯行诸？’子曰：‘闻斯行之。’”“闻斯行诸”，谓有闻即行之意。“兼人”，好勇过人。子路问：是否有闻即应去实行？孔子回答他，有父兄在应当禀命而行。冉求问同样的问题，孔子则说，应当有闻即行。公西华听到后，不明白两人问同样的问题，老师的回答为何是完全相反的呢？“子曰：‘求也退，故进之；由也兼人，故退之。’”孔子认为冉有平时做事过于退缩，就用鼓励的方法让他进之；子路做事往往过于轻率，就用抑制的方法让他退之。子路率直、尚勇，性格刚烈，孔子一直为之担心，并常常疏导他要以柔克刚，后来子路还是献身于卫国孔悝之难，尽到了为孔悝之宰的职责。

《颜渊》篇记载，多位求学者问“仁”、问“政”于孔子，孔子给予的回答是不一样的：（1）颜渊问仁。子曰：“克己复礼为仁。”（2）仲弓问仁。子曰：“出门如见大宾，使民如承大祭。己所不欲，勿施于人。在邦无怨，在家无怨。”（3）司马牛问仁。子曰：“仁者，其言也讱。”（讱，迟钝）（4）樊迟问仁。子曰：“爱人。”此篇中还记载着“齐景公问政”“子张问政”“季康子问政”，孔子的回答也是各不相同的。孔子是针对问者不同的性格及身份特征，甚至能够知悉问者的动机、目的，将各方面因素综合考虑后，给予他们符合各自所需的指点。这样的因材施教，无疑会得到最好的效果。

再次，孔子尊重并善于引导弟子发展个性，不要求齐同划一。大家都知道世界上绝没有相同的两片树叶，作为自然界的人也是这样，没有从形象到内在性格都一模一样的，那么在学习上没有理由要求每一位学生都执行绝对统一的标准，因此教育应该彰显个性，发展每个人的独特个性才是更有价值的，孔子提出“和而不同”是非常高明的。

《先进》篇所载，弟子子路、曾皙、冉有、公西华四人陪坐，孔子让他们各言其志。子路、冉有、公西华都先后谈了从政、治礼和愿为“宗庙之事”等个人志向。曾皙则说：“浴乎沂，风乎舞雩，咏而归。”前三者所言志，着眼点都在求仕上进方面，曾皙之志独辟蹊径，异乎三子者而合乎自然之气，颇得孔子赞赏。前三位弟子发表自己的志向后，孔子也都一一加以中肯的评点与指导，绝无偏见与强求。而且他的评点指导，都是从实际出发，没有浮言空话，也不随意附和。前三位同学离开后，曾皙又对老师提出几个问题，孔子十分耐心地一一回答，所谈细节都渗透因材施教的精髓。

此篇是名篇，“吾与点也”的评述很多，但其尾声——曾皙的提问，孔子的回答一般忽略的多。笔者几十年开设《论语》课，自从研究《学记》智慧后，将《学记》教学论的内容与孔子的教学实践结合而观，颇多新的感悟，感觉此尾声里很有味道，综合了很多因材施教的原则和方法。其中孔子回答曾皙所问：您为什么听了仲由的志向后要笑呢？孔子回答：“我笑仲由的不是说他不能治理国家，关键不在是不是国家，而是笑他说话的内容和态度不够谦虚。比如公西赤，他是个十分懂得礼仪的人，但他只说愿意学着做一个小司仪者。如果他只做一个小司仪者，又有谁来做大司仪者呢？”此番话很有意味：孔子觉得仲由不够谦虚，但并未直接教训他，只是一笑；认为公西赤过于谦虚了，认定他已有做大司仪的能力了。两位弟子截然相反的性格，栩栩如生地跃然纸上。孔子只有在熟悉了解弟子们的不同志向和态度后，才能对他们进行有的放矢地训练培养，其效果当然也显而易见。

《雍也》篇记载：“季康子问：‘仲由可使从政也与？’子曰：‘由也果，于从政乎何有。’”季康子问孔子，“可以使用仲由从事政事吗？”孔子说：“仲由果敢决断，让他治理政事有什么困难呢？”接着孔子又说：端木赐通情达理，冉求多才多艺，让他们治理政事都没什么困难。孔子对弟子悉心培养，让他们各尽其才，对他们的才干既欣赏又充满自信，为社会培养出许多有用的人才。《论衡·率性》有说：“孔门弟子七十之徒，皆任卿相之用，被服圣教，文才雕琢，知能十倍，教训之功而渐渍之力也。”这是教学成功的最好标志，也是教学效果最具说服力的佐证啊！

二、人性化：各因其材而施教

孔子教育弟子，做到了“尽其材”，树立了因材施教的典范。孔子根据学生不同资质和个性差异进行教学，符合人之本性以及科学的原理，此原理古今中外皆同。夸美纽斯在《大教学论》中也指出：“人心的不同和植物、树木或动物之各不相同一样大……有些人的心理能力确乎是很大的，他们能在每门学科上面有成就；但是也有许多的人，连某些基本的东西都极难掌握。有些人对于抽象的科学显得很有能力，但是对于实用的科学，才力很小，就像一匹驴子不会玩七弦琴一样。有些人除了音乐以外，什么都能学会，有些人却不能够精通数学、诗词或逻辑学。”夸美纽斯认为，面对这样的状况，教育者不应对某些学生厌弃，也不可按自己的主观意愿去试图改变他们的天性及能力，因为这样做“不是没有结果，便是结果远抵不上所费的精力”。(《外国教育家评传》第一卷)教育者必须掌握不同学生的个性特征，采取不同的教育方法，开展有的放矢的教育，这样不论资质如何的学生才都能得到相应的发展。

因材施教原则，符合事物发展的内因与外因彼此作用的辩证关系。外因是变化的条件，内因是变化的根据，外因要通过内因才能起作用。学生潜能的发展具有极大的可塑性，这种发展是自内向外发展的。夸美纽斯将儿童的心理比作“种子”或“谷米”，认为“植物或树木实际已经存在种子里面，虽则它的形象实际上看不出来……所以，我们不必从外面拿什么东西给一个人，只需把那暗藏在身内的固有的东西揭开和揭露出来”。教育者要善于依据学生的自然本性，采用正确的教学方法，才能充分发挥学生的内在动力，使学生自内向外的发展得到充分展现。外在的环境影响与陶冶，是一种人为的文化过程，促进其内在的生长、自我的成长，才是合乎自然的根本。

人高于禽兽而为万物之灵，故本然之性人皆有之。杂家的《吕氏春秋·贵当》有说：“性者，万物之本也。不可长，不可短，因其固然而然之。此天地之数也。”此合道家之观点，也融入儒家之精神。人的天赋本性各异，具有无限的丰富性、多样性，也有相对的稳定性。每个人的天赋不一样，因而也会呈现不一样的学习个性，思考方式、兴趣爱好、学习需求及个人特长都不一样，因材施教也即自然之事，古代教育家早就有相关论述。

元代许衡（1209—1280），曾任集贤大学士兼国子祭酒，一生以传播道学为己任，对教学原则和方法颇有研究与论述。他认为，“由于人生来禀气清浊、厚薄不同，可以受教育的遗传素质有差异。因此，教学时应针对不同个性和道德认识践履水平对学生因材施教。他认为教人与用人相反，用人用其长而教人教其短。他说，学生人品不一，‘有夙成者，有晚成者，有可成其大者，有可成其小者’。一事有所长，必一事有所短，难以划一强求，教师应针对学生个别情况施教效果才好，‘因其所明，开其所蔽’。”所以，他又指出：“因材施教与循序渐进两者不能偏废，一个着眼于横，一个着眼于纵，两者综合运用则‘日渐月渍，不自知其变也，日新月盛，不自知其化也’。这个思想符合教学辩证法。”（参见《中国教育思想史》第2卷）

三、个性化：各因其材而利导

人的天赋禀性之差异是客观存在的，学校中确实有聪颖过人、才能超众的学生，他们理解力、记忆力较强，又好学善思。而且具有特殊才能的学生也有，尽管是少数，但更需要珍惜爱护和扶持，期望他们迅速成才，为人类作出更大贡献。更有一些资质虽平常，但是自立凌云之志、鸿鹄之志者，亦可激发非凡的学习潜能。对这些学生就需要因材利导，才能培养出个性化、多样化的人才。

陈独秀曾提出“因材利导启发式的教授方法”：“因为一个学生有一个学生的特性，一个学生，有一个学生的天才，有什么教材放进，便有什么反应发生，不是随便可以教授的，做教师的，应该从学生的个性里得到种种经验来。”（《陈独秀文章选编》中册，三联书店）陈独秀还以医生对小儿看病问症、开药方为例，来阐明教师了解学生个性特征的重要性，十分贴切到位。孔子的教学就是这样做的。古谚也有说“不教长者才者以小，不教幼者钝者以大”，这符合量力而行的原则，也体现循序渐进和“学不躐等”的精神。然而，如何了解“材”之“长者才者”或“幼者钝者”，真考验教师之“诚”。

在此，再理解《学记》“使人不由其诚，教人不尽其材”真是深切的经验之谈，只有在“知其才”的基础上，才知如何“利导”。明代王守仁从学生接受能力的视角加以生动说明，他指出：“与人论学，亦须随人分限所及，如树有些萌芽，只把这些水去灌溉，萌芽再长，便又加水，自拱把以至合抱，灌溉之功，皆是随其分限所及。若些小萌芽，有一桶水在，尽要倾上，便浸坏他了。”（《传习录》下）人之成才，犹如树木成材，全在悉心呵护。因材施教，是很高的要求，教师要根据学生年龄大小，接受能力的强弱，分别对待；要了解学生志向，有针对性地培养成才；要掌握学生的个性特征，兴趣爱好，已有的知识基础，以及学生抽象和想象思维能力的强弱等，才能做到因材利导。

四、因材施教辩证智慧

教学随着时代而发展，教育的组织形式、手段与方法，相比孔子和《学记》时代已有云泥之别，但是符合人性发展规律的教学原则是不变的。各种教学原则需要在教学实践中互相结合实施，而教学实践过程也受到客观环境的制约。因此，目前贯彻因材施教原则，需要以唯物辩证的智慧理性指导，有效克服片面性和极端化，尤其应该坚持面向大多数与个性化教学的辩证统一；学习知识与发展智力的辩证统一，以减少教育失误。

面向大多数与个性化教学辩证统一。现在学校教学中，有不少值得反思和改进的误区。说是误区，还误而不觉不知，而且群起效之模之而乐此不疲。比如：要求所有学生在同一时间内，运用同样的条件，以同样的速度掌握同样的学习内容，并达到同样的水平，这种追求整齐划一的做法，明显悖逆学生个性的健康发展。在班级集体教学中，要有面向全体学生的总体要求，也要兼顾两头，对优秀学生满足他们对知识的渴求，不浪费他们的聪明才智。对学习感觉困难者，加以个别指导，多给他们尝试成功的机会与鼓励，激励他们的自信与进取心。通过因材施教，使每一位学生都能得到发展和提高。

学习知识与发展智力的辩证统一。知识与智力是相互依存又互相促进的。培养学生重在智力开发，而不是让学生被动地、机械地接受知识。智力是在学习知识的过程中逐步发展起来的。依据人的个性发展规律，人的各种能力只有在相应的活动过程中才能得到发展。学习环境的和谐开放，教师注重学生思维能力的培养，善于启发诱导学生提问质疑，才能有助于学生智力的充分开发。但是，目前学生为考试而学，死记硬背课本、教辅材料，甚至考试标准答案的风气很浓。学校考试答题定好一个标准答案，不按此照背照写就全错，这在一些词语解释或形象思维的问题上很是匪夷所思了。如有一所名校刊出的标准答案，“小鸟”的对应关系只能是“笼子”，而不能答“蓝天”和“森林”。类似荒唐的出题屡见披露，每见之总感到不安，学习重在培养学生自动自觉的思维能力，这种求同伐异的思维模式会扼杀学生的想象力和创造精神。学生学会了听话，甚至揣摩别人意图，总是迎合老师和别人的意见，呆读死记知识，那就走在邪路上了。不能抑制学生的想象力，有独特个性的答题要表扬鼓励，求异思维比求同思维更有价值。只要能将所学的知识弄懂，能举一反三，触类旁通则最好，没必要死记硬背。

写到此，再联想《学记》中提出“长善救失”的实质，也体现在教学必须因材施教的问题上。因为学生“心之莫同”，这是客观存在的必然现象，教师讲授的每一问题，对每一位学生必然会引起各不相同的反应，即所谓的“四失”，这完全是符合客观规律的正常现象，关键需要教师有因材利导的应变能力和高超的教学艺术去驾驭之。

把握教学之“时”

自古有“天时地利”之说，“时”在宇宙中占有重要地位。“逝者如斯夫，不舍昼夜”，时间无始无终、一往无前地运动着，人生也只是一个时间的过程。人们熟知“不违农时”的重要，但没有把“教时”也看得那么重要。然而，《学记》的教学理论中已十分重视教之“时”，关注教学的时效，有绵延不断的“大时”、时时；有阶段性的时段、时序，也有短暂的瞬时、即时，时点。精准地把握教学过程中的时机与火候，是《学记》教学论中的一大特色，对于提高教学质量与效益具有重要的作用。

一、教学“兴与废”之原则揭示

《学记》在论述“大学之法”时，概括出“教之所由兴”的四个原则：“禁于未发之谓豫，当其可之谓时，不陵节而施之谓孙，相观而善之谓摩。此四者，教之所由兴也。”“豫、时、孙、摩”，即预防在先、把握时机、依序渐进、观摩切磋之“四兴”。这是在长期教育教学实践中得来的宝贵经验，是符合科学规律的教育原则，至今仍然是获取教学成功的高招妙诀。从字面上看，其中第二原则是专论“时”的，但就其内容实质而言，另三个原则也都与教育的“时”密切相关。

《学记》又进一步指出“教之所由废”的六个原则：“发然后禁，则扞格而不胜；时过然后学，则勤苦而难成；杂施而不孙，则坏乱而不修；独学而无友，则孤陋寡闻。燕朋逆其师，燕辟废其学。此六者，教之所由废也。”此“六废”，是承“四兴”之反面来揭示失败的教训。《学记》对教学“兴与废”之关键问题的正反经验总结，超越了时代和历史条件的局限，与今日很多教育改革方案有共通之处，值得当今教育工作者反思借鉴。以下对揭示的原则与问题从教学的时间维度略加分析阐述。

二、预防教学之“早”

教学“四兴”的第一原则：“禁于未发之谓豫。”“豫”，预防，即预防的原则。事先防范学生犯错误，要在不良倾向尚未形成时就采取预防措施。这里强调的预防，其关键即是时间性。《学记》提倡“禁于未发”，即当学生的坏思想、坏毛病还没有形成的时候，就把它消灭在萌芽状态中。教师主动地及早施教，可避免不良后果的形成，不易造成对学生的伤害，也不会影响师生的感情。实践证明，从人之习性的改变来说，一旦已形成坏习气、坏习惯就很难改变。此时矛盾已经转化了，正如《学记》所言，“发然后禁，则扞格而不胜”。扞，抵制、抗拒之意，不良行为发生了才去禁止，已经不容易矫正过来。

“禁于未发之谓豫”，体现了教学的多重辩证关系：学生的“发”，有学生自身内因与包括教师在内的外因环境互相作用而致；学生“发”与教师“禁”又是一对矛盾关系；教师的“豫”与“禁”，也是相对的矛盾关系。如果教师先做好了“豫”，学生未必会“发”，那也不必去“禁”了，教与学相辅相成的关系如此环环相扣，凸显出教师在教学中的主导地位，教师工作的责任性、主动性、预见性是何等重要！善教者会把“豫”的工作贯穿在教学的全过程，在教学内容方法以及教学环境等方面都有预案，尤其要注重学生学习心理状态的调适。总之，无论是道德品质的养成，还是文化知识的教学，都应坚持预防性教学在先的正面引导，早做预谋，其事半功倍之效是显而易见的。

三、及时教学之“可”

教学“四兴”的第二原则：“当其可之谓时。”此谓及时施教原则。“可”，是对“时”的极妙提炼，表述精当。“当其可之时”，正是学生学习的最佳状态，是教师施教的最好时机，也是俗话所说的“火候到了”。《学记》中多处提到的“时”就是教学的火候。火候，一般是指烹调上的时间，是烹饪学的词汇。美味佳肴是名厨师的杰作，是他们凭借经验，控制好烹饪时间的长短、火力的强弱，也即掌握了合适的火候而成。善学、善教者从中得到启发，宋代朱熹在《朱子语类》中指出："学问正如煮物相似，须爇猛火先煮，方用微火慢煮；若一向只用微火，何由得熟！"何等生动形象，将做学问的火候之先后、强弱理解得如此透彻，道出了大学问家的治学境界。

《学记》作者认准了教学上的火候，拈出一个"可"字，抓住了教学的最佳时机。这要有丰富教学经验的教师才能去发现捕捉到，此时及时施教，教与学都会收到良好效果。这时学生思维处于活跃状态，能与教师积极互动，更乐意听取教诲或吸收新知识。这时有学生内在的、自发的动能发挥作用，那么在此时进行的学习，其过程必然顺利迅捷，所学必然会持久巩固，而且都会心情愉快，师生能够共同享受教与学之乐趣。

教师对教学火候的把握，确实不可忽视。当学生没有安下心来，没有心理上想学的准备时，教师不必过于急躁施教，这与孔子"不愤不启，不悱不发"的教学思想是完全一致的。《学记》中还有"晓喻"及教学的"十二字"诀"道而弗牵，强而弗抑，开而弗达"，充溢着多重辩证的妙悟妙解，其达到的"和、易、思"之教学境界，也都离不开教学火候"当其可"的精准把握。笔者于教学"十二字"诀，另有专文论述，读者可参阅。

反之，教师如果不注意教学上的火候，不能把握好教学的最佳有利时机及时施教，教师不仅事倍而功半，而且会劳而无功反遭怨恨。"六废"之中的"时过而后学，则勤苦而难成"，也有辩证的两方面因素造成，一是教师未及时施教，二是学生未认真去学。所以及时教学之"时"，需要教与学双方共同把握好，教师更应该起好引导作用。能否及时施教，何时为教学的火候，往往教师富有经验，或有规律可循，故应更多发挥主动性，尽早预防不良后果的发生，因为一旦教学形成对学生的危害，大多很难挽回，甚至会因此而终身无法弥补。正如有教育家指出："因为教育上的错误比别的错误更不可轻视。教育上的错误正和错配了药一样，第一次弄错了，决不能借第二次、第三次去补救，它们的影响是终身洗刷不掉的。"（约翰·洛克《教育漫话》，傅任敢译，人民教育出版社）可见避免教学上的失误是何等意义重大！不仅在德育方面，在教学其他方面的各环节，教师都要抓住教学的最佳时机，不能错失教学的火候良机，为学生创造更多更好"善学""乐学"又高效的学习机会。

四、依次教学之"序"

教学"四兴"的第三原则："不陵节而施之谓孙"，这里的"孙""节"都与教学掌握时序有关。"序"，是指客观事物对于人的认识所展现的排列次序或程序。学生往往按照由此及彼、由表及里顺序来认识事物。正确的教育需要循序渐进，依据学生由感性到理性的认识过程与规律开展教学活动。

《学记》在“大学始教”中列出了七项“教之大伦”。“伦”，为“理”之义。“七大伦”，即教学过程中七项基本事务及要旨，也体现时间及程序的安排，都直接与教学时序有关。“七伦”之中还有“学不躐等”这一大伦，强调教与学都要按部就班，循序渐进。

“小学与大学之名，古已有之。但只是到了朱熹这里，小学与大学之分，才具有了真正的教育阶段论的意义。”（《中国教育思想史》第二卷）此两个阶段的划分，主要遵循学生心理发展的规律性，也关注到与知识体系的适应性。《朱子语类》卷七有说：“小学者，学其事；大学者，学其小学之事之所以。”大学所学是明“所以然”，也即是“明理”“穷理”，所学知识既体现出由浅入深的连续性，又体现了从感性到理性的内在逻辑提升。朱熹认为《学记》普遍适用于小学与大学的指导原理，在《仪礼经传通解》中朱熹设置了《学礼》，分为小学与大学两组，第十章立有《学记》一章，并有朱熹的按语：“《小戴》第十八篇言：‘古者学校教人传道授业之序，与其得失兴废之所由。’盖兼大、小学而言之也。”说的就是这意思。《学记》置于第十章，起承前启后的作用，沟通小学与大学的内容。钱穆曾说，朱熹“在其卒前一日作三书，二书皆为交付其门人完成《礼》书工作，此书后称《仪礼经传通解》”。（《朱子学提纲》）可见朱熹对此书的重视。

学生进入大学后，从入学第一年起学习“离经辨志”，到九年后“知类通达”，是一个渐进的知识增益过程，每一个学习时段都有相应的教育目标。它们之间又是相联系的，前一阶段是后一阶段之基础，后一阶段是前一阶段合乎逻辑的发展，最终完成所有教育目标任务。教师施教应从基本做起，按照教材内容知识层次的顺序逐步深入引导，不应超越学生心理、生理对基础知识接受能力。教学切不可急于求成，不能给予学生练习、记忆等过度的功课压力，否则会使他们苦不堪言，还易产生对学习的厌恶或恐惧情绪，这就会从根本上招致教与学的失败。这些说明教育的“时”“序”和“度”都是需要辩证处置的，正如美国教育家杜威有著名的“教育生长论”，指出：“我们所讲的方法，是依照人的知识的生长，一步一步上去的。比如树木，一年一年地往上生长。这种有系统的知识，都可以变成他的知识系统中的一部分。”（袁刚等编《杜威在华讲演集》，北京大学出版社）这里点明了“知识的生长”，既是生长就得符合生长的规律，学生知识的“大厦”，需要按照“时序”，从“一砖一瓦”的基础开始建造，逐步累积而成。

五、教学时间安排艺术

教学有时段的安排，有时间的进度与过程，不可躐等，因躐等而虚浮；也不可拖沓，因拖沓而延误。教学的艺术水平，往往体现在时间的科学安排。精巧地用时间来雕琢教学进程中的每一环节；高效地用光阴来镂刻师生工作学习岁月中生命的深度与广度。

《学记》最后一节说到“大德、大道、大信、大时”，展现了宏伟的宇宙大格局，“大时”，即是其中绵延久远的时间长河，是无边无垠、无休无止的，人生却只是时间长河中的一瞬间。教学上的“大时”是一个相对的概念，学程、学制、学年、学期、学时、课时等等，都有时间的内涵。大时，是超越了课业的时，是“大教”中大自然的时，对于有志于学者绝不会辜负任何岁月的时光。

《学记》又说：“大学之教也，时教必有正业，退息必有居学……故君子之于学也，藏焉修焉，息焉游焉。”课外课内相结合，藏息相辅，体现了教与学时间安排的张弛结合。古时学期学年的具体情况，后世已难详考。据考证，学者认为，大体一年按照四季分为四个学期。“四学期中之每一学期，所教之事，各有不同。大抵春夏学干戈与羽于东序，诵歌于瞽宗；秋会于瞽宗而学礼；冬读书于上庠。”(《中国教育制度沿革史》)春秋教以礼、乐，冬夏教以诗、书，这是正业所安排之“时”，如陈澔集说：“谓四时之教各有正业，如春秋教以礼乐，冬季教以《诗》《书》，春诵夏弦之类是也。”这里体现了教学与季节相合的科学合理构思。又如“未卜禘不视学”，主管教育的长官，不到春祭过后，不能去学校视察，这也是包含了时序节气的规定。

“摩”是教学“四兴”的第四原则：“相观而善之谓摩。”摩的本义是互相观摩，相互学习。观摩，也有时间上的考虑，何时观？何时摩？与时间的设计安排密切联系，且师生双方都有“相观以善”的需要。笔者那年代教学公开课是很时兴的。教学水平高的教师，教学设计自我要求很高，时间设计分分秒秒都讲究，整堂课踩着时点进行，高妙的往往讲完最后一个字，下课铃声同时响起，这些情景留下一个时代的教学记忆，也铭记着名师在教学中雕琢时间的艺术风采。学生之间的“相观而善”渗透在学习过程的每时每刻，有志于学者随时能发现同学伙伴的优长，以补己之短。所以“摩”在教学时间内也占据一定的地位，《学记》中的“时”，也都有“时时”之涵义，其所引《兑命》“敬孙务时敏”之“时敏”，也是时时抓紧，不自我懈怠之意。

光阴流转，时序变迁，时不我待。教学中每一时段、时点的有利时机，都不可随意浪费、轻易错失，教者与学者都当自勉自励，把握好教育之“时”。

学、思、行辩证关系

“学、思、行”是一个完整的序列学习过程，其中每一环节都具有相互制约的辩证关系。它既是教学论中的重要理论问题，也是实践性很强的方法论问题。“学、思、行”的结合，由孔子首创，历代学者也都重视这一学习过程。《中庸》指出：“博学之，审问之，慎思之，明辨之，笃行之。”朱熹称之为“为学之序”。简称为“学、问、思、辨，行”五步骤，其实还是可归纳为学习过程中“学、思、行”三阶段：“博学之，审问之”，是学的过程；“慎思之，明辨之”，是思的过程；“笃行之”，即是行的过程。这一着重于求知意义上的学习过程与方法，成为宋以后数百年学校教学必须遵循的法则规范，也是后世学者治学普遍遵循的一般过程。

一、学与思：思考的魅力

《论语·述而》指出：“学而不思则罔，思而不学则殆。”此真是一言中的！学习了不思考，所学则会茫然无所得；如果仅仅思考而不以学为根柢基础，那么无根之妄想也是岌岌可危的。因为只学习不思考，虽学虽问，甚至即使能博学能审问，也只是感性的知识，必须经过思维加以分析整理、引申归纳，提高到理性水平后，才能俯视、深入、贯通，才会真有自己的心得与新得。

南北朝宋范缜关于感知与思虑的关系，在《神灭论》中指出：“浅则为知，深则为虑。”他认为感知与思虑同属于“神”的部分，但有分别，即是感性的“知”为浅层，只有经过思虑后获得的理性认识才是深一层的。《学记》深谙此理，在教学“十二字诀”中将“思”置于重要位置：“和、易、以思，可谓善喻矣。”这里将学生和谐轻松地学习，并能积极思维，作为衡量教师教学效果的最佳指标，这是何等高明的见地和境界啊！笔者对教学“十二字诀”另有专篇介绍，读者可参阅。

德谟克利特（约前460—约前370），这位古希腊哲学家曾说：“智慧生出三种果实：善于思考、善于言谈、善于行动。”古希腊哲学家已认识到智慧生出的第一果即是思考；我国古代大智大勇者以实践进一步证实了“学”然后能“思”的重要性。“大志非才不就，大才非学不成，学非记诵云尔，当究事所以然，融于心目，如身亲履之。南阳一出即相（指诸葛亮出山事），淮阴一出即将（指韩信拜将事），果盖世雄才，皆是平生所学。志士读书当如此。”（明郑心材《郑敬中摘语》)。这里强调了志士成大才非学不可，然所学绝非记诵之学，“当究事所以然”，即非“思”不行。诸葛亮、韩信是中国史上深具智慧的典型人物，他们的“思”之果魅力无穷。

学之思，在于勤动脑，要积极思维，开发智力，记诵、记问之学均不能达此目的。《学记》说：“今之教者，呻其占毕，多其讯言，及于数进，而不顾其安，使人不由其诚，教人不尽其材，其施之也悖，其求之也佛。夫然，故隐其学而疾其师，苦其难而不知其益也。虽终其业，其去之必速，教之不刑。其此之由乎！”郑玄注：“呻，吟也。占，视也。简谓之毕。言今之师自不晓经之义，但吟诵其所视简之文，多其难问也。”占毕，泛指古代学校的课本。讯言，亦为训言、训告。刑，犹成。意思是教师只是看着书本上的文字吟诵，自己并不深通里面的精义；只讲些名物解释之类，而不是推究义理之根本；急躁赶进度而不顾及学生能否接受。教育不考虑到学生的接受能力，又不能量度和发挥学生各自的聪明才智。学生学得幽隐难明，以至于痛恨老师；苦于学习的艰难而不知道学习的好处；即使完成了学业，也会很快地忘掉。记问之学，教师照本宣科，让学生不求甚解地呆读死记，未经思考的学习，只能是口耳相忘，学了再多也毫无用处。清代朱彬在《礼记训纂》中引了唐代孔颖达的阐述，这是针对《学记》指出的“学者有四失”而言：“失于多，谓才少者；失于寡，谓才多者；失于易，谓好问不识者；失于止，谓好思不问者。”朱彬认为：好问不识者，是学而不思的问题；好思不问者，是思而不学的问题；解决这些问题，要学而思，要思而学，学、思结合，才能在教学中“长善救失”。这里强调了学与思的辩证统一，学习过程中不能缺失“思”的环节。

需要一说的是，《学记》中反对呻其占毕，并非反对“占毕”本身，课本还是需要的，比无课本信口开河要强。因为当时只有教师手中有竹简课本，学生是没有的。阮元指出：“古人简策在国有之，私家已少，何况民间。是以一师有竹帛，而百弟子口传之，非如印本经书，家家可备也。”(《学记研究》)我们了解这一知识背景，对理解文意有帮助。

后世学者也多反对呻其占毕的记问之学。明代王守仁曾批评不能务实的颓靡文风，指出：今之教育“有训诂之学，而传之以为名；有记诵之学，而言之以为博；有词章之学，而侈之以为丽。相矜以知，相轧以势，相争以利，相高以技能，相取以声誉”。其“记诵之广，适以长其傲也；知识之多，适以行其恶也；闻见之博，适以肆其辩也；辞章之富，适以饰其伪也。”(《王文成公全书》卷二，《传习录中》)这里批评学之浮夸，求取虚名而不切实用。李光地曾说：“学之之博，未若知之知要；知之知要，未若行之之实。”学博—知要—行实，这一路子是不错的，其中的两个“未若”均是对前者比较后予以辩证地否定，从而臻于更高层次，而其核心便是学需博，但必须能知要，知要的再进层便是以致用，即是行实。其内涵也即是强调了学、思、行的结合。

二、学与行：学以致用

学之“行”，是教学过程的最后一个阶段，也是学之目标的实施与检验，是教学论中的关键环节，在学习过程中处于十分突出的地位。“行”，为孔子的“四教”之一：“子以四教：文、行、忠、信。”（《论语·述而》）儒家教学的目的是明人伦，学的内容是人伦道德，故孔子一再强调教育学生要德行修养和言行一致，“君子耻其言而过其行”；“欲讷于言而敏于行”；“察其言而观其行”《论语·宪问》，对“行”的要求无时无处不在，并赋予了诸多丰富内涵。

“学与行”，是相互发生作用的辩证关系。求学的方法，既要格物以穷其理，更重在笃行。学得的知识要通过多方面实践、练习或操作实验等，才会加深对书本知识的理解，使书本“死”知识转化为灵活的思维能力，才成为真正是自己的知识。然后会联系实际，将知识应用于实践，完善了“行”，才是学习的完成。

对于文化知识的传授，孔子强调学以致用，他说：“诵《诗》三百，授之以政不达，使于四方，不能专对，虽多亦莫以为？”学习古代的文献典籍，如果不能应用，有什么意义呢？东汉王充《论衡·超奇篇》也说：“入山见木，长短无所不知；入野见草，大小无所不识。然而不能伐木以作屋室，采草以和方药，此知草木所（而）不能用也。……凡贵通者，贵其能用之也。即徒诵读，读诗讽术，虽千篇以上，鹦鹉能言之类也。”学习草木知识，如果不能懂得如何合适地利用，那学了再多也没用。汉代医学家张仲景总结行医实践经验，写下了我国最早的一部理、法、方、药兼备的著名医学典籍《伤寒论》。明代医学家李时珍通过近30年的调查、访问、学习、实践总结后，写出了举世闻名的巨著《本草纲目》。明代科学家徐光启用毕生的精力刻苦研究天问和农业科学技术，到60多岁才完成了流芳百世的《农政全书》，成为中国近代科学先驱。他们都学以致用，以笃行、践履成就了自己的事业。

“践履”，其中“践”，即是履行、实行。践履，强调亲身的“履事”“践行”，是认识事物的基础。又“躬行”，亦即亲身实行。中国古人很重视学习之“践履”。朱熹说：“大抵学问只有两途，致知、力行而已。”（《朱文公文集》卷四十）南宋陆九渊：“为学有讲明，有践履。”“博学在先，力行在后。吾友学未博，焉知所行者是当为，是不当为？”（《陆九渊集·语录》）明清之际颜元在批评宋儒死读书的同时，“从源头体认，宋儒之误也，故讲说多而践履少，经济事业则更少。若宗孔子下学而上达，则反是矣。”（《存学编》）这里均提出学问的知与行两途，不得偏废“行”，知识学后当须力行、践履才能成就事业。

哲学上所说“知行”的“行”，是指社会实践活动。孔子却将修身、教人、从政此类“行”，都视为学习的重要内容，将“事君”“交友”“孝悌”之类道德修养和行为实践，也列入学习求知的过程中，因为儒家教育目的就是教人如何做人。教育的最高理想是培养“圣人”，故把“明伦修德”作为普遍的教育共性，在教育中占首要地位。在“明伦修德”基础上，再发展各人不同的才能，学生完成学业后便能“举德而任”。孔子成功地培养了无数有成就的人才，如：安贫乐道、好学不倦的颜渊；善于理财经商又曾任鲁相和卫相的子贡；继承并发扬孔子学术的子游、子夏、子思等。孔子“知”与“行”的教学实践，是为楷模，垂范后世。《学记》继承这一儒家教育传统，贯穿始终的教学思想也是学业知识与道德修养并重，将“离经辨志”“敬业乐群”“亲师”“交友”等非课堂教学能传授的知识也列为学年考核内容。

从道德方面去理解知与行，是儒家共同的观念，明代王守仁则是其中的典型。他承孔子旨意，也认为教育应培养“治世”之才，即“圣人”；教育还应担当“昌明圣学”、教化民众的社会重任。他认为“学校之中，惟以成德为事，而才能之异，或有长于礼乐、长于政教、长于水土播植者；则就其成德而因使益精其能于学校之中。”这里体现了学校教育对“成德”之教的高度重视。认为只有“知行合一”了，才是道德的完成。他又指出：“夫学、问、思、辨、行，皆所以为学，未有学而不行者也。如言学孝，则必服劳奉养，躬行孝道，然后谓之学，岂徒悬空口耳讲说，而遂可谓之学孝乎？学射，则必张弓挟矢，引满中的。学书，则必伸纸执笔，操觚染翰。尽天下之学，无有不行而可以言学者。”（《王文成公全书》卷二，《传习录中》）王守仁倡导“知行合一”，重在“行”，反对知行脱离的弊病。（参见《中国教育思想史》第二册）荀子很早就把人才划分为这样几个层级：言行俱佳者，“国宝也”；拙于言而擅长行者，“国器也”，长于言而拙于行者，“国用也”，口善言，身行恶，“国妖也”。荀况认为：“治国者，敬其宝，爱其器，任其用，除其妖。”（《荀子·大略》）可见荀况的选才标准是德重于才，行重于言，至今仍是人们认可的选才标准。

又如杜威指出：“实际的教育，是要使学生明白社会的情形，对于社会服务，研究有用的学问，养成他们一种优良的习惯，自己思想，自己判断，对于高尚的理想并且有能力去实行，换句话说，就是要养成实际有用的人才。”（《民治主义与现代社会——杜威在华演讲集》）杜威也是强调了教育要为社会培养有用的人才，他们既能研究学问，又能思维判断，更有能力去实行，真正是做到了学思行的辩证统一。

学与行的辩证关系。学对于行有指导作用，明确的认识可以避免行动的偏颇和失误；同样，行也可对学起检验、反思或增益的作用。更由于世界万事万物的复杂性，学与行的过程也有很多不确定性。如何学习求知？如何思考实践？如果都认为非要照书本上的去做，也有以偏概全的感觉。书本知识并不是完全的，古人不知道的典籍没有记载，未来要创造的也不会在书本里，而且还有一种无法学的知识和学问，即是应变的智慧。史载汉武帝曾希望霍去病学习孙、吴兵法，没想到霍去病却回答曰："顾方略何如耳，不至学古兵法。"（《史记·卫将军骠骑列传第五》）无独有偶，宋代宗泽以阵图授岳飞，岳飞却回答，曰："阵而后战，兵法之常，运用之妙，存乎一心。"这不是自高自大，两位都是高人，深晓兵机，特别军事瞬息万变，本没有一定的成规，要在临事适变，从宜行权。

三、猫怕鼠的启示

我读到一则报道，真实的事情，却就像一则现代寓言了，读后不仅忍俊不已，且使人掩卷沉思。

上海《新民晚报》头版刊登读者来信，说他家的猫"全身黑毛发亮，两眼炯炯有神，但是看见一只小鼠浑身发抖，躲起来三天三夜不进食"。这位88岁的读者说："我一辈子知道猫是老鼠的天敌，不明白我家的猫为何如此。"上海市动物学会宠物分会秘书长释疑说："猫有捕捉老鼠的特能，是维持生存的一项基本技能，但这种特能要经过学习，让老猫带小猫捕捉才能掌握。现在的小猫没有见过老猫捕鼠，没有生存之忧。一代代繁殖下去，猫的特能就退化了。"——呜呼！猫不学捕捉老鼠的本领，竟然"堕落"到如此田地，连看家的本领都丧失了！当然老猫不教，则小猫不会，这又有教与学的关系了！此又真应和了此句话：人不学不成才，玉不琢不成器！宠物之猫咪，竟然成不了猫之才矣！这一启示是现实的，是深刻的劝学教材，也是对学与行关系的生动诠释。动物不学习、不实践，尚且会丢了生存的本领，何况人乎？

学习与实践的重要，不仅于人类，于动物也无不如此。"玉不琢不成器，人不学不知道。"现在又有"猫不学也不知'道'"的新例证。猫不学，它的"天道""天性"也被颠覆了。

尊师重道之本质

尊师重道是儒家教育思想的一贯主张，但其内涵并非字面的简单理解，而要做现象与本质的辩证分析。《学记》说："是故君之所不臣于其臣者二：当其为尸，则弗臣也；当其为师，则弗臣也。大学之礼，虽诏于天子无北面，所以尊师也。"郑玄注："尊师重道焉，不使处臣位也。"意思是君主允许臣子可以不施行臣子之礼的有两种情况：当臣子装扮作受祭的"尸"时，就不把他当臣子看待；当臣子为老师时，也就不把他当臣子看待。大学的礼节，老师被召见到天子那儿去授课，也可不朝北处于臣位，表示尊敬老师。倡导统治者也要尊师，但这还不是真正意义上的尊重教师，而是为了体现"礼"文化，尊师为重道，目的仍是为了巩固封建统治所需要。

一、尊师为重道

尊师与重道结合，重点在重道。尊师，是在形式上尊重教师的身份和地位，实质在于重道。"师，教人以道者之称也。"(《周礼注疏》卷九)学生也要以"不违失师道"(《礼记正义》卷三十六)为准则。这样推崇尊师，把教师的地位抬高到与君主并立，目的则是为重道，由此逐渐构成了中华民族固有的传统文化心理。

孟子曾引《尚书·泰誓》中"天佑下民，作之君，作之师"的教条，把君师并立起来。荀子又开拓发展，把天、地、君、亲、师并称。他说："天地者，生之本也；先祖者，类之本也；君师者，治之本也。"(《荀子·礼论》)荀子将君师并举，赋予了教师在中国古代社会的权威地位，显示了"师"在以"礼"治国中的重要作用。荀子指出："礼者，所以正身也；师者，所以正礼也。无礼，何以正身？无师，吾安知礼之为是也？礼然而然，则是情安礼也；师云而云，则是知若师也。情安礼，知若师，则是圣人也。故非礼，是无法也；非师，是无师也。"(《荀子·修身》)把教师视为"礼"的化身，尊师也即是为维护"礼"的封建等级秩序服务。"今人之性恶，必将待师法然后正，得礼义然后治。今人无师法，则偏险而不正；无礼义，则悖乱而不治。"(《性恶》)教师通过"师法"来施"礼"教，教化民众，以此来培养和塑造学生的人格，隆礼以治国。荀子认为"上无君师，下无父子，夫是之谓至乱"。(《荀子·王制》)师教兴，则国治而兴旺，师教废，则国乱而衰败。尊师重道，实为治国安邦的根本大计。(参见《中国教育思想通史》)

在等级森严的封建社会，尽管“天地君亲师”并提，目的是为重道而推崇形式上的尊师，君臣关系的实质是客观存在的。如张载注《学记》本章所说：“匹夫传道，虽天子无北面，非尊是人，盖尊道也。”在当时的祭祀等礼节中，先师与先帝是有区别的。而且虽为王者师，也没有“刑不上大夫”的保障。如“王者”出事，师傅也会受牵连，甚至丢脑袋。但倡导尊师重道，且从最高统治者做起，毕竟对形成尊师重教的社会风气起着积极的推动作用。（参见《学记研究》）

二、师严道尊

师严道尊，出自《学记》：“凡学之道，严师为难。师严然后道尊，道尊然后民知敬学。”郑玄注：“严，尊敬也。”大凡求学的道理中，尊敬老师是最难做到的。老师受到尊敬，然后他讲授的道才会被尊重；讲授的道被尊重，然后民众才知道崇尚学习。师是传道的人，受到尊敬，那么其传授的知识、技能或道理才能得到尊重。师严道尊，多用以指为师之道的尊贵、庄严。后又引申为“师道尊严”：《元史·刘因传》：“家居教授，师道尊严，弟子造其门者，随材器教之，皆有成就。”还有“尊师贵道”等说，泛指尊重师长，重视老师的教诲。

宋儒以后，把“师道尊严”提高到绝对化的地步，使后人误认为“师道”是一体的，“师”就是代表“道”的，始终在教学过程中起着主导作用。有学者认为：“把‘师’和‘道’结合成一个‘师道’的词，普通是指教师的品德而说的，不能把‘师道’一词与‘尊严’结合成为‘师道尊严’一句话，用来说明教师是绝对权威的。师严然后道尊，《学记》上是在‘凡学之道’这一句话以后说的，这一句话是谈‘学’，不是谈‘教’。更不能把尊道说成是教师的绝对权威。”（《中国教育学史遗稿》）冯友兰对此也指出：“《礼记·学记》说：‘师严然后道尊。’所尊的是他讲的那门学问，并不是那某一个人。在现在的大学里，道就是马列主义、毛泽东思想，就是科学，这都是应该尊重的。谁讲得好，谁就应该受尊重。再重复一句，所尊的是道，并不是人。在十年动乱时期，人们把这句话误说为‘师道尊严’，其实应该是说：‘师严道尊’。”（《三松堂全集》第一卷）这是冯友兰在“文革”后对“文革”期间大批“师道尊严”的反思与澄清。

“师道尊严”，如理解为“师”是无所不知、无所不能的绝对权威，始终处于正确的地位，则是与“教学相长”的辩证思想相违背的。“弟子不必不如师”，教师也需要向学生学习，孔子成功的教学实践也体现了这一精神。教师具有启人心智，教育培养人的职责，需要为人师表。更重要的是要为国家培养统治人才，更加需要德才兼备，特别要做到“教必本于道”，这样才能培养学生“异日出为世用，必能择其道以忠乎君而爱乎民。”（《薛敬轩先生文集》卷三，《送孔节文公分教徐州序》）足见教师以“道”教人的社会作用是非常重要的。

三、学必有师

《学记》指出：“能博喻，然后能为师；能为师，然后能为长；能为长，然后能为君。故师也者，所以学为君也。是故择师不可不慎也。《记》曰：‘三王四代唯其师。’此之谓乎！”能用广博的知识使人晓喻，才能做人家的老师，然后才能做官长；能做官长，然后才能做国君。所以老师是教人学习做国君的。并引用了“三王四代唯其师”的典故来说明教师的作用，以及强调需要慎重选择教师。

“三王四代唯其师”，指历史上夏、商、周三个帝王和颛顼、帝喾、尧、舜四个朝代都重视教师的作用。《荀子·大略》：“尧学于君畴，舜学于务成昭，禹学于西王国。”；伊尹为汤师，臧丈人为文王师，吕尚为武王师。传说这些人为古帝王的创业作出了贡献。《韩诗外传》就说这些帝王“未遭此师，则功业不能著乎天下，名号不能传乎后世”。（《韩诗外传》卷五）姬旦，史称周公，是我国三千多年前杰出的思想家和教育家，他很重视教师的作用，并曾做过系统的论述，在《尚书·君奭》中列举了著名师保的功绩，认为商代其所以由此“多历年所”的国祚，有赖于这批老成持重的师保从旁辅佐教诲殷王。揭示了教师的重要作用，特别强调国君也要受教育，是很了不起的观点，对于我国古代形成尊师重教的传统，具有重大的影响。（参见《中国教育思想通史》第一卷）

《白虎通》是汉代一部由官方主持撰写的经典，代表了最高统治者的意志。其论述的有关教育思想，也具有官方的权威性。《白虎通》划分了以圣人为最高级的人才层次：“五人曰茂，十人曰选，百人曰俊，千人曰英，倍英曰贤，万人曰杰，万杰曰圣。”即使是圣人，也需要拜师求学，《辟雍》篇列举了诸多圣人之师，即便是圣人，“虽有自然之性，必立师傅焉。”何况一般人呢？

《白虎通·辟雍》篇指出：“天子太子、诸侯世子，皆就师于外，尊师重先生之道也。《礼》曰：‘有来学者，无往教者也。’《易》曰：‘匪我求童蒙，童蒙求我。’《王制》曰：‘小学在公宫南之左，大学在郊。’又曰：‘天子太子、群后之太子，公卿大夫元士之嫡子皆造焉。’”师是道的传授者，从天子太子，到童蒙皆应登门拜师求学，由此体现汉代尊师重道的社会风尚。

人在成长过程中，需要良师的传道指点，无师而自学，很难真正成功。唐柳宗元主张凡人之学必当有师。他从亲身实践中体会到，没有名师指点，不继承前人积累的规律性知识和经验，不掌握正确的门径要领，学不易成功。方向一偏，越是努力，会离开标准越远，所以不从师、不明道是不能成功的。国人多以为著名数学家华罗庚是自学成才，其实并不全面，季羡林曾回忆说，华罗庚利用大学助教，将大学数学系的课都听了一遍。钱伟长也提到：华罗庚不是正规念大学的，而是清华数学系文书，专门管发讲义、收卷子，但他和钱伟长一起听微积分课程。当钱伟长读四年级时，他大学的课全听完了。（参见《钱伟长教授论终生学习》）可见华罗庚虽不是以大学生的正规身份去听课，但确实是接受了大学课程的系统训练，使他在工作实践中多有学术成就。从“人非生而知之”的角度观之，人也不可不从师，学必有师便成自然之事。

四、不“好为人师”

柳宗元主张学者应从师学习，但他出于种种原因，自己却不好为人师。能尽师之责，但不接受师之名，提出“交以为师”的观点：“苟去其名全其实，以其余易其不足，亦可交以为师矣。如此，无世俗累而有益乎己，古今未有好道而避是者。”（《柳河东集》卷三四，《答严厚舆秀才论为师道书》）无独有偶，我读到这样一则故事——

1919年农历十月初，宗白华写信给马一浮，欲拜马先生为师。马一浮回信说：

“承力学好问，励志进修，甚善甚善。至以求道之切，乃于浮有见师之意，此非鄙陋所敢任也。《学记》曰：‘君子有以知至学之难易而知其美恶，然后能博喻。能博喻然后能为师。’《论语》曰：‘温故而知新，可以为师矣。’二者浮皆不能有之。平日于记问之学，犹有所不及，曷敢抗颜而为足下之师乎。且师者非徒以多闻博识而已，必其道德已立，言行皆可仪法，然后学者心悦诚服，严事而不倍焉。如浮者何足以拟于是。苟如来书之言，不惟遗浮以近妄之失，亦使足下蒙不择之嫌，故期期不敢奉命。若夫先圣之教，备在经籍，德性之本，具于一心，为仁由己，不假外求。读书穷理，实有余师。乐取于人，咸资淑艾。深之以思绎，益之以讲贯，谨之于微隐，笃之于践履，其日进于道也，夫孰御之。”（马一浮《致宗白华》第一函，《马一浮集》第二册）

刘梦溪说：马先生虽然未接受宗白华的拜师之请，但此信已经把进道之方法完完全全地告诉给对方。“读书穷理，实有余师”，即“读书穷理”就是进入道的最重要的途径。“性之本，具于一心，为仁由己，不假外求”，这是马一浮学问方法的基本理念。

上述关于马一浮问学进道的故事，足以见出他的特殊的学问态度和不同寻常的学术精神。马一浮的回信，还认真引用了《学记》与《论语》中有关能“为师”的原文，深谙为师之道，但不轻易答应拜师之请，与柳宗元一样不好为人师。这里我们也可以体会到世间“好为人师”的浅陋，以及“误人子弟”的不该。因为他们在主观上、或客观上都不知道《学记》已经揭明的道理。如果自己不能“至学”，既不能知其“难易”、也不能知其“美恶”，更不能“博喻”，然而却“勇为”人师，敢为人师，那么本来可造就的英才弟子只能成为庸才了，这是误人子弟，实在不应该。师道亦存很深学问，笔者于师、学、友等关系见下文论述。

师、学、友三维关系

人之成才与社会环境的影响密切相关联，就教育对人的培养和影响而言，师与友施以的陶冶影响作用特别关键。个人的成长经历中，如能遇到良师的引领指点；若能有挚友的陪伴切磋，是为人生之大幸！《学记》作者洞察师与友对人之成长成才，以及在教学过程中起着重要作用，揭示了“师、学、友”的三维关系，这是教学理论研究中比较独特的视域。

一、“亲师”与“取友”并重

一般教育学论著中，往往是阐述教师与学生两方面关系较多，《学记》却增加了“友”这第三方，而且把“亲师”与“取友”相提并论，将两者都列为“为学”的重要组成部分，形成了具有师、学、友三维关系的教学论特色。“友”成为教学活动的第三方，其所起作用对教师和学生都有很大影响。《学记》全文仅一千二百多字，讲述亲师与交友的却占据了不少篇幅，稍做如下简要梳理：

其一，亲师与取友同为“小成”考核内容。“一年视离经辨志，三年视敬业乐群，五年视博习亲师，七年视论学取友。”三年和七年两次“小成”的考核，都有亲师与取友的内容。其中“乐群”，也蕴含与同学伙伴的相处之道。

其二，亲师、乐友为信守道义之事。“故君子之于学也，藏焉，修焉，息焉，游焉。夫然，故安其学而亲其师，乐其友而信其道，是以虽离师辅而不反也。”此“师辅”的“辅”，即指同学、朋友。亲师、乐友，成为自己能安学、信道的必要条件。这样师与友在学习过程中的重要地位就不可小觑了。

其三，重视“相观而善”的教育作用。“大学之法，禁于未发之谓豫，当其可之谓时，不陵节而施之谓孙，相观而善之谓摩。此四者，教之所由兴也。”在

"教之所由兴"的四个因素中，列入了同学间的相互观摩，切磋交流。这一学生之间相互学习与促进的作用，是教师之"教"无法达到的，能起很好的助"教"作用。同时，学生之间相互启发，可增广见识见闻，经验教训亦可互鉴，亦是助"学"的宝贵渠道。

其四，交友择友须慎重。"独学而无友，则孤陋寡闻。燕朋逆其师，燕辟废其学。"在"教之所由废"的六个因素中，与交友择友相关的占据了三个。单独学习而没有朋友切磋，就会孤陋寡闻；结交不正当的朋友，就会与老师教诲相悖而行；与损友相交，沉湎在放荡游乐之中，就会荒废自己的学业。在"藏焉、修焉、息焉、游焉"整个教学活动中，朋友的影响始终存在，并在学业的成败中起着重要的正向与负向作用，可见择友与择师一样重要，都要慎重对待。

二、友人的陶冶渐化作用

学习必须具有个人的磨炼砥砺，刻苦用功才能学有所得，习有所成。如明代李东阳《成斋记》说："学必穷日夜磨砥刻厉，久而后有得焉。"然而又不能缺少同学和朋友之间的切磋琢磨，反复研讨，正如宋代李纲所曰："思得卓识博闻之士，相与讲习，磨砻淬励，证其是而黜其非，增益其所未至。"明代方孝孺《赠王时中序》又有说："繇是而寓于术，纵横开阖，无所施而不宜，岂若专门独学者之劳且陋哉！"这指明为学的又一个门径，专门独学或不劳不勤，当然无所成就；然而虽劳且勤，却可能陋而浅，因为专门独学不问它门，不闻别户，且无师之指教、无友之切磋，也许就囿于一狭小的空间里回旋徘徊。若反过来，那么为学能视野既广，胸襟拓宽，师友甚多，纵横开阖，那么绝非前者所能比拟的了。孔子早就有"以文会友，以友辅仁"(《论语·颜渊》)的教学主张，认识到好同学、好朋友的榜样带动作用，将同学、朋友间的互相切磋、鼓励和辅助视为教育和教学过程中的重要环节。

由于每个人的思想均有其局限性，独学无师、无友，甚至无论敌，均有可能成为影响其进业、修道、成才的因素。国外教学多重讨论式，毛泽东学习或讲课也喜欢讨论，他认为此法终身受益。许多有成就的学者都有体会，若"穷居杜门"而无讲论之益，必将孤陋寡闻，终难有所创获，所以精思与师友讲论，须互相促进，都不可偏废。当个人覃思苦索，不得其解时，旁人一句话，或可使之顿悟开窍。或在自己已得出体会观点的基础上，再由众人审察讨论，敏睿思辨论证，可进一步探究意旨，必得其思想之精致、深邃，这样才能形成精辟可靠的独见、胜解。

然而，交友也有两面性，会带来正负两方面的效应。康有为《大同书》指出："凡物皆久而后化，麝食香久则香，蜜采花久则甜，此芝室鲍肆之异习而渐化耳。"古人概括得很深刻，《大戴礼记·曾子疾病》："与君子游，苾（bì）乎如入兰芷之室，久而不闻，则与之化矣；与小人游，贷乎如入鲍鱼之次，久而不闻，则与之化矣。""鲍鱼之次"，王聘珍解诂："次，若今市亭然。"后作"鲍鱼之肆"，即是卖咸鱼的店铺。《孔子家语·六本》也有类似的记载，引孔子曰："不知其子，视其父。不知其人，视其友。不知其君，视其所使。不知其地，视其草木。故曰；与善人居，如入芝兰之室，久而不闻其香，即与之化矣。与不善人居，如入鲍鱼之肆，久而不闻其臭，亦与之化矣。丹之所藏者赤，漆之所藏者黑，是以君子必慎其所与处者焉。"这里阐述交友之渐化过程十分清晰与深刻，朋友对一个人德识修养的形成会产生很大影响。古诗云："与君一席话，胜读十年书。"试想若能与圣人、君子、大师在一起，该是何等美妙！我们熟知的典故"程门立雪"，大概就是寄寓着这样一种期盼和渴望吧？

《论语·学而》有言，子曰："学而时习之，不亦说乎；有朋自远方来，不亦乐乎。"《论语》开篇就同时提出了学习与交友，并视两者都为快乐的事情，此中蕴含着深意，层积着学习与教学中的实践经验。《论语·季氏》篇也谈到："益者三友，损者三友：友直，友谅，友多闻，益矣；友便辟，友善柔，友便佞，损矣。"重视择友与取友，并作为"为学"的重要内容，是我国古代教学论思想的传统特色，也是《学记》提出"师、学、友"三维关系的缘由，可见根基深厚。

三、名师出高徒

择师较之择友，有更多的条件限制，常可遇而不可求。"名师出高徒"的道理，人皆知之。得遇名校名师，是人生路上的美意盛事。笔者不禁想起清华国学研究院的导师与弟子们。清华国学研究院办学仅五年，其名师之盛，育才之多，影响之大，令今人感慨系之。当年清华国学研究院的导师、学风以及研究方法、讲课方式等，颇多《学记》"博喻""善教""善学""善问"等教学精神，值得研究借鉴。

清华国学研究院于1925年创办，初创时只开设国学一科，其内容约为中国语文、历史、文学、哲学等。办学目的专在培养以著述为毕生事业者和学校之国学教师。聘任了当时著名的王国维、梁启超、赵元任、陈寅恪为导师，后世名为"四大导师"。

研究院开创了导师自由演讲、学员自由选导师、自由选课的研究方法和学习风气。提倡充分的学术自由，把课堂作为教授们发挥个人学术专长、表达自己研究成果、自由论学的讲坛。所开设的都是当时学术界研究最精深的课程。而且，不同的教授可以在同一时间开设相同的课程，自由讲授自己的学术见解，学员可以自由任选一教授听课。

王、梁、赵、陈是当时国内学坛声望极高的国学大师，是中国近现代学术史上最有地位的学者。吴宓赞誉王国维“古史及文字考证之学冠绝一世”。他说：“余独喜先生早年文学、哲学论著；以其受西洋思想影响，故能发人之所未发。”（《吴宓诗集·空轩诗话》）王国维通晓日、英、德等国语文，遍读社会学、心理学、伦理学、哲学等多方面的西书，学问博大精深。陈寅恪通晓世界各国语文三十余种，除英、法、德、俄、西、日等文之外，还精通蒙古文、阿拉伯文、印度梵文、巴利文、突厥文、波斯文、匈牙利文等文字，真是奇才。吴宓后来回忆陈寅恪时说：“始宓于民国8年在哈佛大学得识陈寅恪，当时即惊其博学而服其卓识。驰书国内友人，谓‘合中西新旧各种学问而统论之，吾必以寅恪为全中国最博学之人’。”研究院第一期学员周传儒在回忆梁启超时说：“学识渊博，会通古今，贯穿百家，既汪洋若千顷之波，莫测其涯；又扼要勾玄，深入浅出，使人人可游溯，处处可有得。”（《史学大师启超和王国维》，见〈社会科学战线〉1981年第一期）罗常培在《赵元任小传》中说：赵元任学问的基础是数学、物理学和数理逻辑，可是他于语言学的贡献特别大。近三十年来，科学的中国语言研究可以说由他才奠定了基石。因此年轻一辈都管他叫“中国语言学之父”。由这样一批国学大师执教，又加之自由学风、方法对头，所以为中国现代学坛培养出一大批能开新风气的博学之士，如著名学者吴其昌、刘盼遂、徐中舒、高亨、周传儒、方壮猷、姚名达、谢国帧、刘节、陆侃如、王力等等。后来由于导师王国维自沉于颐和园、梁启超在北京病逝，清华国学研究院于1929年宣布停办。（参见赵吉惠著《国学沉思录》，浙江人民出版社）

感到惋惜和反思的是，王国维和梁启超都在五十多岁的壮年相继离世，真天有不测风云，世事难预料。大师走了，大楼还在，但是原来生气勃勃的研究院还是中止停办了，正可谓：大学之大，在于大师而不是大楼。可叹可喜的是，那几年“四大名师”确实培养出了“高徒”，以上所列博学之士，真都成了学界栋梁，成就卓著。正因这些弟子的功成名就，也使得仅仅五年的“清华国学院”美名大振，永垂史册！近一百年后的今天，我们回忆清华国学院的成功与辉煌，对于我们培养新世纪的现代人才，该有哪些启示和反思呢？

四、动态发展的师生观

教与学本身是辩证统一体，教学工作需要师、学、友共同努力，是要三方面协调合作才能完成的任务。师、学、友三者的关系不是一成不变的，而是处于动态发展变化中。对教师而言，教是学的一种转化形态，是学习的进一步延伸；对学生而言，“后生可畏”，学生最终一定会超过教师，这就是荀子所言“青出于蓝而胜于蓝”；“弟子不必不如师，师不必贤于弟子”。这一发展变化的师生观，表明师生关系是相对的，可以互相转化的。学生如果只是墨守师说，哪来创新呢？学术也就得不到新的发展。所以教师也可向有研究专长的弟子学习，师生也都可向社会上有一技之长者学习，此类佳话历史上很多。

教师之职责为“传道、授业、解惑”，此三者也是依序而进的。古谚：“师者，人之模范也”，教师为人师表，当是应有的基本素质。教师的知识能力有大小，术业却各有专长，能者为师。韩愈曾说：“无贵无贱，无长无少；道之所存，师之所存也。”社会上有道有术者不少，皆可为师，求学的范围不应受到限制。孔子是我国历史上“学无常师”的开创者，孔子曰：“三人行，必有我师焉；择其善者而从之，其不善者而改之。”（《论语·述而》）《论语》中多有孔子向弟子学习的言与行，史书有载孔子师郯子、苌弘、师襄、老聃等。

后世“师”逐渐被泛化，文坛亦有“一字之师”的美谈，唐方干《酬孙发铸造》“一字师”典故，谓订正一字之误读，即可以为师。“一字师”，后来也指更换诗文中一、二字的老师。宋代魏庆之《诗人玉屑·一字师》：“郑谷在袁州，齐已携诗诣之。有《早梅》诗云：‘前村深雪里，昨夜数枝开。’谷曰：‘数枝非早也。未若一枝。’齐已不觉下拜。是士林以谷为‘一字师’。”又可指某些能获取知识经验之事，如“前车之覆，后事之师”，“师”的内涵逐渐扩大了。

成功的教育家，往往有更多出类拔萃的学生，演绎着“弟子不必不如师”的佳话。明代王守仁为“阳明学派”的创始人，以其“致良知”的心学体系，打破了当时程朱理学的学术一统局面，得益于他成功的教育实践。作为一个杰出的教育家，充分利用儒学、社学、书院等各种教育形式大力传播“王学”，并培养了大批学有所成的弟子，遍及大江南北。形成的“王门”学派，分为“浙中、江右、南中、楚中、北方、粤闽六派，他们的代表人物在长期从事教育活动的实践中，也积累了丰富的教育思想。”（《中国教育思想史》第二卷）在王守仁去世后，这些弟子遍设讲舍，日日讲学，继续传播王学，为发展阳明学派的教育思想作出了很大贡献。

再如：近代人民教育家陶行知，早年留学美国哥伦比亚大学，师从著名教育家杜威。学成归国后，他在教育实践中，结合中国教育传统和现实状况，对杜威“教育即生活”的理论吸收改造，发展成为“生活即教育”。陶行知曾自述：

"'教育即生活'是杜威先生的教育理论，也是现代教育思潮的中流。我从民国六年起便陪着这个思潮到中国来。八年来的经验告诉我说：'此路不通'。在山穷水尽的时候才悟到教学做合一的道理。""没有'教育即生活'的理论在前，绝产生不了'教学做合一'的理论。但到了'教学做合一'理论形成的时候，整个教育便根本改变了方向。这个新方向是'生活即教育'。"陶行知"生活即教育"的理论，是从中国社会现状出发，考虑到当时中国学校教育很不普及，民众普遍缺乏教育的现实，为"谋适合，谋创造"而提出来的。这一理论成为我国民族教育理论的宝贵遗产，陶行知也成为中国现代教育史上提倡并兴办乡村教育的先行者，名垂史册。

师、学、友的关系相辅、相成、相助，三者的良性动态发展，必定带来个体为学治学的极大成功，并能推动社会教育事业的兴盛发展。这是已经数千年教学实践所检验的有效规律。随当今时代发展，信息知识来源之广泛复杂，教育内容方法与手段变化巨大，求师、取友与问学有了更多新的途径，非往昔可比，但是正确处理好师、学、友三维关系的理论价值依然存在，仍然有着现实的指导意义。

"亲师"与"疾师"因果辨析

学生"亲其师"与"疾其师"两种不同的师生关系，是由不同之"因"结出的不同之"果"。《学记》从深刻的教育实践经验中，精准把握并总结了两种师生之道的利弊关系，值得今人领悟与借鉴。

一、辩证的因果关系

师生关系的"亲"与"疾"，是导致教学成败的重要因素之一。《学记》从正反两方面揭示了"亲师"与"疾师"的因由与后果，并从多方面论述了这一问题。《学记》指出："安其学而亲其师，乐其友而信其道，是以虽离师辅而不反也。"这是正向的，体现了和睦的师友关系，学生能循正道而行，离开师友后仍能坚定不移前行，取得了教师之"教"和学生学业的双赢。学生有了成功的快乐，感激老师的教育，"亲师"之情自然流露。反之，《学记》又从负面指出："隐其学而疾其师，苦其难而不知其益也。""虽终其业，其去之必速。"这里的"隐其学"，王夫之说："隐，含痛意。谓以学为患。"学生以学习为痛苦的事，怨恨老师，将学习视为畏途，哪里还会知道学习的益处呢？即使学生结业了，也很快会忘了，这就是教师“教”与学生“学”的双双失败。学生往往不能客观分析，将学业失败归结于老师，“疾师”心理也自然形成。

“疾师”必然结出学业失败之“果”，教训是惨痛的。那么“疾师”之“因”如何客观分析呢?《学记》作了几方面的揭示：

其一，教师失误，教学不得法。“今之教者，呻其占毕，多其讯言，及于数进，而不顾其安，使人不由其诚，教人不尽其材，其施之也悖，其求之也佛。”教师照本宣科，不能把握课程难点要点，也缺乏对学生的了解，盲目施教。这样的教学，不能引起学生思维与讲课内容产生互动，学生就会听得厌烦，自然不能激发起学习兴趣。这是教师没有能力用教学艺术去吸引学生，使得教与学之时间与精力统统白费。这些时间精力，尤其学生的黄金学习岁月浪费了，这是无法弥补、无力挽回的最大损失。由此学生“疾师”，是情理之中的事，责任在教师。

其二，学生交上损友，染上坏习气，必定会悖逆师教。“燕朋逆其师，燕辟废其学。”此“燕朋”，为朋比为奸；“燕辟”之“辟”，同“僻”，邪恶之意。这是“疾师”的又一普遍现象，原因当在学生自身，此在“师、学、友”三维关系中亦有论述。因损友的影响、危害而误入歧路后，那么言行必定会与师教相违背，由此形成的“疾师”，主要责任在学生自身。

其三，学生不善于学习，因学习效果差而怨恨老师，这是学习方法问题。“善学者，师逸而功倍，又从而庸之。不善学者，师勤而功半，又从而怨之。”善于学习的人，老师很闲适，自己比别人能得到加倍的成绩，又归功于老师；不善于学习的人，老师很辛苦，自己却只得到别人一半的成绩，便又产生“疾师”的情绪。这也是一种较为常见的现象，是师生都值得深思的问题，如何“师逸而功倍，又从而庸之”，这是师生都企盼的理想教学状态，如何使师生双方均能获取事半功倍之效？此正是“教学相长”原则的内在逻辑之体现。

以上三种“疾师”之因果分析，看似普遍而平常，但确是历经数千年教学实践得出的宝贵经验，至今价值作用并未改变。若能重视并解决好这三种“疾师”成因，无论对教师或学生都是金针度人，可大大提高教与学的效果。

二、师生观与师道精神

“亲师”与“疾师”反映的师生观，与师道精神有密切联系。“我国古代将一位布衣教师称为圣人，一方面反映了尊重教师的良好社会风气，另一方面，不将‘圣人’的殊荣赋予帝王将相者流，而最早用来称誉教师，的确是值得珍视的民风。”（《中国教育思想通史》第一册）孔子自身的人格力量，他在道德修养和学识渊博两方面都堪为“人师”，因而备受学生尊崇。孔子遭遇坎坷，在陈蔡绝粮时，学生还是跟随他，师生仍然“弦歌不辍”。孔子去世后，弟子还不愿离去，并自愿守墓，子贡守墓竟达六年之久，孔子对学生的感召力可谓大矣！古人有说：“敬人者，人恒敬之；爱人者，人恒爱之。”孔子以其人格魅力，使弟子们对他的教学信服、折服，“亲其师”也成为必然之事。

《白虎通·辟雍》篇，曾于师生之间点明了有朋友、父子、君臣三重之义：“师弟子之道有三：《论语》曰：‘朋友自远方来。’朋友之道也。又曰：‘回也，视予犹父也。’父子之道也。以君臣之义教之，君臣之道也。”孔子即是视学生为朋友、弟子或儿子的先师，他像教育儿子那样教育弟子。在《论语·季氏》篇，有载孔门弟子陈亢，向孔子儿子孔鲤了解孔子如何教他学习《诗》和礼的情况。结果知道孔鲤所受的教育是与他们一样的，明白孔子对儿子的教育没有偏私。有学者对此发表评价说：“孔子本来是主张父子之间的关系是‘亲亲’，理应和其他人之间的关系有差别，但在师生关系上，他却没有这样做，他把学生和儿子同样看待，这表现了他对学生们的亲近和爱护。”（匡亚明著《孔子评传》，齐鲁书社）孔子在师生关系上为后世树立了典范，也被弟子和后人很好地传承，亲师爱生的佳话颇多演绎。

国学大师王国维，有着“诗人”“学者”“哲人”的风采，当年清华国学院的研究生，领略了他那种博大精深的大师风范，被他讲课的新见解、新学问、新方法所吸引，而他对学生的关爱，更使大家肃然起敬！姜亮夫是王国维先生培养出来的又一位著名学者，晚年还忆及他在清华研究院读书时，一次晚上去拜访导师王国维，辞别时候导师让家仆打起灯笼，随他一起把姜亮夫送过流水桥，叮咛说你眼睛不好，过了桥路就好走了。在60年以后回忆起这段事情，姜亮夫流泪了。（《新华文摘》2001年2期）这就是王国维！一个永远留在学生心中的学术大师之人格魅力！

在文字学和古汉语学界成就非凡的王力，也是王国维的学生。王国维逝世后，王力写了一首数百字的长诗悼念先生，情真意切，最后几句为：“似此良师何处求？山颓梁坏恨悠悠。一自童时哭亡父，十年忍泪为公流。”诗中将悼念恩师称为“哭亡父”，亲师之情感人肺腑。

三、跨越国界的师生情谊

师生之情古今相同，中西相通。自从近代中国的大门打开后，留学生遍布世界各地，中国弟子与“洋教授”建立了师生关系。越是成功的弟子，师生情谊更深厚，形成了名师与高足在更高层次互勉互励的靓丽风景，此简述一二：

其一，钱学森与美国导师冯·卡门。我国著名力学家、“中国运载火箭之父”

钱学森，在美国留学期与导师冯·卡门建立了深厚的师生情谊。钱学森1935年进入美国麻省理工学院航空系学习，一年后获得航空硕士学位后，转入加州理工学院，师从当代著名力学家冯·卡门，这位对他影响深厚的导师，指导钱学森学习了当时最为前沿的科学理论，为钱学森航空理论研究指明了方向，并奠定了基础。1939年，钱学森获得了航空与数学博士学位，并与导师共同提出了“卡门——钱”公式。钱学森回国后，冯·卡门称他为“中国朋友”。在冯·卡门的自传中，还专有一章，写了他与钱学森交往的回忆。此自传的中译本，封面上特以“钱学森的导师”为书名，导师以学生为自傲，大部分中国人也由此熟知冯·卡门。

其二，胡适等与美国导师约翰·杜威。约翰·杜威（1859—1952）是20世纪世界著名的思想大师，也是杰出的教育家。他于1919年到1921年间，在中国进行了两年多的游历和讲学活动，在国内作了200多次的讲演，在中国社会引起极大轰动，成为中国近现代哲学、政治与教育思想史上具有重要意义的大事。杜威访华的巨大成功，得益于他当年的中国留学生胡适、蒋梦麟、陶行知、郭秉文等弟子的精心安排。这些不凡的中国弟子，为他来华作了充分的准备，提前作了杜威教育思想的宣传介绍。讲演翻译，译稿刊发、宣传等工作都搞得有声有色。杜威在华期间的生活起居、行程安排都体贴入微，使杜威及其随行的妻女都感到十分愉快。这些弟子对异国导师的热情接待，创造性地“亲其师”，“继其志”，在人类历史上留下了一个永恒的师生情谊之佳话。更是“继其志”的范例，这些弟子薪火传承，对开拓与创新中国教育事业都作出了杰出的贡献。

其三，季羡林与德国导师瓦尔德施密特。季羡林曾讲述他一生遇到六位恩师，并且写道：“老师对学生都是有恩的。然而，在我所知道的世界语言中，只有汉文把‘恩’和‘师’紧密地嵌在一起，成为一个不可分割的名词。这只能解释为中国人最懂的报师恩，为其他民族所望尘莫及的。”然后，他用一段笔墨深情回忆了他在德国留学期间的梵文导师，写得声情并茂，还有教学细节描述，故不妨引录于下，供读者赏析：

在当了或滥竽了一年国文教员之后，由于一个天上掉下来的机遇。我到了德国哥廷根大学。正在我入学后的第二个学期，瓦尔德施密特先生调到哥廷根大学任印度学的讲座教授。当我在教务处前看到他开基础梵文课的通告时，我喜极欲狂。“踏破铁鞋无觅处，得来全不费工夫。”难道这不是天赐的机遇吗？

最初两个学期，选修梵文的只有我一个外国学生。然而教授仍然照教不误，而且备课充分，讲解细致。威仪俨然，一丝不苟。几乎是我一个学生垄断课堂，受益之大，自可想见。二战爆发，瓦尔德施密特先生被征从军。已经退休的原印度学讲座教授西克，虽已年逾八旬，毅然又走上讲台。教的依然是我一个中国学生。西克先生不久就告诉我，他要把自己平生的绝招全传授给我，包括《梨俱吠陀》《大疏》《十王子传》还有他费了二十年的时间才解读了的吐火罗文。在吐火罗文研究领域中，他是世界最高权威。我并非天才，六七种外语早已塞满了我那渺小的脑袋瓜，我并不想再塞进吐火罗文。然而像我的祖父一般的西克先生，告诉我的是他的决定，一点征求意见的意思都没有。我唯一能走的道路就是：敬谨遵命。现在回忆起来，冬天大雪之后，在研究所上过课，天已近黄昏。积雪白皑皑地拥满十里长街。雪厚路滑，天空阴暗，地闪雪光，路上阒静无人，我搀扶着老爷子，一步高，一步低，送他到家。我没有见过自己的祖父，当时我真觉得，身边的老人就是我的祖父。他为了学术，不惜衰朽残年，不顾自己的健康，想把衣钵传给我这个异国青年。此时我心中思绪翻腾，感激与温暖并在，担心与爱怜齐涌。我真不知道是置身何地了。（季羡林著《世态炎凉》，大众文艺出版社）

写至此，又想到季羡林在《牛棚杂记》里曾写到，他与年轻学生讲到“文革”，将老师和知识分子作为“牛鬼蛇神”关进牛棚，游街、批斗时，学生们都瞪大眼睛看着他，不相信这是真的。但这确实是真的，笔者也经历了这一疯狂的年代。我们需要尊重历史，对20世纪60年代发生的“十年浩劫”好好反思，那是一种被扭曲、世上罕见的师生关系，大批教师遭受屈辱，被殴打、被批斗，甚至失去了生命，带给广大教师和民众文化心理毁灭性的打击，这一幕中华民族的文化灾难，我们不该轻易地“忘却”，目的是不能再“重演”。

藏息相辅之辩证施教

现代教育提倡素质教育，而且强调综合素质教育，这符合人的身心发展规律，也遵循了教育发展的客观规律。追源溯流，“综合素质教育”的原则，也是从数千年的教育实践中不断总结发展而来。《学记》中已关注到教育需要促进人之协调发展的问题，提出了“藏息相辅”的教学原则，且阐述得极为具体细微，蕴含诸多教与学的辩证法。“藏息相辅”原则的延伸和拓展，与今日之素质教育颇多吻合和借鉴之价值。

一、“藏”与“息”之蕴含

《学记》指出：“故君子之于学也，藏焉，修焉，息焉，游焉。夫然，故安其学而亲其师，乐其友而信其道，是以虽离师辅而不反也。”藏焉，存于心，蓄积，意指已经掌握的知识。修焉，长进，也有释“行”，意指待学习提高的知识。息焉，休息。游焉，游憩。也有遨游、悠游、优游之释，蕴含融会贯通、左右逢源之意。郑玄注：“游谓闲暇无事之游，然则游者不迫遽之意”。“藏”“修”“息”“游”四者内容不同，但都是围绕学生学习与身心调节的相互作用，目的都是为了学生取得更好的学习效果。正如戴溪所说：“藏、修、息、游，四者不同，其为修业则一也。”清人姜兆锡也认为：“藏焉修焉之谓正业专习而志不分，息焉游焉之谓居学养纯而义愈熟”。(《学记研究》)这里“藏”是修的基础，“修”是藏的提高。“藏、修”与“息、游”，揭示学生学习过程中精神活动的“张”与“驰”两者关系，是由上文“大学之教”中“时教”的“正业”与“退息”的“居学”之基础上引申而来。

中国文字实在美妙，一字之意蕴含无穷。《学记》尤其精炼，尽管一些解释都有道理，也能自圆其说。但我们不妨再从原文中来多作探究，读者加深对原文的理解后，便能选择合适的见解和判断。“大学之教也，时教必有正业，退息必有居学。不学操缦，不能安弦；不学博依，不能安《诗》；不学杂服，不能安礼。不兴其艺，不能乐学。故君子之于学也，藏焉，修焉，息焉，游焉。”此一个“故”字，点明了“藏焉，修焉，息焉，游焉”四者是紧承“时教必有正业，退息必有居学”之文意，而且还能了解“不兴其艺，不能乐学”的要旨。在此基础上，我们也就容易理解“藏”与“息”相辅相成的辩证智慧与内在关系。

“藏”“修”“息”“游”四者，都是为“学”而共同组成教学过程的统一整体，体现了教学全过程需要和谐发展的教育观。教学的整个活动，需要有“张”与“驰”结合的科学安排。为了师生健康，须要有劳有逸；为了教学效果，教与学也需要有张有弛。让学生精力充沛地投入学习，心情愉悦，就容易体验到学习的乐趣，感受到教师同学的可亲可爱，最后达到虽离开师友而矢志不移的理想境界。这一辩证的教学观，也与渗透在《学记》中的“和、易、以思”的教学要求是吻合而相贯通，殊途而同归。

二、“时教”与“退息”相统一

《学记》对大学教学提出了“时教”与“退息”相统一的问题，将教学过程的“正业”与“居学”合为一体。大学教学依照时序进行，都有一定正规课业的学习任务，谓之“正业”。每天在校学习结束后，就有休息的时间，此时安排的学习活动，谓之“居学”，即燕居时的学习，课外的学习。“居学”是课内教学“正业”的补充，也是巩固“正业”所学的延伸。“正业”与“居学”两者统筹兼顾，相互补充，使课内课外学习活动很好地相互融合，是提高和增强教与学两方面效果的有效途径与方法。

“时教”与“退息”相统一，是提高学习效率的重要方法之一。任何学科知识的学习，内容浩如烟海，教师的课堂讲解总是有限的。学生课内学习专心一致，再充分利用课余时间查缺补漏，这对提高自己的学业水平是大有裨益的。听课接受的知识，需要自己消化吸收后才能真正成为自己的知识，课余时间的思考和练习就十分必要。不仅可以巩固已学过的知识，还可以扩大知识面，开阔眼界，使自己能触类旁通。现代教育重在开发受教育者的潜能，要培养学生自主学习的能力和自我发展的能力，而不是让学生被动地、机械地接受知识。因此，多样化的课余学习与活动，对促进学生自主学习能力和提高独立思维的能力都是很有必要的。

同时，课余学习是成才的必经之途。凡是有大志，能有大成就者，都是离不开“居学”磨砺的功夫。善于利用好课余时间，对锻炼和提高学生的自学能力是大有裨益的。自学能力的强弱，对人生的事业成就起着很大作用。至今网络时代学习的途径方法与手段大不同了，广播、电视、电脑、手机都是学习的工具，功能之强大与便捷是古人所无法想象的。但同样考验学习者的志向与学习毅力和方法。学习内容还是要与“正业”、正途相联系，如课余时间被手机网络的各种娱乐宣传及游戏等所诱惑，沉溺其中，那必定会招致学业的失败。所谓“不务正业”，人生将会一事无成。

“时教”与“退息”相统一，将休息、游乐与课内外学习三者相结合，有利于学生身心和谐健康发展，这也符合现在综合素质教育的原则。人的素质是以人的先天禀赋为基础，又在环境和教育的影响下形成发展起来的。人的素质是多方面的，按照教育内容，大体分为思想道德素质、科学文化素质、身体心理素质与劳动技能素质等。成功的教育，应该注重并兼顾好这几方面素质的全面提高，才能促进教育过程中“综合效应”的实现。

高效率的学习需要良好的精神状态，在疲倦、抑郁状态下的学习是低效而无持久性的。学得糊涂而勉强，忘得也快，其结果就如《学记》所说“虽终其业，其去之必速”。充满愉悦心情的学习，才能充分发挥学生的学习积极性与主动性，激发创造性灵感涌现。“时教”与“退息”相统一的教学，现在看似很简单，但它却抓住了人之生理机制需要一张一弛调节的特点，也看到了学习过程中必然会有情绪高低的起伏，合理而辩证地处理好这些关系，才能保证正常的教学活动顺利开展，更有利于学生身心健康的发展，至今仍有积极的现实意义。

三、兴艺·乐学·游历

教育的成功，是由多种因素相互作用的结果。每一教学环节中，教与学、学与思、学与行等诸多关系都起着互动互应的作用。《学记》将“息焉，游焉”，列为“居学”的重要内容，提出“不兴其艺，不能乐学”的教育思想。这里体现了儒家对美育的重视，也是孔子早就提出的“兴于诗，立于礼，成于乐”之教育主张。《论语·述而》所言：“依于仁，游于艺。”杨伯峻注：“依靠在仁，而游憩于礼、乐、射、御、书、数六艺之中。”孔子在教学实践中，对弟子的培养就是以仁、德为纲领，以六艺为基础，使学生能够全面均衡地发展。

《学记》此“不兴其艺”之“艺”，指操缦、博依、杂服。孔颖达：“‘艺’谓操缦、博依六艺之等。”其内涵是与孔子的“成于乐”一致的，以后发展为美育。“到了近代，蔡元培更极力提倡美育，他在任教育总长时，提出了体育、智育、德育、美育四育并行的教育方针，并且积极创办艺术院校，增设美育课程。此外，鲁迅与陶行知也都重视和提倡美育。”美育具有形象性和可感性，可以感染人，激发学生对美的感受。审美活动，充满情感与思维的交织。就音乐而言，音乐是声音的艺术，也是人之心灵的语言。《乐记》指出：“乐者，音之所由生也，其本在人心之感于物也。”此可见人之心理、社会环境与音乐之互动、共鸣的紧密关系。

教学的整个活动是有序的，不可能始终处于紧张兴奋状态中，也不应该总是拖沓懒散地玩乐，科学合理地将“游”与“乐”纳入教学管理中，实施“藏修”与“息游”相统一的教学原则，也是教育成功的要诀之一。除了音乐、体育、美术等教学外，还可通过多种形式的课外活动进行美育教学。其中到大自然中去的游学、游历，也是美育教学的很好形式。

现代学者马南邨讲道：“在文化历史悠久的古中国，最早讲到教授法的要数《礼记》的《学记》篇。”并引用了这一节的完整内容，阐发正课要与课外辅导、练习结合好，学生的学习兴趣就会更高，还列举了历代知名学者私人讲学的教授法特色。其中有如：宋代廖莹中《江行杂录》里载有司马光教授之方法：“温公之仕崇福，春夏多在洛，秋冬在夏县，每日与本县从学者十许人讲书，用一大竹筒，筒内贮竹签，上书学生姓名，讲后一日即抽签令讲，讲不通则微数责之。”（马南邨著《燕山夜话》，北京出版社）这也是一种有特色的教学法，根据季节选择讲学地点，又采用抽签的方法随机让学生轮讲，颇有乐学的气氛与新意。

“读万卷书，行万里路”，这是家喻户晓的古谚，也是古代教育家、学者的为学经历之总结。清代李渔《比目鱼·耳热》有说：“要学太史公读书之法，借名山大川做良师益友，使笔底无局促之形，胸中有灏瀚之气。”

《史记·孔子世家》有说：“《诗》有之：‘高山仰止，景行行止。’虽不能止，然心乡往之。余读孔子书，相见其为人。”“心乡往之”即是道出了司马迁对孔子的极其敬仰向慕之情，此语也广为流布，并成了“心向往之”而家喻户晓。司马迁在20岁时，就怀着崇敬心情，从故乡龙门来到曲阜瞻仰孔子故居遗物，领略鲁邦遗风。他吸足了大自然的磅礴之气，练就了独树一帜的千秋史笔。后来，司马迁在《史记·孔子世家》为孔子纪年的同时，又为孔子周游列国纪事，为孔子周游列国之事勾勒了一个大致的轮廓。以后，孔子周游列国成为人们关注的历史文化现象。国外学者也多有研究，1989年，日本著名学者井上靖先生第四次到河南，他说“目的就是走孔子的路”。（参见孟宪斌著《孔子周游列国志》前言）“孔子的路”，吸引了世人的目光。

孔子于公元前497年至公元前484年，遍访中原诸侯国，居然经历了十多年的游历生活。“春秋后期广泛的社会景观，劳动人民的辛勤劳作，民间流传的《诗》等文学作品，给孔子思想提供了丰富的精神营养，成为孔子思想中的精髓内容，从而形成了他最为有价值的各种思想主张。”孔子周游列国还有随行的弟子，刚离鲁出游时，有颜回、子贡、子路、有子等几位最得意的弟子随从，以后又有弟子相继加入，最终有十多人，开创了游学的先河。这些弟子丰富了孔子的生活与思想学说，留下很多美文佳话，增添了孔子周游列国的文化内涵。弟子们也增加了见识，锻炼了才干，获得了更快地成长。他们周游列国形成的自然景观和历史文化景观，又对后人产生巨大的吸引力，成为现代旅游景点和文化教育基地，许多人沿着孔子经过的路线，进行全程考察，寻觅历史的足迹。这样的文化传承和影响，对后代是宝贵精神财富，教育意义是深远的。

首先，可以领略大自然的美。千姿百态的天地大美，总能给人生机勃发的精神力量。孔子提出了“乐山乐水”的思想。《论语·雍也》：“子曰：‘知者乐水，仁者乐山；知者动，仁者静；知者乐，仁者寿。’”大自然的美，或使人震撼，激励人行动；或令人回味，似雨润心田，潜移默化。祖国、家乡的山水，更激发人眷恋的深情，这些都对青少年的成长发展起着重要的作用。

中华大地尤其俊美，正如方志敏在《可爱的中国》所赞美的：“不但是雄巍的峨嵋，妩媚的西湖，幽雅的雁荡，与夫‘秀丽甲天下’的桂林山水，可以傲睨一世，令人称羡；其实中国是无地不美，到处皆景。”这是中华儿女引以自豪的物质财富，也是成长发展的美好空间。在大自然美景的陶冶启迪下，学生的心灵、情操和精神状态，将被指引到更崇高、美善的境界，唤醒他们欣赏美、理解美和创造美的情趣和能力。

大自然的美，能使学生增广见闻，扩大视野，有益于学生的智力开发。学生通过参观、考察、游览、访问或课外听讲、阅读艺术作品等各种形式的活动，可以更好地接触社会，观察世态人情，增进对客观世界的了解。这些都有利于促进学生形象思维和逻辑思维能力的提高，对增强想象力、观察力、鉴赏力、判断力和创造力等等都很有好处。所以，现在国内外都有“游学”一说，有些学校或家长让学生以广泛的旅行、游历来结束大学生涯，认为这种活动有利于常年埋头书本学习的青年调节身心，并获得了解民情风俗、开阔眼界的机会，是很有意义的。

辩证医案启迪读书智慧

各行各业的学问，具有共同的内在规律与途径，有说“三百六十行，行行出状元”；又有说“隔行如隔山”，这是世事万物共通性与个别性所致，也体现了哲学上常说普遍性与特殊性的矛盾统一。笔者看到一位中医写的“读书十则”，是作者针对十则医术案例中的问题反思后，总结归纳出的十方面经验教训，推衍运用到读书之中。这位中医能将医术医道与读书学习有机结合，深具辩证法的智慧，而此智慧又是可以衍生解读与吸纳的。其“读书十则”的深刻内蕴又与《学记》所论颇多契合，值得我们一读一悟。

一、医家唐大烈与“读书十则”

清代乾隆年间的医家唐大烈，字立三，长洲（今苏州）人。庠生，曾选授苏州府医学正科。于公元1792—1801年间编辑《吴医汇讲》，收集苏州、无锡、常熟、太仓等医家文章约百篇，每年刊印一卷，共出十一卷，内容包括医论、医评、验方、考证、笔记等，实为我国最早的医学期刊。于当时医林交流切磋，学术技艺，颇有裨益。我读到他《吴医汇讲》卷二，说到“读书十则”，非常精到，值得体会，虽然所讲为医书，但是可以借鉴于一切读书之域去。

唐大烈有说：“尝读喻西昌（医家喻昌，晚号西昌老人，西昌古称，今为江西新建）书，有曰：‘迩来（近来）习医者众，医学愈荒，无方之书全不考究，有方之书奉为灵宝（灵宝指道家所谓的长生之法）’云云，可知吾侪之学问，全在乎无方之书为根本，然而典坟（三坟五典，指各种古书）具在，蕴奥良多，何以考之，何以究之哉？聊纪数则，以为引伸之鉴。”

二、“读书十则”原文赏读

（一）读书须看反面

丹溪曰：方书瘦胎饮一论，为湖阳公主作也，予族妹苦于难产，予甚悯焉，视其形肥而勤于针，构思旬日，忽自悟曰，此正与湖阳公主相反。彼奉养之人，其气必实，耗其气使和平，故易产。今形肥，知其气虚，久坐，知其不运，今其有孕至五六月，遂于大全方紫苏饮加补气药，与十数贴，因得男儿甚快。烈按：同一难产，而有虚实之别，补气之方，反从瘦胎饮悟出。故凡前贤议论，必明其正义，又必于反面构思，方不为其所囿，可见读书不可独泥于正面也。

（二）读书须悟对面

赵养葵《五行论》曰：“世人皆曰金生水，而予独曰水生金。夫肺出气也，肾纳气也。凡气从脐下逆奔而上者，此肾虚不能纳气归元也，毋徒从事于肺，或壮水之主，益火之源，肺向水中生矣”。烈按：水生金，乃金生水之对面也，世人但知其一面，而不知又有彼一面，凡此之类，自在人善悟之耳。

（三）读书须识正旨

《素问·通评虚实论》曰：“帝曰：肠便血何如？岐伯曰：身热则死，寒则生。”吴鹤皋注云：“身热则血败，而孤阳独存，故死。”烈按：肠便血之身热有三：一则表邪下陷于阳明，药中加葛根，胃气得升即愈；一则阴盛格阳，虽为危候，亦有用温药而得生者；惟阴气已竭之身热，于法不治。吴鹤皋但注得孤阳独存，可知阳陷与格阳不在此例也，苟使泥于吴注，几疑此症惟有孤阳独存矣，并疑凡身热者皆死矣。故曰读书须识正旨。

（四）读书必须汇参

李念莪《肿胀论》引《内经》实胀四条，虚胀二条，寒胀三条，热胀一条，又五运六气各有肿胀。然有提其纲者，曰，“诸湿肿满，皆属于脾。”又曰：“其本在肾，其末在肺，皆聚水也。”又曰：“肾者胃之关也，关门不利，故聚水而从其类也。”可见诸经皆有肿胀，无不由于脾肺肾三者。烈按：今医之各有所偏者，因看书时不能参考异同，以致囿于一说，遂为成见。张路玉《医通》凡例曰：“从古立言，止就一端而论”，诚哉是言也，故引此以为读书必须汇参之法。

（五）读书须立主见

《景岳全书·关格门》历引《经》文，而曰关格一证，《内经》本言脉体，以明阴阳离绝之危证。又历辩越人以“上鱼为溢，为外关内格，入尺为覆，为内关外格”，及仲景、叔和、东垣等，以“在尺为关，在寸为格，关则不得小便，格则吐逆”之非。而独创论曰：人迎察六腑之阳，寸口察五脏之阴。人迎盛至四倍以上，此孤阳独见，故曰格阳，格阳者，阴格于阳也；气口盛至四倍以上，此元阴无主，故曰关阴，关阴者，阳关于阴也；若人迎寸口俱盛至四倍以上，且大且数，此阴阳相离，故名关格也。总由伤肾伤精，阳不守舍，虽与劳损症不同，实即劳损之别名也。烈按：关格二字，诸先哲久已相传为下关上格矣，一旦独辟为阴阳离绝之脉证，不囿于相传旧说，观此可以开我侪自立主见之一助。

（六）读书必须隅反

王损曰：《内经》言温疟在脏者，止以风寒中于肾，言瘅疟者，止以肺素有热。然冬令之寒，既得以中于肾，则其余令气之邪，又宁无入客于所属之脏者？既肺本气之热为疟，则四脏之气郁而为热者，又宁不似肺之为疟乎？此殆举一可以三隅反也。烈按：《内经》止说得冬令之寒，而损即于冬令推到春夏秋令气之邪；《内经》止说得肺素有热，而损即于肺脏推到心肝脾肾。可见读书贵乎隅反，不可固执一说也。

（七）读书须善比例

喻嘉言治金鉴一案曰：观其阳症、阴症，混在一区，与两感伤寒无异，仲景不立治法，然曰发表攻里，本自不同。

又曰：活法在人，神而明之，未尝教人执定勿药也，于是以麻黄附子细辛汤两解其在表阴阳之邪，附子泻心汤两解其在里阴阳之邪而愈。烈按：春温之症本无两感，嘉言以其病情同于两感，而即以仲景之方比例治之，真所谓活法在人，神而明之也。今人奇疾甚多，治法宜从权变，故引此以为比例之法。

（八）读书须剔错处

王安道《内伤余议》曰：东垣《内外伤辨》有曰饮食劳倦伤而内热者，乃阴火乘其坤土也。又曰劳者温之，损者温之，惟宜温药以补元气而泻火邪，《内经》曰温能除大热耳。按“阴火”二字，《灵》《素》《难经》未尝言，而东垣每每言之。又劳者温之，所以调其饮食，适其起居，澄心息虑，以待其真气之复常也，《礼记》所谓“柔色以温之”，正与此同。今东垣谓宜温药补元气而泻火邪，又易损者益之为损者温之，又以温能除大热为《内经》所云，而遍考《内经》，并无此语，此亦不能无疑者也。烈按：东垣乃医贤中翘楚，尚有舛惜《内经》之处，况其他书哉！读书者岂可苟焉从事哉，故引此以为一鉴。

（九）读书须汰衍说

张会卿曰：疟疾一证，《内经》言已详尽，后世议论烦多，反资疑贰，兹举陈氏《三因》之说，以见其概。如内因五脏之疟，在《内经》所言，不过为邪在何经之辨，原非谓七情所伤也。再若不内外因，或以疟邪乱神，因致狂言似鬼者有之，岂鬼祟果能为疟乎。至若胃疟，既云饮食，明是内伤，且凡先因于疟，而后滞于食者有之，未有不因乎外邪，而单有食疟者也。陈氏之说，既以三因立论，故不得不敷衍其说，不知响影之谈，不但无益，而且乱人意见。烈按：此类之衍说甚多，如士材之《诊家正眼》，每脉中必以寸、关、尺为主病，甚至将迟数之脉亦复分之，而云寸迟上寒，关迟中寒，尺迟火衰，夫三部之脉，数则俱数，迟则俱迟，如何提出一部之独迟、独数以为主病乎，此亦景岳所谓敷衍其说也。诸如此类，不可为其所惑。

（十）读书须辨讹字

喻嘉言《秋燥论》曰：《生气通天论》谓秋伤干燥，误传“伤燥”为“伤湿”，解者竟指燥病为湿病，遂至《经》旨不明。烈按：此一字之讹，而有毫厘千里之谬，诸书中传写讹字颇多，读书者自须具眼。

三、“读书十则”与《学记》智慧解读

读了这位古代中医开列的“读书十则”，颇多感慨。对医案的认真反思总结，本身是敬业精神，表现出对医术精益求精的高尚医德医风。作者对每一案例，均作精到按语，十则也即是十个方面，都有独到见解，对于促进医术疗效的提高，其功绩不可没。而与读书联系的敏锐思辨，也很有指导价值。而且，笔者感觉“读书十则”与《学记》所指点的“学”之门径多有吻合，对照读之，有助于理解《学记》内容的深刻性和广泛适用性。

首先，“读书十则”与《学记》阐述的辩证方法论相合。《学记》教育论的辩证法因素，表现在揭示了教育领域中诸多相对而成的基本范畴，如“教”与“学”的辩证观。教与学是对立而统一的，是相互依存的，又是互相促进的。教师需要边教边学，既要不断提高自己的知识水平，也要根据学生的实际情况不断改进教学方法。医生面对千差万别的病患，医术高低关乎人命存亡。善医者亦当善于学习，善于总结。既学理论知识，也要学习医疗过程中的实践知识。在《读书十则》的前几例医案中，就有“虚、实”“阴、阳”和“正、反”等辩证施治的阐述与总结。

作者认识到全面而辩证看问题的重要，故在读书首则指出："故凡前贤议论，必明其正义，又必于反面构思，方不为其所囿，可见读书不可独泥于正面也。"而后又相继指出"读书须看反面""须悟对面"。如此读书，与以如此态度对待教学和医疗工作，都是科学合理的循"道"而行，必定会取得足有成效的业绩。

其次，"读书十则"点明的读书关键节点与《学记》相通。《学记》在教与学具体过程的各环节，也体现出诸多相辅相成或相互转化的辩证关系。教学的"兴"与"废"；教之"得"与"失"；师生关系之"亲"与"疾"；语言运用的"多"与"寡"；还有学之"难易""美恶"等等。这些多侧面的周到考虑，会减少失误。《学记》所论"学""问""思"及知行、辨疑、博约等问题时，均可见多元的辩证思维视角。因为只有在全盘考虑周密后，才能判定取舍而决策有方。故"读书十则"提出的"读书须识正旨""须立主见"，是很有见地的。读书非到一定火候，是判定不了何为"正旨"、何为"主见"的。

另外，"读书十则"提出的"读书贵乎隅反，不可固执一说也""读书必须汇参之法"等，与《学记》教学论颇多异曲同工之妙。"读书十则"之四有说："今医之各有所偏者，因看书时不能参考异同，以致囿于一说，遂为成见。""故引此以为读书必须汇参之法。"《学记》则多处强调了"知类通达""比物丑类"，以及"能博喻，然后能为师"，这里都要求知识须广博。只有知识面广博，且又能融会贯通，知源明流，才能足智多谋，自如应对各种教学问题。恰如读书法所说："今人奇疾甚多，治法宜从权变"。能权变，亦只有医术广博精通者才能为之。教者医者同此理也！

再者，读书法所说"读书须剔错处""须辨讹字"等等。看似极其简单之理，但也确实值得提醒并加以重视。差之毫厘，谬以千里之事常有发生，读书、做学问当以警惕之、戒备之。读书不精细，不校核，不下功夫，哪能知道错处？如何会辨出讹字？故此"读书十则"是有深理奥义的，值得读书者了解并借鉴。

篇四

《学记》教学智慧

《学记》千古不朽，在于此中揭示了深刻的教与学之经典智慧。其中“博喻”“善喻”“和、易、以思”以及“知类通达”“比物丑类”等等教学观点，道尽了教与学事半功倍的真谛诀窍。这些辉耀几千年的教学论智慧结晶，其珍贵价值在于仍然是当今教学需要追求，却很难企及的教与学之理想境界。足见旧式教育可废除，然经典的教学经验和训练诀窍却是价值永恒的。许多名师翘楚的教学实践及教诲他人的学习读书智慧，无不与《学记》精神相契合。他们躬行践履的教学风范，留下弥足珍贵的时代之学苑风景，并且嘉惠后学，照亮他们在杏坛鉴往知来的前行之路。

“博喻”与“通方知类”

《学记》有说：“君子知至学之难易，而知其美恶，然后能博喻。能博喻，然后能为师。”孔颖达疏：“博喻，广晓也。……能博喻，然后能为师者，前能广解，后乃可为人作师也。”君子知道了学问修养的深浅难易，也懂得了教学方法上的是非优劣，然后才能用广博的知识去启发引导学生，才能有资格担任教师。这里深刻地揭示一条内在理路：知至学—知难易—知美恶—能博喻—能为师。内在的核心是强调了教者的学力、学识的造诣须至广至博，又懂得教学方法，才能为人师。“至学”的“至”，是指学问修养的程度、境界很高。梁启超以“通方知类”四字概括王国维一生之学问，颇为精当，深契“博喻”精髓。王国维的学问境界，可谓“博喻”之典范，也是现代师者翘楚。

一、博喻：为师资格

《学记》中多次提到“喻”，由“喻”到“善喻”，再到“博喻”，体现了对教师要求的层层递进。“喻”字，笔者在另文中也有阐述，意指启发诱导。“博”字的内涵同样富足，广泛阅读，称为“博阅”；学习广泛、学识深湛，称为“博学”；学识广博，称为“博识”；丰富、深刻，称为“渊博”“博赡”；另外还有“博通”“博综”“博证”等等，总之，都离不开广泛通晓，广积知识。“博喻”，指对各种知识能广泛而深入地理解，“博”又总是与“通”相连在一起。教师能“博喻”，然后才能让学生达到“知类通达”的教学要求。

“博喻”，是对教师很高的要求。“博”之统摄综合程度愈高，体系结构愈广愈大，教师对事物的认识愈精愈深，由此形成通晓而专精的学识能力，这是高层次教师才能达到的境界，因此将“博喻”作为大学教师的资格要求。

“博喻”是教师智能结构的重要方面，需要具有精通的专业知识，并有较高的知识结构层次。教师如果积累了丰富的感性知识经验，也有了理性的逻辑思维能力，但是不能把此两方面结合打通，那么这些知识还是凌乱或片面的，缺乏完整性和系统性，学生不容易理解接受。只有善于将理论知识与实践经验有机结合，将综合的知识进行整合重组，形成具有自创特色的、新的构思和设想，再晓喻学生，这样的教学才能“以其昭昭使人昭昭”。有日本学者指出：“没有综合化，就不会有伟大的文本和伟大的人物。”世界上不少科学家、教育家认同这一点，竭力主张“通才”教育。从现代教育学的角度看，教学者既有多学科知识，又掌握各科共同的教学原则；受教者兼学别科，基础打得宽一点，这样不同的学科可以互相启发，互相补充。如此两者的结合，是教与学之理想境界，更有利于创新型人才的培养与成长。

二、通方知类为宗

“通方知类”，是梁启超对王国维一生学问及治学方法的概括。“通方”，意思是通晓道术。出自《汉书·韩安国传》：“清水明镜，不可以形逃；通方之士，不可以文乱。”颜师古注：“方，道也。”“知类”即出自《学记》的“知类通达”，指事物间类比的关系，进行依类推理，直至更深层的方法论运用。

王国维去世后，梁启超的挽联题写有：“其学以通方知类为宗师”。后梁启超曾在王国维墓前的演讲中，明确讲解“通方知类”四字的内涵：“我挽他的联有‘其学以通方知类为宗’一语，通方知类四字能够表现他的学问全体。他观察各方面都很周到，不以一部分名家。他了解各种学问的关系、而逐次努力做出一种学问。本来凡做学问，都应如此。不可贪多，亦不可昧全，看全部要清楚，做一部要猛勇。我们看王先生的《观堂集林》，几乎篇篇都有新发明，只因他能用最科学而合理的方法，所以他的成就极大。此外的著作，亦无不能找出新问题，而得好结果。其辩证最准确，而态度最温和，完全是大学者的气象。”（钱剑平著《一代学人王国维》，上海人民出版社）

梁启超在全面了解王国维学问的基础上，经深思熟虑后拈出“通方知类”四字，用以概括并褒扬王国维的学问，亦见梁启超对“通方知类”内涵的高度看重和赞赏。他在王国维墓前的演讲，是对“通方知类”很好的诠释，“观察各方面都很周到，不以一部分名家”，此通晓明了全体与部分的辩证关系；“了解各种学问的关系，而逐次努力做出一种学问”，此可见由博返约、专精深研而有自得新创，这与“博喻”内涵如出一辙。古人对学问胸次开阔，才高志大，于道术无所不包之学者，以“众共宗之”为誉，故梁启超以“通方知类”综合概括王国维之学问人生，颇为精当，又富讨流溯源之意。

三、王国维通方知类之践行

王国维是近现代“百科全书式”学者，跨越诸多学科，而且在每一涉足领域都有独到的成就，学问的“博”与“通”、“精”与“美”、“新”与“异”独树一帜。俯拾皆是的金珠碎玉，由“通方知类”统摄贯穿之，则收珠联璧合、璞玉完美之效。

王国维（1877—1927），浙江海宁人。清华大学教授，与梁启超、陈寅恪、赵元任并称为著名的清华“四大导师”。他由教育、哲学、文学到经学、考古学、史学，一路研究，不断转向，却处处突破前人的研究，在20世纪学术史上，王国维矗立起一座座巍峨的丰碑，成为国际性的学术大师。

王国维的学问人生从师范教学开始。1903年4月，实业家张謇在江苏南通创办了通州师范学校，这是中国第一所民办师范学校。王国维第一次进正规学校授课，讲授伦理学和国文两课。后又在苏州江苏师范学堂任教，讲授“心理、伦理（逻辑）、社会诸学”。或又名为“修身、中国文学、中国历史等课”。据当年学生蒋息岑回忆：“王虽讲授修身、伦理，出入于封建名教纲常之领域，然王能沟通不同之中外礼俗，时创新说，着眼当时之国势民风，讲求实效，而为学生心悦诚服”。这里也可窥见王国维讲课不泥古，能沟通中西，多有创新的特点。

此期间的教学，正是王国维新教学思想的实践阶段。他虽初涉教育领域不久，但他能以敏锐的眼光看新事物，了解正在打开大门的新世界。因而能站在哲学高度，博采西学与传统学说之长，针对旧教育的衰敝，向清政府建议改革之策。王国维积极撰著，并翻译介绍大量西方有关哲学、教育方面的文章，数量惊人，在我国近代教育史上留下了他开创性的劳绩与独立的价值。以后他又在文史哲领域屡有开拓和建树，促进对我国传统文化的重新认识和整理；对甲骨学和敦煌学提出新的研究内容；首创了“二重证据法”等。又在文学艺术方面留下《红楼梦评论》《人间词话》等划时代的作品。在报章杂志编辑与戏曲研究等方面又开拓新局面，留下诸多传世之作。

王国维又以诗人的灵动、美学家的敏感、哲学家的参悟，提出了脍炙人口的“三境界”说。他在《人间词话》中写道：“古今之成大事业、大学问者，必经过三重之境界。‘昨夜西风凋碧树，独上高楼，望尽天涯路’。此第一境也。‘衣带渐宽终不悔，为伊消得人憔悴’。此第二境也。‘众里寻他千百度，回头蓦见，那人正在，灯火阑珊处’。此第三境也”。

“三境界”说，是王国维对历史上无数大事业家、大学问家能够获取成功的反思后作出的概括。王国维曾深入研究过许多古今中外的哲人，中国的有：老子、孔子、孟子、荀子、列子、墨子、子思等大哲人，有屈原、陶渊明、杜甫、苏东坡等大文学家，王国维在《文学小言》就赞美说：“此屈子、渊明、子美、子瞻等所以旷世而不一遇也。”

王国维曾研究过的外国哲人有：希腊的苏格拉底、柏拉图、亚里士多德；有德国的康德、叔本华、尼采、席勒、歌德；有英国的莎士比亚、拜伦、斯蒂文森，培根、休莫；有俄国的托尔斯泰；有荷兰的斯宾诺莎；有法国的卢梭等等，王国维在自己编辑的《教育杂志》曾经为许多人写过传记或评论，王国维又说："吾曹对此十九世纪末叶之思想家，宁赞扬之，倾心而崇拜之。"（王国维《尼采之教育观》）这些哲人都是他的精神导师，也成为他一生奋斗的目标。王国维的一生就是依循"三境界"而行进，而历练，最终多维度地造就了20世纪一代的学术时势。

王国维还创立了著名的学术"三无"之分说，既是他治学的经验心得，也可谓知识融会贯通的理论佐证。"学无古今之分"，今从古来，今瞬间转化为过去，成为古。学古须站在古人的肩膀上，吸足几千年兴衰成败的教训，这是厚厚的教科书，这是深深的学问。"学无中西之分"，是要站在本土、异域更广的基础上俯览，视野更广阔，心胸更开阔，气度更宽阔。"学无有用无用之分"，人参有用，粪便也有用，成功经验有用，失败教训也能有用，就看你用不用，会不会用；而且会不会巧妙地活用，会不会智慧地化用。

王国维的学术"三境界"与"三无"之分，可谓学术大视野、学问大境界、学者大气象。王国维将如此广博的知识和精湛学术、艺术熔于一炉，集于一身，不愧为"以通方知类为宗师"。"通方知类"，点出了他成功的紧要关节处！也是"比物丑类""知类通达"以及"善喻""博喻"等《学记》教学论精髓的成功演绎。

四、博喻内涵之延展

"博喻"，有侧重广博的比喻理解。有学者认为："孔子善于'博喻'。他既能列举五十几位历史人物的事迹，向学生晓以安身立命、报国救世之理，又能以自然的鸟兽草木、山川江海比喻人的高尚德操与情怀。"（《中国教育思想通史》第一卷）"博喻"一词，又不断有新的内涵灌注。南朝梁刘勰《文心雕龙·诸子》："慎到析密理之巧，韩非著博喻之富。"周振甫注："《韩非子》的《内外储》《说林》，多举事例作喻。"再如清代王晫《快说续纪序》："广引博喻，错杂无端。"这里的"博喻"是指广泛地运用比喻的意思了。比喻在中国诗文中有悠久的传统，影响更为广泛而深远，认为"比喻是文学语言的根本"，为诗为文都把比喻作为文学辞藻的鲜明特色。甚至还由"博喻"产生出一连运用多种比喻的文体，如陆机《演连珠》式的"连珠"体，必借比喻以达其旨，阅者可赏可悟。

释“比物丑类”

《学记》在开篇时有“知类通达”句：“一年视离经辨志，三年视敬业乐群，五年视博习亲师，七年视论学取友，谓之小成。九年知类通达，强立而不反谓之大成。”能广博地学习，亲敬师长，能讨论学问上的深奥道理和选择朋友，是达到“小成”的学业要求。能闻一知十，触类贯通，临事独立判断而不惑，就完成了“大成”的全部学业。所以“知类通达”就是对在学弟子最高的学业要求。

《学记》在终篇时又提出：“古之学者，比物丑类。”郑玄注“比物丑类”：“以事相况而为之。丑，犹比也。”意思是连缀同类事物，进行排比归纳。“比物”，即是比较法。在学习中，对事物进行比较，以便同中求异，异中求同。“丑类”，即是归纳法。在学习中对事物进行归类，以能因理推论，触类旁通。《学记》以“比物丑类”作为教学论的理论总结，说明此是为学所要达到的最终目的。

一、“比物丑类”的内涵意义

朱熹曾注释“知类通达”，说：“九年知类通达，此之谓大成。横渠说的，‘推类’两字最好，如《荀子》‘伦理不通，不足谓之善学’。而今学者只是不能推类，到得‘知类通达’是无所不晓，便是自强不反。”（《朱子语类》第六册，中华书局）“知类通达”中的“类”，是指许多相似或相同事物的综合；推类，则成为一种类比的推理方法。

“知类通达”与“比物丑类”的含义是相关联的。现代《学记》研究者杜明通《学记考释》中注释“比物丑类”，指出：“以物类相比况而见其轻重之殊。盖理论难自明者，以类相比无不明，故现今科学家最重‘比较法’，物理非徒言能空解者，无不利赖之……此实《学记》作者之发明，虽今世无以远过者。”（《中国教育学史遗稿》）这里高度评价了《学记》作者在两千年前就发明了“比物丑类”之比较法，与现今科学家的比较法相提并论，肯定了其方法论上的重要意义。

又有学者从“齐物论”的视角来解释“比物丑类”。清代王夫之的《学记章句》说：“丑，齐也。”比物，谓万物齐等也。类，事也。丑类，谓万事之齐等也。《庄子·天下》篇有说：“天与地卑，山与泽平”，意思从高空俯视地面就分不出高低了，这就是以合同异的方法看待世间万事万物。也如庄子所言大鹏与小鸟形体上有差异，但就它们各自的快乐而言却是同一的。科学家就是利用这样的抽象思维来发明创造，从观察到的自然现象中推演出定理、定律来，由经验升华和深化为原理。由此言“比”字，则不仅仅限于比方或比较法之意了，而要在更高的层次上，或更广的范围内，达到荀子所言“知则明通而类”(《荀子·不苟》)，也即有了合同异和举统类的内涵，能产生“一通百通”“举一反三”之功能，如此通达后，也就跃升到强立不反之境界了。

历代学者都推崇“比物丑类”的思维方式。章太炎曾指点读书门径之一，即是“讨类知原”之法，指通过类比而探知渊源。章氏《与简竹居书》：“仆闻之，《尚书》《春秋》，左右史所记录，学者治之，宜与《史记》《汉书》等视，稽其典礼，明其行事，令后生得以讨类知原，无忘国故，斯其要也。”这种方法也就是“讨流溯源”。再如清代王韬《〈蘅花馆诗录〉自序》：“余自少读诗，自古作者以逮本朝诸大家，皆欲讨流溯源，穷其旨趣，久之，益知作诗之难。”清代王引之《经传释词》卷十：“则知三代语言，汉人犹难遍识，愿学者‘比物丑类’以求之。”又有“比物连类”“连类比物”，都指连缀相类的事物进行比较类推。

归纳和演绎是理论知识建构最基本的方法，在文理学科的教学和研究中都广泛运用。“格物穷理，非是要穷尽天下之物，但于一事上穷尽，其它可以类推。”(北宋程颢、程颐《遗书》卷十五)可见古人已有很好的总结，按照知识传授的顺序，归纳和推理须要在学生积累一定感知知识的基础上才能进行。如学生知道了金、银、铜、铁能导电，就会自己推导出凡是金属都能导电的结论；在此基础上，学生知道锡是金属，也会自己推导出锡也能导电，这便是演绎推理。人类社会的发展，依靠人能创造性地认识和改造世界，而创造性离不开这些科学思维能力的培养。

二、“万能科学家”之说

教师对学生的启发诱导是多方面的，指导学生掌握归纳、演绎和类比等推理方法，即是对学生抽象思维能力的培养，比让学生记住多少原理、定义和公式等更为重要。著名科学家钱伟长在指导学生科研选题时说的一番话，是对“比物丑类”的极好诠释，他对“万能科学家”的解释，很有启迪意义：

要考虑国家大局，要考虑先抓国家最需要的东西。我一辈子就是这样，所以有人骂我，说我常常不务正业，今天干这个，明天又干那个。我说我是看国家哪方面需要，我就力所能及地去干。我的基础宽一点，有这个能力可以这样做，我可以临时开一个题目，你拿一个题目来我保证三个月内就可以开展，我会查东西，看书也快，各方面的基础也有一点，因此我转行转得很快。今天干完这个明天就可转到另一个题目去，我的题目很杂，什么都有。因此有人问我：“你究竟是什么家？”还有人骂我是“万能科学家”。我说我不是万能，不过我会去学会一类东西，我会看人家的东西，看懂了我自己能下结论，并在这个基础上再做下去。我懂得爬在人家肩膀上，我要永远爬人家的肩膀。(《钱伟长教授论终生学习》)

这番话太好了，值得学习与参悟的内涵很丰富，有很多方面的智慧，希望年轻人好好读读，领悟到此中精髓，真似胜读十年书。他高度的为国分忧之责任感、爱国心可敬可佩。这里还谈与主题相关的内容，其中所说“去学会一类东西”，不也强调了“知类通达”与“比物丑类”中的“类”吗?“基础宽一点”，“我转行转得很快”，这是他的切身体会和经验，得益于他知识广博、融会贯通后的自如运用，也是能以“类”综合统摄的科学方法论功效。再联系笔者另文有述，钱伟长在抗日救国时期，因国家急需飞机大炮，他从文科改学理科的经历，亦可证实其言教与身教完全一致，其言可信矣!

三、“万能”的启示

各行各业的研究，既有不同的专业知识，也有共通的规律与途径。知识经验是可以迁移的，不同的经验或不同的学科知识，可以有共同的指导原则。前述钱学森能在多元交叉跨越的十多个学科专业取得研究成果，也说明了这一道理。又如世界有名的发明家爱迪生，他一生共拥有1093种发明专利权。被誉为日本的“发明大王”——中松义郎，已有两千多项的发明。科技方面的改进和发明，直接促进生产力的发展。他们可谓真正的“万能科学家”，除了他们有超常的智力外，还是掌握了“一通百通”的本领和技巧，扎实的专业知识加上宽厚的基础知识，将两者融会贯通，形成了自己独特的创造性的“专家知识”，其中“比物丑类”的方法起着很大的作用。

又如钱伟长在改革开放初期，就由他发明创办了两个高校专业。一是影视艺术和技术专业。因为当时搞音响、光线的人不懂艺术，影响录音录像的效果。搞艺术的人不懂音响工具。鉴于此，钱伟长提出应培养“舞台技术员”，他们应懂得艺术，同时又懂得技术，于是一个新专业诞生了。第二个是知识产权专业，这是有关出售产权的。这个专业的人可以作法官，可以跟外国交涉，可以管专业机构，可以管理商标的登记，这些都需要法律知识。钱伟长又以敏锐的眼光，在当时不允许办此类专业的情况下开创出来，并逐步得到重视后发展起来了。钱伟长不又成“万能教育家”或“万能管理学家”了吗?

再举小说翻译家林纾一例。他不懂得任何一门外国语，却翻译了英、美、法、比、俄、西班牙、挪威、瑞士、希腊和日本等十几个国家几十个作家的作品，共一百七十余部（二百七十一册），其中包括四十多种世界名著，为中国近代译界所罕见。这位神奇的“万能”小说翻译家是如何成就的呢?

林纾，因取“枫落吴江冷”的诗意自号冷红生，笔者少年时长于、求学于吴江，故读林纾之著，总有些另外的触动。这里也想起林纾早年的苦读。林纾出生于今福州的一个小商人家庭，其父经商不利，家里很穷，靠母亲与姐姐做针线糊口。后其父与叔父有了转机，一家得以温饱。林纾虽穷困如此，但读书十分勤奋，从小博览群书，自谓“果已明日死者，今日固以饱读吾书。”自十三岁到二十余岁，校阅残烂古籍不下两千余卷。后又借阅朋友藏书三四万卷。早岁的勤苦力学，为其后来的翻译、写作和绘画打下了坚实的基础。

林纾中年后，偶然译了一部小仲马的茶花女遗事，此书立刻风行大江南北，得了无数人的赞颂。有人认为其“刻挚可埒《红楼梦》”。当时的名作家邱炜萲评价此书“好语穿珠、哀感顽艳。读者但见马克之花魂，亚猛之泪渍，小仲马之文心，冷红生之笔意，一时都活，为之欲叹观止。”著名翻译家严复也写诗说：“可怜一卷《茶花女》，断尽支那荡子魂。”这巨大的成功，激发了林纾译书的兴趣和热情，从此一发而不可收地开始了译书生涯。

林纾因不懂外语，他依据懂得原文者的口述写成中文，每小时可译千五百言，往往口述者尚未说完，他的译文已写完，脱手成篇。他为不懂外语终身抱恨，老年还写道：“不能抱书从学生之后，请业于西师之门，凡诸译著，均恃耳而屏目”，由此发出“真吾生之大不幸”的感叹。（林纾《撒克逊劫后英雄略》序）虽因不懂外语，不能对原著进行选择，译了很多二三流的作品，浪费了时间。有时又会把极好的剧本译成了小说，但一部分精心译作不违原书内容宗旨，并保持原作风格情调，有的篇章连幽默风味和巧妙用字都能表达出来。（参见《林纾研究资料》《林纾传》）

林纾不懂外语，却以翻译家闻名，“林译小说”在清末民初文坛风靡一时，且对五四新文化运动也起了积极的作用。除翻译外国小说外，他还有自创的文学作品及画作留世，也不愧是位文学“万能”者。其根柢还在于他早年勤苦力学打下的基础，娴熟古文，给了他取之不尽的创造源泉和方法。

爱因斯坦曾说：“如果一个人掌握了他的学科的基础理论，并且学会了独立地思考和工作。他必定会找到他自己的道路，而且比起那种主要以获得细节知识为其培训内容的人来，他一定会更好地适应进步和变化。”（《爱因斯坦文集》第

3卷，商务印书馆）这和钱伟长解释“万能工程师”观点不谋而合。两位时代地域不同的科学家所言，以及以上数例文理学者的“万能”，都印证了一个道理，即在精通掌握“一门”或“一类”知识的基础上，能够举一反三，融会贯通、触类旁通，以一通百通而至于“万能”的高境界，也体现了“比物丑类”在方法论上的价值作用。

善喻：弗牵·弗抑·弗达

《学记》指出：“君子既知教之所由兴，又知教之所由废，然后可以为人师也。故君子之教，喻也；道而弗牵，强而弗抑，开而弗达。道而弗牵则和，强而弗抑则易，开而弗达则思。和、易、以思，可谓善喻矣。”此节是全文的亮点，也是教学论精华所在。短短数言，道尽了教与学的真谛诀窍。既是辉耀两千多年的珍贵教学论遗产，也是当今教育工作者需要追求，却仍很难企及的教与学之理想境界。

一、喻：启发诱导

一个“喻”字，揭示了一条启发式教学的原则；“善喻”之“道而弗牵，强而弗抑，开而弗达”十二字，点明了教学论中的关键与关节处的要害问题，可谓启发有方，点拨精准而到位，故被教育工作者推崇为教学“十二字”诀。

“喻”字，是全面理解《学记》教学思想的一个关键字眼。“喻”，在教学上的含义是什么？“喻”，包含晓喻、告示或开导等意思。《学记》中有注解为“晓喻别人”，把“教”与“喻”视为并立的同义复词“教喻”，所以取消了原文“故君子之教，喻也”的逗号。较多的把“喻”作为教法之善者理解。如南宋戴溪说“教者有善诱之功，学者有欲罢不能之意。”明代姚舜牧亦说“喻有不言自契之意。”王闿运还强调“君子之教，非教也，喻也”和“喻则开其悟而已”。这里明确释“喻”非“教”，而比“教”更进一层，为“开悟”之意。故“喻”作“启发诱导”之解比较符合文意，笔者赞同此说。

《学记》反复强调“喻”，突出体现了今天所说的启发式教学方法。喻，不是一般的讲解，关键在于要使学生能自契、开悟。这与孔子所首倡的“不愤不启，不悱不发”（《论语·述而》）的内涵是一致的，正如“夫子循循然善诱人”。《学记》作者特别指出君子之教重在“喻”，而且形象生动地指点了如何“善喻”的教学“十二字诀”，简明精当地揭示了教学过程中师与生、教与学的互动关系及辨证智慧，内涵富足，明察与洞见非同寻常。

二、善喻：教学“十二字诀”

《学记》作者在“道而弗牵，强而弗抑，开而弗达”十二字诀的基础上，还进一步推导出“道而弗牵则和，强而弗抑则易，开而弗达则思。和、易、以思，可谓善喻矣。”教学中晓喻学生，是引导而不强迫，勉励而不压抑，启发而不越俎代庖。引导而不强迫，师生关系就亲近融洽；勉励而不压抑，学生就感到轻松自如；启发而不越俎代庖，学生就会自己去深思求索。能够做到关系亲近融洽、学习轻松自如、自己深入思考，这就是“善喻”，即理想而成功的教学方法。《学记》作者由教学实践的经验积累，体会出“弗牵、弗抑、弗达”，由此导出“和、易、思”三种与之相应且层层深入的学习效果，揭示了教学成功的关键问题，这是今天仍然具有重要价值意义的教学诀窍，是值得温故而知新，又能开新的研究课题。

（一）道而弗牵则和

唐代孔颖达在《礼记正义》上说：“道而弗牵者：喻，犹晓也；道，犹示也；牵，谓牵逼。师教既识学之兴废，故教喻有节，使人晓解之法，但广开道示语学理而已。若人苟不晓知，亦不逼急，牵令速晓也……若人苟不晓，而牵逼之，则彼心必生忿恚，师与弟子不复和亲。今若但示正道，宽柔教之，则彼心和，而意乃觉悟也。”（《礼记正义》卷三十六）教学本是引导学生自我发展成长，学习过程亦应是学生自动自觉的行为。如果教师硬要拉着学生向前，强迫学生服从，学生就会产生怨恨情绪。师生关系不亲近和睦，必定影响教与学的效果。

一个“和”字，点出了深层的教与学关系，也打开了一条如何提高教学效果的思路或门径。能从心理学的视角切入，而且关注到师生的双向互动效应，这是一般教师常容易忽略的。师生之间和睦相处，彼此产生喜乐的心，学生乐学，当然会学得积极主动。有了愉悦的情感，便会增强学习的兴趣，才会有心灵的接近、接触，产生渗入、深入下去的学习灵性。学生善学，则促进教师乐教，增强诲人不倦的教学热情，会想方设法地去指导学生，使他们能日日有长进。这里拈出一个“和”字，看似简单平常，能发现并点明出来却并不是容易的，没有丰富的教学实践经验，不会悟出这一层道理。

（二）强而弗抑则易

清代学者方苞注：“强之犹恐其不能进取，而或抑之，则重以为难，而自沮丧矣。”此注解很明白透彻，本质涵义是严格要求学生，但要让学生感到学习并不困难，自己能够胜任，不会将学习视为畏途而沮丧。这里从学生的心理生理层面去考虑，以清除来自这些方面的学习阻力。主张不能压抑挫伤学生的积极性，学生不沮丧、不压抑，就会产生自信、自强的学习动力，有望获得好的学习效果。这里拈出一个“易”字，体现的教学理念却是深刻的，既是对人性的关注，对学生的尊重，又把握好了对学生严格要求的分寸、限度，包含着辩证思辨的因素，两千多年前能有这样的观点和意识，很是了不起啊！

一个“易”字，体现出《学记》作者对成功教学的规律有清晰认识。意识到好的教学，在于学生能自己掌握学习的主动权。学生应该自由、自主地、自信地学习，这样才能得到最好的自我发展。任何压抑、强制的手段都是外在的干扰和压力，只能引起学生的不满或逆反心理，反而形成阻力或学生思想情绪的负担，不能使学生的精力时间全部集中到学习上，自然教与学都不会收到预期效果。可见这一“易”字，亦充满师生互动、化难为易、化苦为乐的教学辩证思辨因素。

（三）开而弗达则思

孔颖达疏：“开而弗达者：开，谓开发事端，但为学者开发大义而教之……开而弗达则思者，但开发义理而不为通达，使学者用意思念，所得必深，故云则思也。”开而弗达，是教师对学生先以启发引导，再给学生留有思考的余地，不能直接告之以“通达”的结果或结论，目的是保护学生思考的权力。这里拈出的一个“思”字，突出了学生自己独立思考求索的重要性，目的是发展学生的思维和创造能力。

一个“思”字，彰显了学生在学习实践过程中的主体地位，体现了学生有自主学习、主动思考的能力，教师特别需要重视学生的“思”。南宋吕祖谦有说：“大抵圣贤之教，引而不发。非是阻节学者。若开户倒囊，尽其底蕴而告之，学者不去思量，不去玩味，其流弊都是口耳之学。惟是引而不发，示其端而不尽，使人万绎千思，及功深力到，义理自涣冰释，怡然理顺。”圣人之教，也是如此。孔子特别要求学生开动脑筋，深思熟虑。他认为“学而不思则罔，思而不学则殆。”（《论语·述而》）把学与思密切结合起来，要求在学的基础上去思考，反对死记硬背和不学而去无益地空想。孔子门徒接受教益，后来者对“思”还有所创造发展，如“审问、慎思、明辨”等。孔子弟子子夏曰：“博学而笃志，切问而近思。”（《论语·子张》）总之，学识不经过思考得来总觉浅，苦苦思索后的自得之益要更深一层。

三、“十二字诀”的价值与意义

教学“十二字诀”，字字是珍宝，层层有诀窍。“道而弗牵，强而弗抑，开而弗达”，精确概括了教学过程中必须恰当遵循的教学方法与原则。“道、强、开”与“牵、抑、达”是对立而又必须统一的辩证关系。在此基础上进一步推导出需要达到的“和、易、思”三方面学习效果，更是教学过程中丰富经验的提炼和点化，是“十二字诀”的延展深化，形成了成功教学过程中的完整体系。

“和、易、思”达到的教学效果，概括为师生须和睦相处，教学要变难为易和教学必须启发学生思维这三大要诀，这是在对儒家教育思想和实践经验总结继承的基础上发挥、提升而来，价值意义是多方面的，此择其要者概括之。

首先，体现了教学相长的总原则。教学是相互依赖的矛盾统一体。“十二字诀”与“和、易、思”的学习效果，始终紧扣教学过程中的师生双向互动。教学的成功或失败，关键在于受教者能自由、自动、自契、自主地发展，而教者也能学而不厌，诲人不倦，双方都在日日长进中，这就是教学相长的自然结果，“十二字诀”进行了成功演绎。

其次是体现了人性化的教育本质。教育的目的是为促进人的发展。儒家为学尤其注重“内求”，“十二字诀”与“和、易、思”的要求，继承了这一传统，紧紧抓住人性的根基，关注学生自然天赋和情性、情感、思维等人自身发展的问题。在教学中，没有学生的能动性，就不会有好的教学效果。“弗牵、弗抑、弗达”以及“和、易、思”，都体现了发挥学生的能动性和自主作用。特别重视学生智力开发，将“思”置于重要地位，旨在培养生动活泼、自由发展的人，这是十分前瞻的理念。

再次，体现了“教”与“学”的辩证智慧。“十二字诀”，是在总结无数正反两方面教学经验与教训的基础上得来的，揭示的师与生、教与学的相互关系及相关规律，均是密切联系学校教学实践与学生学习实际，并以教育的基本目的和要求为依据，不仅具有辩证法的因素，还具有朴素的唯物主义因素。

凡“诀”是具有关键意义的方法窍门，如诀窍、诀要、秘诀等均用“诀”字。教学“十二字诀”道理也是深刻的，其对于教学原则和方法上的贡献是不能低估的，价值意义至今不衰。但是，在现有通用的教育学、教育心理学等教材或著作中，还没有引起足够的重视，其价值作用尚未充分利用和发挥。如何珍视和弘扬这一教学论中的传家宝，以补救我们现行教育中的一些弊端或偏差，值得教育界同仁研究反思。

学之“疑”与“悟”

《学记》极为重视启发性教学原则，“开而弗达则思。和、易、以思，可谓善喻矣”，将“思”置于重要地位，目的在于开发学生智力，培养学生的思维能力。“思”当从“疑”开始，由“疑”而为“思”，由“思”而后“悟”，由“悟”乃有“得”，这才是一条内在的自我学习有效途径，也是教与学都能事半功倍的成功门径之一。

一、有疑乃有见

常人一般认为，发展智力是现代教育的课题，古代教学就是死记硬背，这是误解了古代教育。你如果读懂了《论语》和《学记》等古书记载，就会明白事实确非如此。孔子早就提出“疑思问”的观点，鼓励学生学习须有“疑”：一是对不明白有疑，那就会有明白的可能；二是怀疑，正确的怀疑往往是创造的先导。同时，孔子又提出“四毋”的思维原则：“毋意、毋必、毋固、毋我。”（《论语·子罕》）教育弟子思考问题时不可主观臆断，不可一意孤行，不可固执己见，不可唯我独尊。这一思维原则，至今仍不失为至理名言和正确的思维指南。这样既有怀疑精神，又不会走上“怀疑一切”的谬误之路。在此前提下倡导的“有疑”“有见”的学习法，就是一种能够自主创造性学习的过程，即把学习过程看作是发现问题，即有疑、析疑、辨疑、断疑，从而提出自己独到见解的过程。这才是真正意义上的学习，因为这是从根本上促进学生思维能力发展提高的过程。

有疑，是一种读书为学的素养。如治学粗鲁不精，读书不字字句句见着落，不下功夫，往往看不到疑处，此非无疑，而是不知有疑矣！所以《学记》批判“呻其占毕”的危害，深刻的缘故也与此有关。学者认为数墨是读书一忌。数墨，是说只是在计算书本上的文字，比喻读书不能推究义理。宋代朱熹《易》诗之一：“须知三绝韦编者，不是寻行数墨人。”《剪灯馀话·青城舞剑录》也说：“夫循行数墨呫哔呻吟，儒之土苴（jū）。”呫哔，原指经师不了解经义，只是视简上的文字诵读以教人，后来泛指诵读。一味诵读、数墨之类的学习，没有积极思维，那是发现不了疑处的。朱熹认为：“读书无疑者须教有疑，有疑却要无疑，到这里方是长进。”“凡看文字，诸家说有异合处最可观，如甲说如此，且扯住甲穷尽其词；乙说如此，且扯住乙穷其词。两家之说既尽，又参考而穷究之，必有一真是者出矣。”（《朱子语类》）这里告诫你从有疑处着手，深入去辨疑、析疑，然后才能得到真知。

故为学必须鞭辟近里，功夫须耐久。宋代程颢《师训》：“学只要鞭辟近里，着己而已，故‘切问而近思’，则‘仁在其中矣’。”“鞭辟近里”，指深入剖析，使能进入靠近最里层，形容探求透彻，深入精微。此原本是古代洛阳方言，经过文人的书面化，特别是宋儒常用此语，而积淀为成语。成语又演化为“鞭辟入里”“鞭辟向里”“鞭擗向里”“鞭辟着里”“鞭擗进里”，又有“鞭约近里”之说。朱熹《答范伯崇书》：“凡事自立章程，鞭约近里，勿令心志流漫。”再如宋代张栻《答胡季随书》：“近来士子肯向学者，亦时有之，但实作工夫耐久者极难得也。且是要鞭擗向里，如此下工，方自觉病痛多耳。”此喻指学之鞭辟近里后，才能知疑之所在。

为学下了功夫，必是精思苦索而有得。“服膺那学问，优游涵泳，发复咀嚼，不得其理。辄静思、精思。苦索，固须能疑，也复深信，疑非否定，信非迷信，苟不能疑，则学无进境，苟不能信，则不能深自体验省察，不能探求古人立言之意，故必须疑复能信，能信复能疑，乃能真有所入，有所得到。”（蒙文通《先秦诸子与理学·前言》）如此有疑有信，既辩证又深入地体验省察所见，必是得益匪浅的。

黄宗羲认为：“学问博求，乃能有见。”他说：“学不患不博，患不能精，由博以致精，信矣其传也。”学之精细，思之条分缕析，乃能有自己的独到见解。没有独立见解，就会人云亦云，永远不能超越前人，也不能另辟蹊径。《庄子·大宗师》：“朝彻，而后能见独；见独，而后能无古今。”郭象注：“当所遇而安之，忘先后之所接，斯见独者也。”成玄英疏：“夫至道凝然，妙绝言象，非无非有，不古不今，独往独来，绝待绝对。目者见斯胜境，谓之见独。”陈鼓应今注：“见道，指洞见独立无待的道。‘道’为绝对无待，因以‘独’来称它。”能“见独”“有见”也意味着不断地超越了自己，而又不自满自足，能在学问之道励进不已，则必学有所成，以至能开新风，成就大事业。

“独见”，是独到的发现或独特的见解，能见人之所未见，当是求真务实后的新发现、新见解，而不是自以为是的偏见，或是主观的一己之私见。历史上有师心和师心自用之说，且有正反两面的意义，此聊备一说：

（1）师心之误。师心，是以心为师，自以为是。《庄子·人间世》：“夫胡可以及化，犹师心者也。”成玄英疏：“是犹以心为师，尚有成见，未能付之自然。”后来有“师心自用”成语，是只凭主观，自以为是。严复《救亡决论》：“夫陆王之学，质而言之，则师心自用而已。”

（2）师心之益。师心，另有一种有益的功效，那就是不拘泥于成法，犹言独出心裁、别出心裁。《关尹子·五鉴》："善弓者，师弓不师羿；善舟者，师舟不师奡（ào）；善心者，师心不师圣。"

刘勰《文心雕龙·才略》："嵇康师心以遣论，阮籍使气以命诗。"师心之创造，难能可贵。故鲁迅《魏晋风度及文章与药及酒之关系》曾感叹："正始名士和竹林名士的精神灭后，敢于师心使气的作家也没有了。"此师心与独见，似有异曲同工之趣，我国语言之富之妙，此可见一斑。

二、阙疑是制胜法则

"阙疑"：阙，同缺，指存疑，阙而不论也，即有疑问的地方要保留。"阙疑方法从本质上说是思维方法的哲学思考，其内核即是实事求是。学术研究探索真理，是根据客观实际寻求事物发展的规律，而客观规律是不以学者的私意为转移的，因此舍实事求是，则别无他途。"（姚淦铭著《王国维文献学》江苏古籍出版社）所以"阙疑"之法是重要的学习方法论之一，是读书、求知、治学的一条重要法则。

"阙疑"之源流。《论语·子路》："君子于其所不知，盖阙如也。"何晏集解引包咸曰："君子于其所不知，当阙而勿据。"《论语·为政》："多闻阙疑，慎言其余，则寡尤；多见阙殆，慎行其余，则寡悔。言寡尤，行寡悔，禄在其中矣。"刘宝楠《正义》云："其义有未明，未安于心者，阙空之也。"后来便有了"盖阙如也""盖阙""阙如"诸说，均指缺少，阙疑。《文心雕龙·铭箴》："然矢言之道盖阙，庸器之制久沦，所以箴铭异用，罕施于代。"再如韩愈《上宰相书》："主上感伤山林之士有逸遗者，屡诏内外之臣，旁求于四海，而其至者盖阙焉。"清代江藩《汉学师承记·惠周惕》云："贾公彦于郑注，如飞茅扶苏薄借綦之类，皆不能疏，所读之字，亦不能疏，辄曰从俗读，甚违不知盖阙之义。"这里"盖阙"独立成词运用。

"阙疑"之法，是中华学术的优良传统之一。"得阙疑之旨"与"失阙疑之旨"的历史教训很深刻，这里不容展开述之。既是为学，做学问，求实求真，乃为底线，舍此何谈知识学问？若见一义即自立一说，初未通观大体，也未权衡轻重，是为穿凿附会。穿凿之学，如何立足？终身不见能用，却将谬说贻误后人。故为学须慎重，阙疑是一法。朱熹也认为："大凡读书处事，当烦乱疑惑之际，正当虚心博采，以求至当。或未有得，亦当且以阙疑阙殆之意处之。若遽以己所粗通之一说，而尽废己所未究之众论，则非惟所处之得失，或未可知，而此心之量，亦不宏矣。"（朱熹《答陆子寿书》）

阙疑的真正意蕴有二：其一，是对问题、疑难进行了反复思虑，穷尽努力后仍不得解，无可奈何才阙疑待问。其二，是某一时点的阙疑，并非舍弃不顾，而寻找时机重新释疑。王国维给罗振玉的信曾说："所注于《待问篇》上者，近复有所增，约得二十余字，然可为确信者亦不过得半耳"。此可见王国维对于待问之阙疑，始终作坚持不懈地考释，不断有所得，这体现了学者"信而有征"，审慎求真的科学态度。同时，学者也在苦思求索中得到磨砺而愈益精进。故阙疑是制胜的重要法则，也是进步的第一关键。

三、说悟

学问之悟，是学者的重要素质之一。悟，是了解、领会和觉醒之意。悟性，指人对事物的分析和理解的能力，学习则使人能觉而悟。《白虎通义·辟雍》："学之为言觉也，以觉悟所不知也。故学以治性，虑以变情。故玉不琢不成器，人不学不知道。"觉和悟是学习之中知识增益，智慧提升的过程。学习之"悟"不可或缺，心之悟须要经由渐悟、积悟、顿悟的过程，只有深入领会，贯通融彻之后才能有悟。

"积悟"，是心悟的不断积累，从而渐悟渐深。始终不明白的事，会有一天突然明白了，有"恍然大悟"之感，这种现象即是思维的觉醒。这种内在的力量，也是学者意识中逐步积累起来的，往往通过"知"与"行"两方面的人生阅历而体悟得之。如钱基博《经学通志》里的《〈尚书〉志》里有言："至其辨析异同，贯穿史事，覃思积悟，实卓然成一家之言。"这是学问之"积"而后通达有"悟"。

有学者总结，在沉思之时，即是沉下心来，注意力专注于一个问题时，不受任何干扰时的思考，思维效率就高，科学家的发明创造大多在此情况下诞生。"据说希伦王让首饰匠打了个金王冠，他怀疑王冠被工匠掺进了银子，便求教于阿基米德。有一天，阿基米德在洗澡时，发现了流体静力学第一定律而解决了这个问题。据说，当时他连衣服都没有穿，就从浴室出来，跑在街上大喊：'我知道了！我知道了！'"（毕富生著《科学研究与思维方法》，当代中国出版社）此例形象生动地阐释了灵感顿悟与思维的纯净美。

还有更多的人生体悟发生在我们的日常生活中。《戴名世遗文集》有一则，体悟到"悟"的重要与不易，很有意思。其有记：

儿时读《论语》，至"颜渊季路侍"章，问塾师曰："愿车马衣轻裘，与朋友共，敝之而无憾，此一小事，子路，圣门高弟，区区仅以此为志也耶？"塾师曰："此事亦大难。"及年长，从事于交游，而后知其难也。平日见其群居议论，披肝露胆，指天誓日，人人尽管（仲）鲍（鲍叔牙）也。及至缓急之际，偶有以通财之义相商，虽好友数十环列，绝无应者，不须臾间皆渐渐引退，虚无一人在坐矣！子路惟一褞（缊）袍不耻，故能轻裘与共，今则人人自私自利，胸襟卑鄙龌龊，安能为度外之事？其他益无足与有为矣，故学者克己，当先从此处克也。”

此言人生的感悟，经由岁月历练而感知日益深入，有充分的积累后，到一定时点才会有恍然大悟之觉醒。人生路上之“迷而不悟”，随处都有。有自己被自己迷惑，有自己被他人迷惑，知而能觉，才往往恍然大悟，知今之是而昨之非。迷而知返，还是去道不远，若是迷而忘返，那是不可救药了。古者有“迷复”之说，指迷失而不能改过、糊涂而不醒悟者。此出自《周易·复》：“上六，迷复，凶。”对方迷惑你，自己不能识破；迷离朴素，不能辨别；迷离恍惚，不能辨清。有说“迷魂夺魄”，即是灵魂迷失了本性，该是要时刻警惕防范的。“悟”亦有深浅之分，随各种因缘际遇而不同。如对同一典故格言的理解，即是相同的认识，年轻人与阅世很深的老年人之体悟会有深度或广度的差异。

魏源（1794—1857），这位近代思想家因所处特定时代，而成为时代分水岭上的人物，也是开眼看世界一代人中之翘楚，其“师夷之长技”之思想，被视为倡导向西方学习的先声。笔者见其所著《学篇》，颇有励志召唤力，其中于学、思、悟之阐论充溢灵气灵感，引录一段同赏：

魏源曰：“敏（聪敏）者与鲁（鲁钝）者共学，敏不获而鲁反获之；敏者日鲁，鲁者日敏。岂天人之相易耶？曰：是天人之参也。溺心于邪，久必有鬼凭之；潜心于道，久必有神相之。管子曰：‘思之思之，又重思之；思之不通，鬼神告之。’非鬼神之力，精诚之极也。道家之言曰：‘千周灿彬彬，万遍将可睹。神明或告人兮，灵魂忽自悟。’技可进乎道，艺可通乎神；中人可易为上智，凡夫可以祈天永命；造化自我立焉。‘用志不分，乃凝于神’，己之灵爽，天地之灵爽也。‘俯焉日有孳孳，毙而后已’，何微之不入？何坚之不劘？何心光之不发乎？是故能与造化相通，则可自造自化。《诗》云：‘天之牖民，如埙如篪（chī，古乐器），如璋如珪，如取如携。’”（《魏源全集12册·学篇二》）

此论愚与敏是由后天努力所至，而非天生而然。愚者只要能善学，会思考，能自悟，反而能胜过敏者。以诸多生动传神的比喻，以及名篇引文，激励鼓动人之自造自化，自我奋发雕琢，均可成为大器！

“习”之蕴含与方法经验

《学记》对教学各环节的论述全面而周到：“大学之教也，时教必有正业，退息必有居学”；“君子之于学也，藏焉，脩焉，息焉，游焉。”这里提到了课内课外多样化的学习形式，都离不开学之“习”。同时“习”的内容也渗透在教学的启发诱导等原则中，以及答问练习等各个环节。因为“习”，是指对所学知识进行温习、练习或实习、训练等，本是学习过程中必不可少的步骤。如何提高“习”的效应？“习”之方法的选择至关重要，不同的选择，会有事倍功半或事半功倍的不同效果，值得研究探讨。

一、学与习相结合

“习”，本义是小鸟不断地练习飞翔。《礼记·月令》：“鹰乃学习。”习的涵义不断扩展，富有学习、复习、练习、教习、训练以及熟悉、通晓等义，都与“学”的意义相关。孔子重视“习”，将学与习相提并重，并将“习”定位为“学”与“行”之间的一个中介环节，列入其教学过程中，突出了教学活动的特点，这是极富创见之举。

《论语》中“习”字出现三次。其一，人们都熟知的“子曰：‘学而时习之，不亦乐乎！’”（《论语·学而》）此为《论语》开篇第一句，就道尽了“学”与“习”的宗旨。学过，还要“时习”，时时熟习不忘，方能有得，心中也自然充满快乐。宋代朱熹《论语·学而时习之章》指出：“虽曰习之，而其工夫间断，一暴十寒，终不足以成其习之之功矣。”其二，“曾子曰：‘吾日三省吾身，为人谋而不忠乎？与朋友交而不信乎？传不习乎？’”（《论语·学而》）曾子每日反省为人谋、与朋友交是否忠信？老师传授的知识能否温习、实践？“传不习乎”？“传”为师之传授；“习”为个人之习得。老师传授的知识，需要自己思考、检验、贯通和实践后才能转化为属于自己的知识，而能强立不反，终身不忘。其三，“子曰：‘性相近也，习相远也。’”（《论语·阳货》）这里的“习”，有“习俗移志”“习以成俗”的意思。成语还有“习与性成”“习以成性”等，原意为养成习惯即成本性，也指长期的习惯会养成某种性格和风气。唐白居易《策项》：“臣闻人无常心，习以成性；国无常俗，教则移风。”《尚书·太甲上》：“兹乃不义，习与性成。”“习与性成”，又体现了“习”与德性修养之重要关系。

孔子关注德性由习惯养成的问题。汉贾谊《新书·保傅》："孔子曰：少成若天性，习惯如自然，是殷周之所以长有道也。"王夫之更将《论语》的主旨归结为"习"。他认为："孟子言性，孔子言习。性者天道，习者人道，《鲁论》二十篇皆言习。"（《俟解》）他又针对幼时染上坏习惯难以改变的状况，指出："习与性成，成性而严师益友不能劝勉，赏重罚不能匡正矣。"（《读通鉴论》）这一理念亦与《学记》强调"化民成俗"是一脉相承的。

由"习"构成的知识世界非常广阔，晋葛洪《抱朴子·勖学》说："百兽可教之以战陈，畜牲可习之以进退。"百兽与畜牲尚可教之习之，何况人乎？因"习"具有潜移默化特点，人们常会"习惯成自然"而"习焉不察"，不能明了某些事物和现象形成之内在关联。《孟子·尽心上》："行之而不著焉，习矣而不察焉，终身由之而不知其道者，众也。"这里点明很多人终身不能认识"习"之规律与作用的道理，这样自然影响良好行为习惯之形成。可怕的还在于习惯了错误的东西，反而以为是正确的。扬雄《法言·学行》说："一哄之市，必立于平；一卷之师，必立于师。习乎习，以习非之胜是，况习是之胜非乎？"可见"习非胜是"或"习非成是"的现象都有存在，告诫我们要时时注意省察自己的行为习惯，使之能始终"习"以真理，"习"于正道。由此表明，在由学而得知，由知而进于行的过程中，重视和利用好"习"这一环节，对于增强"学"与"行"的效果起着重要作用。

二、温故知新

温故知新，也是一种"习"的方式与途径。"温"，是对知识重新温习后的进一步消化吸收，在此基础上能得到体悟，增加新的认识。"温"比"习"，就字面看就多两层意思：一是有一定基础之积累，已"加温"过；二是具有生长性，有"活性"基因存在。"温室""温床"，本为呵护和培育相关生命体的生长创造了条件。《论语·为政》："子曰：'温故而知新，可以为师矣。'"既能温习旧时的学问，又要获取新的知识，才可以为人师。孔子十分看重"温故而知新"的地位，将其作为可以为人师的要求。《中庸》也指出："故君子尊德性而道问学，致广大而尽精微，极高明而道中庸，温故而知新，敦厚以崇礼。"学生通过"温故而知新"，可以增益学问知识与实践能力，无论"尊德性"和"道问学"都离不开这一基本的认识途径。

"温故而知新"，是儒家教学论中关于认识过程和认识规律的重要观点，至今仍有价值意义。历史经验表明，获取新知，往往要借助旧的基础和经验。钱伟长注重培养学生从已知领域进入未知领域的能力，总是告诫他们要懂得站在别人的肩膀上，因为所有科技发明都是逐步发展起来的，没有哪种东西是一个人发明到底的。牛顿说过，不要以为我是大的科学家，我就是懂得爬在人家肩膀上面再上去。他对所有人的发明创造都注意，再致力于使它更完善、更提高一些。后来爱因斯坦又爬到他的肩膀上再上去了。当然，旧知新识的关系也是辩证发展的，是互相联系、相辅相成的，把握好新旧知识之间的联系和迁移，也是教学获得成功的关键之一。

“温故而知新”后演变为成语“温故知新”，增加了重温历史和可以以古鉴今等义。如《汉书·成帝纪》：“儒林之官，四海源原，宜皆明于古今，温故知新，通达国体，故谓之博士。”“温故知新”的认识规律还是很有普遍价值，亘古不变。

三、“习”之方法经验

“习”之方法很多，这里略谈“习”与记忆、与有恒的智慧。

（一）“习”与“强记博闻”之说

强（qiǎng）记，是硬记。王阳明《传习录》卷下：“且如读书时，良知知得强记之心不是，即克去之；有欲速之心不是，即克去之。”清代叶命澧（lǐ）《桥西杂记·读书法》：“叶奕绳尝言强记之法：某性甚钝，每读一书，遇所喜即劄（zhā）录之，录讫朗读十余遍。”鲁迅《朝花夕拾·五猖会》：“但是，有什么法子呢！自然是读着，读着，强记着——要背出来。”又有“博闻强记”“博闻强识”“博闻强志”“博闻强识”之赞，均指记忆力强，见闻广博。“博闻强记”，如何能增强记忆效果呢？古今多有各种尝试方法。

抹圈法。加强记忆的“圈抹法”，清代王筠提出了一种阅读教育加深理解和记忆的方法。这是在阅读过程中，遇见精彩之处加以圈点，认为不佳的地方予以抹去。随着学习的进步，可能原来加以圈点的地方应该抹去，而被抹去的地方应予圈上。这样“圈其所抹，抹去所圈”，学习就会长进。

标记法。可以在学习材料上做标记，写眉批，作评注；随着学习的进步，这些眉批、评注又可以涂涂改改。认为如果一个人读一本书，书上还是“干干净净，绝无一字，可知是不用心也”。（《教童子法》）这是读书用心去读，让自己心有所思，从而心有所得，且能及时记录读出自己的每一点心得来。日复一日，年复一年，一书复一书，养成习惯，如此则前途不可限量。这里想到毛泽东不动笔不看书的好习惯，萧子升借给他的书，毛泽东均加批语。

另外钱伟长也介绍过一种方法，是一般先用铅笔记笔记，对于重要的问题可以在铅笔字上再用黑笔加重。这样在你的笔记本里就出现了若干不连续的少数醒目的条条和块块。每过一段时期复习或回忆一下这些主要问题，有时只要翻一翻就可以一目了然了。这方法主要在于突出重点，可以化很少时间很快找到要点，有利于随时复习，全面掌握主要内容。

以上抹圈法、标记法等，都要以精细研读为基础，要深入书本里去，并须动脑、动嘴、动笔，偷懒不得。对此，朱熹有比较系统的读书法归纳："大抵所读经史，切要反复精详，方能渐见旨趣。诵之宜舒缓不迫，令字字分明；更须端庄正坐，如对圣贤，则心定而义理易究。不可贪多务广，涉猎卤莽，才看过了，便谓已通。小有疑处，即更思索；思索不通，即置小册子逐日抄记，以时省阅，俟归日，逐一理会。"(《与魏应仲书》)。此法适用于读任何书籍，关键处仍与钱伟长所说的要"弄通"，要真正"理解"。钱伟长于后另有介绍的分三阶段记笔记的窍门，两次"浓缩"的笔记整理过程，实质上是与"圈点法"等不谋而合，只有理解和弄懂、弄通了的东西才容易记住，不会忘记。

记忆力是知识在头脑中的机械式储存，只是为智力发展准备的原料基础，其本身并不是智力。有经验的教师不用零碎孤立的知识让学生死记硬背，有学者认为："只有极少量的属于基本原理的知识需要全记忆外，绝大部分是属于半记忆的(能够基本上表述出来)和不记忆的(表述不出，但需要时能够查找得到的)。"(《智能学论纲》)至今电脑、手机的搜索功能更强大了，学生多掌握些查找方法，知道如何去使用工具书，需要时能查找到就行。这样头脑中少些死知识，给思维留出空间，可增加更多活的知识和智慧。

(二)"习"与有恒

为学之"习"也必须持之以恒，要坚毅前行，不可半途中止，有恒是成功的要诀之一。关于"恒"，孔子曾曰："南人有言曰：'人而无恒，不可以作巫医。'善夫！不恒其德，或承之羞。"子曰："不占而已矣。"(《论语·子路》)此两句是《易经·恒》卦之辞。意思是言德无常，则羞辱就会随之而至。"不占而已矣"，郑玄注云："《易》所以占吉凶，无恒的人，亦为《易》所不占。"孔子主张为学须有恒，他看重有恒之人，曾说："善人我不得而见之矣，得见有恒者斯可矣。"有恒者，即是有恒心之人。有曰："泰山之霤穿石，单极之统断干。水非石之钻，索非木之锯，渐靡使之然也。"后来有了"绳锯木断"的成语，比喻力量虽小，日久为之，也能做成看来很难办到的事情。绳锯木断、水滴石穿、驽马千里等都指向这样有恒的智慧，柔弱的力量积聚起来其作用是巨大的。

毛泽东青年时代，于1915年撰写一副联语，是有关读书治学的。有曰："贵有恒，何必三更起五更眠；最无益，只怕一日曝十日寒。”此揭示治学、读书，贵在“有恒”，因此又何必斤斤计较于“三更起五更眠”。“三更”为半夜；“五更”为天拂晓时。古时一夜分为“五更”，每“更”约为今天的两小时，“三更”约为半夜的11点至翌晨的1点，因为又有“半夜三更”之说，“五更”约为凌晨的3点至5点，因此又有“五更寒”之谈。试想那些“三更”“五更”的读书者是何等的用功！

然而，毛泽东指出贵在有恒，最怕的是一曝十寒，这又出自《孟子·告子上》：“虽有天下易生之物也，一日曝之，十日寒之，未有能生者也。”据唐意诚等《毛泽东与对联》(《楚风》1990年4期)里介绍：“其时正值考试的紧张阶段，为关心同学们的身体健康，毛泽东将此联写在黑板上，既为自勉，也为互勉。”(季世昌编著《毛泽东诗词鉴赏大全》，南京出版社)

明代胡居仁，有一副对联：“苟有恒，何必三更眠五更起；最无益，莫过一日曝十日寒。”毛泽东从此中化出。胡居仁，明代哲学家，著名学者，字叔心，号敬斋。江西余干人，从游于吴与弼，遂绝意仕进，筑室山中，躬耕细务，不假童仆。又曾主持白鹿洞书院，著有《居业录》等。有恒之益，古今皆通，学者所见略同。

在现代学习型社会，高科技的学习途径与方法层出不穷，尤其信息化处理的功能十分强大。很需要学会现代网络信息的检索方法，年轻人对此比较擅长，具有优势。我们羡慕年青一代的学习环境，也要向年轻人学习。今天学之“习”的途径方法已经演化发展了，然而传统学习的内在规律则还是不变的，人性使之然也。特别希望高科技能为更多人方便阅读古籍创造条件，如传统古籍工具书的检索查找，如何与现代信息处理衔接？这对于提高自学自习能力，扩大知识面是一个重要方面，而且对于阅读古籍，继承祖国文化遗产很有必要。

学之问：答问·发问·问题意识

《学记》全文仅有一千多字，然而学之“问”却阐述了多次。笔者甚为震惊的是，《学记》所述的问答式教学水准很高，对教师和学生的要求都很高，竟能与现代教育的新思想新经验相媲美，在两千年后的今天，我们仍值得学习体味此超越时代的“问”之诀窍和蕴含。

一、问答式教学

提及问答式教学，人们熟知的是西方教育学史上介绍的苏格拉底的问答法，也知道孔子运用问答法对弟子因材施教，却很少知道《学记》对问答式教学有如此形象生动的描述，还有十分精当深刻的理论归纳。

《学记》先指出：“善问者如攻坚木，先其易者，后其节目，及其久也，相说以解。不善问者反此。”意思是说，善于发问的人，就像砍削坚硬的木头，先从较容易砍的部位下手，然后再着手于较难的结节部位，等到时间一长，木头自然脱落砍开。不善于发问的人却与此相反。这是对教师提出的“善问”要求，且以生动比喻揭示“问”之关键节点与要害处。

此喻与《庄子·养生主》里著名的“庖丁解牛”之描述，真有异曲同工之妙。诚如庖丁所言：“臣之所好者道也，进乎技矣。始臣之解牛之时，所见无非全年。盖诚用心于一艺，即凡天下之事，目所接触，无不若为吾艺设者。必如是能会万物于一已，而后其艺乃能擅天下之奇，而莫之能及。”即是对此文义极妙的经典诠释，伐木与解牛同理，分肌擘理，表里洞然，操作娴熟，关键问题自会迎刃而解，即所谓“及其久也，相说以解”。比喻教师的发问有技巧，如何先易后难，能让学生自然而愉快地接受。此等“善问”，必是提问巧妙，既“问”到关节点上，能使学生顿然开悟，并给予学生能举一反三之启发功效。

《学记》接着又指出：“善待问者如撞钟，叩之以小者则小鸣，叩之以大者则大鸣，待其从容，然后尽其声。不善答问者反此。此皆进学之道也。”意思是说，善于对待发问的学生就像撞钟一样，撞得轻就响得小，撞得重就响得大，要等到撞钟者从容不迫，然后才余韵悠扬而尽。此是对“善待问者”而言，比之前者“善问”更进了一层。前者是教师发问的基本要求，后者是教师如何具体应答每一位不同发问的学生。此以“钟”比喻教师，以“钟声”比喻教师应答学生的发问。教师要根据学生“叩之以小者则小鸣，叩之以大者则大鸣，待其从容，然后尽其声。”体现了教师因材施教，对学生大、小不同的发问，都要从容不迫地应答、解说，并给学生留有思考回味的余地。使学生能有一个开发和锻炼思维活动的机会，似乎在余音袅袅中去深思、去体悟，直至完全理解或欣然接受乃止。此也意味着好教师的应答，总能给予学生回味无穷的知识享受。

《学记》紧接着再次指出：“记问之学，不足以为人师，必也其听语乎。力不能问，然后语之，语之而不知，虽舍之可也。”意思是教师只是记诵一些古书中的内容来讲解或对答学生的发问，则表明教师的所知一定有限，没有自己的心得和贯通的知识，是不能够做老师的，一定要倾听学生所提的问题而给予恰当解答才行！有的学生不能发现问题或提出疑问，说明他的能力不够，教师可以直接给他讲解；讲解以后却还不明白的，就得停止进行，让他自己先去思考后再讲解，以给学生“思而得之”的体悟机会。

以上问答式教学的阐述，展现了我国传统教学的久远历史和很高水准。要求教师有渊博的知识，还要有高超的教学艺术，学生则也需要有积极的求知欲和上进心。善于思考才能提出问题，学生在“不愤不启，不悱不发”的基础上，教师以恰当的“善问”与“善待问”再作启发，可收到点拨即通、事半功倍的效果。看似简单之理，至今能这样去做的还是不多。当然，仅是“记问之学”时无法做到“善问”与“善待问”的。所谓“记问之学”，后来发展成为成语，指应付他人之问而预为之记诵之学，意指无真知之才学。

二、学问·发问·追问

“问”之重要，在中国就有“学问”之说。将“学”与“问”并提，可见“问”之重要与必要。学问，指正确反映客观事物的系统知识。人生在世，不懂的东西是无限的，而懂得的东西是有限的，所以要善于发问，虚心询问，可假人之长，补己之短。“问学”，即求知、求学；“问知”，向有知识的人请教，善问的学者必谦虚谨慎。孔子博学，闻多识广，也来源于他勤学多问。“子入大庙，每事问”(《论语·八佾》)。

古代典籍多有好问之记载:《周易·乾》:“君子学以聚之，问以辩之。”清郑燮在《题随猎诗草、花间堂诗草》有言:“‘学问’二字，须要拆开来看。学是学，问是问。今人有学而无问，虽读书万卷，只是一条钝汉尔。琼崖主人读书好问，一问不得，不妨再三问，问一人不得，不妨问数十人，要使疑窦释然，精理迸露。故其落笔晶明洞彻，如观火观水也。”(《为学慧言》)这里将“问”解释得具体到位，贵在问之精神可嘉，如此不耻下问，还有何疑窦不能释然呢？这样“精理迸露”，知识长进也很自然在情理中了。

魏源曰:“人恒言曰‘学问’，未有学而不资于问者也。土非土不高，水非水不流，人非人不济，马非马不走。绝世之资，必不如专门之夙习；独得之见，必不如众议之参同也。巧者不过习者之门，合四十九人之智，智于尧、禹，岂惟自视欿(kǎn)然哉？道固无尽臧，人固无尽益。是以《鹿鸣》得食而相呼，《伐木》同声而求友。”(《魏源全集》)郑燮与魏源都不约而同地谈到多问，甚至向数十人问，认为“独得之见，必不如众议之参同”，这里同样强调了“甚至向数十人问”的精神，多问确是多闻、多见和多识的博学之途径。

明代陈献章，字公甫，新会人，有《白沙集》。他在《明儒学案》中指出：

“前辈谓学贵知疑；小疑则小进，大疑则大进。疑者，觉悟之机也。一番觉悟，一番长进，更无别法也，即此便知科级。学者须循次而进，渐到至处耳。”这里的“学贵知疑”，真乃警策之言。学习唯其能深入思考，才能发现疑窦；唯其发现疑问，便能引入更为深层的思考。如此层层推进，转益精深。确实，“疑者，觉悟之机也”，是开悟、觉悟、妙悟的契机。

清代经学大师戴震（字东原，乾隆时举人），在很小的时候就怀疑朱熹所“发明”的定论：《大学》篇分为“经”和“传”两部分，又断定作者不是一人。戴震听塾师的授课后，对塾师提出了层层追问。同时期人洪榜，在其《初堂遗稿·戴先生行状》中就记述此事：

塾师授戴震以《大学章句》至“经一章，盖孔子之言，而曾子述之；其传十章，则曾子之意而门人记之也。”

戴震问塾师：“此何以知其为孔子之言，而曾子述之？又何以知其为曾子之意而门人记之？”

塾师答：“这是先儒朱子的注解就是这么说的。”

戴震问：“朱子何时人？”

塾师答：“南宋。”

戴震又问：“孔子、曾子何时人？”

塾师再答：“是东周。”

戴震又问：“宋去周几何时？”

塾师再答：“几二千年矣！”

戴震最后再问：“朱子何以能知道二千年以前的事是这样呢？”

塾师答不出来了。

这是洪榜在写戴东原的行状时，作为一段历史证明戴年少聪明的事迹，但也可以用来说明《礼记》各篇的作者，是很难用“想当然”的办法确定下来的。《大学》的作者，从朱熹以来将近八百年就一直以此为标准的，但乾嘉学者戴东原的怀疑是对的，不能以他只是少年时候的意见而忽视。戴震年少时的发问、连连追问，直至塾师词穷，颇有辩机锋芒。小小年纪能如此向塾师发问，也许正是其日后能成为经学大师的因由之一吧？此精神现在也是值得提倡的。

三、问题意识

爱因斯坦曾讲过：“我没有特别才能，只不过是喜欢刨根问底罢了。”其实

“喜欢刨根问底”就是爱因斯坦的一种异乎一般人的“特别才能”。这不仅能“问”，而且善于“追问”，紧追不舍地连续诘问，“刨根问底”式的追问，便是将自己的思路渐行渐深，既深又新。这是不断发现新问题，不断将思维触角引向新域。如此长期实践，思维当然活跃，敏锐。

据说，美国氢弹之父泰勒进实验室都要问问题，每天至少提十个问题。一个好问题比一个好答案更具价值。这是因为回答问题，固然有用，但是提出一个新问题、好问题，可能开拓出一片新天地。这是很好的理念，能发现并提出一个好的问题，必定先要增进学习了解，并促进你去思考，去探索，在艰苦的努力中，才能获得创新的希望和契机。

哈佛大学校长福斯特认为，面对思维活跃、信息多元的大学生，教师不应当再是系统知识的灌输者，而应是新视角的提出者、新问题的发现者和新思维的探索者。我们要充满信心培养学生问题意识和提出问题的能力与习惯，实施研究式、参与式教学，强调知识的发现发展与教学的统一，学生既学习现有知识，也参与发掘新知识。要发动学生主动参与，积极思考，大胆质疑，改变传统的教学观、学生观。

多年来在计划经济和阶级斗争为纲的时代形成一整套教育观念、体制性观念，形成不利于教育事业发展的诸多因素。学生问题意识、批判意识普遍较弱。人们习惯上以“被动性”教育与“主动性”教育，指称传统教育与现代教育两种基本对立的教育方法。但是现代教育方法的渊源却是从苏格拉底、卢梭开始的。中国的孔子同样是注重学生学习的主动性、积极性，不是驯服、灌输的。孔子与弟子问答式教学形式以及“举一反三”的教学思维模式，也说明了这个问题。纵观《论语》中孔子弟子的问题意识还是很强的。《学记》也不是一再提出“善问”吗？看来我们对传统文化和传统教育还需重新认识或具体分析。但传统教育从根本上规范了人们的知识结构，现代教育需要对其进行必要的改造和超越，这当然是与时俱进的时代新课题。

现代教育的创新与改造，首先也得有思想认识境界和专业判断能力，也可说就是一个问题意识。笔者看到钱伟长的演讲资料，有关科学与学习的问题讲述特别到位，在此概要选择几则简述之。

钱伟长认为，现在是信息化社会，一切变化都比以前快得多了，再不能把我们国家封闭起来了，否则无法增强我们的国力。如何卓有成效地学习，他谈了自己的学习体会，因而多次引述自己导师吴有训的教诲。

教诲一：老师讲的不是百分百对的。

学习是一个过程，科学的发展也是有过程的。吴有训教我们学习不要死背，而要把问题弄懂，要了解科学发展有一个过程。同学们认为老师教的全是百分之百的对，而看不到老师讲的和书本上写的很多定理都是有条件的。因为科学发展有一个历史过程，是一个认识和改造世界的过程；而认识是不同时期人们的认识，其中有些认识是错误的或者狭隘的，或者是有条件的，即某一个条件他还没认识。牛顿定理就是有条件的，牛顿力学在运动速度接近光速时就是不对的了，这是爱因斯坦后来提出的。因为磁场本身跟光的速度有关，同时在原子核范围里不是连续变化的，而是量子化的。所有科学都是不断发展的，科学认识一个问题都是在一定条件下认识的，而且是通过人的观察来认识的。所以吴有训教我要把不懂的东西记下来，把有疑问的东西都写下来。不要人家还没讲完你就提出疑问，而要听完或看完之后才提出疑问。但前面有问题应记下来，后面懂了就把它划掉。没划掉的问题可以留下来，以后看看，长期弄不懂的问题那就是值得研究的问题。吴有训告诉我，一个人的学习过程应该是越学问题越少。你没学的时候问题很多，学得不够时问题也多，但仔细学了，越学越清楚了，问题也就慢慢没有了。

教诲二：欢迎学生提问题。

吴有训常常说，很多问题过去都没留意，都以为是对的，但在教学过程中被学生提出问题时才发现有毛病。因此他很喜欢跟学生在一起，并欢迎学生直接向他提问题。因为我们学生那么多，青年人都爱动脑筋，往往会看出毛病来。而这些毛病往往正是科研工作中要重点克服的问题。比如杨振宁、李政道的那篇关于宇称非守恒性的论文就是从原有教材中挑出问题来的，他们看出守恒定律不一定是教材所述那样，于是他们推出新的东西来了。好的老师必须把正确的东西教给学生，同时也要告诉学生里面还有什么问题，讲课要留有余地，对学生决不能讲死。科学跟知识是无穷无尽的，没有底的，是你做一辈子、十辈子也做不完的。

钱伟长指出：要认识到一切都有问题。他认为，研究生教育应是一个培养从已知领域进入未知领域的过程，从科学方面和科研过程来谈这一问题，首先要解决的一个问题，是要改变过去把一切知识都认为没有问题的观点，你要认识到一切都有问题，到处都会有漏洞。同时你要设法去解决它、克服它。你能不断地提出问题，你就会变成一个自觉的科学家。你能不断去解决问题，你就成了一个自觉改造世界的人。（参见《终生学习》）

钱伟长所言，是现代“学记”，所论“善问”的内在本质是与两千多年前的《学记》一脉相承的，亦可见《中庸》所言“尊德性而道问学”的中华传统生生不息，世代相传。

学之通：积学·博学·饱学

《学记》有言："五年视博习亲师，七年视论学取友，谓之小成。九年知类通达，强立而不反，谓之大成。"这里"博习"与"知类通达"，是大学之教的主要内容，体现了由学而博而通的学习次序，也标志着"小成""大成"的区别与层次。《学记》又有说："君子知至学之难易，而知其美恶，然后能博喻。能博喻，然后能为师。"这里的"博喻"，指知识的广晓，是为师的必备条件。教育学视角的"博喻"，另有专文论述，此文从博学的积累和运用视角简述之。

一、积学·储宝·富才

为学必须积，"丘陵积卑下而终为高，江河积涓滴而终为大"，为学求成其高成其大，亦必如此！常言道："为学有如金字塔，既能博大又能高"。求学、治学，特别讲究"博大精深"。博大与精深乃是相辅相成的有机融合，两者都离不开学习的积聚、增广，只有连年累月地遍观诸书，博求百家，而后才能得，才会逐步融会贯通，终至成学问大家，才能留"一家之言"于百代。

学问均讲究积学，由积累学问，而至于博学，乃至于饱学。《文心雕龙·神思》："是以陶钧文思，贵在虚静，疏瀹五藏，澡雪精神，积学以储宝，酌理以富才。"能有积学、储宝、富才的认识，是积极而有见地的明识，足见积学的功效显现。

关于"积学"之重要，有人作这样的比较："射，百日事耳；《诗》《书》，非积学不通。"（《元史·董俊传》）我国积学的传统与理念久远且深厚，史籍留下很多相关记载：

荀子重视"积"，《荀子·大略》曰："夫尽小者大，积微者箸，德至者色泽洽，行尽而声问远。"后来用"积微致著（箸）"谓事细微时则人所不察，当积多积久便成显著。《庄子·则阳》："丘山积卑而为高，江河合水而为大。"《淮南子·缪称训》："君子不谓小善不足为也而舍之，小善积而为大善；不谓小不善为无伤也而为之，小不善积而为大不善，是故积羽沉舟，群轻折轴，故君子禁于微。"积羽尚能沉舟，犹如水滴石穿，"积"之力量不可小觑。

晋代葛洪《抱朴子·疾谬》："积微致著，累浅成深，鸿羽所以沉龙舟，群轻所以折劲轴，寸飙所以燔百寻之室，蠹蝎所以仆连抱之木也。"《朱子语类》卷18有曰："如读书，今日看一段，明日看一段；又如今日理会一事，明日理会一事，积习多后，自然通贯。”积多能自然贯通，当可汲取的经验之谈。

学习要从根本上探求，如明王守仁提出“积本求原”之说：“后世之学琐屑支离，正所谓采摘汲引，其间亦宁无小补，然终非积本求原之学，句句是，字字合。”（王守仁《与王纯甫书》之三）

当然还有一种“积”，即“积非成是”，应当是否定的，那是因为对错误已经习惯，反而还认为应该如此。戴震于此很警惕，曰：“以今之去古圣哲既远，治经之士，莫所综贯，习所见闻，积非成是，余言恐未足以振兹坠绪也。”（《孟子字义疏证·原善序》）又有曰：“成是而无从知，先入为主而惑以终身。”

二、融汇·贯通·旁通

贯通、通浃，一“通”字最紧要。融会贯通，即是将吸纳积聚的多方面知识道理融合汇集在一起，以能得到全面完整的认识和理解。《朱子全书·学三》说：“举一而三反，闻一而知十，乃学者用功之深，穷理之熟，然后能融会贯通，以至于此。”又有“融液贯通”。清秦笃辉《平书·文艺下》：“殆于圣贤之义理，心领神会，融液贯通，然后参之经史子集，以发其光华，范之规矩准绳，以密其法律，而后称为文。”清顾炎武曾论为学之超越，他在《与人书十七》里有说：“君诗之病在于有杜（杜甫），君文之病在于有韩（韩愈）欧（欧阳修）。有此蹊径（路径，门径）于胸中，便终身不脱依傍二字，断不能登峰造极。”（《亭林文集》卷四）这是顾炎武指导别人作诗撰文如何登峰造极之途径与要诀，那就是去“胸中”之“蹊径”，摆脱门户之“依傍”。此如学者评论：“这也是有感而发。文坛上的复古、模拟之风，自明代‘前、后七子’以来一直未能断绝，顾炎武对此极为厌恶，并在自己的著作中多次予以批评。”（张兵选注《顾炎武文选》苏州大学出版社）《日知录》卷十九即专列“文人模仿之病”一条进行批评，其中有云：“近代文章之病，全在摹仿，即使逼肖古人，已非极诣，况遗其神理而得其皮毛者乎？”又云：“效《楚辞》者必不如《楚辞》，效《七发》者必不如《七发》。盖其意中先有一人在前，既恐失之，而其笔力复不能自遂，此‘寿陵余子学步于邯郸’之说也。”

顾炎武的此则文字很有味，还可以引而伸之。其实不仅是文学创作，而是一切学问、技艺、本领、造诣，若心欲求其高巍、卓越、出类拔萃，不仅在于继承之，而更难的是在于融汇之，贯通之，触类旁通后再创新之、超越之。因其“有此蹊径于胸中，便终身不脱依傍”之原因，还在于学之肤浅，功力未至，才识不够，仅能局限于“必然王国”而不能出神入化。学习必须蝉蜕之，前提即是要在积学、博学、饱学的基础上，才能运用时左右逢源，终脱“依傍”。又文中“寿陵余子学步于邯郸”，出自《庄子·秋水》：“且子独不闻夫寿陵余子之学行于邯郸与？”“邯郸学步”终也脱不了窠臼，成不了大器。

三、略说焦循：博学·精邃·著丰

清代焦循（1763—1820），字理堂、里堂，晚号里堂老人。清代经学家、数学家、戏曲理论家。江苏甘泉（扬州，或说邗江）人。嘉庆举人。一应会试不第，遂绝意仕途，筑雕菰楼，闭门著书，虽年仅57岁，而著作甚多，影响颇远。

焦循是勤学者，又是博学者，且于学无所不通，凡经学、史学、文学、音韵、地理、水利、医学、生物、文艺、建筑，均有研究，尤精于《易》学及数学，为乾嘉时期第一流通儒。又著有《诗经补疏》5卷，《诗陆氏疏疏》2卷。

焦循所具治学理念与智慧：其一，既反对理学家之废学、尚禅与空疏，也反对汉学家之琐于考证、忽于义理。主张融会众家，反对固执一家，而强调“类通”“旁通”“贯通”。提倡创新，反对保守，重视实用。其二，哲学上最服膺戴震《孟子字义疏证》，认为世界本原，不是“理”而是“气”，事物是客观存在的，认识事物必须注重“身亲”与“实测”。宇宙万物始发站、变化与彼此联系的。其三，反对程朱理学“存天理，灭人欲”的禁欲主义，主张“欲本乎性”“本乎欲以感通之具”，施仁政应“与百姓同欲”。其四，潜心研究中西数学，提出“名起于立法之后，理存于立法之先”的命题，在数理研究上，弥补了我国数学史上“论法者居多，言理者绝少”的缺陷。其五，其《孟子正义》通释全经体例，为清代群经疏的代表作品。其五，交友与切磋。焦循与朋友交往，以学问相切磋，李锐、汪莱、凌廷堪是其“论天三友”，又与江藩、黄承吉、李钟泗相交，时有“江、焦、黄、李”之称。其六，勤于著作，撰有《易章句》《易图略》《易通释》《加减乘除释》《天元一释》《雕菰楼集》等数种。《清史稿》卷482有其传。因其书室名雕菰楼，所以又将自己的著作称为《雕菰集》，所收皆诗赋杂文。有《焦氏丛书》传世。

关于治学，他很有自己的见地。他反对把学问拘执于传注，区分了五种治学方法：一通核，二据守，三校雠，四拾摭、五丛缀。他视“通核”为治学的关键。“通核者，主以全经，贯以百氏，协其文字，揆以道理，人之所蔽，独得其间。”（《辩学》）

焦循学术深湛，尤深于《周易》之学。著《雕菰楼易学》（又称《雕菰楼易学三书》），凡四十卷。此著作包括《易通释》二十卷、《易图略》八卷、《易章句》十二卷。他用数学上的公理和定理以贯《易经》，主张用数之比例求“易”之比例，以成其书。此已是当今所说的跨学科研究了。

用数理解释《周易》，一反前人先天心法与迷信纳甲之说。强调通过旁通而达到对立事物的统一。并认为“变通即为时性，时行者元亨利贞也。”(《易图略·时行图第三》)他把“时行”看作变化的均衡。

焦循能涉猎这许多领域，既博且深，又能触类旁通，自如运用，并有诸多学科的著作传世，世人不得不为之感叹、赞叹！焦循可谓积学、储宝、富才的典范，现代也不乏如此真才实学的“百科全书式”人物，像焦循那样横跨众多学科领域，且均能有建树和创获。当然，只有博学多才的通儒、大学问家才能到此高境界！

学之化：内化·点化·自化

《学记》有说：“及其久也，相说以解。”这一句话似乎很平常的，但是内蕴颇富且甚精，亦可以悟学之积累与解化的过程或规律。《学记》重视思想道德之“化”，多次提到“化民”“化民成俗”。同时，也注重“开而弗达则思”等知识的迁移与转化，重视知识之“化”。一个“化”字，颇富意蕴，哲理无限。

“化”字稍溯其源，亦颇有意趣。《说文》：“化，教行也。从七，从人，七亦声。”朱芳圃《殷周文字释丛》：“化象人一正一倒之形，即今俗所谓翻跟头。再如《国语·晋语》：‘胜败若化。’韦注：‘化，言转化无常也。’

关于“化”之哲学论阐，如《易·恒》：“日月得天而能久照，四时变化而能久成。”《易·咸象》：“天地感而万物化生。”王弼有注：“二气相与乃化生也。”周敦颐《太极图说》：“二气交感，化生万物。”王夫之《尚书引义》：“气化者化生也。”耐人寻思的是，《庄子》“化”字仅单用就出现71次之多，除外还有“化育”“化作”“变化”“风化”“外化”“物化”“一化”“一不化”“造化”“治化”等，均奔赴其笔下，启人心智。

一、化育之理

《学记》三次提到“化民”。开篇首节就有言：“就贤体远，足以动众，未足以化民。君子如欲化民成俗，其必由学乎！”篇中又有言：“夫然后足以化民易俗，近者说服而远者怀之。”化民，即是教育、感化民众百姓，使个体改变气质，形成良好的社会风尚。

重视教育对社会的作用，是儒家教育思想一大特征。儒家认为柔性的教育、感化，胜过刚性的制度、法令，这种与政治结合的教育是最好、最高的教育。因而重视良风美俗的涵育熏陶，以使一定的社会规范与价值取向被吸收、内化为不同个体的信念及行为准则。而且儒家有“兼善天下”的传统，认为个人“独善其身”不是真善。如果不能使全社会都变善，那么个人所有的善也会被同化而丧失殆尽。认为善者有责任去熏陶、感化未善者，要将个人的善融合在社会的众善之中，所以《学记》开篇就发出“化民成俗，其必由学”的呼声。

内化，是个人素质养成的重要机制。现代教育工作者同样认为：“要养成受教育者的良好素质，就应着眼于使外部的教育影响内化为受教育者的知识、经验、信念、价值与态度，成为就像他们自身血肉与本能那样稳定的‘类本能’或‘第二天性’。”（孙孔懿著《教育失误论》，江苏教育出版社）将外界的社会道德要求内化为受教育者自觉的道德品质行为，这也是形成社会精神文明的需要，与“化民”的内涵实质上是一致的。体现出化育之理是永恒的，凭借人之先天的性善和种种优美的懿德，人人可以发展成为人格上的“大人”，再经由精神的升华，终至成为“圣贤”“神人”，此理古今不变。

二、知识转化为智力

学生在接受教育过程中的内化，不仅表现在思想品德教育方面，也表现在掌握知识技能等方面。即如兴趣是学生的非智力因素，教师要善于引导，让学生能用感性知识进行抽象和想象等思维建构，使兴趣在思维活动中内化为更多自得其乐的满足，以利增进学习的兴趣和学习积极性，同时也获得智力发展。

人的智力素质是由多方面因素形成的。首先需要知识之量的积累，然后由原来的旧知向新知的迁移、转换或跃迁。这一过程，是在感性知识基础上，经过反复的抽象和想象等思维后逐步提高的。智力能力的培养与训练，既需要教师善教，能将教材中的知识，转化为学生的智力因素，更需要学生自身的能动性和主动性参与其中，才能有好的收效。

首先，知识需要自己吸收和消化。教师传授的知识，只有被学生主体消化吸收后，才能转化为学生的智力因素，达到真正的教育目的。而这一转化过程，只能依靠学生自己去实现，任何人也无法替代。清代思想家戴震曾说：“苟知学问如饮食，则贵其自化，不贵其不化。”（《戴氏遗书》之九，《孟子义疏证》卷上）王守仁《传习录》也把学习比作饮食，“食了要消化”，学习也务必消化，这样才能把知识变化为自己的精神财富；否则“博学多识，滞留胸中”，就会得“伤食之病”，学了也无益。成语有“食古不化”“食古如鲠”等。意思均指学习的知识不能融会贯通，学古而拘泥于陈法，不能灵活变通运用，类似于刻舟求剑之愚了。卷盦《〈蔽庐丛志〉序》：“又或食古如鲠，刻鹄成鹜，崎锜训诂，恒迟回于‘秃伏禾’之文；墨守六书，复牵就于‘马头人’之义。”这就是学古而不能化出了。这样的学习毫无益处可言，反而会挫伤学生学习的兴趣和信心。

“以书为御”这一成语，出自《战国策·赵策二》：“谚曰：‘以书为御者，不尽于马之情。以古制今者，不达于事之变。’”此亦强调学习读书需要有一个转化与实践的过程，照搬书本知识来驾驭马匹，不能尽合乎马之实际情形。这些都表明照搬书本知识，死守教条，不能灵活运用是无济于事的。

其次，知识由点化而解化、自化的途径。点化，原指道教中传说，神仙运用法术使物变化。借指用言语启发人悟道。后常指用机巧的语言指点、点拨，使人开窍。能否对学生进行有效地点化，是对教师教学素养和语言艺术的检验。明代阳明学派的创始人王守仁，认为要培养能够“学成为用”的“治世”人才，必须要学生先立为圣为贤的心志，这是为学的根本动机。他将此心志比作“无源之塘水”与“有源之井水”来晓喻学生。有一次，当他与弟子们在塘边坐着时，即以眼前之景作喻点化学生说：“与其为数顷无源之塘，不若为数尺有源之井水，生意不穷。”（《王文成公全集》卷一，《传习录上》）无源之塘水虽大，终至枯竭；有源之井水虽小，而源源不断，生生不息。学务必求有源，乃会滋生不已。（参见《中国教育思想史》第二册）这样的点化形象生动，学生易于理解和接受。

点化，往往出现在阅读和交谈中，被偶然得到的情景或某些文字和言语所触动，激发出思维火花的闪现，使苦思冥想的问题突然打开思路，茅塞顿开。思维活跃、联想丰富者还会有豁然贯通、触类旁通的连锁反应，使一系列问题循此而得以解决。王阳明有说：“学问也要点化，但不如自家解化者，自一了百当。当然（指不这样的话），亦点化许多不得。”（《传习录》）学问需要指点，但不如自己理解的那样，自然一了百当。否则，就是指点也没什么用处。在《传习录》里经常见王阳明对弟子的“点化”，促其“解化”。“点化”是外在的，“解化”是内在的。点化，未必全能从言语中点而化之。

三、“自化”之方法诀窍

俗语说，好的方法是成功的一半。为学、治学成功固然有多方面原因，但往往都有自己独特有效的成功秘诀，其中学习方法得窍是重要因素之一。笔者读到

《钱伟长教授论终身学习》一书很有启发，其中所谈的学习方法和体悟很有借鉴价值，特归纳选择后简述如下：

（一）告诫年轻学生学习要思考，如果不去思考问题，你会什么也学不到。

（二）认为方法很重要，必须得法才能得到预期效果。这个法就是要“弄通”“理解”，切不要死记硬背。一定要通过深入钻研，反复琢磨而真正弄通、理解所要学的东西。只有在理解了的基础上去记忆，才能记得住，把知识真正学到手。死记硬背的东西是没有用的，也是不能记得牢的。

（三）听课与记笔记的诀窍。

钱伟长认为他大学四年里学习方法大有改进，多次提到林家翘同学告之他听课和记笔记的窍门，使他受益终身。学会了听课时不忙着记笔记，仔细听讲，听懂了就记。下课后，用两分钟回想一下，教师讲的是什么问题？内容包括哪几方面？跟前面有什么联系？这两分钟很有效，可以巩固听课内容。“这样回忆一下，就变成你的了，不再是他的了。这叫‘吃了东西要消化透，消化快’，才能是你自己的，要不然永远是老师的。”钱伟长认为此法帮了他一辈子的忙。现在他已养成习惯，每次听完报告后也不马上离开，坐在那里回想一下报告讲的是什么？中心思想是什么？有哪几方面？观点是什么？以加深理解。

笔记如何记？钱伟长采用晚上回忆写笔记的方法，不懂的翻书，写那么一页、两页，都是很简单的，到考试的时候，再翻翻这个。假如你还记得，就不用看了，不记得的，再看看。考试笔记很简单，一学期的课大概是一、两本练习本。后来他发现林家翘每门课的笔记都没有过十页的。而且记得都很明白，要点非常清楚。原来这是他在考试前把每天写的笔记再整理一遍，变成了不到十页，次要的都去掉了。重新整理回忆一遍，把学来的东西浓缩成最有系统的东西，这两个浓缩过程使你终身不忘。可以做到这样的话，那是真正弄懂了。林家翘后来成为美国麻省理工学院终身教授，美国科学院院士。

这一记笔记的窍门，两次“浓缩”的过程，以及听课、听报告后的回想，都是促进自己真正去弄懂弄通的“自化”之法门。提高了知识吸收和消化的效率，也是知识解化、自化的思维磨砺，能使老师的知识切切实实转化为自己的知识能力。此是一流科学家在大学时的宝贵经验，大家不妨一试，也助你早日跨进成功之门。

再回到《学记》“及其久也，相说以解”这一总体概括上来，借以欣赏《庄子·养生主》里著名的“庖丁解牛”之妙例，更可悟通“化”之深理。

庖丁释刀对曰："臣之所好者道也，进乎技矣。始臣之解牛之时，所见无非全牛。三年之后，未尝见全牛也。方今之时，臣以神遇而不以目视，官知（感觉器官感知）止而神欲行。依乎天理，批（劈）大郤（xì，通"隙"，筋腱骨骼间的空隙），导大窾（kuǎn，空，指骨节间空处），因其固然；技（枝）经（指经络相连处）肯綮（筋肉聚结处；綮，qìng）之未尝，而况大軱（gū，大骨）乎！良庖岁更（更换）刀，割也；族（众，一般）庖月更刀，折（砍断骨头）也。今臣之刀十九年矣，所解数千牛矣，而刀刃若新发于硎（磨刀石）。彼节者有间，而刀刃者无厚。以无厚入有间，恢恢乎其于游刃必有余地矣，是以十九年而刀刃若新发于硎。虽然，每至于族（筋骨交错聚结之处），吾见其难为，怵然（警戒的样子；怵，chù）为戒，视为止，行为迟，动刀甚微。謋然（牛体骨肉分解的声音；謋，huò）已解，如土委地。提刀而立，为之四顾，为之踌躇满志，善刀而藏之。"

钟泰《庄子发微》曾有精到解读，譬如他认为"所见无非牛"是"用心之一也"。"后世如张旭之善草书，见担水者争道，见公孙大娘舞剑器，而书皆大进，抑亦可谓所见无非书者矣！盖诚用心于一艺，即凡天下之事，目所接触，无不若为吾艺设者。必如是能会万物于一已，而后其艺乃能擅天下之奇，而莫之能及。技之所以进乎道者，在此。其'三年之后，未尝见全牛'者，由有此工夫致然。此一语，文中极大关键，读者固往往轻易放过。解者如郭子玄辈，且以'未能见其理间'释之，不独失《庄》文之意，亦且负此老为人苦心矣。'未尝见全牛'者，分肌擘理，表里洞然，如指诸掌，所谓'及其久也，相说以解'者。故曰目无全牛也。"如此等等，读之甚有启发。

"庖丁解牛"之描述，即是对学之"化"极妙的经典诠释。"庖丁解牛"悠然自得之高超技艺，全在"化"之娴熟，技艺精湛纯然，久而久之奇迹乃现。"解牛"之出神入化，非神助也，"化"之工夫使之然矣！

教师语言与教学风采

"大教不言"，但学校教学活动却是有言之教，是离不开语言表达的。语言是教学活动中的主要工具，教师通过语言向学生传授知识。《学记》认识到语言在教学中的重要地位和作用，因而对教师的语言运用提出较高的要求，也有严厉的批评。在整个教学活动过程中，教学语言是贯穿始终的。教师的"教学艺术"

很大程度上取决于其运用语言的能力和技巧。要语汇量储备富足，能够信手拈来；语意表达精准、练达；逻辑思维准确、明晰；以及语速、语调的抑扬顿挫，还要思考何时用语，何时止息恰当，需要静观火候，以俟学生消化自契，每一环节都有语言运用的无尽蕴含和研究价值。

一、《学记》的语言观

语言是展现“教学艺术”的主要手段和表现形式，不仅仅是要用好这一师生交流的工具，更要研究其在启发学生思维能力和提高教学效益方面的意义作用，《学记》已经进行了这样的研究和总结。

其一，寡言。在“大学始教”时，《学记》提出了“七者，教之大伦”，即教学的七条要旨。其中有关语言的就有“时观而弗语”与“听而弗问”两条。前者是对教师而言，后者是对学生的要求。有意思的是，强调教师和学生都要少说。学习刚开始，教师要静观默察，了解学生后才有发言权，方可因材施教。学生要多听，多思考，理解了教师讲解的道理后，才能提出合适的问题。

《学记》提倡教师寡言，专有一节严厉批评“今之教者，呻其占毕，多其讯言，及于数进，而不顾其安，使人不由其诚，教人不尽其材，其施之也悖，其求之也佛。夫然，故隐其学而疾其师，苦其难而不知其益也”。明确指出教师“呻其占毕，多其讯言”，以致“数进，而不顾其安”，照本宣科之唠叨冗言，已使学生厌烦不已，苦不堪言，乃至埋怨老师，怨恨学习。

其二，善言。教学的最好预期效果，就是学生能遵循教师的指导，志向坚定地努力不懈。若要达到此效果，唯有教师的善教。如何善教，《学记》指出：“善教者，使人继其志。其言也，约而达，微而臧，罕譬而喻。”这里仅立出了“其言”这一条，意味深长。此“言”，指教师的讲解艺术。约，简约；微，微妙；臧，善。罕譬，少用比喻，意指举例要精当得法。孔颖达有说：“言善为教者出言寡约，而显达易解；义理微妙，而说之精善；其譬罕少，而听者皆晓。”（《学记研究》）这里道出了教师讲解艺术的很高境界，善言是善教的重要方面。学生在教师的“善言”中，可以领略严密的逻辑思维和美妙的语言魅力，也容易掌握讲授内容的线索、要点。在艺术享受中接受知识，多了一份善学、乐学的好心情，也自然会“亲其师”和“继其志”了。

其三，“时言”。为什么称“时言”？因为特别讲究语言运用的时间性，突出语言运用“火候”的重要意义，这是《学记》教学论的精微处、关键点，笔者由此尽可拈出“时言”一词，见以下举例则可使人信服。（1）《学记》总结的教学“十二字诀”：“道而弗牵，强而弗抑，开而弗达。”教师晓喻学生，要引导而不强迫，激励而不压抑，启发而不越俎代庖。这是教学的辩证法，点出了教学的最佳火候、最好时点。如何抓住这火候、时点，那就得教师用语言去表达实施，语言运用之迟速快慢、抑扬顿挫、起承止息，都已确切蕴含在这“十二字诀”中！故此处用“时言”来表述，要比“火候”“时点”更准确到位。(2)“叩”与“鸣”相应。这里的“叩”与“鸣”，即指用语言“问”与“答”。《学记》有说：“善问者如攻坚木，先其易者，后其节目。”“善待问者如撞钟，扣之以小者则小鸣，扣之以大者则大鸣，待其从容，然后尽其声。”善于对待学生发问的教师，就像撞钟一样，撞得轻就响得小，撞得重就响得大，学生还能在悠扬的余韵中吟咏回味。这相应相和的“问”与“答”，如钟声“叩”与“鸣”那般的和谐节奏、节律，不是要求语言要在“时”上做精准表达吗?

二、名师教学风采

课堂教学，是学校教学的主要组成部分，教师必须运用语言来向学生“传道、授业、解惑”。课堂教学也是教师综合素质能力的集中体现。高超的教学艺术灵活多变，需要充分利用各种教学手段，去调动学生的思维能力，吸引学生能紧跟教师思路去思考，以使学生能更好掌握学习内容，理解知识中的问题线索与要点，获取最佳教学效果。自古以来，名师的教学风采令人向往，留给学生永远的美好回忆。

这里想起钱伟长一段深情回忆大学老师的讲课艺术。钱伟长就读清华大学时，吴有训这位后来成为中国科学院副院长所教的普通物理学，使他受益匪浅。晚年他深情回忆：吴有训教授讲课，从不照本宣科，而是引导学生动脑筋，不断地跟着他在课堂上思考问题。一学年共120堂课，他把大学物理分成一百多个题目，每一堂课集中讲一个问题，都是从这个问题的历史讲起，讲这个概念是怎样变化的。譬如讲什么是质量？先讲质量这个概念，从前人们怎么认识，后来怎么认识，为什么会产生质量这个概念？接着又讲为什么质量不是重量，它和重量有什么关系？再进一步讲人们如何根据伽利略的实验，证明了质量是独立存在的一个东西，在概念上有了飞跃，以后就有了牛顿三定律等等。最后，再讲现在质量怎么量，它在国民经济中占有怎样一个地位，量的时候用什么单位等等。一堂课下来，从头到尾，清清楚楚。他讲的这些，在教科书上都没有，教科书上有个定义，但定义他却讲得很少。一堂课上再加上几个实验表演。讲完以后，他说你去看哪本书，从第几页到第几页。他这个教材有三四本书，这一段看这本，那一段又看那一本，都让你自己去看。还有很多东西，他根本不讲，要你自己去看，看完了照样要考。钱伟长开始很不习惯，但后来慢慢习惯了，觉得这是自己一辈子听见的讲课中最精彩的一门课，他对自己学会用思考的方法而不是死记硬背的方法去学习，起了很大的作用。直到现在，大学普通物理课基本内容、基本观点和基本方法，他记得非常清楚，一点也不混乱。（参见《钱伟长教授论终生学习》）这是典型的理科教学范例，重在语言的思维逻辑强，善于用语言启发学生积极思维，讲课语言需要准确并明白易懂，才能吸引学生集中注意力听课。

这里再举文科的教学范例，北大哲学系教授张世英晚年回忆当年在西南联大时的听课情景颇生动。陈岱孙和吴宓都是清华大学教授，在西南联大时听到了他们的讲课。“陈岱孙先生却给我留下了终生难忘的印象。他讲课从不念讲稿，却如同朗诵一篇已经写好的文章一样，干净利索，没有半句费话，段落分明，有节奏，内容又极为丰实。他经常用英语念的一个经济学常用术语‘marginal utility’，其有意拖长的语调，至今犹在我耳边。”这样的好课，必然体现了《学记》要求教师教学之“诚”，诚心与诚意，因为必经过认真备课而能成，吴宓教授的备课美谈就印证了这一点。

吴宓“老先生备课之认真，这也广为英语系同学所传诵。听说，他每次讲课前一夜，都要写出详细的讲授提纲，哪些先讲，哪些后讲，哪些多讲，哪些少讲，他都要仔细斟酌，即使熟悉的引文也要核对再三。临到讲课的那天清晨，他还要找一个僻静的地方，默想一遍当天讲课的内容。他的讲课效果很好。我亲身感受过，他讲课不看讲稿，偶尔瞟一眼，马上又面对学生，即便是引文，他也背得很熟，极少拿起书本照念”。（《张世英回忆录》）钱伟长与张世英的回忆中，都不约而同提到了不照本宣科，以及讲课内容至今还记忆犹新的问题，这不又印证了《学记》所说的“强力不反”吗？已有盛名的老教授如此用地心备课讲课，对今天的新老教师都应该有启发鼓舞吧？

再举一例，当年的学生朱海涛回忆钱穆先生在北京大学的讲课情况。此回忆类似电影镜头，摄录了时代的留痕，也留下了钱穆先生远去的背影。文字不长，引录于下：

宾四先生，也是北大最叫座教授之一。这并不需要什么事先的宣传，你只要去听一堂课就明白了，二院大礼堂，足有普通女课室的三倍，当他开讲中国通史时，向例是坐得满满的。课室的大，听众的多，和那一排高似一排的座位，衬得下面讲台上的宾四先生似乎更矮小些。但这小个儿，却支配着全堂的神志。他并不瘦，两颊颇丰满，而且带着红润。一副金属细边眼镜，和那种自然而然的和蔼，使人想到“温文”两个字，再配以那件常穿的灰布长衫，这风度无限的雍容潇洒。向例他上课总带着几本有关的书；走到讲桌旁，将书打开，身子半倚半伏在桌上，俯着头，对那满堂的学生一眼也不看，自顾自的用一只手翻书。翻，翻，翻，足翻到一分钟以上，这时全堂的学生都坐定了，聚精会神地等着他，他不翻书了，抬起头来滔滔不绝地开始讲下去。越讲越有趣味，听的人也越听越有趣味。对于一个问题每每反复申论，引经据典，使大家惊异于其渊博，更惊异于其记忆力之强，显而易见开讲时的翻书不过是他启触自己的一种习惯，而不是在上面寻什么材料。这种充实而光辉的讲授自然而然长期吸引了人。奇怪的是他那口无锡官话不论从东西南北来的人都听得懂。（钟叔河等编《过去的大学》）

这里反映出钱穆先生讲课的神态以及学生听课的热烈氛围。寥寥数语，已使我们感受到他讲课的鲜明特色。作者也奇怪他满口的无锡乡言居然学生还能听懂，这也表明确实是他讲授内容的充实而光辉，才自然而然地长期吸引学生前往听课。作者在文中还提道："据说他早先当过小学教员，由自己的用功和努力而成为中学教师，又进而为大学讲师，而副教授，而教授，而名教授。这传说如果是真的，则给在我们青年人的启示太大了。"钱穆先生靠自学，从当小学教师一步步成为大学名教授是真的，他一生治学、教学的经历颇为传奇感人，笔者在本书中另有介绍，可参见。

三、课堂教学感悟

《学记》从问世到现在经历了两千多年，教育的环境、内容与手段等已发生了巨大变化，但教与学的一些基本特质并没有改变。《学记》对教学语言的重视，并作深层研究，是十分明智的，至今仍应作为教学论中的重要研究课题。教师讲课的语言艺术，能否对学生产生感染力、吸引力，对教学效果起着很大作用。

教育失败的原因有多种，其中重要一点是教师一味强调记诵，满堂灌输，不管学生理解不理解照本宣科。《学记》批评的照本宣科状况，历代教学中都存在，一点也没过时。这里见北京大学哲学教授张世英回忆，他大学一年级讲授中国通史的某教授居然也是照本宣科的："他一登讲台，便拿起讲稿照念，还把讲稿举得高高的，我们学生连他的脸孔都看不全，等到下课铃声一响，他卷起书包就走。我们同学私下议论：这位教授真是上课不见人面，下课不见人影。我本来不喜欢历史，再加上碰到这样一位教授，我可整整苦了一年！"（《张世英回忆录》）张世英在名牌大学也遇上这样的教授，"我可整整苦了一年"，这是多么可悲的教学效果！这是现实的教训，为师者多为学生着想，亲近学生，为做学生喜爱的教师而努力，这样师生才能同获教与学的双赢！

现代大学基本是班级授课制，研究生教学有几人、十几人的小型形式。也常有近百人或数百人的研讨、讲座形式。无论人多人少，教师都要善于因时、因地、因人施教，宏观控制场景，以学术精神与语言艺术调动学生听讲的积极性和注意力，造成融和活跃的气氛很重要。听讲氛围是讲课效果的基础，好的气氛已经获得了大半成功。

要能产生学生乐听乐学的吸引力，全凭教师的诚心与敬业精神，这点《学记》也提得完全正确和到位。教师需要充分备课备讲，既要吃透讲课内容，又要了解学生已有知识基础的高低与接受能力的强弱，还要知道学生的兴趣所在，甚至了解一些流行的时尚话题。对学生感兴趣的话题，教师要有所思考和准备，往往以学生普遍关注的问题为切入点，并适当引入讲课内容中，学生容易产生心灵共鸣，亲近师生关系。另一方面，教师对学生关注的问题，能提出自己的看法、点评或建议，此时的及时指点会收到很好的指导效果。这也可谓不失时机的因材施教和因势利导，或更能达到《学记》所言“安其学而亲其师，乐其友而信其道，是以虽离师辅而不反也”的理想教学效果。教师要善于运用灵活多变的教学方法，这就考验教师的教学水平和综合素质能力，教师的教学艺术与风采，很大程度需要教师语言的魅力！

篇五

《学记》为学智慧

为学，做学问，本是探索与集聚人类智慧之工作。为学智慧的寻找，我们既可以从如《学记》等历史文献中去感知，去体味，去评判；亦可从智者个体独特的思维创造与真知灼见中去鉴赏，去领悟，去探索。历代宗师学者、科学家们的学术生涯、为学风范，本身即是一部反映历史时代和国是命运的“大书”。他们卓然独立、超越前人的睿见卓识，是对《学记》智慧的亲历演绎和生动呈现，迸发的思想火花和闪耀的智慧光芒，将照亮后人前行之路。

大教·大成·大器

《学记》开宗明义提出“发虑宪，求善良，足以谀闻，不足以动众；就贤体远，足以动众，未足以化民。君子如欲化民成俗，其必由学乎！”此是从治国安邦的国策视角，警示统治者重视教育。接着又点明“玉不琢不成器，人不学不知道。是故古之王者，建国君民，教学为先。”此是从提高人民素质、变化个人气质的视角，教诲民众为学自强，成就自己的人生事业。短短数言，语言优美铿锵，尽显中华民族重视教育的传统风貌。其中一个“学”字蕴含无穷，由此“大教”“大成”“大器”绵延而至，与日月同参，与天地共存。

一、“大教”的气度

我国古时“学”与“教”两字不分，两者为派生与被派生的关系，前文已有述。“大教”，也就是“大学”“大学习”“大教育”，这也是我们文明古国的优良传统，亦符合当今全民教育的时代潮流。《礼记》在《乐记》和《祭文》中两处说到“大教”。“大教”是指向更广更大范围的教育，但都是在属于教育领域的范围内。在《乐记》篇说到“五者，天下之大教也”：其一，解散后的军队举行郊射。其二，威武的战士脱了战袍拿起笏，裨冕搢笏，虎贲脱剑。其三，祀乎明堂。其四，朝觐。其五，耕藉。此“五者”，都超越了一般学校常规教学活动，因之谓“大教”。《祭文》篇中说：“祀乎明堂，所以教诸侯之孝也。食三老五更于大学，所以教诸侯之弟也。祀先贤于西学，所以教诸侯之德也。耕藉，所以教诸侯之养也。朝觐，所以教诸侯之臣也。五者，天下之大教也。”此是教诸侯之孝、之悌、之德、之养、之臣。这里的教育对象是诸侯，教的是治政之术。表明诸侯也要受教，也要进行德育教育，这就是所说的“大教”。正是如此，儒家教育思想深深影响了此后两千多年的中国传统教育，乃至中国古代社会的发展。《学记》所说九年要达到的“大成”，就是要培养学生能够“足以化民”的治国为政的人才。（参见《中国教育学史遗稿》）

学之重要，教之必要，以及治学之道，首先均在于“学”。“富之教”，这是孔子的一贯智慧。治理国家起码有两点决不能忽略：一是富，一是教。前者是物质基础，后者是教育国策。虽言简意赅，却使一代代来者不断醒悟此要诀之精要与深邃，数千年之后读来亦然醍醐灌顶一般！譬如郑观应《盛世危言·农功》：“孔子策卫曰：‘富之教之。’其时为邑宰者，蚕绩蟹匡，著有成效。近世鲜有留心农事者。”“蚕绩蟹匡”，比喻名不符实。现代“贫穷不是社会主义”之言深入人心，其核心也就是富的问题。这里“富之教”的“教”，亦为“大教”，是全民需要的教育，是各行各业都需要的普遍的教育。

“教人做人”之教；“隆礼”与“重法”之教；“学、思、行”结合之教，这些以道德教育为中心，以社会为本位的“大教”，本是儒家教育思想的一贯传统。孔子极力主张“富之教”，开发民智，兴学育才。汉代董仲舒也提出“变民风，化民俗”，继承发展了《学记》的“化民”说。强调“教化不立而万民不正”，民若大化，天下便无“一人之狱”，指出人君“南面而治天下，莫不以教化为务”。(《汉书·董仲舒传》,《对策三》《对策一》)“教学为先”，也即是“务本”，是儒家反复强调的“根本”。《学记》结论谓：“君子曰：大德不官，大道不器，大信不约，大时不齐。察于此四者，可以有志于学矣。三王之祭川也，皆先河而后海，或源也，或委也，此之谓务本。”这里提出的“大德、大道、大信、大时”，强调了一个“大”字，表达了更深刻、更高远、更广阔的意义。

“化民成俗，其必由学”的“大教”传统与理念，在后世也得到不断地传承。1903年成立的福建省立福州师范学校第一任校长陈宝琛，集《学记》和《论语》的格言书写成对联悬挂于校门口。上联为“化民成俗，其必由学”，下联为“温故知新，可以为师”，以此作为教育宗旨和教育方法，激励师生继承教育传统，重视教育事业。

二、“大成”的境界

《学记》说：“七年视论学取友，谓之小成。九年知类通达，强立而不反，谓之大成。”学习了七年，就考察他能否讨论学问上的深奥道理和选择朋友；这称为“小成”。学习了九年，就能闻一知十，触类贯通，临事独立判断而不惑，坚定志向，成就大事业，这可以称为“大成”。当然“大成”亦有不同层次与境界。南宋胡宏有一则语录，因其寓理深邃，而广为流传。此名言曰：“学贵大成，不贵小用。大成者参于天地，小用者牟利计功。”

大成者能参于天地，真可谓高境界，大格局了。司马迁《报任少卿书》：“欲以究天人之际，通古今之变，成一家之言。”自成一家的学说或论著，自然有独特的见解，有自成体系的开拓与建树，或对人类有永垂史册的贡献。

哈佛大学的第21任校长查理斯·艾略特有名言：“人类的希望取决于那些知识先驱者的思想。他们所想的事情可能超过一般人几年、几代人，甚至几世纪。”(沈致隆《加德纳·艺术·多元智能》，北京师范大学出版社)这就类似于老子、孔子、孟子之类至圣先师，诸如《道德经》《庄子》《论语》和《孟子》等著作世代流传。大师之学不一定著作繁多，然而令人敬仰者依然代不绝人。譬如老子的《道德经》仅五千言，《论语》远不到二万字，《孟子》不到四万字，均是薄薄的著作，却又是无比厚重的经典之作，引发后来无数的解读之作，并形成蔚为壮观的“老学”“庄学”“孔学”“孟学”等学术流派，且数千年绵延流长不绝。

“墨子号”量子卫星以中国科学家先贤前驱墨子来命名，更是“大成者”参乎天地，与日月同辉的真实而生动写照。孔子和墨子是春秋战国百家争鸣时两大显学流派的代表，教育家蔡元培曾这样指出：“这两派的形成是具有重大意义的事情，他们对于各种问题各自作出不同的解释。一方面是孔子以四科，即德行、言语、政事、文学，教导中国；而另一方面则是墨子在策略方面教导中国，他传授一种具有逻辑性的、形象化的辩证的工作方法。虽然如此，墨子对于政治与道德教育的强调仍不亚于孔子。最奇怪的是，在墨子的学说中，还涉及光学和力学，而这些同现代科学竟息息相关。在墨子的著作中，确实提到过物理学与化学，可惜这个天才遭受的是孤军奋战的命运。如果墨子对于科学的伟大思想，不是由于缺乏他同时代的人的支持而停滞不前的话，那么，中国的面貌可能是迥然不同了。”（《蔡元培教育名篇·中国教育的发展》）

墨子具有创建学术体系的功绩，他最早通过小孔成像实验发现了光是直线传播的，第一次对光直线传播进行了科学的解释，提出了这一光学中非常重要的原理。首颗量子通信卫星成功上天，即以墨子命名，以纪念他在早期物理光学方面的成就，使得墨子在数千年之后再放出异彩！

“墨子号”命名，既彰显了中国的文化实力，也意味深长。诚如蔡元培所思考的“可惜这个天才遭受的是孤军奋战的命运。如果墨子对于科学的伟大思想，不是由于缺乏他同时代的人的支持而停滞不前的话，那么，中国的面貌可能是迥然不同了。”这一反思也很重要，他接着说：“无疑是由于被混杂着巫术的儒学占了优势地位。巫术者在与墨子学说的斗争中，代表了儒家的传统教义。他们认为万物有灵，对一切社会现象和自然现象，采取神秘的解释，把它们归结为阴、阳两种形式的变化，认为一切事物由五行（即水、木、金、火、土）组成。他们由于受到所掌握的材料的局限，因而在认识上受到严重的限制。而且，更不幸的是，神学化了的儒学，当时无论在官学或在私学中，都占了上风。”这么大的科学发现发明未得到及时扶持而遭压抑，这也是我国自然科学之所以落后的重要原因之一。此类“不幸”当减少或杜绝，乃中华民族之大幸啊！

此再说也有著述宏富等身的大师们，给后人留下更多可琢磨、研究他们的资料与路径，这也是宝贵的“学之记”，以行动践行的“学记”。大师著作浩瀚林立者真不少，这里以梁启超为例略说之。

梁启超（1873—1929），广东新会人。字卓如，号任公，别号饮冰室主人。中国近代著名学者，集思想家、政治家、教育家、史学家、文学家于一身。其经历、见证并参与了中国近代史上的重大活动，其一生堪称国家民族命运与一个时代的缩影。他为实现政治抱负躬行践履，曾为“戊戌六君子”之一、“清华四大导师”之一，被誉为中国近代思想文化巨擘。

梁启超一生著作宏富，给世人留下大量著述，有《饮冰室合集》，原书共四十册，分为文集和专集两部分。此合集重印时，友人所作序中有言：任公著作时，物质环境条件俱在草创阶段，“读书燃油，灯光荧荧如豆，灯下作卷折楷字。日东出，月西落，昼夜四时之分不能道其故。”“举世昏睡之日，任公独奋然以力学经世为己任。其涉览之广衍于新故锐变之交，殆欲吸收当时之新知识而集于一身。文字思想之解放无一不开其先路。其始也，言举世所不敢言，为举世所未尝为，而卒之登高之呼聋发聩振，虽老成夙学亦相与惊愕而渐即于倾服。”（梁启超著《饮冰室合集序》，中华书局）寥寥数语，任公昼夜艰苦著述，发惊世骇俗之言之情已跃入眼前。《饮冰室合集》是比较完备的梁启超著作集，也是研究近代中国政治、思想、文化的重要资料，出版后就曾为学术界广泛引用。梁启超著作等身，虽壮年早逝，但其“大成”之功绩已足以标榜史册。

古今中外有无数的科学家矗立在智慧的金字塔尖，永远放射着“大成”的光辉，令世人崇拜敬仰。我国著名科学家钱学森、钱伟长等在科学前沿领域的诸多汇通及多学科的开创性成果令人赞叹。更感动的是，他们回到祖国后，都以赤子之心呼唤祖国科技发展，尤其关注未来的可持续发展。著名的“钱学森之问”——“为什么我们的学校总是培养不出杰出人才”？这是他的忧虑与期盼。钱伟长，同样关注年轻一代成长，耄耋之年著书讲学，传授读书研究方法，一再鼓励年轻人能站到他们肩膀上，获取新成果效力国家。这些“大成”者之眼界、思想境界也确实深刻，看问题也比一般人敏锐、高远，我也被深深感动，笔者在本书中还有介绍。

三、“大器”的琢磨

圣人先师和科学巨匠等“大成”之“大器”，都不是从天而降的，他们的道德修养与精湛学问，都必须是经历长期磨砺和艰难考验得来的。真如《学记》所说“玉不琢不成器，人不学不知道。”人中之“大器”也是经过磨砺、雕琢而成的。

《孟子·万章下》有言：“孔子之谓集大成也。”元大德十一年（1307），元武宗对孔子原谥号“至圣文宣王”加号为“大成至圣文宣王”。孔子之“大成”，同样是历经磨难，好学不倦而取得的。孔子有“四不足道”之说，相传为孔子提倡好学精神的命题。此等好学精神，亦是通往大成之必由路径。

《孔子家语·致思第八》载：孔子谓伯鱼曰：“鲤乎！吾闻可与人终日不倦者，其唯学焉。其容体不足观也，其勇力不足惮也，其先祖不足称也，其族姓不足道也，终而有大名以显闻四方，流声后裔者，岂非学之效也？故君子不可以不学，其容不可以不饰。不饰无类，无类失亲，失亲不忠，不忠失礼，失礼不立。夫远而有光者，饰也；近而愈明者，学也。譬之污池，水潦注焉，萑苇生焉，虽或以观之，孰知其源乎？”

在《尚书大传》《说苑·建本》《韩诗外传》里有近同的内容，或认为此则是改写来的。如《韩诗外传》卷六载，孔子曰：“可与言终日而不倦者，其惟学乎！其身体不足观也，勇力不足惮也，族姓不足称也，宗祖不足道也。然而可以闻于四方，而昭于诸侯者，其惟学乎！”当然此未必是孔子的原话，或为后儒的传闻。“其惟学乎”，此一“唯”字，强调了“学”之何等重要的地位！

何为好学者？孔子认可的好学者是怎样的呢？《论语·里仁》：“子曰：‘参乎！吾道一以贯之。’曾子曰：‘唯。’”后来人们解读，曾子反应特快，马上说出“是的”。后来就有了“一唯”之说，指应诺迅速，全无疑问。又指完全听从。《朱子语类》卷41曰：“颜子问目，却是初学时；曾子一唯年老成熟时也。”明代李贽《寄焦弱侯书》：“观（孔子）自言回（颜回）死则亡（无），未闻有好学者，则参（曾参）虽一唯，亦不得谓之好学矣。”孔子独赞颜回好学，孔子说：“有颜回者好学”，“不幸短命死矣！今也则亡，未闻好学者也”（《论语·雍也》）这里点出孔子只赞成颜回之“好学”，其他弟子虽也努力学习，但均达不到颜回“好学”的那种境界。可见孔子、颜回的好学境界，一般人是难以企及的。

那么颜回“好学”的境界是怎样的？颜回以德行著称，终身追随孔子。对孔子的教诲，颜回“退而省其私，亦足以发。”（《为政》）他努力践行孔子倡导的仁礼精神，“其心三月不违仁”（《雍也》）。颜回家境贫寒，居陋巷，箪食瓢饮而不改其乐。子贡也敬佩他“夙兴夜寐，讽诵崇礼”（《大戴记·卫将军文子》）。由此，世代赞扬的“孔颜乐处”精神亦激励了一代一代士人。颜回是孔子唯一认可的好学弟子，且有“孔颜乐处”的褒扬，这启示我们还可以从孔子那里来体会其好学境界。（1）“朝闻道，夕死可矣”，这是孔子好学的目的与动力。（2）“韦编三绝”，是孔子学习《周易》的好学镜头。（3）求学、研究学问的门径是艰难的，要找到自己合适的、最合适的道路、路数也是不易的。

老子说“大器晚成”，世人也期待大器晚成的成功。但是，首先得敬仰大器晚成的精神，因为大器晚成，须耐得寂寞，坚持有恒。我们还须明白，“大器”能琢磨成“器”，是须历经磨难，付出代价的，有志者乃成“大器”！

立志·继志·务本

《学记》在“教”与“学”的各个环节都提出了有价值的原则和方法，对教师和学生双方都突出了“志”的意义作用。“志”贯穿全文，由学生能“辨志”“先志”“游其志”，到篇中教师教育能使人“继其志”的要求，终篇时又由“志于学”升华到“志于本”的高境界，以能培养出“大德、大道、大信、大时”的“圣人”人才，达到教学“务本”的最高目标。

一、志不立学无成

《学记》开始即提到：“比年入学，中年考校：一年视离经辨志。”入学一年，就要考察学生经文句读的能力和志向所趋，因“志”为学习动力来源的心理基础。接着在“大学始教”时又提道：“未卜禘不视学，游其志也”。“游其志”，郑玄注：“以游暇学者之志意。”“暇”可作“优游从容”解，不欲急促之貌。夏天还没有禘祭以前，天子就不到学校去考察，使学生能够优游宽缓地、专心致志地学习。又引用古书之言，再次强调“凡学，官先事，士先志”，认为学做官就先要学会办事，做学问就先要坚定志向，引导学生充分意识到“志”将在学习过程中起着十分重要的影响作用。

人有“资禀”，即是天资、禀赋。“资禀”有冥顽的，有聪明的，有颖悟的，还有早熟的神童。唐白居易《与元九书》：“仆始生六七月时，乳母抱弄于书屏下，有指无字之字示仆者，仆虽口未能言，心已默识。”神童大约是有的，我想这已经不是“神童”，而是“神婴”了，因为此才仅为六七个月大的婴儿。后来金代元好问也有《赠利州侯神童》诗：“极知之无不足讶，更恐洛诵难为功。”“神童”“神婴”并无“志”之意识，故“极知之无不足讶”，以后要求得洛诵之功，则要看其“志”之大小了。无论冥顽的，聪颖的，乃至神童，都要志于学，志不立，学必无成。常忆及少年之时，我的父亲经常对我说：“三更灯火五更鸡，正是男儿立志时”；又说：“少壮不努力，老大徒伤悲”，这正是励志之言。

为学以立志为先，学生首先有一番立志的抉择。“人不可无志，无志即无耻，无耻则放辟邪侈，无所不为。古今来大奸大恶，极卑极贱之辈，皆无志人为之。”“志”，既是为学之基础，是为学的动力；也是为学的方向目标，犹如明灯，照亮你人生前行之路。

《尚书·说命下》：“惟学逊志，务时敏，厥修乃来。”蔡沈集传：“逊，谦抑下。务，专力也。时敏者，无时而不敏也。逊其志如有所不能，敏于学如有所不及，虚以受人，勤以励己，则其所修，如泉始达，源源乎其来矣。”此话很审美，意思是只要学以顺志，时时努力，进修之业终究能成功。后人取名用“时敏”者屡屡见之，颇见世人励志笃行之警策盛行。曾国藩曾说：“人之气质，由于天生，本难改变，唯读书则可变化气质。古之精相法（者），并言读书可以变换骨相。欲求变之之法，总须先立坚卓之志。”“古称金丹换骨，余谓立志即丹也。”（清代曾国藩《全集·家书·谕纪泽》）立志，可谓能使人脱胎换骨的金丹妙要，有志者尽可实现自己的理想人生！

王守仁常常对弟子们说：“学问不得长进，只是志未立。”志未立，则总是“茫茫荡荡度日，譬如一块死肉，打也不知得痛痒，恐终不济事。”（《传习录下》）他又说：“诸公须要信得及，只是立志。学者一念为善之志，如树之种，但勿助勿忘，只管培植将去，自然日夜滋长，生气日完，枝叶日茂。”（《传习录上》）把立志比作种树之植根，志不立则成无根之树木，何以能成参天大树？司马迁忍辱负重完成《史记》，全赖其“志”之根深，才能勇猛笃行，终得花实飘香之果。

司马迁出身史官家庭，曾随父亲迁居长安，得到当时经学大师董仲舒、孔安国等指点，自幼受到良好文化熏陶。父亲司马谈曾任太史令，亲眼见证了明主贤臣的丰功伟绩，有志著书弘扬。同时，有感于自孔子作《春秋》之后，再无系统的历史著作出现，便立志编写一部史书。然而壮志未酬即辞世，临终嘱托司马迁“继其志”。

三年后，司马迁继任太史令，开始写作《史记》。他牢记父亲遗训“圣主贤明，有德无传，有司之过也”，投入全部热情著述。后因为李陵辩护，武帝以欺君之罪将其入狱，并处以腐刑。司马迁本欲以死明志，但想到父亲遗愿未完成，死犹有憾。司马迁继志之心强立不反，在狱中坚持写作。遇大赦出狱后，忍受着奇耻大辱的痛苦，仍以顽强意志创作《史记》。经历了14年后，司马迁逝世。在他死后许多年，他的外孙杨恽才把这部五十二万多字的不朽巨著公之于世。正因为“李陵事件”，导致司马迁的思想转变，笔下抒愤寄怀，寓含着作者的情感，从而升华了《史记》的主题，也由此成为一部后人无法逾越的千古名著。司马迁正是以坚卓之志，毕生为实现自己有价值的志向而矢志不渝。没有坚卓之志，不可能有如此高度自觉的顽强毅力来长期坚持。

二、善教者使人继其志

立志对人生如此重要，教师如何引导学生立志？自然成为教师的职责与重要教学内容。《学记》指出："善歌者，使人继其声。善教者，使人继其志。其言也，约而达，微而臧，罕譬而喻，可谓继志矣。"善于歌唱的人，能使人继承他的歌声；善于教学的人，能使学生继承他的思想与志业。语言简洁含蓄的讲课，使人受益，才能激励学生顺应着教师指引的方向前行。能使学生"继其志"，才是"善教者"，这意味着教师不仅要传授知识，更要善于引导学生确立高尚的志向。两千多年前的教师能有这样的认识水平，令人敬仰。

熊十力曾经论说为学做学问的基本是立志，志趣高尚才能求圣人之道，志趣卑污绝不可闻大道，故必先于此筑基培本。如其《读经示要》曾说："夫植树者，善培其本。筑室者，先辟其基。为学必有基本，其视筑室与植树，轻重大小之想去，岂可以数计哉？今之学者，只以博览为务。以闻见之广，知识之富，便足云学问，而不悟学问更有基本。不曾于博览或知识外，更有切实用力处，以如是之态度而为学，虽熟读群经，于名物训诂，无不精究，其于圣人之道，终必茫无入处，可断言也。"

孔子不愧为万世师表，洞悉立志对学生成长之重要性，常与学生"言志"。《论语·先进》篇所载，弟子子路、曾皙、冉有、公西华四人陪坐，孔子让他们各言其志，这是大家所熟悉的名篇。子路、冉有、公西华分别表示有管理国家和参与宗庙祭祀之志向，曾皙则说："莫春者，春服既成。冠者五六人，童子六七人，浴乎沂，风乎舞雩，咏而归。"夫子喟然叹曰："吾与点也！"

舞雩台在山东曲阜城南门外、沂河北岸约一里的地方。此台今仍有遗存，台上树木葱茏，尚有镌刻着"舞雩坛"之石碑，为明嘉靖四十五年陈又信所立。据说当年还有"圣贤乐趣"四大字碑，背刻"孔子游舞雩，樊迟从而问学"事。相传为孔子及其弟子教学之余游憩之所。《水经注》："沂水北对稷门，一名高门，一名雩门。南隔水有雩坛，坛高三丈，即曾点所欲风处也。"

关于孔子赞叹曾点的内蕴，张居正的一段文字可以涵泳体悟。其讲评《论语》(《张居正讲评〈论语〉皇家读本》，上海辞书出版社）时，论述了曾皙之内涵："曾点乃对说：'点之志，非有他也，亦以性分之中，自有真乐，随寓而在，无事旁求。就如今暮春之时，天气和煦，景物固足以畅怀；冬衣已解，单夹之服既成，又足以适体，因而偕那同志之徒，冠而成人者五六人，年少的童子六七人，少长有序，气类相投，油油然往游于鲁城南之胜处。沂水有温泉，其洁可濯也，则相与洗浴乎沂水之滨；舞雩有坛墠树木，其阴可茈也，则相与乘凉于舞雩之下；兴寄有时而可止也，则相与歌咏而归。唱和交适，舒卷自如，是亦足以自乐矣，而他尚何慕焉？点之志所以异乎三子者如此。’夫子一闻曾点之言，有契于心，乃喟然叹息说道：‘吾与点也，其深嘉乐，予之意，溢于言表矣。’盖君子所性，万物皆备，人惟见道不明，未免有慕于外，始以得失为欣戚耳。若是反身而诚，无所愧怍，此心泰然，纯是天理，则无往而不得其乐矣。故蔬食水饮，箪瓢陋巷，此乐也。用于国而安富尊荣，达之天下而老安少怀，施诸后世而亲贤乐利，亦此乐也。大行不加，穷居不损，用行舍藏，惟其所遇，而我无心焉。盖圣门学术如此，曾点知之，故为夫子所深许也。”此段评说，深见功夫、功力不凡，读来也可体味之。

前三子各言其志，孔子也都是基本认可的，为何唯独赞许曾点呢？张居正还有一概括讲评，认为：“盖君子藏器于身，待时而动，穷不失意，达不离道，乃出处之大节也。若负其才能，汲汲然欲以自见于世，则出处之际，必有不能以义命自安，而苟于所就者。子路仕卫辄，冉有从季氏，病皆在此，故夫子独与曾点，以其所见超于三子也。”此可见孔子的深谋远虑，故特别赞许曾点所流露的自然气象，其切合天理人情的志趣，更符合自然之道。孔子善教善喻，以高超的教学艺术传道、授业、解惑，可谓能使弟子们“继其志”的楷模。

三、“志于本”：圣人之志

《学记》最后部分，作者在已具体分析论述各教学环节要求的基础上，对全文作综合而全面的总结。将分述的经验来一次升华和深化，概括成更高、更简明、更有普遍性的基本原则，即“务本”的方法论。

先归纳总结“有志于学”。“良冶之子，必学为裘；良弓之子，必学为箕；始驾（马）者反之，车在马前。君子察于此三者，可以有志于学矣。”好铁匠的儿子，要先学会缝补皮衣；弓匠的儿子，要先学会编制箭袋；训练马拉车，要把马反过来拴在车后。君子审察这三件事的道理，就可以坚定学习的志向了。这里有一个知识迁移，融会贯通，触类旁通的认识建构，即由具体感知到抽象思维的升华。启迪人的知识非与生俱来，要重视后天的学与习，要有见、有闻、有习，多躬行实践，才能志于学。引用这些生产实践之例，目的还是为了论证其于教学的原则原理是共通的，但毕竟还在技艺的层面。

最后一节提升为“有志于本”，并进一步升华，以“此之谓务本”结束全文。“大德不官，大道不器，大信不约，大时不齐。察于此四者，可以有志于本矣。三王之祭川也，皆先河而后海，或源也，或委也，此之谓务本。”大德的人，不必是当官的；符合大道的普遍真理，不会像器物一样只适于一种用途；有大信义的，不受盟约的限制；长久的天时，不是划一不变的。这四者，都是因为本源盛大，而体用没有不具备的，体现的正是“圣人”的“至道”精神，这也与战国后期以培养“圣人”为终极目标相一致。

《学记》教学论也是围绕培养“圣人”的教育目的论展开的，“士先志”和“官其始也”，即为“士”之学习层次“学为君”“官先事”，即为“君子”之历练层次；最终提出的“大德不官，大道不器，大信不约，大时不齐”，正是追求圣人之最高层次。圣人所具有的“大德、大道、大信、大时”之品格，既是“志之本”，也即是“学之本”，很自然地把教育提高到“务本”的高度了。因此明察了这四者，就可以从教学的根本处去重视和努力了。三王在祭祀河川时，都是先祭河，后祭海，因前者是源头，后者是流水聚集的末尾，这是祭祀也要从根本上着力。“立志”在学习中也具有“先河后海”之义，明乎此，也就是抓住了学习的根本。

适才：情性与专业选择

《学记》有言：“今之教者，呻其占毕，多其讯言，及于数进，而不顾其安，使人不由其诚，教人不尽其材。”教学，若不顾学生是否已安然接受，或不顾学生才性潜能而妄自施教，必定是不能“尽人之才”，这是“为师”之误人子弟。然而还有“尽人之才”的另一面，即如何利用好“量才”“适才”“尽才”的自我裁定力和决定权，却是一般人易于疏忽或重视不够的问题。在此，我们追溯几位学问大家的成功经验，回望他们合性适才的求学之路，尤其对自我情性优长的准确判断，对专业选择的精准研判或果断调整，均可为今日的学子指明求学的方向与治学的门径，帮助我们开启各自不平凡的人生成功之门。

古希腊哲学家苏格拉底以理性的方式强调个人的作用，基于“思维的人是万物的尺度”的观点，提出一个著名的命题——“认识你自己”。那么，自己是何“性”何“才”？当自知、自量、自明，明乎此，会对自己的人生成功起到事半功倍的作用。

一、善于发现自己的情性优长

人之气质不同，禀性有异。天赋才能，学问工夫，需要各自寻找适合自己的位置。现实生活中，每一个人，即使是每一位卓有成效的科学家或艺术家的才能都是因人而异的，互有短长。因此，重要的是要了解和发现自己的才性，并能理智地与求学和人生事业结合好，才有成才可能。常言说“铁杵磨成针”，磨“砖”则非有“针”成。求学深造必定根据自己的才性、爱好、优长，而避开短处。一颗种子要茁壮成长，培植者必选种，且选地、选气候等等，适合的才能成活、成材，并有开花、结果的希望。

人的童年、少年、青年时代，心思专一，精力旺盛，记忆力最强，读书效果最好，所以要珍惜利用好这段时间。既要在此时打好基础，又能善于发现自己的情性偏好，展现才华，以能使自己的天赋得到有效发挥发展。

杨振宁在一次讲演里，说起爱因斯坦的有关直觉的智慧。爱因斯坦在晚年曾问自己这样一个问题，为什么他做了一个物理学家，而不是做一个数学家。他说：“在数学领域里头，我的直觉不够，不能辨认哪些是真正重要的研究，哪些只是不重要的题目；在物理领域里头，我很快学到怎样找到基本的问题来下功夫。”杨振宁评论说：“这几句话对极了，因为在他26岁的时候，在一个很不重要的瑞士伯尔尼的一个专利局里头做一个小职员的时候，他写了三篇震惊世界的文章。这三篇每一篇都引导出来物理学的一个革命，这就代表他有一个直觉的观念，知道物理里头哪一个是最重要的问题，哪个是琐碎的、没有什么大意义的问题。而他的这个能力，能够辨别到什么是重要的问题，什么是不重要的问题，在历史上我想只有牛顿才能够跟他比。”

爱因斯坦根据直觉思维，准确判断自己的才性优长，选择在物理学发展。果然如鱼得水，才思敏捷，连连写出有创建的论文，而且“每一篇都引导出来物理学的一个革命。”而国际著名的数学家陈省身，则分析自己不喜好动手，而喜好动脑，因此他选择了数学，且终身皈依数学王国，一辈子为数学奋发努力，终至硕果累累。

陈省身（1911—2004），浙江嘉兴人，美籍华裔数学家。因他对整体微分几何的杰出贡献，被公认为“20世纪伟大的几何学家”，国际数学界尊他为“微分几何之父”。他曾长期任教于美国加州大学伯克利分校、芝加哥大学，并创办了美国国家数学科学研究所，为美国国家数学研究所首任所长。陈省身为美国科学院院士，法国、意大利、俄罗斯等国家科学院外籍院士。他少年时代即显露数学才华，几经抉择，一生专注于数学事业，在数学王国努力攀登。他在整体微分几何上的卓越贡献，影响了整个数学的发展。曾先后主持、创办了三大数学研究所，培养出一批世界知名的数学家。晚年情系故国，每年回天津南开大学数学研究所主持工作，一心希望中国成为21世纪的数学大国。

陈省身在整体微分几何学上作出了卓越的贡献。他曾与自己的学生丘成桐，一起获得数学界的最高奖——沃尔滋奖。陈省身的成功有许多值得探讨总结的地方，除了他本身具有的才华与智慧，具有刻苦钻研、坚韧不拔的毅力之外，这里就从“学”的维度来说之，很有内涵。陈省身从事数学，向一流的学校老师学习。他一生先后求学于南开大学、清华大学、德国汉堡大学、法国巴黎大学，以及美国的普林斯顿大学，在每一处都师从国内外第一流的数学大师。这是他获得学术成功的重要方面，值得今人与后人悉心体味。

爱因斯坦与陈省身不同的专业选择，但都因适合自己的才情而获得成功。这再次说明人之天赋禀性千差万别，适合自己的就是最好的。爱因斯坦选物理弃数学，陈省身则选择了数学，这样各取所需，各尽其才。从社会发展角度看，却又起到了互补互利之积极作用，由此五彩缤纷的世界才会更加绚丽多彩。

二、主动及时调整专业

这里再说蒋梦麟从农学专业转到教育学，胡适从农科专业改学文科，钱伟长又从文科专业改学理科，他们都获得改换专业后的极大成功。主动及时调整自己的专业方向，也是人生成功的关键选择，体现着他们敏锐的思考力、洞察力以及自我认知的远见卓识。

（一）蒋梦麟从农科转向教育学

蒋梦麟（1886—1964），出生于浙江余姚小村庄的小康之家。自幼接受家塾启蒙，在枯燥乏味的学习中，已认识到学问之重要。时值中西学堂尝试开办之际，他即去绍兴府中西学堂学习，这样既学了旧学，还学西洋知识。1908年赴美深造，在加州大学先学的是农学专业，半年后改学教育学，再去哥伦比亚大学学习，获得哲学与教育学博士学位后，于1917年回国。曾任北京大学代理校长、校长17年，又曾任民国政府第一任教育部部长、行政院秘书长。

蒋梦麟在国内求学的准备工作偏重于文科方面，初进加州大学却选择农科专业，他也是经过慎重考虑的：“我转农科并非像有些青年学生听天由命那样的随便，而是经过深思熟虑才慎重决定的。我想，中国既然以农立国，那么只有改进农业，才能使最大多数的中国人得到幸福和温饱。同时我幼时在以耕作为主的乡村里生长，对花草树木和鸟兽虫鱼本来就有浓厚的兴趣。为国家，为私人，农业都似乎是最合适的学科。此外我还有一个次要的考虑，我在孩提时代身体一向羸弱，我想如果能在田野里多接触新鲜空气，对我身体一定大有裨益。”（蒋梦麟著《西潮与新潮——蒋梦麟回忆录》，东方出版社）这些考虑也都合情理，而且分析相当客观缜密。

蒋梦麟在农学院读了半年后，一位朋友劝他放弃农学，另选一门社会科学。原因是那时正是中国现代史上最贫弱黑暗的时期，留学生们对中国的前途很少自信，颇多自卑情绪。同时也激发起振兴中华的理想，希望能学到国家更需要的知识。蒋梦麟也意识到农科固然重要，但不解决政治问题和社会问题，农业问题也就无法解决。并考虑到“如果不改修社会科学，我的眼光可能就局限于实用科学的小圈子，无法了解农业以外的重大问题。”于是准备重新选择专业。

蒋梦麟早就怀抱干一番事业的大志，认为“理想、希望和意志，可说是决定荣枯的最重要因素。”他体味了中国老式私塾的枯燥乏味，给孩子们增添无谓的苦难。“我怕许多有前途的孩子，在未发现学问的重要以前就给吓跑了。”高远的理想，激励他要驰骋在更广袤的知识天地，为日后成大器打基础。“一天清早，我正预备到农场看挤牛奶的情形，路上碰到一群蹦蹦跳跳的小孩子去上学。我忽然想起：我在这里研究如何培育动物和植物，为什么不研究研究如何培育人材呢？农场不去了，一直跑上卜技利的山头，坐在一棵古橡树下，凝望着旭日照耀下的旧金山和金门港口的美景。脑子里思潮起伏，细数着中国历代兴衰的前因后果。忽然之间，眼前恍惚有一群天真烂漫的小孩，像凌波仙子一样从海湾的波涛中涌出，要求我给他们读书的学校，于是我毅然决定转到社会科学学院，选教育为主科。”这一选择，为他以后在教育界大显身手准备了条件。

（二）胡适由农科转习哲学

胡适初到美国留学，先学的也是农学。他记载这样一段有趣的事情。一次分苹果的实验，让他下定决心改专业。《胡适口述自传》中有“弃农科，转习哲学”一章节，讲述了他如何依据自我情性重新选择专业的切身体会：

我在一九一〇年进康乃尔大学时，原是学农科的。但是在康大附设的纽约州立农学院学了二个学期之后，我作了重大牺牲，决定转入该校的文理学院，改习文科。后来我在国内向青年学生讲演时便时常提到我改行的原因，并特别提及“果树学”那门课，这门课是专门研究果树的培育方法。这在当时的纽约州简直便是一门专门培育苹果树的课程。在我们课堂上学习之外，每周还有实习，就是这个“实习”，最后使我决定改行的。

实习时，每个学生大致分得三十个或三十五个苹果。每个学生要根据一本培育学指南上所列举的项目，把这三十来个苹果加以分类。例如茎的长短，果脐的大小；果上棱角和圆形的特征；果皮的颜色；和切开后所测出的果肉的韧度和酸甜的尝试，肥瘦的记录……。这叫做苹果分类，而这种分类也实在很笼统。我们这些对苹果初无认识的外国学生，分起来甚为头痛，但是这种分类，美国学生做来，实在太容易了。他们对各种苹果早已胸有成竹；按表分类，他们一望而知。他们也毋需把苹果切开，尝其滋味。他们只要翻开索引或指南表格，得心应手地把三十几个苹果的学名一一填进去，大约花了二三十分钟的时间，实验便做完了。然后拣了几个苹果，塞入大衣口袋，便离开实验室扬长而去。可是我们三两位中国同学可苦了。我们留在实验室内，各尽所能去按表填果，结果还是错误百出，成绩甚差。在这些实验之后，我开始反躬自省：我勉力学农，是否已铸成大错呢？我对这些课程基本上是没有兴趣；而我早年所学，对这些课程也派不到丝毫用场；它与我自信有天分有兴趣的各方面，也背道而驰。这门果树学的课——尤其是这个实验——帮助我决定如何面对这个实际问题。

我那时很年轻，记忆力又好。考试前夕，努力学习，我对这些苹果还是可以勉强分类和应付考试的；但是我深知考试之后，不出三两天——至多一周，我会把那些当时有四百多种苹果的分类，还是要忘记得一干二净。我们中国，实际也没有这么多种苹果。所以我认为学农实在是违背了我个人的兴趣。勉强去学，对我说来实在是浪费，甚至愚蠢。因此我后来在公开讲演中，便时时告诫青年，劝他们对他们自己的学习前途的选择千万不要以社会时尚或社会和国家之需要为标准。他们应该以他们自己的兴趣和禀赋，作为选课的标准才是正确的。（唐德刚译《胡适口述自传》，华文出版社）

尽管胡适当时农科的考试成绩还不差，但感觉与他幼年时形成的基本兴趣，也即是他个人喜好文史哲的文化背景不相契合，故果断地从农科改向文科。以后他在文科如鱼得水地发展，成就了他事业的成功，事实证明了他的重新选择是正确的。

（三）钱伟长从文科改学理科

选择方向很重要，当然一个专业方向的选择，除了个人因素外，也受多重因素的制约，与“天时地利人和”均有关系，故亦当辩证处置。如：现代一般人宜选热门专业，因热门的、特别是经典的热门，召唤力强。但随时代、时势、时局的变迁，都会发生变化。这里谈钱伟长从文科改学理科的因缘机遇。

1931年9月，钱伟长接受四叔钱穆的建议，进入清华大学中文系就读。刚入学，九一八事变发生，他想起在上海考试时看到外滩公园门口悬挂的“华人与狗不得入内”的牌子，一心想科学救国，提出了改学物理的请求。物理系主任吴有训不解：“我查过了你的试卷，国文、历史你都考得很好，数理化的成绩却不理想，物理尤其差些。对你来说，学文学很合适，为什么一定要学物理呢？”钱伟长说：“我本来喜爱文学，也准备学文科，但是现在我感到学文科救不了中国。我们国家更迫切需要的是科学技术，是飞机大炮。我的数、理、化成绩虽然不好，但我有决心赶上去！”吴有训教授答应了他的请求，但是条件是先在物理系学习，一年后数、理、化的成绩必须达到70分，否则仍回中文系去。钱伟长首先攻克英文关，因为理科是全英文授课。最后进攻数、理、化，年终考试成绩都在70分以上，转系如愿以偿。

以后，钱伟长又以优异成绩考取了研究生，在吴有训教授指导下，从事X光衍射研究。以后又获得庚款基金去加拿大多伦多大学应用数学系深造，从事流体力学和弹性力学的学习研究。在名师指导下，取得卓著成果，抗战胜利后，回到祖国，在清华大学任教，为国家的科技、国防和教育事业作出了许多重要贡献。

事实证明，钱伟长的选择也是正确的。他在国难当头时重新调整了自己的专业方向，应该说新的选择与他的情性天分也是相符的，有自信与信心的底气支撑，也有成功的把握。如盲目的选择，仅凭一腔热情，攻克不了学业关，又有何用呢？此例也可留给今人很多的思考与启发。

三、思考与启示

蒋梦麟、胡适和钱伟长留学专业的重新选择，均获得学业成功、事业腾飞的辉煌，其中他们在国内打下的思想与学业根基起了重要作用。他们都有比较宽泛的学业基础，更有努力进取、百折不挠的志向和毅力，才使他们不约而同地成为成功的佼佼者。

蒋梦麟与胡适的启蒙教育，笔者都见到有这样的细节描述：书桌太高，椅子下面必须垫上一些木架之类的东西后才够得上书桌。而且坐上去后，两只脚还是悬空的。这一幼年启蒙读书的情景图，为我们留下了那一时代启蒙教育的典型画面。对于那时的传统教育，蒋梦麟有一段叙述：

中国的传统教育似乎很偏狭，但是在这种教育的范围之内也包罗万象。犹如百科全书，这种表面偏狭的教育，事实上是广泛知识的基础。我对知识的兴趣很广泛，可能就是传统思想训练的结果。中国古书包括各方面的知识，例如历史、哲学、文学、政治经济、政府制度、军事、外交等等。事实上绝不偏狭。古书之外，学生们还接受农业、灌溉、天文、数学等实用科学的知识。可见中国的传统学者绝非偏狭的专家。相反地，他具备学问的广泛基础。除此之外，虚心追求真理是儒家学者的一贯目标，不过他们的知识只限于书上的学问，这也许是他们欠缺的地方。在某一意义上说，书本知识可能是偏狭的。

幼时曾经读过一本押韵的书，书名《幼学琼林》，里面包括的问题非常广泛，从天文地理到草木虫鱼无所不包，中间还夹杂着城市、商业、耕作、游记、发明、哲学、政治等等题材。押韵的书容易背诵，到现在为止，我仍旧能够背出那本书的大部分。（《西潮与新潮——蒋梦麟回忆录》）

一个时代有一个时代的教育，每一时代的教科书也各有特色。一些启蒙读物如《三字经》《幼学琼林》等至今读来还很有味道。钱伟长年龄比蒋梦麟、胡适要小二十多岁，现代学校教育已经有很大发展。钱伟长晚年常满怀深情回忆当年中小学学习，“开始接触到中华民族古代文化的精粹，培养了对古典文学和历史的浓厚兴趣。”并忆及他就读的苏州中学各专业都是名师授课，老师们钻研学术的精神和丰富的知识，深有内涵的教育，精湛的讲课，对钱伟长培养积极探索文化宝库的能力和涉猎科学知识的兴趣，都产生了极大的影响。（参见《终生学习》）

以上前辈学者、科学家的求学治学经历，折射出许多人生智慧，正如培根所说：“凡是天性与职业适合的人是有福的人”；“一个人的天性不长成药草，就长成莠草”。（《培根论说文集》三十八《论人的天性》，水天同译，商务馆）他们都是幸福之人，自己的才情得到了尽情发挥，留下了自己的生命足迹。他们的天性不只是长成药草，而已长成参天大树、国家栋梁，为人类发展作出了贡献。固然成功是多方面的，但是他们都主动掌控了开启成功之门的金钥匙——“适才”“适情性”和自主选择了能够实现自己理想抱负的专业。

朱熹为学大境界

朱熹为学境界之大，钱穆如此高度评价：“在中国历史上前古有孔了，近古有朱子，此两人，皆在中国学术思想史及中国文化史上发出莫大声光，留下莫大影响。旷观全史，恐无第三人堪与伦比”。（钱穆著《朱子学提纲》，三联书店）孔子与朱子并提，朱熹“融贯古今，汇纳群流”之深湛学问，乃是历代“阐朱述朱”的大课题，此则略述朱熹体现《学记》为学精神之一二，以窥见其为学境界之一斑。

一、朱熹集理学、宋学、儒学之大成

朱熹（1130—1200），字元晦，号晦庵、晦翁等，别称紫阳。祖籍徽州婺源（今属江西省）。南宋哲学家、教育家。曾任同安主簿、知南康军、知漳州、秘阁修撰、焕章阁待制兼侍讲等职。其一生仕途短暂，主要精力倾注于著书立说和书院讲学。其著述极为宏富，是中国历史上著作最多的儒家学者之一。《宋史·艺文志》著录者有40余种，未著录者尚有20余种，另外由其弟子或后人编纂的著作有20余种。最重要、最有影响的，或当推《四书章句集注》《朱文公文集》《朱子语类》等。其著述宏富卓杰，于书院讲学影响深远，巨大成就得益于他为学治学的大境界大智慧。

朱熹集理学之大成。北宋理学开山有四巨擘，周敦颐（濂溪）、张载（横渠）、程颢（明道）、程颐（伊川）兄弟。此四人皆仕途沉沦，迹近隐沦，二程虽显，然交游声气都不广。濂溪知名度也不高，著述仅有《爱莲说》等数篇短文传世，濂溪二子亦失其家学之传。"朱子始为《太极图说》与《通书》作解，濂溪著作一一加以整理发明。又为稽考其生平，虽小节不遗，使后世重知濂溪其人之始末，与其学之蕴奥者，惟朱子之功。"因朱熹此番努力，推尊濂溪，奉为理学开山，"周程"传统亦由此而开启。"后人称为濂洛关闽，然朱子之理学疆域，实较北宋四家远为开阔，称之为集北宋理学之大成，朱子决无愧色。"

朱熹集宋学之大成。钱穆认为：此指理学兴起以前北宋诸儒之学。北宋儒学为三项：政事治道之学；经史博古之学；文章子集之学。朱熹于政事治道，在理学界中最突出，其奏议和实绩均为可赞可佩。于经史博古之学，朱熹博览群书，求理学与史学之贯通，欲以史学扩大理学之范围。其于文学，朱熹独精妙文辞，诗作襟怀开阔，独立翘楚。于文章子集之学，传圣人之道，多推朱熹之意；朱熹于老庄、释氏、禅宗，又颇多发挥与精辨，后世所辨，也多本于朱子。

朱熹集汉唐儒之学大成。钱穆认为："汉唐儒之学，主要在经，亦可谓其时则儒学即经学。""朱子治经，承袭北宋诸儒，而其创新义，发新论，较又过之。然朱子亦甚重汉唐经学之传统。"朱熹倾尽一生撰作的《四书章句集注》，将自己的理学思想渗透其中，使传统儒学不再局限于仅对字句的训诂解释上，而侧重于对内容的哲理思考研究，进一步发挥孔学的义理。因程、朱的提倡，《四书》竟然超越了《五经》的地位。甚至形成了"此亦述朱，彼亦述朱"，须以朱熹学说来定论学术分晓的局面。由此扩大了儒学的影响，孔子以后的儒学重新获得生机，展现出新的精神面貌。"故谓朱子乃是孔子以下集儒学之大成，其言决非过夸而逾量。"（《朱子学提纲》）评价甚高，细思量，确也在情理中。

二、朱熹与《四书章句集注》

南宋时因开创新儒学需要，朱熹把《礼记》中人们原并未特别关注的《大学》《中庸》两单篇抽取出来独立成书，与《论语》《孟子》合在一起，称为“四书”，并为之作章句集注。朱熹对《大学》《中庸》的注解，更是倾注了大量的心血，在宋学昌盛时期，理学家对《大学》《中庸》的关注超过了《五经》，也超过《论语》和《孟子》，此两书成为“经典中之经典”。从元代开始，《四书章句集注》成为各级学校的教科书，是科举应试的必读书，也是士子进官加爵的敲门砖，影响数百年之久。

直至近代，孙中山先生在《三民主义》一文中，也赞赏《大学》中的格物、致知、诚意、正心、修身、齐家、治国、平天下的修养目标和方法，他也认为“那一段的话，把一个人从内发扬到外，由一个人的内部做起，推到平天下止。像这样精微开展的理论，无论外国什么政治哲学家都没有见到，都没有说出，这就是我们政治哲学的知识中独有的宝贝，是应该要保存的。”以《大学》为规模和节次的中华文明影响，由此可见一斑。同样，《中庸》同《易经》一样，都是儒家的理论渊薮。儒学，特别是理学，许多概念、命题出自《中庸》，许多理学大家持守《中庸》的信条和方法论来思考问题，《中庸》对中华文明与文化产生了深远的影响。（参见王国轩译注《大学》《中庸》前言，中华书局）有研究者认为：“朱熹注重《中庸》和《大学》两篇论文并没有错误，他把这两篇文章作为哲学论文，作为考察儒家教育理论的价值标准，从重视《中庸》《大学》到提高《四书》的地位，最后发扬孔学的理论。他当时并没有考虑到封建官僚们科举取士利用八股文的形式，把《四书》作为禁锢思想的工具。”（《中国教育学史遗稿》）这是客观的评价。

钱穆于20世纪60年代著《朱子新学案》，全书超百万言。为读者便于阅读，钱穆于70年代再著《朱子学提纲》，内有“朱子之四书学”一节，大家所论颇为精到，笔者选择提炼其中与朱熹为学境界相关内容阐扬之，略作整理，简述于下。

钱穆认为：“朱子毕生，于四书用功最勤最密，即谓四书学乃朱子全部学术之中心或其结穴，亦无不可。”（《朱子学提纲》）钱穆又说：“惟今读其《集注》《章句》，似是只将古人言语重述一过，无己见，无创论，在朱子像是仅作一引渡人，只教人对此四书，一字一句，明得其意义所指而已。然而碎义与大道并呈，圣言与己见交融，苟非细参，实难深解。若更能进而遍读朱子之文集，又先之以《或问》，继之以《语类》，可以见其锱铢必较，毫厘必争，曲折递进之经过。”《集注》《章句》成书，确是由其苦功与智慧凝聚而成，当是为学精神中之上品、极品。

钱穆有述：朱熹年十三四时，即从其父松韦斋获闻二程说语孟义。至年三十四，成为《论语要义》一书，是为朱子四学之最先著作。先乃遍求古今诸儒说，合而编之。至朱子四十三岁，又成《论孟精义》。此书仍如《论语要义》，独取二程及其朋友门人凡九家之说。惟由《论语》扩及《孟子》，又改要义称精义。至四十八岁时，《论》《孟》集注《或问》成书。此时，朱子已认《精义》中说得没紧要处多，故只约其精粹妙得本旨者为《集注》，又疏其所以去取之意为《或问》。至是而朱子始自出手眼，尤于二程门下诸家说多所摆弃。

《或问》先不以示人，独在其门人间私相传录。但其后《集注》屡有删改，《或问》不及随之不断增修。朱子四十八岁后《集注》之不断删改，与其对诸家之续多驳正处，只有读《语类》尚可窥寻其一二。至朱子五十一岁时，又改称为要义。盖至其时，朱子已见所收精义未必精，而废了，故又改称要义。朱子自六十一岁后，《集注》《章句》仍不断删改。至六十八岁时又说：“今年颇觉胜似去年，去年胜似前年。”在反复修改增益其间，朱子学识思想与日俱进。朱子有对“同一条注文，二十余年来，屡经修订改易，即今可考，有达于四五次以上者。直至其临卒前三日，尚修改《大学·诚意》章注，此则为人人皆知之事。”以上大都选录钱穆原文，笔者循着朱子随年龄增长的修改之序，选录组织成文，已清晰可见朱子撰作之勤苦不懈，推敲之精心用心不易。结合钱穆所论，笔者对《四书章句集注》再作以下概要。

（一）经学与理学完美结合

钱穆指出：朱子乃是效法汉儒经学工夫而以之移用于《语》《孟》，逐字逐句，训诂考据，所不用其极，而发挥义理则更为深至。朱子“四书学”乃在发明孔孟精义，而使理学新说与孔孟精义紧密贯通。其《集注章句》中，所包理学新义极丰富。故钱穆认为：“朱子之四书学，乃是其理学之结晶，亦是其经学之结晶。”又说：“朱子之四书学，乃绾经学与理学而一之。使经学益臻于邃密，理学益臻于深沉。”两者结合完美，且能相得益彰。

（二）传统与创新完美结合

钱穆指出：“当时理学界风气，读书只贵通大义，乃继起立新说。新说愈兴起，传统愈脱落。此风在北宋诸儒已所不免，而理学家尤甚。”“惟朱子，一面固最能创新义，一面又最能守传统。其为注解，无论古今人书，皆务为句句而解，字字而求，此正是汉儒传经章句训诂工夫，只求发明书中之本义与真相，不容丝毫臆见测说之参杂。”由此，“朱子仅求以理学来扩新儒学，却不喜理学于儒学中有走失。所谓扩新与走失，则亦一衡之于义理之至当，非是孔孟所未言，即认之为走失。凡属理学新义之有当于创造性者，朱子亦已尽量纳入其《四书集注》与《章句》中。凡朱子认为于孔孟大传统有走失而无当于创造性者，虽程张所言，亦不阑入。或则仅收于圈外，不列入注之正文。使读者辨别其虽有发明，而非本义。故其《集注》与《章句》，实乃朱子自出手眼，确然成为一家之言，纵谓皆是朱子之自出手眼，亦无不可。”朱子下足工夫，创辟而不走失，臻于传统与创新完美结合，故也自信成一家之言。

（三）己见与众智完美结合

钱穆认为：“朱子《论》、《孟》集注、《学》、《庸》章句皆由其一己思想之最后结论凝炼而来。一面当认取其深厚之传统性，一面当认取其精辟之创造性。二者合一，乃可见朱子思想之大全。”《集注》与《章句》倾注朱熹毕生精力，朱熹之慧眼独见，使之矗立文坛高峰，其中离不开与众智的结合，集思广益，使之成就超群。“其《论》《孟》集注与其《学》《庸》章句之最后定稿，征引诸家，自汉以下凡五十余人。专就《论语集注》言，亦有三十余家。较前为《精义》时增出甚多。”朱熹荟萃精义，吸纳如此之多，使其著作内容全面深邃，己见更纯熟而增辉。

（四）“集众智”的大智慧

朱熹定书名为《集注》，一个“集”字吸足高妙智慧。钱穆指出：“集义乃是精义要义之最后改名。此时乃既不称精，亦不称要，只称集义，则只是集此诸家之说而已。自有理学，伊洛以来，谈孔孟义之诸家说中，《集注》则为其最后之精髓，此为朱子之自负语。”朱熹“集”之境界弘大，“集义”之操作却又严谨细密：“其引诸家，或因其说学有病，而加增损改易，非其本文，此已不得专以会集诸家视之。又有同时引两说，因其皆通，故并存之，惟每以列前者为稍胜。又于注下用圈，圈下复有注，则多认为是文外之意，只于正文有发明，或是通论一章意。其价值自不如圈上之注为正式阐明孔孟本旨者之更重要。而所引二程说，亦多列在圈下，此是朱子亦不认二程说为尽得孔孟之本旨与正义也。”如此绵密分等，文里文外，圈上圈下，层次分明，且以质量为据，一视同仁，这样才可信得其“集注乃集义之精髓”不虚语，因而能世代流传。

朱熹曾说：“自己早年对《中庸》有很多疑问，经过‘沉潜反复’，多年思考，才得其要领，最后‘会众说而折其中’，才作成《中庸章句》。《中庸章句》使《中庸》之旨，枝分节解、脉络贯通、详略相因、巨细毕举。此外还对诠释《中庸》的各家异同得失，也加以辨析，把记录论辩取舍的文字著为《中庸或问》。他还把石子重之书作了删节，更名《中庸辑略》。又在讲学中，同弟子反复讨论《中庸》，这些讨论大部分收录在《朱子语类》中。可以看出，朱熹对《中庸》下了很多功夫、《中庸章句》是他的得意之作。”这里可以看到《中庸章句》之成就得益于朱熹为学治学方法与路径之正确选择。同时，也印证了《学记》所说“独学而无友，则孤陋而寡闻”，以及与良师益友切磋之重要意义。

为学与国运时势关系密切，朱熹研究学问首先适应时代所需。正因为《中庸》和《中庸章句》等顺应了时势，才使宋明理学能达到时代哲学的高峰。其次是大境界产生大格局、大方略。朱熹由博于学、善于思、多疑善问，而至于深究、辨析、细察；更因其论辩取舍，会众说而折其中；再加讲学，引导学生反复讨论，博采众长，丰富了视野，开拓了思路，达到为学的至高境界。

三、朱熹与南宋书院

朱熹一生读书、著述和讲学不辍，书院将此三者有机结合。书院之名最早始于唐中叶贞元年间（785—805）官方设立的丽正书院和集贤殿书院，多为收集和校勘图书，类似宫廷图书馆。后发展为由名师大儒聚徒讲学之地，生徒多是慕名师而来。南宋时，朱熹等理学大师在书院授课，既扩大了理学的影响，又提高了书院的社会地位。两者互动，促进了南宋理学的发展和书院的复兴，朱熹对南宋书院的复兴起了至关重要的作用。

（一）朱熹与白鹿洞书院

白鹿洞书院原是宋初四大书院之一，但自皇祐六年（1054）废毁后，已是遗迹难辨了。淳熙六年（1179）朱熹受命差知南康军后，多次上呈奏议要求修复。未得朝廷支持，便依靠地方力量，半年后即修复。朱熹参加了开院典礼，讲授《中庸首章》。朱熹还发布文告征集图书，收集到的图书有的加上跋语，有的刻石为记，以便久存。朱熹还将他的《汉书》四十四通，转送白鹿洞书院使用。

朱熹亲自拟订《白鹿洞书院教条》教规学规等书院建设章程，成为当时和后世书院的标准化规约。《白鹿洞书院揭示》不仅成为南宋书院的统一学规，而且成为元、明、清各代书院学规的范本，甚至各级各类官学也以此为准则。朱熹在白鹿洞书院讲学已突破经学教学旧模式，将理学研究的成果变成书院讲授的内容。《四书集注》正是朱熹在此书院边讲授、边修订的。《中庸首章》《大学或问》《论孟精义》即是朱熹理学研究与书院讲堂讲义融为一体的结晶。朱熹强调将研究所得以讲义、笔札、语录等方式传授给学生，提倡质疑析疑和讨论争辩的书院教学模式。（参见王炳照著《中国古代书院》，中国国际广播出版社）

（二）朱熹与武夷书院

在武夷山秀美的风景区内，有朱熹园，为朱熹创办的武夷书院遗址。现在书院遗址的正殿两边，有北大教授张岱年先生的楹联："致广大尽精微综罗百代，尊德性道问学体用兼赅。"这副楹联精辟地概括了朱熹作学问的特点。（参见《张世英回忆录》）游园发思古之幽情，不妨简要回顾当年朱熹与武夷精舍的经历。

武夷精舍完全由朱熹亲自筹措，门人弟子自己动手，于复兴白鹿洞书院两年后建成。朱熹亲自主讲，并聘请名流学者来院讲学，体现出从师学习与个人学术志趣相结合的特点。同样采用质疑问难、讨论争辩的教学模式。朱熹在武夷精舍著述讲学六七年之久，完成了《易学启蒙》《小学》《中庸或问》《中庸章句》等。朱熹去世后，武夷精舍作为家塾式书院，由其子朱在、其孙朱鉴相继主持。淳裕四年（1244）知县陈樵子和熊蒙正、詹枢云等对其进行重建，扩大规模并更名为书院。景定年间（1260—1264）朝廷设山长以教邑士，理宗赐匾额。威漳年间（1265—1274）程若庸任武夷书院山长。咸淳四年（1268）朝廷命有司再次扩建屋舍，建古心堂，并更名为紫阳书院。之后不少学者来此或就近筑室建堂，读书讲学。朱熹的门人弟子众多，有姓名可考者达数百人。许多人为传播朱熹的思想学说建书院或执教于书院，成为南宋中后期书院蓬勃发展的重要社会力量。书院在中国教育史上存在了一千余年，清末废除科举后，新式学堂诞生，书院才逐步改为学堂。书院对我国学术文化和人才培养有重大贡献，长期积累的办学经验与传统更是我国教育宝库中的珍贵遗产。

现代学者张世英认为："其实，朱熹不是个单纯的道学先生，他还是很讲情欲的，他甚至提出过'人欲中自有天理'的命题。他把天理与情欲结合起来，因此，他也是个大诗人，有很高的审美境界。""是后世统治者为了统治的需要，利用他，片面宣传他，才把他的形象抹黑了。"（《张世英回忆录》）久负盛名的山水诗："半亩方塘一鉴开，天光云影共徘徊。问渠哪得清如许？为有源头活水来。"这首诗就出自朱熹的大手笔，意境悠远秀美，哲理深邃，几乎大家都熟知能背诵。朱熹又曾作《奉和公济兄留周宾之句》诗："鳣堂偶休闲，鸡黍聊从容。"记叙他讲课之余，从容与友人叙聊之往事。古代将讲学之所还称为"鳣堂"。鳣，同"鳝"，即黄鳝。鳣，又音zhān，是鲟一类的鱼。据《后汉书·杨震传》："后有冠雀衔三鳣鱼，飞集讲堂前，都讲取鱼进曰：'蛇鳣者，卿大夫服之象也。数三者，法三台也。先生自此升矣。'"后因此而将学校、讲学之所称为鳣序、鳣庭、鳣堂、鳣座、鳣舍等。这些相关讲学和学校的用典与诗作在此也聊备一说。

方东美：优游于儒道佛哲之学术天地

现代社会分工越来越细密，专业的知识越来越深邃，隔行如隔山。但是时代发展，随着世界文化多元融合的增多与日益普及，需要更多博学多闻、涉猎广泛的学者精英。社会科学、人文研究需要广博的知识，更需要有跨学科的沟通、对话与交流，需要追求博古通今、学贯中西的高境界。人们求学、治学，特别讲究“博”，一个“博”字内涵无限丰富。然而，在“博”的基础上，广博吸收而后能有自己新的体系之构建乃为上乘。这里略说现代学者方东美学问之“博”、之“通”，能优游于儒、道、佛的广袤学术天地，其讲课自然也能进入“博喻”之美妙境界！

一、方东美学问之“博”与“通”

方东美（1899—1977），名珣，字德怀，后改字东美，安徽桐城枞阳人。现代著名哲学家，新儒学八大家之一。1920年毕业于金陵大学。1921年赴美国留学，获威斯康辛大学哲学硕士、博士学位后回国，任职于武昌大学（武汉大学前身）。1925年应聘国立东南大学（中央大学前身）教授，一直执教于中央大学。1948年任台湾大学哲学系主任。

方东美毕生致力于学术事业，以弘扬中华文化的精神价值为学术主旨，力图贯穿古今，统摄诸家之学。他会通儒、道、佛，糅合东西哲学文化，建构了以生命为本体、相容并包的哲学体系，对促进国际学术界对中国哲学与文化的了解，贡献良多。他一生献身“学问”，当然也有了更为深切的“为学”体悟。

方东美把原始儒家、原始道家、大乘佛学、新儒学看成中国哲学的四大传统，将其深思涵泳，融会贯通，摄取所长，集于一身。他曾如是自我评价：“我的哲学品格，是从儒家传统中陶冶；我的哲学气魄，是从道家精神中酝酿；我的哲学智慧，是从大乘佛学中领悟；我的哲学方法，是从西方哲学中提炼。”（方东美作品系列，孙智燊译《中国哲学精神及其发展》上，中华书局）方东美毕生从事哲学研究的学问，他从中萃取出来的以下“四端”，却是研究任何学问，甚或从事各行各业者均可借鉴其指示的途径与智慧。（1）品格必立，而品格之确立必不可缺陶冶。（2）气魄必大，而气魄之阔大必不可缺酝酿。（3）智慧必广，而智慧的深广必不可缺领悟。（4）方法必活，而方法之灵活必不可缺提炼。此“四端”是环环紧扣相联，层层递进深入，且又成一完整体系。所有这些又启发人们欲成其博大，终至精深，必待能得心应手地驰骋在广袤的学术空间里，方东美即能优游于儒家、道家、佛家、古今、中西的广袤天地之间。

二、学问之才、学、识

方东美有一段论说颇可细细体味。他在所著《原始儒家道家哲学》中说："在任何时代讲学问，都要有三样东西，缺一不可。一个是'才'，第二个是'学'，第三个是'识'。在'学'这一方面还容易办，因为假使你肯花时间，肯费精力，肯孜孜不辍，在学问上面任何笨人都可以走出一条路出来。但是假使没有才气的话，就是'点金成铁'，不是'点铁成金'。再好的思想，就没有才气的人看起来，总是把它讲成很庸俗的东西。这是什么道理呢？就是因为他没有见解、没有见识，所以真正要把一个学问讲得有生命、有价值、有内容的话，从事研究的人，第一方面要有才气，第二方面要有见解。至于死用功，那是中才以下的人都能够办得到的。惟才气与见识最不可缺。才气是天生的，见识是培养的，就是要能够辨别哪一些是有价值的学说？哪一些是价值低微的学说？要一看就能马上辨别。当然这个辨别也是相当困难的事体。譬如桑塔耶那（George Santayana）就曾说过：'别人作学问有了几百万卷藏书的大图书馆还不够，还要综合各图书馆的藏书，才可以维持他的学术研究。'而他呢？他说：'我用不着，我家里面只摆一个书架，这个书架里面也只有第一格摆满了，第二格摆了一半，其余都是空空的。'为什么呢？他说了：'因为有许多出版的著作，我拿来嗅一下子，就丢掉了。'这个桑塔耶那固然可以说言大而夸，但他确实有一种本领，就是直觉上有辨别有价值没价值的本领。"（方东美著《原始儒家道家哲学》，中华书局）我们还可以举出例证，比如据说爱因斯坦的住所里也仅仅只有一个小书架的不多的书。但这不影响他成为伟大的相对论的大科学家。当然，我们也不因为一些典型人物的案例，而鄙视古人的"读书破万卷"的教诲！试想马克思何等人物，他不去看大量的书，如何写出《资本论》来？科学家不去研究无数人的成果，怎能站在巨人的肩膀上？

这里又有英国科学哲学家柯恩之一说，对体味科学的治学方法颇有价值。科恩在《培根传统·真理近似度·自然规律近似度》中曾说："培根用了有趣的比喻来区别三种不同的科学的方法。这就是：蚂蚁的方法、蜘蛛的方法、蜜蜂的方法。蚂蚁的方法只是收集数据、证据，将其堆积起来。蜘蛛的方法是只吐出也就是制造出理论，但不管证据。而蜜蜂则既收集资料，又用观念改造资料。培根认为，蚂蚁和蜘蛛的方法不正确，蜜蜂的方法是正确的。"（《自然科学哲学问题丛刊》1983年4期）蜜蜂的方法既采集百花之众长，又经过自己的消化吸收，融会贯通后，再由自己独家创造，酿制成“自成一家”的新蜜奉献世人。爱因斯坦之科学创造，亦非类此吗？

由蜜蜂采得百花酿成蜜，集众长而有新创造，联想到学术的百花园也应该是百花竞艳、姹紫嫣红的繁盛景象，才能得到学术研究之繁荣发展。如果只是一花独放，总成不了气候，只能是《学记》所说的“孤陋寡闻”。

三、治学之逻辑思辨力

方东美又曾揭明，治学还有一个思辨力的重要问题。他曾高度评价张载与程颢，有说：“若谓张载于老子之道家思想，擩染甚深，则程颢所浸馈于是庄子及大乘学者，亦不亚之，盖伯仲之间耳。顾其所以俱不失为真正儒家者，一则践易礼；一则明道诚仁。卓然振起，不愧挺挺人豪！”虽然如此，但又评论“明道识力宏富，惜逻辑思辨力薄弱”。“明道乃一识见宏富，而资性温润之哲人，（和粹之气，盎于面背），接者尽化。从游高弟多人，皆有如沐春风之感。惟作一理性思想家而论，其逻辑之思辨力，殊嫌不足。尝曰：‘吾学虽有所受，天理二字，却是自家体贴出来。’言下不胜自负。理性云乎哉！何谓也？其类别有几？明道《语录》中泛用名词，而言语浑沦，诸如：‘天理’‘自然之理’‘义理’‘物理’‘道理’‘常理’‘人理’等，各名涵义，悉无定准。其言人类推理之道也，竟曰：‘百理俱在，平铺放着。’何其武断之忒甚耶？”此是思辨力的问题！

方东美还再进而指出其暧昧浑论，不能精察明辨的缺点。此有说：“大程子说话，暧昧浑论，其将见讥于任何具有批评分析理性之哲学家者，殆或不免。盖宇宙原有种种境界之差别，人性复有种种层面之不同，凡属各界之理性，自须一一精察明辨，而妥当应用之。吾人于前述邵雍、张载之系统已见，宇宙理性，大全一体，语其层次，则厘然不紊，从无混淆，诸如自然之理，适用于物象界，价值之理，流行于道德懿美等价值界，遂致理性知识，悉可克就无上神圣界、客观自然界，以及主观精神界等，而分别诠表之，一切彰明昭著矣。唯是项重要之层次，独不见诸明道思想。”这例证也即明程颢可惜之处，即“惜逻辑思辨力薄弱”！当然此也绝不是否定程颢的哲学之才力，故方东美又指出“斯谓其哲学之才力不足耶？曰大不其然！明道旨在建立一套机体主义哲学，故力避掉入任何穷索致伪之陷阱耳。”（《中国哲学精神及其发展下》）此又当活观，不能死扣！

四、高深哲理之“集大成”

笔者见到多位名家醒目的评语，无不突出了对方东美“博”之赞誉，既集大成，且又自成体系。美国学者韩路易说：“方东美先生不愧是体现了他自己的人格理想——集诗人、先知、圣贤三重复合的人格于一身。”美国哲学教授戴尔·瑞璧认为："他帮助我们了解中国哲学的独创性与伟大。其高瞻综概使中国文化的高山峻岭、大河幽谷一一朗现，尽收眼底，得未曾有！"我国钱钟书先生则说："中国古典诗人，如方先生者，今后绝矣"！(《中国哲学精神及其发展》)其中"高瞻综概"一语揭示了方先生学术精要。

然而，能"高瞻综概"，成就至高至深之学问，非集大成与成体系不可谓之。对此，李石岑曾有阐述："我们知道，凡是富有高深哲理的书，几乎都是各种思想的集成品。例如柏拉图的《理想国》，不是赫拉克利特士、巴门尼底、勃洛大哥拉斯和苏格拉底四家思想的集成品么？康德的《三大批判》，不是柏拉图、亚里士多德、洛克、休谟、莱布尼茨、沃尔夫乃至卢梭、福禄特尔各家思想的集成品么？黑格尔的《大论理学》，不是赫拉克利特士、齐诺、柏拉图、亚里士多德乃至康德、费希特诸人思想的集成品么？"(李石岑著《中国哲学十讲》)当然，他又说："我们对思想的检讨，注重在思想体系，不能用东鳞西爪的方法，说某点出自东家，某点出自西家。所谓集大成乃是集体系的大成，不是胡乱杂凑。胡乱杂凑，决不能成功一个整然的体系，更不能成功一种最完备的宇宙观"。笔者前文对朱熹《四书集注》集大成的阐述，也是很好的例证。

集大成，当离不开百花齐放，百家争鸣的学术生态环境，如果一花独放或孤芳自赏，何谈"集大成"呢？百年前的北大就提出"学术自由，兼容并包"的为学精神。亲历这一时代的学者们无不充满留恋之情，就是在流亡中办学的西南联大也坚持了这一学术精神。"西南联大这个学校也是一座'一中有多，多中有一'的学府。政治思想方面：进步的，保守的，中间的，左中右都有，各得其所。学术派别和学术观点方面：仅以哲学系为例，有信奉陆王心学的贺麟，也有信奉程朱理学的冯友兰，有信奉大陆理性主义和佛学的汤用彤，也有维也纳学派的洪谦。风格方面：汤用彤，雍容大度，成竹在胸；冯友兰，博古通今，意在天下；冯文潜，精雕细刻，入木三分；贺麟，出中入西，儒家本色；金岳霖，游刃数理，逍遥方外。总之，名家荟萃，各有千秋。西南联大是百花园，学子在这里可以任意采摘；西南联大是万神庙，学子在这里可以倾心跪拜。我和我的联大同学们就是在这样自由的学术雨露中成长起来的。"(《张世英回忆录》)这是北大教授张世英晚年的深情回忆，字里行间还洋溢着兴奋自豪之感，那一代学人确实还有可圈可点的学术思想留存传世。

同时，张世英教授还以他哲学的眼光与分析，揭示一个人的性格也是"一中有多，多中有一"，他认为吴宓先生就是一个具有多面性格的人，他"为人不拘小节，教学却严谨认真；讲西洋文学史，却重中国经典；爱《红楼》，却崇奉孔子”。“可以说，吴先生本人就是一个‘一中有多，多中有一’之人。像吴先生这样的人，在西南联大不乏其例。西南联大很赞赏这样的人，这也许是西南联大自由之风的一个标志。”人之才情万种，本也顺应大自然之“道”；人性之千姿百态，亦合大自然之理。就是一个人的性格也非仅是一种模式，或是一成不变的。这也正合本文方东美在指出暧昧浑论时所引述：“宇宙原有种种境界之差别，人性复有种种层面之不同，凡属各界之理性，自须一一精察明辨，而妥当应用之。”当在万事万物中增广见闻，识见宏富后，方能克服不能精察明辨的缺点。故纯粹的学者都一心维护学术自由，张世英又记叙了冯友兰因不满当时按教育部规定统一教材，敢于顶国民党之重压，为力争学术自由，执笔撰文曰：

夫大学为最高学府，包罗万象，要当同归而殊途，一致而百虑，岂可刻板文章，勒令从同。惟其如是，所以能推陈出新，而学术乃可日臻进步也。今教部对于各大学束缚驰骤，有见于齐而无见于畸，此同人所未喻者一也……如何研究教学，则宜予大学以回旋之自由……今教授所授之课程，必经教部之指定，其课程之内容亦经教部之核准，使教授在学生心目中为教育部一科员之不若。此同人所未喻者四也。

冯先生在其所撰西南联大纪念碑碑文中有言：

联合大学以其兼容并包之精神，转移社会一时之风气，内树学术自由之规模，外获民主堡垒之称号，违千夫之诺诺，作一士之谔谔，此其可纪念者三也。

张世英盛赞冯友兰撰文之气势，用语之精当，更敬佩其敢于抗争之勇气，称赞冯友兰“无愧为西南联大这座以学术自由为其重要特征的最高学府之一员”；“当今之世敢作一士之谔谔者，能有几人”？（参见《张世英回忆录》）老北大人维护学术自由之精神气概跃然纸上，今日读冯友兰、张世英文，都感觉意味深长，耐人寻思。

五、讲课魅力风采

名师的上课魅力无穷，虽然不能亲耳聆听，但是那种流传着的文字描述，常令人向往不已。傅伟勋《从西方哲学到禅佛教》（三联书店）曾回忆方东美讲授的哲学课，描述得极其生动：

方师所教的哲学概论，在那几年是哲学系与外文系学生必修课程。他的讲课极富哲学灵感，有如天马行空，又有启发英才的一种魔力。在知识论，他从詹姆斯的实效论跳到柏拉图的理型论，从柏拉图又转到康德纯粹理性批判，再从康德往向十九世纪的数理哲学、马赫的感觉主义、量子论、相对论，乃至整套科学的哲学。在形而上学，忽尔畅谈博格森的创化论，忽尔搬出印度奥义书与吠檀多哲学，忽尔描绘柏拉图与亚理斯多德的形上境界，又忽尔提论黑格尔辩证法。方师可以说是善于旷观宇宙人生的美感哲学家，因此论诗境，论艺术，论'乾坤一戏场，生命一悲剧'，他无疑是第一流的大学教师。我从方师所学到的是庐山顶峰展望诸子百家的哲学胸襟与不具我执我见的玩赏能力。方师给我的是一百条哲学道路，我也只有从这百条道路暗中摸索出自己的一条理路了。

笔者没有能听到这样的讲课，但是从读《方东美作品系列》里可以体会感受到这种大家的讲课风采与感人的魅力。方东美的讲课魅力之风采，正是其学问深度与广度的综合体现，也是其教学经验得心应手之娴熟运用，最后结晶为含金量特高的"博喻"，吸引学生的心灵目光，满足学生如饥似渴的求知欲望，这不是最美妙的"教"与"学"之理想境界吗?

许倬云：学用知识与活用智慧

知识的涵义是广泛的，不仅限于科学范畴或认识层面，也包括人生处世的各方面能力。知识也是相对的、发展的。学习知识，也不是仅学纯粹的数据、定义、概念，我们更需要驾驭知识的能力，需要内化知识后实践运用的能力。因此，人生为学，如何从知识的层面升华为智慧的层面，这是一个值得探讨的问题。

一、从"两脚书橱"说起

"两脚书橱"，戏称记闻精确、知识渊博之人。宋代龚明之《中吴纪闻·有脚书橱》：龚程"自幼读书于南峰山先都官墓庐，攻苦食淡，手未尝释卷。记问精确，经传子史，无不贯通。乡人号为'有脚书橱'"《南史·陆澄传》："澄当世称为硕学，读《易》三年不解文义，欲撰《宋书》竟不成。王俭戏之曰：'陆公，书橱也。'"后来以"两脚书橱"指读书记诵甚多，但不善应用的人。清代叶燮《原诗·内篇下》："且夫胸中无识之人，即终日勤于学，亦然无益，俗谚谓为'两脚书橱'，记诵日多，多益为累。"此指读书为学不会用，只是浪费了时间精力，自然不足取，当引以为戒。

《文子·道德》有言："文子问道。老子曰：学问不精，听道不深。凡听者将以达智也，将以成行也，将以致功名也。不精不明，不深不达。故上学以神听，中学以心听，下学以耳听。以耳听者，学在皮肤；以心听者，学在肌肉；以神听者，学在骨髓。故听之不深，即知之不明；知之不明，即不能尽其精；不能尽其精，即行之不成。凡听之理，虚心清静，损气无盛，无思无虑，目无妄视，耳无苟听，专精积空一格，内意盈并，既以得之，必固守之，必长久之。"这里归纳的"上学""中学""下学"三种学习是经验、心得之谈，其中的内蕴深广，教益甚多。"上学"，是好的学习。当然可从多方面去解读。就学以致用来说，也当是得心应手，触类旁通的。至今何谓"上学"呢？现在知识学习的方法途径已大不同于前，电脑能提供知识信息的功能与法力无比强大，如今我们该如何学习探索知识呢？我读到《许倬云问学记》，其中关于治学的论说很精辟，读后令人开悟甚多，兹抉要述其"探索智慧的指路牌"，以与大家同享共勉之。

二、从知识到智慧的追寻

许倬云，江苏无锡人，1930年7月生，求学于台湾和美国，先后执教于台湾、美国、香港多所知名大学。他学贯中西，善于运用社会科学的理论和方法治史。研究领域主要在中国文化史、社会经济史和中国上古史。《问学记》特约编辑许医农在"编后记"中说："他数十年如一日，以史学家的通达观察，把捉历史长程剧变中的脉息，以源源不断的学术研究专著与不失文采的通俗治文和讲座，与社会广大读众分享。据不完全统计，迄今许先生已出版中文著作238种（包括专著、合著、论文、讲座），另有外文专著与论文六十余种，堪称著述等身了。"但其求学、治学之路却比常人更为艰难。他先天终身残疾，行动不便。幼年时正值战乱岁月，所以没有上过高中以前的学校，直接从高中一年级开始。是父亲书架上的书为其启蒙，其中史地书为多，因而有了对史地的兴趣。在此基础上，他开始了躬行践履的"学记"，不断为自己谱写"从知识到智慧追寻"的人生新曲。

许倬云认为"我们探索知识的心智活动也相当于一趟长程的跋涉"，因而"这一个过程，即是值得撷取的经验"，他从知识到智慧追寻的角度，指出"如果学者们将这些经验提出来，大家则不仅可以有共同的语言与逻辑，也可以为青年学生提供一些思考方向，从专业的范围探首方外，领悟到若干为学与求知的共同之处。"（许倬云《问学记》，广西师范大学出版社）

其一，再提胡适"大胆假设，小心求证"的八字真言。此中为学历程之艰难，学者都有亲身体验。探索知识都有观察、累积素材和加以解释等过程。这其间不仅在于“动手动脚找材料”(傅孟真的遗训)之难，更要警觉，防范不知不觉中的偏差与缺失。实验过程严谨，关注影响数据价值的细节。为学者心中不存偏执，以获取诚实的答案。

其二，对前人工作有感恩之心。知识探索的每一过程，无不是在前人研究的基础上再加上一砖一瓦，或是在前人走过冤枉路之后，后起者才踏上坦途，因而对知识累积的过程必须有感恩之心。

其三，求知的方向与途径不能一成不变。随着内、外部环境变化，人类历史上，探索知识的工作经常变换方向，不同文化之间探索知识的重点及方向也往往各有特色。凡此议题的转换，正是人类心智活动多姿多彩之处。求知不宜自设樊篱，自限脚步，胸襟开阔当是防止学术僵化的要件。

其四，不宜墨守成规。求知的工作是一代接一代的接力长跑，对前人留下的基础应有感激之心，同时也不宜墨守成规而有开阔的襟怀，在山重水复的困境中，随时准备改弦易辙，另开一条新路。(参见《许倬云问学记》)

最后，他认为：“若能将这些探索知识的旅途所得融入我们的性格，也许就是养成智慧的指路牌。至于我们能否得到智慧，那就依仗我们自己的悟性与机缘了。智慧正如青鸟，抓住就死了，放开则足以使得它随意飞翔。寻找青鸟的旅程，正如山阴道上随处有可以赏心悦目的佳处，全看我们有没有欣赏的心情！求知的经验，其实可以比求得的知识更有意义！”(《许倬云问学记》)

三、从学习历史里寻觅智慧

《许倬云问学记》中有《我们为什么要读历史》一文，指出：“从人类在历史上累积的经历中，人类还是可以提撷对自身整体更清晰的了解，从而更有自知之明。尤其‘知道自己’这一点，才是‘以史为鉴’的真义。”如何学习历史？许倬云始终牢记沈刚伯师训：“应如《西游记》与《封神榜》中的二郎神，双目之外有一只‘烛照神怪原形’的‘第三只眼’。”这“第三只眼”，即是借助“西方眼睛”来看中国历史。1953年，许倬云毕业后，时任文学院院长的沈刚伯师，力促许倬云出国，说：“你必须学些其他文化的历史，才会有能力回头看清中国文化的性质和变化。”后他进入美国芝加哥大学东方学系，学习了西方社会、经济乃至哲学、宗教等多方面知识，拓宽了他的问学视野，奠定了他“各文化间的比较研究”的雄厚学术基础。

这也诚如王国维用“西方眼睛”看诸子之书。王国维认为：“近世中国哲学之不振，其原因虽繁，然古书之难解，未始非其一端也。苟通西洋之哲学以治吾中国之哲学，则其所得当不止此。异日昌大吾国固有之哲学者，必在深通西洋哲学之人，无疑也。”可见沈刚伯师对许倬云的出国指点，与王国维的远见卓识不谋而合，他们的理想都是为了更好地发扬光大我国固有的历史文化。

王国维身体力行，用西方哲学观点对中国哲学作了新的阐释。1904年到1907年间，王国维利用主编《教育世界》杂志的机会，发表了大量文章，尤其对老子、孔子、墨子、列子、子思、孟子、荀子等学说，均采用西方哲学体系来归纳梳理和阐释。（参见苏庆本著《走出混沌——王国维读书与治学之路》）在中西比较中，体现中国注重“实行”，而西方注重“思辨”的特点。又如王国维用叔本华的理论来发掘出《荀子·正名》中深刻的哲理，又用荀子的理论来更进一步地解释叔本华的理论。这又印证了陈寅恪在《王静安先生遗书序》中所言“用外来之观念与中国固有之材料互相参证”，这无疑相得益彰，有利中西文化的相互促进与发展。

再说如何从学习历史里觅得智慧，我们可以从老子思辨智慧的寻绎中得到启发。老子的思辨智慧是如此的丰富与深刻，人们不禁要追问，这些智慧是从哪里来的？这里可以从几个来源来尝试约略解读。

老子善于对历史的回顾与反思，对先前的经典的高明吸纳与推演。

其一，老子智慧与《周易》之文化源头。

《老子》之智慧渊源于《易经》，为不少学者认同。许地山在《道家思想与道教》文中说：“道家思想底渊源也与儒家一样同出于《易》。”

柳诒徵说：“老子之书，专说对待之理，其原盖出于《易》。惟《易》在孔子未系辞之前，仅示阴阳、消息、奇偶对待之象，尚未明示二仪之先之太极。老子从对待之象（姚按，即指美恶、有无等），推究其发生此对待之故，得恍惚之一元，而反复言之。”

詹剑峰《老子其人其书及其道论》也有说：其一，《易》于春秋时已存在，这是无疑问的；其二，老子身为史官，既见《周书》，则其见《易》也是无疑问的。

再如陈鼓应说：“老子的引《易》入道，最重要的莫过于把《易》的萌芽性的辩证思想引入道论，而成为其哲学体系结构中的重要的方法论。”（《先秦道家易学发微》）

当然，老子对《易》的吸纳不仅是辩证思维的方法论，还在天道、人道等理念方面，以及语言表达的艺术方面，都有吸纳继承与推演的践迹可寻可知。

其二，老子引述古人之说。

詹剑峰其书又有说：《老子》书只有五千余言，其述古之处并不稀少。其一，有的直引古人之说，如“古之所谓‘曲直全’者”（22章）、“用兵者有言”（69

章）、“建言有之”（41章）等。其二，其书虽未明白说引用古籍，而考其实，则出于古书者，如引用《金人铭》《周书》《诗经》《尚书》等。老子尚且如此重视和引用古书之说、古人之言，我们更应利用悠远深广的历史智慧，为当下社会与人类的发展服务。

总之，我们今天如果缺乏全球的眼光与视野是鄙陋的，但是如果不重视自己民族的历史与经典的智慧也是浅陋的。当然活在当下还张口稽古则天，宪章文物，追纵周孔，述而不作，信而好古，那么是一种不合时宜的人了！在知识与信息迅猛发展的时代大潮中，我们需要思想升华，更好运用知识，活用智慧为世界文明与文化的发展作出自己的贡献。

如何学用知识与活用智慧？这里还想起了青年人与老年人互学与互补的问题，这其实是一个很值得关注的普遍问题，是学习过程中不可忽略的又一人生智慧。弗兰西斯·培根（1561—1626），这位英国哲学家、思想家、作家与科学家，被马克思赞扬为“英国唯物主义和整个现代实验科学的真正始祖”。培根曾有美文《论青年与老年》，其中说到两者各有特点，应该互相学习的道理，这是给一代代老年人与青年人永不过时的智慧箴言。其文流传经久而不废，因其情感与理性兼具，优美与深邃并呈——

一个年岁不大的人也可以是富于经验的，假如他不曾虚度生活的话；然而这毕竟是罕有的事。一般说来，青年人富于“直觉”，而老年人则长于“深思”。这两者在深刻和正确性上是有显著差别的。

青年人长于创造而短于思考，长于猛干而短于讨论，长于革新而短于守成。老年人的经验，引导他们熟悉旧事物，却蒙蔽他们无视新情况。

青年人敏锐果敢，但行事轻率却可能毁坏大局。青年的性格如同不羁的野马，藐视既往，目空一切，好走极端。勇于革新而不去估量实际的条件和可能性，结果常因浮躁而改革不成却招致意外的麻烦，老年人则正相反。他们常常满足于困守已成之局，思考多于行动，议论多于决断。为事后不后悔，宁肯事前不冒险。

因此，最好的办法是把青年的特点与老年的特点在事业上结合在一起。这样，它们各自的优点正好弥补了对方的缺点。从现在的角度说，他们的所长可以互补他们各自的所短。从发展的角度说，青年可以从老年身上学到他们所不具备的经验。而从社会的角度说，有经验的老人执事让人放心，而青年人的干劲则鼓舞人心。但是，如果说，老人的经验是可贵的，那么青年人的纯真则是崇高的。

这些阐述是经典的，符合人类生理、心理与思维的规律。老年人的经历与经验，是岁月的沧桑，也是历史给予的知识馈赠。如果青年与老年互相学习，那么成为一个知识与智慧由互学而至于互补、互动，则最后是互赢，互利，于人生与事业都可以更有作为了。

王力：蛾术功深与熔铸超群

《学记》："蛾子时术之。"郑玄注："蛾，蚍蜉也。蚍蜉之子，微虫耳，时术蚍蜉之所为，其功乃复成大垤。"孔颖达疏：蛾子，"蚍蜉之子，按《释虫》云：蚍蜉，大螘，小者螘。是蚁为蚍蜉大者，又云蚁子，故云蚍蜉之子也。"陈澔《集》："蛾子，虫之微者，亦时时述学衔土之事而成大垤，比喻学者由积学而成大道也。"蛾（yǐ）术，"蛾"是蚂蚁的"蚁"的古字。后用"蛾术"比喻勤学。如清代惜秋旅生《维新梦·劝学》："众位想必蛾术功深，才堪经国；鹏搏志奋力足负天了。"语言学家王力，可谓蛾术功深，14箱经史子集奠定学问之基，又志学、积学，勤学不辍，终至学之大成，而能鹏飞万里，功垂史册。笔者曾研读过王力的一些著作，慑服于他的治学经验与智慧，值得人们去体会与学习，必定能从中获得极大的教益。

一、国学根基

王力（1900—1986）是我国现代语言学的奠基人之一，也是著名的教育家、诗人、散文家和翻译家。一生撰写了上千万字的学术论著，出版《王力文集》20卷。尤其在中国语言学从传统学术向现代学术转换的过程中，贡献卓著。其研究涉及汉语语言学的理论、语言、语法、词汇、语言史、语言学史以及汉语方言、汉语诗律学等各个领域，都取得开创性的成果，在国内外产生了重要影响。

王力出生在书香门第，自小聪颖好学。父亲是个秀才，自幼就教他读古书、习书法，练对仗，五六岁即诵读唐诗，11岁考入博白县高小就读，但是后因家庭贫困，小学毕业后就失学了。他努力自学，17岁破格做了小学教师，还当过家庭教师。20岁那年，偶然在一个学生家中发现了14箱古书，经史子集都有。从此借来苦读，由此打下了深厚的国学基础。王力曾说："这一年是我一生中的一个转折点，从此才知道什么叫学问。"

王力没上过中学，大学也念了不到两年。后来上了清华国学研究院，一年后结业，在业师赵元任的鼓励下，即赴法国巴黎大学留学，专攻实验语音学，同时听房特里耶斯讲授普通语言学。获得文学博士学位后，回国任清华大学专任讲师，讲授普通语言学和中国音韵学，兼任燕京大学讲师。1935年转为教授，曾先后在国内诸多大学任教。唐作藩曾总结评论其师王力："看来王先生确实很聪明，很幸运"，当然"如果不是从年轻的时候起就有这种勤奋的精神，就不可能成为后来的语言学大师"。王力没按常规就读，但勤学不辍，后又得到名校名师指点的机遇。传统经史子集作根柢，西方留学扩大了知识面，许多中西基本文献经典为其培育和积蓄了学问的养料，加上他"科学的头脑"，那么他生命的枝干与花叶必定会丰茂卓越，结出丰硕之果。

二、治学特点

王力治学特色难能可贵，既高产高效，又多创新开拓。王力作为语言学大师，不仅注重专业的学术研究，在语言科学诸多领域勤于开创，写出了许多高水平的论著，取得丰硕的成果。唐作藩曾将王力的治学特点作了归纳，笔者感觉很有启发，根据其归纳，略作如下阐述：

（1）将传统的"小学"（语义学）和现代语言科学相结合。王力学习研究了当时先进的语言理论，如法国法兰西学派代表人物房德里耶斯、瑞士语言学家德·索绪尔、丹麦语言学家叶斯泊森与美国语言学家布龙菲尔德等人的学说。他运用当时这些先进的语言学理论重新审视中国传统的语义学。或科学地诠释旧的文字、音韵、训诂之学，或深入探讨汉语语音、语法、词汇的结构系统、民族特点及其历史发展的演变规律。这是科学地智能地将"普通语言学原理在汉语研究中的应用"。例如：他三十年代写的《上古韵母系统研究》《中国文法中的系词》；四十年代写的《汉越语研究》《新训诂学》《中国现代语法》；五十年代写的《汉语史稿》《关于汉语有无词类的问题》《汉语实词的分类》；六十年代写的《先秦古韵拟侧问题》《略论语言的形式美》；七十年代写的《黄侃古音学述评》《现代汉语语音分析中的几个问题》；八十年代写的《同源字典》《汉语语音史》等。

（2）将教学与科研相结合。王力教学五十余年，开设过二十多门课程，一上完课，他的讲稿就可以出版，而且多是高水平的专著或教材。例如：《汉语音韵学》、《中国语文概论》（后改名《汉语讲话》）、《中国现代语法》《中国语法理论》《汉语诗律学》《汉语史稿》《中国语言学史》《清代古音学》以及他主编的《古代汉语》等，都成为中文系学生熟悉的教材。曾任教育部部长的蒋南翔赞扬他"作为教育工作者，是我国高等教育界的一个杰出的代表人物"，"教学与科研相结合的一个典范"。

（3）创新与求实相结合。唐作藩说："王力先生聪慧超群，思想敏锐，在科学研究中，开创了多种新的语言学科体系，提出了许多新的见解。”比如：指出“纯粹的系词‘是’原本是个表复指主语所谓指示代词，到六朝（后来修正为汉代）才发展为系词。这不仅正确揭示了汉语语法的一个重要特点，而且是中国语言学家首次真正摆脱西洋语法的束缚，历史地、求实地研究汉语自身特点而取得的重大成果。在此基础上王力先生建立了自己的现代汉语语法体系”。又如在古韵研究上，也都是根据丰富的材料进行科学的分析而得出独到的见解。他认为：“如果墨守师说，学术就没有发展了。”正是由于王力具有不断创新的睿识，以谨严求实的精神，取得了“青出于蓝而胜于蓝”的成果，推动了语言学术新发展，开创了语言学领域诸多新天地。

（4）学问渊博与专深相结合。王力的老朋友吕叔湘曾说，朱德熙曾赞评王力：“举凡语言学的各个门类如：音韵、训诂、词汇、语法、诗律都曾涉猎过，而且都有成系统的专著。先生之学，证古论今，融会贯通，博大与精微兼而有之，所以能够蔚为大家。”王力还是著名的翻译家、诗人和散文家。他翻译、出版过法国纪德、小仲马、嘉禾、左拉、都德、波特莱尔等作家的小说、剧本、诗歌以及《莫里哀全集》共二十余种。他早年还撰写了《罗马文学》《希腊文学》。他自己创作的诗歌和散文基本上收集在《龙虫并雕斋诗集》《王力诗论》与《龙虫并雕斋琐语》中。这里我们或许可以触悟，因为王力能流转于如此多的文化领域，如研究、学术、翻译，又会诗能文，所以能广视野、多维度地启动融通自己心智与才能，这或许都成了他聪明智慧之源。或又应合了朱熹的诗句：“问渠那得清如许，为有源头活水来。”这种交错的运作、蕴积，既见多识广，又使得脑子越转越聪明，思路越来越灵活，打通与熔铸使得他聪慧超群。

（5）关注语言文字学的普及与应用，支持和参与语文改革。王力早在20世纪30年代就提倡文字改革，主张用罗马字拼音。他认为汉字是文化教育的工具，故积极参加《汉语拼音方案》的制定和推行工作，努力促进汉语规范化和推广普通话的工作。

三、治学经验

王力治学经验丰富，其中最值得关注的是，他做学问有两种突出的精神：一是刻苦勤奋，时间抓得特别紧。如王力本人说：“科学研究并不神秘，第一要有时间，第二要有科学头脑。”他说：“有时间才能充分占有材料，有科学头脑才能对所占有的材料进行科学的分析。古今中外有成就的科学家都具备这两个条件的。”这都是他的经验之谈。譬如王力特别珍惜时间，每天工作时间很长，而且效率高，晚年还每天坚持工作七八个小时。他社会活动频繁，但从不浪费一分钟的时间。他有时上午从城里开会回家，已经是11点半了，离吃饭还有一刻钟或半小时，他仍要坐到自己的书桌前，继续他的研究和写作。

吕叔湘曾特别称赞王力珍惜时间的精神，说王先生“把所有可用的时间都用在治学上。王先生也有社会活动，也有其它干扰，但他不让这些事情打乱他的工作”。“很多人常常遇到一些干扰，也许半天，也许只一两个小时，可是心收不回来，随随便便就把一天报销了。而王先生不是这样，事情一过，他又回到他的书桌上去了。”要“学习王先生的专一的精神，学习王先生不浪费一分钟的精神”。(《纪念王力先生九十诞辰文集》，山东教育出版社)王力又善于总结自己做学问的经验与方法，譬如撰写过《谈谈怎样读书》《怎样写论文》《我是怎样走上语言学道路的》《我的治学经验》等。我深信这些治学经验必是后生学者前进路上的指路牌，习之研之，会得益无穷。

王力学问之渊博，领域之宽广，而且都有建树，实属学界翘楚。早年曾研究诸子和西方文学，著有《老子研究》《希腊文学》《罗马文学》等。五十年代出版的《汉语诗律学》，是中国首部从语言学角度研究诗词形式的著作。还有关于诗学、诗词格律和古典文学的论著问世，散文和诗词也卓然成家，真是名副其实的通才、专才。如此生动、感人的现实“学记”，值得大家学之、记之，效之，乃学术之大幸也！

钱钟书：不学博依·不能安诗

《学记》名句：“不学操缦，不能安弦；不学博依，不能安诗；不学杂服，不能安礼。不兴其艺，不能乐学。”其中“不学博依，不能安诗”，孙希旦集解：“博依，谓杂曲可以歌咏者也”，“博依，非诗之正也，然不学乎此，则于节奏不娴熟，而不能安于诗矣”。钱钟书对此有一段妙论，于“不学博依，不能安诗”作出了深妙的解读，尽显“钱学”渊博睿智的风采。

一、评“博依”

钱钟书认为“博依”，是广为比喻。因此，他从诗的比兴角度，作出了精审详尽的训释。择要选录如下一段供欣赏：

《礼记·学记》：“不学博依，不能安诗”，郑玄注：“博依，广譬喻也，‘依’或为‘衣’”。《说文》：“衣，依也。”《白虎通·衣裳》：“衣者隐也，裳者障也。”夫隐为显之反，不显言直道而曲喻罕譬；《吕览·重言》：“成公贾曰：‘愿与君王言讔（yǐn）’”，《史记·楚世家》作：“伍举曰：‘愿有进隐’”，裴骃集解：“谓隐藏其意”；《史记·滑稽列传》：“淳于髡喜隐”，正此之谓。《汉书·东方朔传·赞》：“依隐玩世，……其滑稽之雄乎”，如淳注：“依违朝隐”，不知而强解耳。《文心雕龙·谐隐》篇之“内怨为俳”，常州派论词之“意内言外”（参观谢章铤《睹棋山庄词话》续集卷五），皆隐之属也。

《礼记》之《曲礼》及《内则》均有“不以隐疾”之语，郑注均曰：“衣中之疾”，盖衣者，所以隐障。然而衣亦可资炫饰，《礼记·表记》：“衣服以移之”，郑注：“移犹广大也”，孔疏：“使之尊严也”。是衣者，“移”也，故“服为身之章”。《诗·候人》讥“彼其之子，不称其服”；《中庸》：“衣锦尚䌹（jiǒng），恶其文之著也”，郑注：“为其文章露见”；《孟子·告子》：“令闻广誉施于身，所以不愿人之文绣也”，赵岐注：“绣衣服也”，明以芳声播远拟于鲜衣炫众；《论衡·书解》：“夫文德，世服也。空书为文，实行为德，著之于衣为服。衣服以品贤，贤以文为差”，且举凤羽虎毛之五色纷纶为比。则隐身适成引目之具，自障偏有自彰之效，相反相成，同体歧用。诗广譬喻，托物寓志；其意恍兮跃如，衣之隐也、障也；其词焕乎斐然，衣之引也、彰也。一“依”字而兼概沉思翰藻，此背出分训之同时合训也，谈艺者或有取欤。《唐摭言》卷一〇称赵牧效李贺为歌诗，“可谓蹙金结绣”，又称刘光远慕李贺为长短歌，“尤能埋没意绪”；恰可分诂“衣”之两义矣。（钱钟书著《管锥编》第一册，中华书局）

这段训诂文字的本意，是为阐明一字多义的问题，这是《管锥编》第一册开篇《周易正义》之内容。《周易正义》共27则，第一则《论易之三名》：一字多意之同时合用，便以《学记》此例为训释，同时阐明广设比喻的作用与宗旨。

“比喻是文学语言的根本”，文学之辞藻，才情之迸露，比喻确实起着重要作用。比喻作为语言辞藻的特色，就如人之穿衣，同时兼有“隐”和“显”的一体两面。钱钟书以其博识睿见，引经据典，用各种多姿多彩的比喻来加强形象性，以晓谕义理。“盖衣者，所以隐障。然而衣亦可资炫饰”；“以芳声播远拟于鲜衣炫众”；“且举凤羽虎毛之五色纷纶为比”等，这些比喻鲜明、贴切，既恰到好处，又入木三分，收到了“可谓蹙金结绣”的功效。“不显言直道而曲喻罕譬”，仅“一‘依’字而兼概沉思翰藻，此背出分训之同时合训也”，即此“依”之一字多义，并行分训与歧出分训同时合用。又“相反相成，同体歧用”之训，以一“衣”字释之，何等高妙！

仅此段《管锥编》内容看，短短篇幅中，引用了数十家名篇俊语，均奥义深邃，不加详审细读，一般读者尚难以理解准确。这也恰好窥见了《管锥编》体大思精之特色。读者公认《管锥编》难以解读，尤其对其中琳琅满目的古训古言、美辞美句，却因蕴含多义多边而不可捉摸。《管锥编》中的考论，有的以文考经，有的援经证史，读者如没有一定的古文字、古诗文基础是很难读懂。故有的美学家觉得《管锥编》是又一《谈艺录》，海外学者甚至有认为难读似《易经》。也有相关资料信息表明，《管锥编》是作者在“十年浩劫”中忧患著书，或是无迹可寻，或故为隐而不显而已，亦见作者用心之良苦。惟愿“钱学”研究者能有为《管锥编》作注作笺的著述问世，以助读解和传承。

《学记》为两千多年前作品，从文学角度欣赏亦叹为观止。“不学操缦，不能安弦”，这是关于音乐的内容，后面紧接“不学博依，不能安诗；不学杂服，不能安礼。不兴其艺，不能乐学”，用比喻排比的修辞手法，为“不兴其艺，不能乐学”作铺垫，强调了兴艺乐学的教育思想和要求。原文意思是不学调琴的基本动作，就不能调好琴弦；不学广博的比喻，就不能很好地体悟诗意；不学冕服皮弁等各种服饰制度，就不能很好地行礼；不引起对于六艺的兴趣，也就不能乐意地学习。

关于“操缦”，一般注释是操弄琴弦。如陈澔《集说》：“操缦，操弄琴瑟之弦也。初学者，手与弦未相得，故虽退息时，亦必操弄之不废，乃能习熟而安于弦也。”“操缦”之词语也流行于后世，如北周庾信《〈赵国公集〉序》：“若使言乖节目，则曲台不顾；声止操缦，则成均无取。”清张岱《陶庵梦忆·丝社》：“越中琴客不满五六人，经年不事操缦，琴安得佳？”然而，或说“操缦”即是和弦。如清代黄生《义府》卷上：“《礼记·学记》‘不学操缦，不能安弦’注：以‘缦’为琴瑟之弦，非也。《周礼》‘磬师’‘教缦乐’注，谓杂声之和乐者也。疏云‘杂弄调和’。按缯无文曰缦，此云雅声，云杂弄，皆谓无文耳。《学记》之‘操缦’即今之和弦。”

另外，“杂服”一词，有学者认为原“冕服皮弁等各种服饰制度”之解释，因今人视之已为绝学，故依照张载“洒扫应对投壶沃盥细碎之事”解释，意思可通，只是稍有引申而已，笔者仍取原释。

二、说“妙悟”

钱钟书父亲钱基博在《经学通志》中《〈尚书〉志》里有言：“至其辨析异同，贯穿史事，覃思积悟，实卓然成一家之言。”钱钟书深得家学滋养，以其聪慧睿识，特别能悟，并善悟、彻悟、妙悟，尤对诗歌创作的妙悟，有独到的见解。

钱钟书在《谈艺录》第二八则之《妙悟与参禅》中谈妙悟，解说得极精极妙。此撮其要说，绎其深旨，由谈诗论艺，再演绎至于更广的维度去，可启示人们智慧者尤多。

钱钟书指出："诸家皆著重诗学之工夫，比之参禅可也，比之学道学仙，亦无不可也。"但他还认为"在学诗时功夫之外，另拈出成诗后之境界，妙悟而外，尚有神韵""诗成有神"。在此他看重诗之"妙悟"中必有情思，没有情思不会有诗。诗人的"妙悟"，在即物生情，通过景物意象，透露出情思，烘托出意境，这就是神韵，也即"言尽而味无穷之妙"。而禅只要了悟就可以了，不必要有神韵。

由此，钱钟书具体讲述了"悟"之道理："夫'悟'而曰'妙'，未必一蹴即至也；乃博采有所通，力索而有所入也。学道学诗，非演绎至于悟不进。""悟有迟速，系乎根之利钝、境之顺逆，犹夫得火有难易，系乎火具之良楛、风气之燥湿。速悟待思学为之后，迟悟更赖思学为之先。"钱钟书又说："《大学》曰：'虑而后能得'；《荀子·劝学》篇曰：'真积力久则入。'皆以思力洞澈阻障、破除艰难之谓；论其工夫即是学，言其境地即是修悟。"（钱钟书著《谈艺录》）此言"悟"之不易，要领会其中的道理、哲理，工夫在学，在不断地修悟。

钱钟书论诗谈妙悟，讲神韵，他还说："好理趣者，论诗当见道。"既知悟道之难，也须知体道之不易。钱钟书有言：桴亭之说早见宋道学家言。如《朱子语类》卷十八云："积习既多，自然醒悟。其始固须用力；及其得之也，又却不假用力。陈寿老《窗集》卷一《曾子论》笔舌尤明畅，略云："悟道者以真见，体道者以真力。力之至而见不与俱，是有四肢而无目也。见之至而力为之惫，是有目而无四肢也。夫真力养于百年者也，真见发于一朝者也。岂惟一朝，虽一嘘呼之间可也。岂惟百年，虽与天地相终始可也。世人知悟道之难而不知体道之不易。曰'既竭吾才'，则颜子亦尝用力矣。然颜子之力，施之未有见之初，曾子之力，则持之既有见之后也。"目喻悟道，四肢喻体道，差同释典。隋智者《法华玄义》卷二云："智为行本，因智目起于行足"，又卷四云："智目行足，到清凉地。"（《谈艺录·补订》）学习之"悟"不可或缺。抓住所思所感以诗表达，即是"悟"，但都有待学问与实践之结合。躬行力学，体验有得，才能有妙悟随之而来。心之悟，要由渐悟、积悟、顿悟，深入领会，贯通融彻，渐悟渐深。好诗必有妙悟，有言外之意，弦外之音，回味无穷。

三、"学力"与"才气"

朱自清曾言："单就读古书而论，固然得先通文字声韵之学；可是还不够，要没有活泼的想象力，就只能作出点滴的短暂的工作，决不能融会贯通的。”这里谈了“学力”与“才气”的关系。钱钟书的天赋才情、性灵学力在《谈艺录》《管锥编》中有机融合，展露尽显。此独特风格与深厚学养，亦非一蹴而就，这里略举其自述，可知其中西融通的学力根柢和学术才气之渊源所在。

钱钟书曾自述求学的一些经过与体悟：“余十六岁与从弟钟韩自苏州一美国教会中学返家度暑假，先君适自北京归，命同为文课，乃得知《古文辞类纂》《骈体文抄》《十八家诗抄》等书。绝鲜解会，而乔作娱赏；追思自笑，殆如牛浦郎之念唐诗。”(《谈艺录》)

试想十六岁的少年面对清代姚鼐的《古文辞类纂》74卷、李兆洛的《骈体文抄》31卷、曾国藩的《十八家诗抄》28卷，这些坚硬的“骨头”如何啃得动？后来反思这一事，他自己也哈哈一笑，原来就像《儒林外史》里的牛浦郎念唐诗那般。钱钟书所说的美国教会中学就是原先的苏州桃花坞中学，是由美国圣公会办的教会学校，首任校长韩汴明，为美籍；钱钟书十三岁时与从弟钱钟韩一起进入此校学习。

钱钟书又谈及大学期间的读书情况。“及入大学，专习西方语文。尚多暇日，许敦宿好。妄企亲炙古人，不由师授。择总别集有名家笺释者讨索之，天社两注，亦与其列。以注对质本文，若听讼之两造然；时复检阅所引书，验其是非。欲从而体察属词比事之惨淡经营，资我操觚自运之助。渐悟宗派判分，体裁别异，甚且言语悬殊，对疆阻绝，而诗眼文心，往往莫逆暗契。至于作者之身世交游，相形抑末，余力旁及而已。孤往冥行，未得谓得。”留学回来后，“游学欧洲，都抛旧业。归舶邂逅冒君景璠，因以晋见其尊人疚斋先生，并获读所著《后山诗天社注补笺》。其书网罗掌故，打禅证文考献，若夫刘彦和所谓‘擘肌分理’，严仪卿所谓‘取心析骨’，非所思存。余谓补笺洵善矣，胡不竟为补注耶。景璠嗤余：‘谈何容易。’少年负气，得闲戏别取山谷诗天社注订之。多好无恒，行衢不至，补若干事而罢。出乎一时技痒，初不笃嗜黄诗也。《谈艺录》刊行后，偶与潘君伯鹰同文酒之集。伯鹰甚叹黄诗歌之妙，渠夙负诗名，言下几欲一瓣香为山谷道人，云将精选而详注之。颇称余补注中欧梅为官妓等数则，余虽忻感，然究心者固不属此类尔。”

著名学者陈衍曾对青年时代的钱钟书说过“学”之要诀，曰：“为学总须根柢经史，否则道听途说，东涂西抹，必有露马脚狐尾之日。”其实不仅是经史，还有子集等等，不仅是国学还有西学，钱钟书有了这些中西的基本文献经典为根柢，契合其才情志向，治学又下苦功夫、真功夫，终于结晶成思深虑密、文采斐然的著作流传于世。

“钱学森图书馆”前的遐思

笔者在研究《学记》、撰写此《学记智慧》时，多次参观了“钱学森图书馆”，悟到钱学森的求学治学和成功之路，颇与《学记》理念相契合，甚似《学记》智慧的生动演绎，时时被他治学的精神、科学研究的功绩、心灵智慧的境界所感动，那么多跨越的学科交融与创新，令人赞叹神往，故撰此文，而再助读《学记》。

一、流连徘徊在“钱学森图书馆”

我每次到上海交通大学作有关国学的讲座，常住宿交大的“教师活动中心”，此与钱学森图书馆仅一墙之隔，一有空就要去再瞻仰一趟，再思悟一番，总能获得使自己再深化与升华的启迪。这是我国首座国家级的科学家纪念馆，于2011年12月11日，钱学森诞辰100周年之际正式建成开放。在此略作介绍，以示对钱学森精神的敬仰与阐扬，激励更多后学继志与奋发。

首先是序厅，称为“升腾的智慧”。有介绍说：红色、放射、裂变、升腾着的巨量手稿作为钱学森爱国、奉献、智慧的化身，象征着他以爱国情怀和超凡智慧，为祖国航天事业照亮前程。“升腾的智慧”由4015页钱学森手稿组成，也喻示着钱学森从1955年回到祖国到1966年首次成功进行“两弹结合”试验的4015个日夜。整体高度9.8米，寓意钱学森98年的辉煌人生。——我想整个展览馆就在凸显大智慧：钱学森绵延九十八岁高寿的人生历程就是生命的大智慧，一生能做出了如此辉煌的贡献就是大智慧！当然这也感谢设计者的智慧，走进钱学森图书馆，便使得瞻仰者穿梭游行在智慧之殿堂里，真是琳琅满目，美不胜收！

第一展厅再现了钱学森当年参与领导中国导弹航天事业的全过程，如开创“中国航天事业”“建设航天科技人才队伍”“规划航天技术发展蓝图”“建立航天系统工程管理体系”“主持重大技术方案的决策和实施”等内容。第二展厅则全面直观地展示了钱学森卓越的科学成就和博大精深的学术思想，如“从空气动力学到物理力学”“从工程控制论到系统科学”“建立现代科学技术体系”“创建综合集成方法”等内容。第三厅则生动反映钱学森的爱国精神、科学精神、奉献精神，从“忠贞不渝的爱国情怀”“卓尔不群的科学质量”“超凡脱俗的精神境界”等三个方面展示他的崇高风范。第四展厅，展示钱学森的成长历程，揭示这位战略科学家的成功之道，以启示后人。此包括“一流教育奠定成才之基”“哲学指导开启智慧之门”“艺术修养开拓创新思维”“学无止境铸就学术高峰”“党和人民的信任与关爱成就辉煌人生的重要保障”等。

钱学森自我人生获得了学业与事业的极大成功，但还始终关心着国家的未来和青年人的成长。他晚年曾有著名的“钱学森之问”，震动了举国上下。这就是一次他对国家领导人的发问：“为什么我们的学校总是培养不出杰出人才？”这是老一代科学家对国家科技事业的关怀，也值得全国人民深入反思，寻求答案。这也是我每次在“钱学森图书馆”前遐思的主要内容之一，且又会联想到早年的“李约瑟之问”。此由英国学者李约瑟（Joseph Needham，1900—1995）提出，他编著了《中国科学技术史》巨著，在对中国古代科技十分赞叹与高度评价的同时，他自然会想到：“尽管中国古代对人类科技发展做出了很多重要贡献，但为什么科学和工业革命没有在近代的中国发生”？这两“问”不谋而合。两位大家之问，都是对中国科技界的关怀，企盼新的科技大师和科学巨匠的诞生，也确实需要反思我们的教学，找出问题所在，才能寻求解决问题的答案。在此，我们再来回顾和追寻钱学森的成才、成功之路。

二、求学之旅与学术贡献

钱学森（1911—2009），浙江杭州人，享誉海内外的杰出科学家和中国航天事业奠基人。他亲自领导并参加了我国第一代远程运载火箭和第一颗人造卫星的研制工作，被称为“中国运载火箭之父”和“火箭之王”。一个美国将军曾说：“他可以抵得上五个师。”这位“人民科学家”，为中国及世界科技事业做出了卓越的贡献。

钱学森从小就接受优渥的教育。1929—1934年在上海交通大学机械工程系学习，1935年赴美国研究航空工程和空气动力学，1938年获加利福尼亚理工学院博士学位。后留在美国任讲师、教授。在美国留学和工作期间，就在应用力学、航空工程、喷气推进和航天技术、工程控制论等技术科学领域做出了许多开创性的贡献。1950年开始争取回国，因受到美国政府的阻挠，历经5年才回到祖国。1958年起长期担任火箭导弹和航天器研制的技术领导职务，在我国火箭、导弹和航天事业的创建与发展中做出了卓越的贡献，是中国航天科技事业的先驱和杰出代表。

钱学森科学研究的学科领域多元交叉交融，其涉足与跨越的主要学科领域之多，实令今人赞叹，按照其学习研究的时序，根据“钱学森展览馆”的有关介绍，学术研究按照其开始时间和参与的学科领域，可依次分为十六个方面：

（1）1932年——铁道机械工程

（2）1934年——航空工程

（3）1936年——流体力学、空气动力学

（4）1939年——弹性薄壳理论

（5）1942年——火箭技术

（6）1946年——核动力理论

（7）1949年——航天工程

（8）1950年——工程控制论

（9）1953年——物理力学

（10）1956年——运筹学、系统工程

（11）1978年——系统科学

（12）1980年——科学技术体系学、马克思主义哲学

（13）1982年——思维科学、人体科学、行为科学、社会科学

（14）1988年——社会形态、社会科学

（15）1990年——建筑科学

（16）1991年——文艺理论、教育学、莎草产业、城市学

钱学森以过人的胆识与超人的学识，建构了现代科学技术体系。从20世纪70年代末到90年代，钱学森运用系统思想，将现代科学技术划分为十一大部门和三个层次，并将人类的整个知识体系划分为从前科学到科学，再到哲学的三大层次，以及马克思主义哲学作为人类对客观世界认识的最高概括。现代科学技术体系，是钱学森晚年全部学术探索之总纲。钱学森曾预言："思维科学的研究又会推动智慧的发展，把人的知识、智力提高到前所未有的高度，这肯定是一场技术革命。"（《开展思维科学的研究》）

这是一位真正的大师，卓越的大科学家，湛深的大学问家！能自由地游行这些领域里，巧妙地变幻，自由地迁移，没有超人的眼光、过人的胆识、卓有成效的开拓，没有坚实的基础、高度的热忱，深厚的功力和知识迁移的智能是难以做到的。

三、钱学森治学智慧感悟

阅读到有关研究者的梳理，阅后觉得总结得很到位。钱学森是科学技术前沿的开拓者，具有卓越的科学成就、博大精深的学术思想。譬如：1.从空气动力学到物理力学。2.从工程控制论到系统科学。3.建立现代科学技术体系。4.创建综合集成方法等等。取得如此多的大成就大智慧，原因是多方面的，是一般常人难以企及的，但那些规律与经验还是值得借鉴，在此择其要者简述之。

感悟之一："壮志"与"继志"高层次融合。钱学森个人天资的卓越是不可

忽略的一面。崇高的理想是由一己视域的精进完善超拔，以及至于与报国强国的壮志相融合。《学记》有言：“善歌者，使人继其声。善教者，使人继其志。”钱学森在美国麻省理工学院获得航空硕士学位后，前往加州理工大学继续深造。著名导师冯·卡门为他提供了两个可选择的研究课题，涉及了高速飞行方面当时最为前沿的内容，钱学森由此明确了航空理论专业的努力方向。这一专业正是他贫弱祖国所急需的。高层次、最前沿的航空理论专业与高层次的报国壮志完美结合，给了他砥砺奋发的无穷动力。

感悟之二：“教学相长”的范例。钱学森深邃的学养，博大开阔又精湛的学术思想，与他求学之路的顺畅，尤其是名师指点不无关系。人生除了自己的奋斗之外，一路上能得遇良师，是一件特别幸运的事情。钱学森遇到了，他一生遇到很多优秀的老师。钱学森和冯·卡门导师的感情特别深，总是恭敬地称他为“尊敬的老师”；而在冯·卡门的眼里，钱学森则是他的“中国朋友”。在冯·卡门的自传中，有一章内容是专述他与钱学森之间的交往与友谊。在加州理工大学，钱学森获得了航空和数学的双博士学位，并与导师共同提出了“卡门——钱公式”。还有意思的是，他导师自传的中译本，封面上冠以的名号也是“钱学森的导师”。导师以学生为荣，这是对“教学相长”的最好阐释。而且，这是跨国界的师生友谊和科学成果，更是意味深长的。

感悟之三：“择师”与“交友”的双收获。《学记》强调了“择师不可不慎”，“独学而无友，则孤陋而寡闻”。钱学森“亲其师”“乐其友”，其乐融融，践履了《学记》的这一教学经验。当时郭永怀、林家翘、傅承义、钱伟长等几位出类拔萃的留学生，也曾先后来到导师冯·卡门门下，钱学森和他们相处融洽，并常在一起讨论各种问题。这是一个优秀的团队，日后都成为非凡的科学大家，并都为祖国航天事业立下赫赫功劳。冯·卡门曾说过：“世界上最聪明的民族有两个，一个是犹太人，另一个就是中国人。”这句话是对中国留学生的赞扬，更是我们中国人的骄傲。

感悟之四：“知类通达，强立而不反”的典范。《学记》言：“九年知类通达，强立而不反，谓之大成。”钱学森对知识的触类旁通，闻一知十，意志之坚毅，又是践履《学记》这一理念的楷模。钱学森诸多学科的开创性成果，足见其知识融会贯通之超凡能力。《朱子全书·学三》：“举一而三反，闻一而知十，乃学者用功之深，穷理之熟，然后能融会贯通，以至于此。”一切学问、技艺、本领、造诣，若心欲求其高巍、卓越、出类拔萃，不仅在于继承之，而更难的是在于融汇之、创新之、超越之。当然继承必不可少，且继承得越厚重，越深广，才能放飞得更高更远，踏在巨人的肩头，才能比巨人更高出一头！庄子曰：“水之积也不厚，则其负大舟也无力”，鲲鹏则因其在九万里高空，风之积特厚，负大翼有力，故图南而大成！

至此，又悟及创新型人才的培养问题，再回到前面所提的“钱学森之问”：“为什么我们的学校总是培养不出杰出人才”？多少年来，全国上下都在积极求解。这固然有多方面的原因，但首先要培养学生敢于创新与创造的精神，教育者与受教育者都需要适宜的教育生态环境。有理论工作者说：“多少年来，我们广大理论工作者的任务似乎不需要创造理论，主要是干诠注理论、宣传理论的活。”（《理论视野》，2009年第12期）这样的环境如何能培养创新型人才呢？培养学生在学习中的独立思想，批判精神与创新意识是首先需要确立的思想基础。这也是《学记》所提出“和、易、以思”的精神内涵。

如果对照《学记》，那么可以用《学记》来诠释印证钱学森，反过来钱学森又可以丰富与延伸《学记》的理念与智慧！钱学森用行动实践谱写的“学记”，与之辉煌业绩亦将载入史册，丰富新时代的“学记”内涵。诚然，真正的不朽经典就可以在这样的双向互动的诠释里不断地丰富起来，伴随时代脚步从远古的经典时代走向今天，又再将与时俱进地迈向未来！故有机会常不忘去钱学森图书馆参观、遐思，而每一次都会让自己的心灵得到启迪与提升。

齐白石：源于自然与生活的“学记”

学者各有其维度的“学记”，其实各行各业都有可说可道的“学记”。这里略说大画家齐白石的“学记”。齐白石誉为“中国人民杰出的艺术家”，这是一九五三年一月齐白石生日时，中央人民政府文化部授予他的光荣称号。他是画坛很特殊的人物，他的“学记”也颇有特色。著名戏剧家吴祖光所著《“二流堂”里外》曾专有一文关于齐白石的介绍，读后有感有悟。笔者从齐白石另辟蹊径的“学记智慧”维度切入，为读者提供源于自然与生活的自学成才之“学记”。

一、木工出身的画家

齐白石（1863—1957），出生于今湖南湘潭县，原名纯芝，字渭青，号白石、白石山翁等，近现代中国绘画大师，世界文化名人。我们尤其熟悉他鱼虾画得栩栩如生，十分歆羡他高超的画艺。国际友人到中国来，很多人都以能求得他的墨宝与画作为幸事。他曾任中央美术学院名誉教授、中国美术家协会主席等职，然而，他自己却未曾在高等艺术院校深造过。他出生于贫苦农家，八岁时才由母亲以卖出往年积存的四斗谷子的钱，读了半年书。之后仍辍学在家，每天牧牛砍柴度日。父亲看他年幼力弱，叫他学了木工。由粗工做起，后转入制作精微器物，雕刻桌椅花纹。于是因选花样而接触画本，他被一本《芥子园画谱》所吸引，每天夜晚以松油柴火为灯，习画十余年。他得雕花木匠的技巧，然后才学作画，致使他的雕花木工无不刻画如神。二十岁以后，白石的画名逐渐为乡人所知，因而得从两位民间画师学习画像，兼做了画工，技艺再次得到了提高。他画像工细的程度能在纱衣里面透视袍褂上的团龙花纹，被人称为绝技。在二十七岁时，他才得到一位不收学费的老师教他读书识字。因为他仅在八岁时读过半年书，识字太少。从学唐诗开始，经过多年的苦学，白石先生又成为后来著名的诗人。尤其他的题画诗，紧紧结合他劳动生活的素材，流露着深挚的人情味。（参见吴祖光著《“二流堂”里外》，江苏文艺出版社）

雕花木刻的根底，又成就了齐白石成为雕刻印章的名家。刻印也是我国传统艺术中一门重要的学问，而且印章也是一个时代中与人民生活息息相关的必需品。现代人可能不容易理解，笔者记得二三十年前，凡成人都有一枚刻有本人名字的印章，许多工作与生活场合都有必须盖章的手续程序，现在这已成为一个文化留存了。又如一些珍贵藏书中盖有私家个人的藏书印章。书画作品落款也都盖有作者的红印章。白石先生对于刻印也曾进行了十年的苦练，他曾经记述过自己学习刻印时的艰苦情况：“余学刊印，刊后复磨，磨后又刊。客室成泥，欲就干，移于东复移于西，移于八方，通室必成池底。”如此苦练刻印，反复磨和刻，经历了东磨西移，家里弄成泥浆池的艰辛磨砺。白石初学刻印时取法于秦汉碑版，到晚年时便由必然王国进入自由王国，创造了自己独有的风格。他本来具有雕花木刻的根底，又加上十年苦练，刻印艺术上获得了很高的造诣，篆刻自成一家。其书法卓然不群，工于篆隶，行书古拙有天趣。白石先生曾这样评定：“自己最好的是诗，其次是刻印，再次是写字，最后才轮到作画。”只是人们普遍知道他的画，认他为大画家，而忽略了他的诗和篆刻艺术。

白石先生作画生涯延续了八十年，“这在世界艺术史上也应该属于奇迹。然而更应该属于奇迹的是在这八十年来他只有两次间断十日未能作画：一次是六十三岁时生了一场大病‘人事不知者七日夜’；第二次是六十四岁时母亲在故乡死去。这样的‘锲而不舍’的勤劳作风已为新中国年轻一辈的艺术工作者树立了光辉的典范，使年轻人想到这里便觉得惭愧而奋发兴起。”这样勤奋刻苦的“学记”，非常规的训练，别开生面，确也具有很现实的教育意义，任何才能学问都是靠勤奋努力学习得来的。正如古人言：“锲而舍之，朽木不折；锲而不舍，金石可镂。”

二、源自自然与生活的灵感

齐白石誉为“人民艺术家”，其作品无不洋溢着纯朴的民间艺术风格。浓厚的乡土气息，醇厚的乡村选材，纯朴而富有农民韵味的题诗语言，无不展现出大自然与生活的勃勃生机。

齐白石充满对大自然的热爱，他在自写小传里提出：“为万虫写像，为百鸟传神”，为此也倾注了毕生的精力和心血。他从学画开始，就在家养了很多草虫，像纺织娘、蚱蜢、蝗虫、蝴蝶、蚕、蛾之类；还有鱼、虾、青蛙和其他的小生物。他经常地注视、揣摩这些小生命活动的规律，掌握它们各自的精神特点和外形特征后，作直接写生的练习。天长日久，这些小生物的形神意态已活跃在心中，就像郑板桥画竹时“胸有成竹”那样，画出来也就神态毕肖了。

吴祖光赞赏齐白石的画：“他画樱桃，那样鲜红晶莹，玲珑浮凸，好像可以掐得出水来。他画鱼虾，透明的鱼虾就好像活在水里一样。他画的青蛙，一笔下去就使人感到青蛙腿部肌肉的跳跃。他独创的红花墨叶的两色花卉，充溢着青春的浓艳。不着色的浓淡几笔的墨笔画，虽只用单一的黑色，却更是奇丽而多彩。人们特别喜爱他画的鸡雏，纷呈着多少不同的姿态，幼稚的，然而又是精神饱满的富有性格的小生物。”这些描述传神生动，齐白石现实主义的画风跃然纸上。画作的高超技艺，渗透的是作者日积月累的刻苦之学，尤其源于他对自然与生活素材的精细观察和提炼。

大自然和社会生活是艺术创作取之不竭的源泉。齐白石的绘画虽是从人物画像开始，但是他成为画家以后，选取的题材便主要转向草、木、花、鸟、虫、鱼之类，山水、人物画得比较少。“齐白石先生四十岁那年，由于生活的逼迫，他初次离开了家乡；经过洞庭湖，到了陕西省的古都西安。没有多久，他又渡过黄河而到北京，随后又去上海、江西南昌，上庐山，到桂林，看广西山水，又到广东。前后七年，他走了半个中国又回到家乡。走的地方多了，看见的东西也多了，名山大川扩大了他的眼界和胸襟；他画的画渐渐改变了作风，从工笔的细致描绘走上了写意的道路。”回到家乡后，“他把七年来经过各地所画的山水画稿一幅一幅地画过，一共画了五十几册。又抽出闲暇的时间，在山下种了果木三百株。”齐白石更加自觉地沉浸在宇宙天地中，去获取更多大自然的创作灵感。

绘画可将自然万物、人生百态融于笔墨，跃然纸上，给人鉴赏与启迪，这是深具想象力和表现力的艺术创造。齐白石题材构图简易明快，却新异脱俗，颇得大众百姓的喜爱。他的画作大多贴切表现人们熟悉的日常生活状态和大自然草木虫鱼的万千情态。他所画花鸟虫蟹，天趣横生；所画人物形态，贴近社会生活，尤其善于反映底层民众的疾苦与情感，这与他贫苦童年的生活烙印密切相关。他中年以后，因谋生所需，又为避难战乱，曾离乡在外。这时有思乡之作，“题为《扶梦还家》的画，充溢着梦与思家的乡愁：远山、石壁、老树、篱笆和两间奇斜的瓦房，一个红衣的孩子跑出房门，伸手迎着对面策杖而来的老人。并且题了这样的诗：‘老屋风来壁有声，删除草木省疑兵；梦中大胆还家去，且喜儿童出户迎’”。在此，让我们领略了他题画诗淳厚简朴的意境。其语言明快简洁，却脱俗清新而感人，反映的现实生活真切传神。诗文相辉映，留下艺术的珍品，至今更是宝贵的社会写照与历史留痕。

三、智慧启迪与感悟

齐白石晚年的写意画作，更是进入了形神兼备的佳境，开创了其独具特色的大写意国画风格。尤以花鸟、虫鱼、虾蟹为工绝，以其独特的艺术语言和视觉情态，为世人所重，享誉画坛。齐白石木工出身的学画之“记”，当是别样的风采和智慧。

智慧一，画艺的经验体悟。长期的绘画实践，他总结出独到的经验：作画要在“‘似与不似之间’，简单说来，就是，又像又不像，画要画像，就应该准确巧妙地刻画形象，可是在某些地方又不能跟原物完全一样，所以又要不像。如他画虾，他有意删掉一部分虾的须，而突出另外一部分，这使虾更富有艺术魅力了。”同时，他还辩证地揭示出“太似为媚俗，不似为欺世。”这一较为深层的绘画之“道”，是他从大自然无言之教中得来的灵感与体悟，不到一定的火候是体悟不出的。

智慧二，对大自然的精微观察与扎实功力。齐白石的绘画是现实主义的，是与大自然的日常生活紧密相联的，因而不是虚浮空洞的。他幼年出去放牛时“将《论语》放在牛角上。牛在野地上吃草，他就埋头读书。”大自然中的陶冶与其毕生的勤读苦练，以至自养小生物，自种花草树木以揣摩观察，练就了万物藏于胸中，画笔如有神的功夫，“他天才的画笔，抓住了自然万物的精魂”，终于“达到了脱尽前人窠臼而致于笔到神到，无所不能的化境。”

智慧三，民间艺术风格与传统文人画风相融合。齐白石的画幅名重画坛，代表作《蛙声十里出山泉》《墨虾》等价值连城，世人追捧不懈，因其高度的艺术价值，并非停留于一般的民间艺术水准，其画艺有被认为达到了中国现代花鸟画最高峰。齐白石虽是自学成才，“无师自通”，但学问工夫是做到家的。一方面自我勤学苦练，一方面也善于博采众长。他的画艺既受古代画家徐渭、石涛等的影响，又汲取现代画家吴昌硕等所长，达到了古朴醇厚又明艳相宜，笔酣墨饱，雅俗共赏的高境界，跃入一个自我创新与拓展的新天地，并开辟出绘画艺术发展的新导向。

齐白石的学画之“记”，更多“求诸己”的精神，给人更多事在人为的信心，激励有志者寻找自己的发展方向，矢志不移，终能得大成，成大器！笔者从齐白石的学画之“记”中，亦感悟到美术的多重功用，且又见蔡元培有一段关于美术的论述，很有哲理，多重内涵并存：

过劳则思游息，无高尚消遣则思烟酒、赌博，此系情之自然。所以提倡美术，既然人得以消遣，又可免去不正当的娱乐。

美术所以为高尚的消遣，就是能提起创造精神。罗素佩服老子“为而不有”一语。他的学说，重在减少占有的冲动，扩展创造的冲动，就是与功利论相反的。但这种减少与扩展的主义，可用科学证明。这种习惯，只有美术能养成他。因为美术一方面有超脱利害的性质，一方面有发展个性的自由。所以沉浸其中，能把占有的冲动逐渐减少，创造的冲动逐渐扩展。美术的效用，岂不很大么？中国美术早已卓著，不过好久没人注意，不能尽量发展。(《蔡元培教育名篇》)

首先，美术适宜《学记》所提倡的“游息”之需要，可调节身心。其次，美术为高尚的消遣，可避免不正当的坏习气。再次，还能超脱功利，减少占有欲，增强创造性，自由发展个性，真是一举多得。此也从科学论证的角度，印证了齐白石自由发展个性与艺术创新的完美结合。美术创作既得自我发展，又给人以美的享受，高雅艺术，让人歆羡！

为学与生命智慧

撰作《学记智慧》时，常会想起著名思想家与学者魏源曾撰写过的十四篇《学篇》。当笔者读到后不禁怦然心动，为其治学的精彩阐发所感动，且深感这是一份珍贵的遗产。其中对为学与生命关系的思考，大有启迪价值，然其传播不广，故笔者录之传之，今人后人当从《学篇》里汲取为学的大智慧。

一、《学篇》对“性命”之思考

《学篇》十四

为生计而不为死计，为子孙计而不为身心计，好利之通蔽也；为身后名计而不为身后性命计者，好名之通蔽也。“朝闻道，夕死可矣”，不闻道而死，曷异蜉蝣之朝生暮死乎？人生十五以前，惟知为身计；三十以前，惟知为家计；四十以往，惟知为子孙计，为身后名计；其为性命计者，千万中无一焉。《诗》曰：“蜉蝣之羽，衣裳楚楚。心之忧矣，于我归处。”不知此身之所归者，岂独百年为蜉蝣，即数百年、数千年之名，亦孰非楚楚如云知蜉蝣乎？

太虚之精气流动，充盈于天地间，必有入也。集于列星，与为光芒；集于水火，与为润旸；集于金木，与为柔刚；集于珠玉，与为精英；集于圣人，与为敻明；藏于胸中，为之智；启于耳目之间，谓之聪明；藏于肾，则骨坚强；刑于志，则材料茂刚。人之生也不过数十年，天地之水火在人身用之经数十年，食饮益有黍身之学，爵禄而止矣；有华身之学，謏闻（xiǎo wèn，小名声）而止矣；有以身济身之学，猷效邦国而止矣；有践形尽性之学，耄老不足，死生夭寿不可离，则未知所止矣。由浓华而进于淡泊，可以为达到士，未若由淡泊而进于恐惧也；由固陋而进于淹通，可以为硕儒，未若反淹通而会于本原也。《诗》曰“高山仰止，景行行止”，《诗》之好仁如是夫！不知年数之不足，“俛焉日有孳孳，毙而后已”。

此文论述了为学者“好利”“好名”之通蔽：只知道为身计、为家计、为子孙计、为身后名计，而“为性命计者，千万中无一焉”。而且不知所止，直至“毙而后已”，这与今之“鞠躬尽瘁，死而后已”是同一回事。如何“为性命计”，为何古今学者均未能“醒悟”，都要走在这条道上呢？这已成了一个值得思考的永恒话题。

二、《庄子》对“弃生殉物”的批判

茫茫人世，滚滚尘埃，一生跋涉，一路颠簸。如何能够为自身性命计，保全其身，颐养天年？这是一个智慧的大考题。对此，庄子给予了明哲的指点，较深刻分析批判了“弃生以殉物”的人间世相。

“以养其身，终其天年。”《山木》里有两则寓言，第一则记载一树木因为是无用之材，所以免遭砍伐，而终得尽其天然自然的寿命。第二则，是比较两只鹅的不同命运。其中一只因其不会鸣而得以免杀。此两则构成悖反：一是不成材而不遭砍，一是不成材而遭杀，故门人探问命运生存的大道理。

庄子指点弟子：其一，若将处于成材即有用有为、不材即无用无为之间的中道，似乎很智慧，但这样处世会很累。这是因为似乎得其中道，而其实并非得其真道。其二，假如能乘着大道至德，而像浮云那样漫无目的地游动，那就不一样了。这就没有了赞誉，也没有了诋毁，或似龙腾飞，或似蛇行处，与时机俱相变化，而不肯偏执专为；或上或下，以和顺为限量，如浮云游行于万物之初始，以外物为物，而不物化于外物，那么怎么能劳累呢！这就是神农、黄帝的法则。其三，至于说到万物的真实情况、人伦的传习，那么就不一样。有聚合就有离散，有成功就有毁坏，有棱角就有挫折，有尊贵就有议疑，有作为就有亏损，贤能就遭谋算，不肖就遭欺侮，怎么可得确保呢！悲啊！弟子们记住这些，大概只有去归向大道大德啊！

若从养生来说，那么生命本是一把利刃，然而面对世事的丛错纠结，名利纷杂的矛盾、坎坷的路程，风波的激荡，这不就像操刀解牛一般吗？不可轻试乱砍，否则必定遭遇性命之“刃”的损毁，致使生命之“刀”折断。

生命的悲哀，有一种便是不为完身养生，却为弃生殉物。《庄子》里的颜阖是鲁国的贤人，是位完身养生的得道者。《让王》有这样的讲述：鲁君闻颜阖得道之人，使人以聘礼求之。颜阖，得清廉之道，贫俭处世。他面对使者，巧妙地驱使来者后再作审察，最后自己隐之而去。原文有评论：“故曰：道之真以治身，其绪余以为国家，其土苴以治天下。由此观之，帝王之功，圣人之余事也，非所以完身养生也。今世俗之君子，多危身弃生以殉物，岂不悲哉！凡圣人之动作也，必察其所以之与其所以为。今且有人于此，以隋侯之珠（甚贵重者），弹千仞之雀，世必笑之。是何也？则其所用者重而所要（求）者轻也。夫生者，岂特隋侯（其珠）之重哉！”

事实上“今世俗之君子”，不仅可看作是庄子那时所说的当世之“今”，也是二千多年后的如今世俗之“今”，亦然包含再往后将来的世俗之“今”。神奇的是，庄子的话永远是“现在时”，试看那一世的世俗君子会缺乏“危身弃生以殉物”者？！确实，每代都有让世人扼腕叹息的英年早逝者，甚至佼佼者杰出者，难道还少吗？

三、尊生之养生智慧

尊生，是尊重、尊崇生命；养生，是保养、护养生命。养生者，似乎尊生，但并非如此。此两者关系的辩证辨析是庄子的又一种智慧。

《让王》：“能尊生者，虽贵富，不以养伤身；虽贫贱，不以利养累形。今世之人，居高官尊爵者，皆重失之。见利轻亡其身，岂不惑哉！”《疏》：“夫乱世浇伪，人心浮浅，徇于轩冕以表其身，逐于财利以殒其命，不知轻重，深成迷惑。”我的生命，我做主；然而没有做好主的却是屡屡见之。世人往往自我作践，糟蹋生命，戕害自身，不是护养，而是每日用利斧砍伐自身，不能尽其天命，而夭折者屡屡见之。如果虽富贵，而却以富贵来养生而至于伤身，这就不是尊生！如果虽贫贱，却以贪利来养生而至于累身，亦然不为尊生！庄子指出今世的那些身居高官尊爵者，都把失去它们看得很重，贫贱者见利而轻忽丧失其身，难道不都是疑惑吗！

大王亶父，是一位远古的尊生典范。大王亶父，即古公亶父，是王季的父亲，周文王的祖父。此篇还记载亶父的一段历史：“大王亶父居邠，狄人攻之。事之以皮帛而不受，事之以犬马而不受，事之以珠玉而不受，狄人之所求者土地也。大王亶父曰：‘与人之兄居而杀其弟，与人之父居而杀其子，吾不忍也。子皆勉居矣！为吾臣与为狄人臣，奚以异！且吾闻之，不以所用养害所养。’因杖策而去之。民相连而从之，遂成国于岐山之下。”《疏》：“用养，土地也。所养，百姓也。本用地以养人，今杀人以存地，故不可也。因柱杖而去，民相连续，遂有国于岐阳。”这里的“以养伤身”“以利累形”，皆为得不偿失矣！

四、为学与健康养生

为学要发愤，什么是发愤？古人有说：“三更灯火，五更鸡。”这里要汲取的不是那种做法，而是其中发愤苦读之精神；因为若按照这样去做，那么必定会将身体搞垮了。其实人生要想做成一点事，进而完成大事业，非发奋不成。此又想起勾践为了复国的那种砥砺发愤。汉赵晔《吴越春秋·勾践归国外传》：“越王念复吴仇，非一旦也。苦身劳心，夜以接日。目卧则攻之以蓼，足寒则渍之以水，冬常抱冰，夏还握火。愁心苦志，悬胆于户，出入尝之不绝于口。中夜潸泣，泣而复啸。”勾践发愤图强，不忘耻辱，为免沉湎安乐之中，而卧薪尝胆，励志复国。但是，这一切都需要有健康的体魄才能去实现，还得归结到“生命”这一“本原”上啊！

梁启超壮年早逝使人痛惜，其中不乏可吸取的教训。胡适在其《四十自述》中提及梁启超，说：“他自信他的体力精力都很强，所以他不肯开始写他的自传。谁也不料那样一位生龙活虎一般的中年作家只活了五十五岁！”梁启超自信自己精力充沛，长期超负荷工作。病倒了，还是不愿停止读书治学，仍然劳神费心，使病情时有反复。当时被誉为“四大名医”之首的医生肖龙友，与梁启超相交深笃，告诉梁：“治病不能单纯靠药，三分看病七分养，若想彻底恢复健康，必须放下书本，安心养病，否则华佗再世也无能为力。”梁启超却说：“战士死疆场，学者死讲堂，死得其所，何惜之有！”（王凯《梁启超死因之谜》，载《中国档案报》2004年11月19日）时隔不久，梁启超病情恶化，在北京协和医院逝世。这位中国近代思想文化巨擘，虽然只有短暂的五十六个春秋，却在政治、文化等诸多领域开启新风，作出了很多劳迹和贡献。他如能再有十年、二十年或更多做学问的生命时间，会创造多少精神财富啊！生命逝去，皮之不存，毛之焉附？一切无法挽回。

为学途中迷而不知者众多，他们以有涯逐无涯，且乐此不疲，求索不已。《庄子·天运》：“夫至乐者，先应之以人事，顺之以天理。”天理即是天道、自然的法则，人的生命必定是要终止的，这是无可抗拒的自然规律。故为学与生命的学问智慧当是为学者必须把握的，问题在于理解容易践行难。

清代甘树椿教育其子女说：“汝晚间读书，动至彻夜不寐，此最于养身有碍。人之精神，只有此数，夜间久坐，日间必不能早起。俾昼作夜，阴阳颠倒，非所宜也。人生全靠精神干事，如精神不旺，学问必不能成，事业必不能就。夙兴夜寐，动止以时，此爱养精神之良法也。”（《中国历代家训观止》）这些顺应天时的为学读书作息安排，无疑是有益于生命健康的忠告。

再者，为学与养眼、护眼的问题亦当关注与重视。读书人往往损伤眼睛，今日电脑似乎对眼睛的损伤尤其厉害。现代信息爆炸，90%的外界信息由眼睛接受，使眼睛超负荷工作而产生“疲劳毒素”，眼睛成为全身疲劳的发源地。我国中医专家认为：“累从眼入”，“眼睛作为最易受到疲劳侵袭的源头，对于全身疲劳症状的出现起到预警的作用。解决全身困累，当从眼睛开始。”（《江南保健报》）多做运动、郊游等户外活动，缓解眼疲劳，也当引起为学者的格外重视。

钱钟书曾在《管锥编》中谈到护眼问题。张湛《嘲范甯》：“得此方，云用：损读书一、减思虑二、专内视三、简外观四、旦晚起五、夜早眠六，凡六物。……修之一时，近能数其目睫，远视尺捶之余。长服不已，洞见墙壁之外，非但明目，乃亦延年。”

钱钟书写下了一段极其意趣的按语，说：“诸贤并有目疾”，以“郑康成”“左太冲”与“左丘明”“杜子夏”并举，当是瞽者、眇者、短视者、“患目疾”者，以终身残疾与一时疾恙，泛滥牵连。郑玄、左思，载籍不言其盲，史祇云太冲“貌寝”，《艺文类聚》引《郑玄别传》且称“秀眉明目”也。“智如目也，能见百步之外而不能自见其睫”，出《韩非子·喻老》），“数”极言服方奇效，能世所不能。“百尺之捶，日取其半，万世不竭”，出自《庄子·天下》，“余”

隐谓经万世取半而犹存者，其思已甚。

“六物”中首举“损读书”，终归夜早眠，盖于学人之手不释卷、膏以继晷对症下药。黄庭坚《病目和答子瞻》：“请天还我读书眼，欲载轩辕乞鼎湖。”《次韵元实病目》：“道人常恨未灰心，儒士苦爱读书眼；要须玄览照镜空，莫作白鱼钻蠹简。”可参观。温庭筠《访知玄上人遇暴经》：“惠能不肯传心法，张湛徒劳与眼方。”杨玄龄《杨公笔录》：“余自幼病目昏，遍求名方二十余年，略不少愈，因得张湛与范甯治目疾六物方，遂却去诸药不御。”陈与义《目疾》：“著篱令恶谁能继，损读奇方定有功。”则明指张湛此文矣。斐尔丁剧本中一贵公子云：“天下伤眼之事，无过于读书。吾尝阅法国小说，数月间毕十一二页，而秋水之明已大减，致不办向妇人平视目语。”此亦以“损读”为“眼方”也。（《管锥编》）“儒士苦爱读书眼”，是心得与经验之谈，亦是提高为学者之为学与生命质量的重要一环，当引以为戒。

篇六

《学记》书缘智慧

书籍是“无言之师”。从学问到人生，从知识到智慧，书籍指点迷津，陶冶情操，是受教获益的良师益友。倡言求知，劝学读书，是中华民族的优良传统。读书、藏书、抄书、刻书、校书、著书等等，都是古今中外文人学者的人生乐事。书卷、书画、书房、书友、书会，以及藏书楼、图书馆等与书结缘的话题，都令读书人欣喜不已。进入荧屏时代，书香气息渐现淡化之势，传统求知方式在悄然变化之中，此时重温与分享先哲学者们的读书心得，感悟他们的书缘人生，或也是绵延“学记”文脉之一途。

读书：天下第一好事

《学记》重视“居学”，即课外之学。课外学习，大多会面对教材或各种书籍的“无言之师”。普天之下，古往今来，好书者、嗜书者，嗜好读书、藏书、写书者真是不可胜数。读书成为文明社会中人所向往的乐事，诚如编辑学家张元济所说：“天下第一好事，还是读书。”书是人类智慧传承的载体之一，推动着人类社会一代代向前迈进。读书也造就了一代代圣哲鸿儒、科学大家、贤人志士，他们的读书体验和美谈趣闻，无不可品、可评、可鉴，对于今天和未来的读者都会有教益和启迪。这里略举古今有意趣、有意蕴的读书事例，以窥测天之一斑，以蠡测海之一勺。

一、读书奠基人生

重视读书是中华民族的传统，早已形成社会风气。重视对孩子的读书启蒙，更是家庭教育的重要内容，“读书人贤，积德慧儿”；“至乐无如读书，至要莫如教子”；“人劝一时，书劝百世”等至理名言俯拾皆是。在读书与黄金的天平上，古人更多倾向于读书。《汉书·韦贤传》有曰：“遗子黄金满籯（yíng），不如一经。”黄庭坚也曾说：“藏书万卷可教子，遗金满籯常作灾。”因此，读书从幼学蒙童就重视起来，家庭学童日日诵读启蒙课本，是旧时读书风景。

饶宗颐，这位国际公认的一代宗师巨匠，曾任香港中文大学等高校教授。饶宗颐学术广博，著述富足，学术精湛，纵横经史子集，会通古今中外，在学术与艺术上的造诣均达到相当高的水准。他成功的一生，由其幼年优渥的读书环境为之奠基。

饶宗颐家中“天啸楼”藏书达十余万卷，是当时粤东最负盛名的藏书楼。从幼年起，他就朝夕浸泡在“天啸楼”读书，究竟读了多少，简直无法计数。晚年出版的《选堂清谈录》，有他对于家学经历的相关回忆，读之很有趣味。

饶宗颐在回忆中认为：家学是做学问的方便法门。他自小就受家学严格训练，培养读书、写字、习画，作诗、填词等基本功。以后觉得学校里老师讲的，我早已知道。儿时喜读《三国演义》《封神榜》和《三侠五义》等古典小说。10岁能诵《史记》，并能看佛典、经史和诗词等。

他体会到要做成学问，“开窍”十分重要，要让小孩心里天地宽广，让他们充满幻想，营造自己的世界，同时要注意引导他们少走弯路。“我七八岁时读

《封神榜》，最引我入胜的是一个‘神’的问题，这样我就写了一部小说叫《后封神榜》。很可惜这本书不知散落何处，至今还没办法找到。”（参见饶宗颐《我的家学经历》）可见他广博的史识，做学问的深厚功底、丰富的想象力和思维表达能力等，都已在“天啸楼”读书岁月中奠定下了成功之基。

当然，像饶宗颐这样的读书条件是很少见的，但在普通家庭，为孩子读书倾尽全力是普遍的现象，“耕读传家”的理念深入人心且代代相传。

二、书痴·书淫·书魔·书橱

为学少不了读书、念书、啃书、用书、借书等，但就读书而言，则要活泼泼地读，活读书，读活书，书读活，而不能死读书，读死书，书读死。然而历史上则不乏书呆子，足引以为戒！

人生之“痴”者，有“钱痴”，也有“情痴”，还有“书痴”，比“书痴”还要痴迷的，大约要算“书魔”“书淫”了吧。“书痴”者，如《旧唐书·窦威传》：“威家世勋贵，诸昆弟并尚武艺，而威耽玩文史”，“诸兄哂之，谓为‘书痴’”。再如陆游《苦贫戏作》诗：“箕踞浩歌君会否，书痴终觉胜钱痴。”这是一种幽默的智慧！蒲松龄《聊斋志异·阿宝》说：“性痴则其志凝，故书痴者文必工。”这是对“书痴”的一种肯定！清代和邦额《夜谭随录·苏仲芬》则说：“人谓执而不化者为书痴。”这又是指出“书痴”或存在的弊病，执而不化，痴迷而不悟！同样“书癖”，是指对书籍特别爱好而成癖者。唐代高适《古乐府飞龙曲留上陈左相》诗云：“公才山吏部，书癖杜荆州。”陆游《示儿》诗：“人生有病有已时，独有书癖不可医。”陆游那种爱书、读书而成癖的情形，千百年之后犹如在目前！又清代和邦额《夜谭随录·霍筠》：“筠自此益加精进，遂成书癖。”这里大概也没有贬义。

“书淫”，并非贬义，而指古代嗜书成癖、好学不倦者。《北堂书钞》卷97引晋代皇甫谧《玄晏春秋》：“余学或兼夜不寐，或临食忘餐，或不觉日夕，方之好色，号余曰书淫。”《晋书·皇甫谧传》记载，西晋皇甫谧好读书，废寝忘食，当时人称之为“书淫”。两书证互应，真见一位好学不倦，浸润其间的书淫者！无独有偶，再如《梁书·文学传下·刘峻》所记：“峻好学，家贫，寄人庑下，自课读书，常燎麻炬，从夕达旦”，“清河崔慰祖谓之书淫”。此谓南朝梁的刘峻寄住在人家，晚上用麻做成火把照亮读书，直至天亮，人们也称他为“书淫”。此也比喻读书成癖，五代刘兼《昼夜》诗：“花落青苔锦数重，书淫不觉避春慵。”清吴伟业《偶值》诗：“出门因酒癖，谢客为书淫。”真是好一个“书淫”！

“书魔”，谓嗜书入迷，见诸白居易《白发》诗：“书魔昏两眼，酒病沉四肢。”再如清代叶庭琯（guǎn）《吹网录·史载之方题跋》：“余之惜书，其真佞宋耶？诚不失为书魔云尔。”书魔之词，亦历经数代矣！

书橱，本是藏书的橱柜，然而也比喻学问渊博的人。譬如《宋史·吴时传》：“（吴）时敏于为文，未尝属稿，落笔已就。两学目之曰‘立地书橱’。”宋代叶适《题端信师帖》：“淳熙初，都下禅讲尚多宿旧名人，师年少，操矛入室，援据古今，中其机要，咸相顾叹骇，曰：‘信（端信）书橱，不可与争也！’”又有说“有脚书橱”，此语戏称记闻精确、知识渊博之人。宋代龚明之《中吴纪闻·有脚书橱》：龚程“自幼读书于南峰山先都官墓庐，攻苦食淡，手未尝释卷。记问精确，经传子史，无不贯通。乡人号为‘有脚书橱’”。

然而“书橱”之拟喻，有褒亦有贬，常讥刺那些读书虽多而不能运用的人。《南齐书·陆澄传》：其人“当世称为硕学，读《易》三年不解文义，欲撰《宋史》竟不成。王俭戏之曰：‘陆公，书橱也。’”再如唐代韦縠《才调集序》：“余少博群言，常所得志，虽秋萤之照不远，而雕虫之见自佳。古人云：自听之谓聪，内视之谓明也。又安可受讥诮于愚卤，取谗于书厨者哉？”再如鲁迅《而已集·读书杂谈》：“倘只看书，便变成书橱，即使自己觉得有趣，而那趣味其实是已在逐渐硬化，逐渐死去了。”

还有“书簏”一说，义同“书橱”。《晋书·刘柳传》记载，晋人傅迪好读书，但是往往读不懂。刘柳称他是“书簏”。簏是用竹子或柳条、藤条编成的圆形盛物。《新唐书·李邕传》：唐人李善博古通今，但是不会写文章，人也叫他“书簏”。“书簏”也比喻读书虽多，但不善于运用的人。李商隐《咏怀寄秘阁旧二十六韵》：“自哂成书簏，终当祝酒卮。”后人还有“两脚书橱”之说，讥刺人变成两只脚的藏书柜子了。所以，读书应该明确目的，要读之可用，吸取其中的正能量。

三、读书苦乐相伴

读书因各人需求不同，可有各种读法，因而也有各种读书心情。笔者读得哲学大家张世英所记录他父亲的座右铭：“无穷岁月增中减，有味诗书苦后甜”，感觉很有哲理，也很有同感。诗书是有味的，对于为学做学问来说，读书须要先苦后甜，能够尝到苦与甜的滋味，则是读书更深了一层。在此，略说苦乐相伴的读书趣事。

《论语》开篇的第一章第一句便是，子曰：“学而时习之，不亦说乎？”千百年来，人们习而诵之。这是孔子以学为乐，读书忘忧忘食的写照，也道出了无数读书人的心声。“至乐无如读书”的理念，在读书人中十分普遍。

宋人尤袤，字延之，无锡人。其积书甚富，嗜书甚笃，尝谓之："饥读之以当肉，寒读之以当裘，孤寂而读之以当朋友，幽忧而读之以当金石琴瑟。"（《少室山房笔丛卷四》）此读书之"四当"，蕴含着精神力量，颇具积极意义。

再如：明李贽《读书乐》有言："束书不观，吾何以欢？怡性养神，正在此间。"读书至乐的欢愉情态写得淋漓尽致，活泼感人。点明了读书可以疏达神思，怡理情性。汉徐干《中论·治学》说："学也者，所以疏神达思，怡情理性，圣人之上务也。"怡情理性，即是陶冶情性。且视之为"圣人之上务"，足见其读书境界不俗。

明代于谦曾经作了一首《观书》诗："书卷多情似故人，晨昏忧乐每相亲。眼前直下三千字，胸次全无一点尘。活水源流随处满，东风花柳逐时新。金鞍玉勒寻芳客，未信我庐别有春。"全诗充满喜乐的心，作者将书比做多年的老友，喻为春天的使者，无论朝暮旦夕、快乐忧愁，只要与好书陪伴，每天都是胸无杂念，春意盎然。其读书不倦，乐在其中的欢欣也跃然纸上。于谦与岳飞、张煌言并称"西湖三杰"。明代的读书人，大都以读书为仕途敲门砖，进入官场后不再认真读书。于谦却能在《观书》中抒发这样酷爱读书的超尘脱俗之心，别开新风，也正说明"读书为天下第一好事"并非虚言。

以上多为轻松愉悦的读书心情，史书上也不乏读书发愤勤苦之典故和趣闻逸事的记载。

读书求学"刻"之诀：刻苦·刻棘·刻楮。刻苦，指研读的勤苦。此出自韩愈《柳子厚墓志铭》："居闲益自刻苦，务记览。"此词发展至今，用得最为普及广泛。

刻棘，语本出自《韩非子·外储说左上》："宋人有请为燕王以棘刺之端为母猴者，必三月斋，然后能观之，燕王因以三乘养之。右御、冶工言王曰：'臣闻人主无十日不燕之斋。今知王不能久斋以观无用之器也，故以三月为期。凡刻削者，以其所以削必小……'王因囚而问之，果妄，乃杀之。"韩非本用以讽刺燕王轻信说客，本是办不到的事，因为不可能用刻刀在棘刺尖上刻出母猴来，后以"刻棘"比喻治学的艰难困苦。清代沈炯《书怀》诗："草《玄》字字翻成白，刻棘年年未类猴。"近代严复《原强》诗："刻棘之业虽苦，市骏之赏终虚。"

刻楮，出自《韩非子·喻老》：宋人有为其君以象为楮叶者，三年而成。丰杀茎柯，毫芒繁泽，乱之楮叶之中而不可别也。此人遂以功食禄于宋邦。列子闻之曰："使天地三年而成一叶，则物之有叶者寡矣。"故不乘天地之资，而载一人之身；不随道理之数，而学一人之智，此皆一叶之行也。这是寓言，说宋人有为国君将象牙雕刻为楮叶，竟至于能以假乱真。后人就取其前部分内容，将其“刻楮”比喻技艺工巧，也指治学刻苦。如陆游《别曾学士》诗：“画石或十日，刻楮有三年。”画石头或用十日，刻楮却要有三年之工夫。明瞿佑《归田诗话·鼓吹续音》：“半生莫售穿杨技，十载曾加刻楮功。”“刻楮功”就是治学的苦功。

四、读书与著述结合

写书离不开读书，读书有得，便写书著述。书成后，又让更多的人读书获智；再启发人析疑解难，又写新书，使知识增广，代代传衍。

汉代扬雄怀铅提椠著《方言》。汉代扬雄为编写《方言》一书，常“怀铅提椠”，即口袋里藏着写字用的铅粉，手里拿着写夹，向各种人采方言。严复《译天演论例言》说：“如曰高标扬己，则失不佞怀铅握椠，辛苦移译之本心矣。”成语“怀铅握椠”，即是说的这种勤奋调查著述的情形。

明代医学家李时珍为整理我国千百年来的药物和药方，读遍古代医学典籍，吸取各家的精华，竟然做了满满几箱子的笔记。同时，还不辞劳苦“周游四方，进行实地调查。当时交通极不方便，李时珍只能用毛驴代步。他到过江苏、江西、安徽、湖南、广东等地，访问了各行各业的劳动者。归来以后，他投入编纂、撰文、描图和刻书等艰苦细致的工作。这样，经过三十个春秋，李时珍终于完成了皇皇巨著《本草纲目》。这部著作收载一千八百九十二种药物、一千一百二十六幅附图和一万多个药方。这部典籍在世界科学技术史上占有重要地位，在医药学和植物学方面具有重大价值，已经被译成多种文字在世界上广泛流传。”（《创造心理学》）如此巨大的工程，在手工操作的时代，阅读查找、登录抄写、统计核对，该是何等的艰苦卓绝啊！没有乐此不疲的信念和坚毅，是创造不了这一奇迹的。

《荀子·劝学》篇说：“不闻先王之遗言，不知学问之大也。”著述必得读书，因为需要在知晓前人已有知识经验的基础上再行向前。厚积薄发，有积才能有“发”。学术思想之传递，积久才能有见；积愈深，其见才会益新。真正的学者著述，均穷尽一生之生命精力。这样的学者乃为社会、国家之珍宝，永远是后人值得敬仰的高山。他们用心血凝成的著作，带来的真知灼见，必是人类文明的祥瑞福音，是后来者汲取“营养”的不竭甘泉。《冯友兰学记》的封面题词说：“在振兴中华的伟大事业中，每一个中华民族的成员，都应该尽其力所及做一点事。我所能做的事就是把中国古典哲学中的有永久价值的东西，阐发出来，以作为中国哲学发展的养料，看它是否可以作为中国哲学发展的一个来源。我认为中国古典哲学中有些部分，对于人类精神境界的提高，对于人生中的普遍问题的解决，是有所贡献的。”这些著述的目的动因，多为寻找闪亮的智慧，以照耀后人前行之路。

我国古代的科学巨著也举不胜举，历史上无数学者们苦读勤学的精神感天动地，惊世骇俗。他们既有对书的挚爱，也有为人类立德、立功、立言的精神抱负，此也是书之魅力始终不衰的缘由之一吧。人类智慧就凭借着读书—写书的往复循环，永无止境地传承下来又延续下去。读书、写书都是天下第一好事，也是人类文化传承发展的大事。

勤奋执著的真功夫

读书学习必须具有个人的磨炼砥砺，刻苦用功才能学有所得，习有所成。牛顿有名言：“天才就是勤奋，勤奋，再勤奋”。真正的科学发现与创造，都不是轻易能得来的。勤奋与苦功，是无数成功者治学的出发点，也是他们献身事业的基础。持之以恒的勤学苦读，深思熟虑，躬行践履地执著追求，成为他们日常生活的主要内容。有了这样全身心的付出，才换得人文科学与自然科学之曙光普照人间大地。

一、孔子读书之“绝”

孔子留有“韦编三绝”的美谈。《史记·孔子世家》：“孔子晚而喜《易》”，“读《易》，韦编三绝。曰：‘假我数年，若是，我于《易》则彬彬矣。’”这位圣人用功如许，反复诵读简书《易》，甚至把连缀简牍的皮绳子都多次磨断掉。“绝”就是断。“韦”，此指熟牛皮制成的带子，用来连缀简牍。再如《汉书·儒林传序》：孔子“盖晚而好《易》，读之韦编三绝，而为之传”。颜师古注：“编所以联次简也。言爱玩之甚，故编简之韦为之三绝也。”后来就以“韦编三绝”来形容读书勤奋、刻苦治学的精神。晋代葛洪曾感叹说：“圣者犹韦编三绝，以勤经业，凡才近人，安得兼修。”（《〈抱朴子〉自叙》）孔子圣人犹且苦学如此，为世人立一典范。再说孔子读《易》之如此“绝”，也是孔圣人钻研经典之一“绝”了。这也想起了汉代扬雄《法言·问神》所说：“昔乎！仲尼潜心于文王矣，达之；颜回亦潜心于仲尼矣，未达一间耳。”“未达一间”是未能通达，而只差一点。孔子学《易》的做法与追求，可以体悟到如果尚有“一间未达”，则必精进不已，必待化有间为无间。这种了断，也当是孔子勤学苦读之一“绝”了！

二、杜甫读书之“破”

杜甫有名言：“读书破万卷，下笔如有神。”短短的一句话，即是其成功的要诀之一。这不仅因读得多，反复读，书卷搞破了，而是须读“破”文字字面的表层而入书里面的知识智慧了。然后由“破”而出而得的是“下笔如有神”！试想，不读万卷书，怎能会成为大诗人？而不读“破”万卷书，如何能够成就诗圣？虽然读书还不是唯一的条件，比如还得行万里路，悟天地人间万般事理等。也有文盲不读书，或虽读书而不能破书而出的书呆子，则是读了也是无甚用处的。但读书的功夫，确实还是必不可少的，这是成功必须的功力、功底之一，是积累、历练、奋斗的必经之路。若是读专业方向的书，那必是造诣非凡，若是与专业有关或无关的书籍，那么视野与触发也绝不是只看专业书，不观非专业的书所能比拟的。

杜甫曰：“语不惊人死不休。”他创作的诗歌语言，达到有所继承，并必定突破而有创新，取得“惊人”的效果，否则死也不甘休。这是由融汇而又能自铸新词的诗歌语言，达到既出新而又能惊人心魂的高境界。

杜甫诗：“细草微风岸，危樯独夜舟。星垂平野阔，月涌大江流。名岂文章著，官应老病休。飘飘何所似？天地一沙鸥。”（《旅夜书怀》）杜甫离开成都草堂后，曾乘舟在岷江、长江漂泊，此诗可能是舟经渝州、忠州一带时创作的。诗果真为千古名诗，而“星垂平野阔，月涌大江流”洵为名句，天地景象辽阔无垠，星与月，平原与大江，在作悄无声息的永久的对话。“垂”则虽不动却动，“流”则虽动且不动，天地之间的“人”则在仰观俯察心琢磨，悟到了什么？引发来者更为深邃的思考，更使得无数后人竞折腰！特别其中的“垂”与“涌”引来无数后人激赞。

三、吕坤读书之体认

明代吕坤《呻吟语》中许多语录是谈为学、读书、学习的，往往语言精警，虽然是三言两语的一则语录，却给人们的启发不小。这里稍微推介若干条，或令人读之神往，味之悟道，演之络绎，有令人豁然开朗之感觉。

吕坤曰：“要体认，不须读尽古今书，只一部《千字文》，终身受用不尽。要不体认，即《三坟》以来卷卷精熟，也只是个博学之士，资谈口，侈文笔，长盛气，助骄心耳。故君子贵体认。”《千字文》是南朝梁萧衍命周兴嗣编写的一本儿童启蒙读物，用一千个不同的字，编为四字一句，对偶押韵，便于记诵。此中有典故，理念、智慧，虽普及读物，但含金量甚高且多。这里的“体认”，是深层次的体察认识、理解和融会贯通，而后又要精警、精炼地化出，平易浅近的语言中却要涵盖深刻的道理，这是很高的要求。

其次，须有深潜思考的力量。吕坤曰："天下至精之理、至难之事，若以潜玩沉思求之，无厌无躁，虽中人以下未有不得者。"此又强调了学之毅力、恒心，能坚持潜玩沉思之力，中人以下者均能求得天下至精之理，成就至难之事，此言激励众人均可奋发用功，以成就大事业。

再次，须有会通解悟的本领。吕坤曰："学问博识强记易，会通解悟难。会通到天地万物为一，解悟到幽明古今无间，为尤难。"此为更高层次的本领和境界了，正如司马迁《报任少卿书》所说："欲以究天人之际，通古今之变，成一家之言。"能悟"通"，这就不是常人或众人所能企及的了。此也佐证《学记》所强调的"九年知类通达，强立而不反，谓之大成"的深刻涵义，一个"通"字蕴含无限，境界最高。

四、科学论证之艰苦

任何科学的发明创造，都需得到理论与实验的论证检验，此类工作何等艰辛繁杂、艰苦卓绝啊！我国古代的许多科学巨匠、巨著也在世界文明中熠熠生辉，无不是付出巨大的艰辛后取得的。如北魏贾思勰的《齐民要术》、北宋沈括的《梦溪笔谈》、明代宋应星的《天工开物》、徐光启的《农政全书》等，都是科学探索、锐意进取的成果。因而能在世界科学史上占有重要地位。

人们都知道居里夫妇分析发现了放射性新元素"镭"。这一"重大发现动摇了当时在物理学、化学领域中'原子不可分割'的经典原理，遭到一些深受形而上学思想束缚的物理学家和化学家的责难，他们说只有将纯镭提炼出来并将原子量测定出来，我们才相信。居里夫妇勇敢应战，在极其简陋的木板房中，经过四十五个月的艰苦努力，终于在1902年底从八九吨沥青铀矿中提炼出了0.1克纯净的氯化镭，并初步测定了镭的原子量为225（现代精确测量为226.0254）。"（张庆文编著《著名科学家传记》，中国国际广播出版社）这一科学论证实验工程之浩大，提取操作之精细，测定原子量之精确，其中的艰苦都是常人难以想象的。

再说英国哲学家罗素，他是20世纪世界最有影响的思想家之一，他以哲人的眼光去寻求与解开世界的秘密。一生完成了40余部著作，涉及哲学、数学、科学、伦理学、社会学、教育、历史、宗教以及政治等诸多领域。其中哲学与数学是主项。"为了撰写三大卷《数学原理》，必须把全部数学用逻辑方法推导出来。这项工作的艰苦性是常人难以想象的。从1900年动手到1910年脱稿，担负主要工作的罗素每天写作十到十二小时，手稿堆积如山。他外出的时候，总担心房子失火把书稿毁了。在把手稿送去付印的时候，他不得不雇了一辆四轮马车来运送。他十年辛勤工作的结果，在经济上竟和怀特海各赔了十英镑！”(《创造心理学》，中国青年出版社)这项工作是他与哲学家、数学家怀特海共同完成的，尽管他们并没有彻底完成从自明的逻辑原理推导出数学系统的目的，但却对逻辑学家产生了巨大影响，成为分析哲学的奠基之作，赢得了世界声誉。

《怀疑一切的科学斗士：罗素》一文，有一段话："科学的使命在于澄清谬误，人生就是从谬误走向真理的求知过程。离开这一点，人生将会变得浑浊。"以上两则科学求证之例，都体现了科学工作者以发现事实和规律为己任的精神，也即是走向真理的求知过程，他们的一切艰苦付出，都是为了实现信仰科学这一生命的最高目的。

五、玄奘之学“大”而“遍”

这里想起“大遍觉法师”玄奘的苦学、广学、积学、真学之途径与精神境界，为人感动。我曾去偃师两次讲学，终于有机会去瞻仰玄奘故居。2013年，再次到洛阳偃师讲学，终于有机会实现一游玄奘故居的夙愿。秋阳里，徘徊于玄奘之地，流观庭院文物，摩挲古树与碑刻，不禁缅怀斯人，思接千载。

玄奘(600—664)，通称三藏法师。唐洛州缑氏县人，本姓陈，名祎。其父亲陈惠，曾任陈留县令、江陵县令。玄奘的二哥陈素，出家后改名长捷，为著名僧人。隋炀帝时，11岁的陈祎就依其兄陈素出家，为少年行者；13岁的陈祎，曾得到大理卿郑善果的特别赏识，在洛阳剃度为僧，法名玄奘。

此后，玄奘刻苦求学、游学、讲学的经历与精神让人感动。玄奘，在19岁时离开洛阳，赴长安，曾经汉中至成都，听道基、宝暹等讲法，数年之间熟习佛教各部学说，622年(唐高祖时)在成都受具足戒，成为完全的僧人。此后，玄奘再赴荆州、相州、赵州等地求学，曾讲学于荆、湘间，声誉大起。大约626年返回长安，遍访名师，住大觉寺，再就道岳、法常、玄会等学习《俱舍论》等佛经。由于如此刻苦广泛地遍求名师，覃究佛学，他在西行之前已向国内的13位佛家名师求学，几乎尽通中国之佛学。当然我想到另外一点，其实名师是难求的，而玄奘能遍求名师实属难能可贵，此中若没有十分的真诚，乃至于金石为开的至情，这么多的名师不一定皆收其为徒。

然而，玄奘研究佛学愈深入，愈加发觉当时中国佛学的紊乱，问题也愈多，众说不一，难以适从。因此他决心前往佛学的发源之地，再登其堂奥，深入内室。唐贞观元年(627)，玄奘27岁时取道今日的新疆、甘肃，历经西域诸国，行程万里，遭遇种种艰难险阻，到达北印度。他又经十余国，终于于613年，32岁的玄奘到达当时摩揭陀国伽耶城(今印度比哈尔邦加雅城)的印度佛教的最高学府那烂陀寺。那烂陀寺的佛学境界果然就是不一般，玄奘在这里得到高僧的亲自指点，使其深造犹如鱼潜深渊，鸢飞戾天。那烂陀寺的主持是佛学大师戒贤，已经100多岁了，对玄奘特别器重，亲自传授佛学，达五年之久。据说，玄奘在那里听戒贤大师讲授《瑜伽师地论》三遍，《顺正理》一遍，《因明》《声明》《集量》等各二遍，《中论》《百论》各三遍，此真是耳福不浅了！不仅如此，玄奘还学习婆罗门经典以及梵书。

好学不倦的玄奘，在印度又再去各地游学，拜访不少名师，参观许多古迹。最后42岁时，于唐贞观十七年（643）玄奘辞别当时北印度的雄主戒日王，启程返国。645年正月，返回长安，受到唐太宗召见慰问。玄奘从印度带回来的，除了一些如来舍利和佛像外，还有佛教的经、律、论共520夹，计657部，用20匹马驮载。

此后，玄奘砥砺奋斗十九年的艰难佛经翻译，又感动无数人。玄奘回国之后，从唐太宗贞观十九年（645）五月，一直至于唐高宗麟德元年（664）正月，即他逝世前一月，身影辗转于长安的弘福寺、大慈恩寺、西明寺、玉华宫寺等，勤劳而又卓越地率领一个学问僧的团队在翻译佛经。由他主持翻译出来的佛教经籍，共计75部，1335卷，不但数量巨大，质量也臻上乘。他创造的法相宗，即唯识宗，为中国佛教流派之一。

玄奘还应唐太宗要求，撰写了《大唐西域记》，详细记述了旅途见闻，不仅在当时满足了朝廷对西域情况了解的需要，也成为我国古代的一部极为重要的地理著作，为后世提供了中国新疆地区以及中亚细亚、尼泊尔、印度、巴基斯坦、孟加拉等国的古代历史与地理的大量资料。此书对印度历史、印度佛教史以及中西交通史方面具有巨大的史料价值。有意思的是，后来著名的古典小说《西游记》就是依据《大唐西域记》而走进了千家万户，深入人心，流芳百世而不衰！这大概是玄奘无论如何也想象不出来的吧？

玄奘逝世后，追谥为大遍觉法师，受到无数人的敬仰！细想这“大遍觉法师”，真的涵义很深广！若就从求学、学习、学问、讲学这一角度来演绎，那么玄奘之学真是兼有中外无数名师高僧的学问与心得之“大”与“遍”，而再融进自己的“大”与“遍”；其于佛学、佛法所臻的广度、深度、高度、精准度，以及自觉、觉人、觉悟、觉醒、慧觉，不也那样的“大”而“遍”吗？玄奘的著作与译著对后世的影响，如文化、佛学、地理学、历史、文学等方面，不又是再一个“大”而“遍”吗？“大遍觉法师”之谥号，就从这个视角看也确是很到位！

玄奘之学所积淀而成的“学记”，虽属没有诉诸文字的隐形者，却鲜明确凿地告诉一代代来者：其于佛学锲而不舍，孜孜不倦，精进不已，且必登高望远，必博大精深，必得大师之真传，必超越前贤，这就是玄奘启人心智的“学记”。再如玄奘的那种行万里路的经历，百折不挠的意志，坚毅不屈的信念，中外比较的宽广视野，游走异国他乡的实地考察，遍访名师的集大成，广交学友的切磋琢磨，以及中外合璧的联姻，再继之以精心译作与撰述、继承与创造等等，真可以用来诠释与体会古代《学记》的精蕴，且又充实、丰富了古代《学记》的内涵。

嗜书·刻书·抄书·校书

为学，离不了读书爱书。而学者、藏书者、刻书者、世人于书的酷嗜、痴迷代不乏人。痴颠于书者谓书痴，古今中外不乏其人。这里略为鸟瞰点滴。

一、所嗜独为书

我读明代学者胡应麟《少室山房笔丛》之时，感叹其一生于书籍寻觅、相伴为伍，且读书、攻书、著书不倦，耽学、好学、勤学不辍。

胡应麟（1551—1602），兰溪（今浙江兰溪）人，字符（或说“元”）瑞，更字明瑞，号少室山人，石羊生、芙蓉峰客、壁观子。万历四年（1576）举人，后久试进士不第，遂筑室山中，以读书著述为业。明代王世贞《二酉山房记》有评：“元瑞自言；于他无所嗜，所嗜独书。饥以当食，渴以当饮，诵之可以当韶濩，览之可以当夷施。”其酷嗜乐学之情性，毕现无遗。

正因为他嗜学而博学，也成就了《少室山房笔丛》这部名著。他在此著的学术考据笔记里，或论古籍的撰作与存亡聚散，或评史书与史事，或论诸子百家的源流与得失，或分析伪书并加辨订，或专论《竹书纪年》《逸周书》《穆天子传》，或专采小说家言，或论词典与戏剧，或论道经与方士之言，或论佛经与释氏之说等等。因其富于藏书，博览典籍，因而此著作在文献学方面的成果为后人激赏，譬如其中的“四部正讹”，即被推为古籍辨伪学之重要著作。

当然嗜学而精于深究学问，这是值得赞许的，但也正如《四库全书总目》有评：“其中征引典籍极为鸿富，颇以辩驳自矜，而舛讹处多不免。”如“史书佔毕”部分，则评其“大抵掉弄笔端，无所考证”。再如“以小说委谈入之史论，殊为可怪”。然而，又赞扬道：“盖捃摭既博，又复不自检点，抵牾横生，势固有不免。然自明万历以后，心学横流，儒风大坏，不复以稽古为事。应麟独研索旧文，参校疑义，以成是编，虽利钝互陈，而可资考证者亦不少。朱彝尊称其不失为读书种子，诚公论也。”其实不仅是读书种子，我想还当赞誉为优秀的“读书种子”！

再略说嗜书好学者，如清代马国翰（1794—1857），字词溪，号竹吾，山东历城（今济南）人。一生嗜书好学，尤嗜辑佚，建树卓著，名留学术史。早年屡试不第，以教授私塾为生，生活十分贫困。道光十一年（1831）中乡试第三名举人，次年中进士，官任陕西石泉、云阳等知县，升陇州（今陕西陇县）知州。咸丰三年引疾归。咸丰七年（1857）卒于乡，终年64岁。

马国翰平生收集古籍至于57000余卷，且长于辑佚，曾遍校唐以前诸儒撰述，其名氏篇第列于史之志以及他书可考者，广征博引，自群经注疏音义，旁及史传类书，片词只字，皆搜罗之，成《玉函山房辑佚书》708卷，收佚书594种，世人宝重之。马国翰还著《目耕帖》31卷，为考订经义之随笔札记，尚有《玉函山房藏书簿》《红藕花轩泉品》《玉函山房诗文集》等。后人辑其著述成《玉函山房全集》。

《玉函山房藏书籍录·自序》：“余性嗜书，闻友人家有奇编秘籍，每以一瓻乞假，手自抄录，遇诸市肆，不惜重值购之。为诸生日，砚田所获，半供书价，或有时曲质衣裘，室人以书痴谯，弗愿也。比笥仕西秦，前后十四年，中间家居者五年，广搜博访，细大不捐，乃积书五万七千五百余卷。”

马国翰不仅嗜书，且嗜好辑佚。这位著名的辑佚家，著有《玉函山房辑佚书》，是一套规模巨大的辑佚丛书，辑录唐代以前散亡的古籍。全书分经、史、子三编。经编部分则有易类、尚书类、诗类、周官礼类、仪礼类、礼记类、通礼类、乐类、春秋类、孝经类、论语类、孟子类、尔雅类、五经总类、纬书类、小学类。史编部分则有杂史类、杂传类、目录类。子编部分则有儒家类、农家类、道家类、法家类、名家类、墨家类、纵横家类、杂家类、天文类、阴阳类、五行类、杂占类、艺术类。后又附补遗多种，最后附马国翰《目耕帖》31卷。此书为大规模辑佚古书开了先河，影响深远。其后清代王仁后辑《玉函山房辑佚书续编》及《玉函山房辑佚书补编》、进一步续补。著名学者王重民曾推尊马国翰为清代辑佚“第一家”，且曾作《马国翰评传》，其事迹颇详。（以上参见清代《学术词典》）

二、藏书与刻书抄书

毛晋（1599—1659），明末苏州常熟人。原名凤苞，字子久，后改字子晋，号潜古。毛晋世居虞山东湖，嗜书成癖，应试不第，乃回乡收集图书，曾用重价购书约八万四千余册。家富藏书，建“汲古阁”储存，并延名士校勘。毛晋又以刊刻古书为业，使其流布天下，据说为历来私家刻书最多者。其刻印有《十三经》《十七史》《六十家词》等，流布四方。又刻有《津逮秘书》十五集，皆宋元以前旧帙。自编书《海虞古今文苑》《明诗纪事》等。

世上书癖者，不仅有癖好读书、癖好买书、癖好藏书者，还有癖好抄书者。稍略举例，如卢世㴶（1588—1653），字德水，别号紫房，德州人。他身长七尺，貌古奇，修髯垂蔽胸前，可尺余，是典型的山东大汉。他为人简易涤荡，嗜酒剧谈，人以为有陶潜、阮籍之风。读书尚志，驰骋百家；为文不屑雷同，笔墨飞动，无饾饤僻怪之习。天启乙丑（1625）登进士第。除户部主事。未几省母归里，复强起，补礼部，改监察御史，领泛舟之役。时值久旱河竭，盗贼充斥，国事日非，役甫竣，竟移疾去。明亡，清廷以原官征诣京师，他不肯仕清，托病发，强辞归。卜居平原，自号南村病叟，以喑哑自悔。年六十六，忧国忧民而卒。

卢世㴶好读书、藏书、刻书，自云："余生而有书癖，见古集善本，必斋戒以将之，危坐以进之，鼓歌以舞之，流略摩挲，不啻彝鼎。"他所居尊水园中有茅屋十余间，架上有图书万余卷。他又喜好刻书，后人能确知的有14种。卢世㴶卒后，其子孝余，以德水之书千百本，纳之古朴长宽之棺中。是德水抄著，抑为藏书，均不可知。德水撰述今可知者10种，其殁后多已散落，幸亏同邑为之搜集校刻，得十二卷，名《尊水园集略》，得以流传。

卢世㴶还有一个嗜好便是抄书，自谓抄书近百种。其自幼至老，及中间服官各地，几无时不以抄书为课。体例编次，率由手定，缮写之劳，不假他人。其用力之勤，卷帙之富，恐历来之抄书者罕有其媲。王献唐有专文《山东之抄书家——卢德水先生》（1931年《山东省立图书馆季刊》第1集第1期），即以"抄书家"赞誉之，而知见者有70余种。（以上参见沙嘉孙《山左藏书家与常熟藏书楼》文，《常熟藏书家藏书楼研究》，上海文化出版社）

古人嗜好抄书者甚多，再如毛晋抄书亦然如卢世㴶。《隐湖题跋》陈继儒叙中说他，"凡人有未见书，百方购访，如缒海凿山以求宝藏，得即手自抄写，纠讹谬，补遗亡"。卢世㴶还大力支持毛晋抄书，凡毛氏所缺即抄录寄赠。据王文进《明毛氏写本书目》著录，毛晋、毛扆两代抄书共240种。当然，不仅自己抄书，还雇人抄书。如当时有人赠毛晋诗云："入门僮仆尽抄书"，当是纪实之作。其中最珍贵的要数影宋抄本。这些书是毛晋挑选抄书高手，以佳纸墨细描影写而成，与刊本几乎没有差异。今宋刻本之无传于世者，皆赖这些抄本传之不朽。这些抄本在毛晋去世后，传给了第五子毛扆。后因经济困难，毛扆忍痛将汲古阁所珍藏的珍善本转让给了潘耒。当时卖书的清单，就是今天人们看到的毛扆编写的

《汲古阁珍藏秘本书目》一卷。书中著录抄本300种，为世人称道的“毛抄”也在其中。

三、藏书家兼校雠研究名家

傅增湘（1872—1949），晚清民国时期著名的藏书家、版本目录学家和文献学家。笔者曾购得傅增湘《藏园群书题记》，时常翻检，深为其感动。傅增湘，又称藏园先生。“藏园”，取意于苏东坡“万人如海一身藏”。他晚年定居北平，闭门不出，“聚书数万卷，多宋、元秘本名钞精椠。”“暇时辄取新旧刻本躬自校雠，丹黄不去手，矻矻穷日夜不休。”藏园先生“之于书，如贪夫之陇百货，奇珍异宝，竹头木屑，细大不捐，手权轻重，目辨真赝，人不能为毫发欺。盖其见之者博，故察之也详。”藏园先生实为校雠之学的专门名家，“平生所校书，于旧本不轻改，亦不曲徇，务求得古人之真面目。”（傅增湘撰《藏园群书题记》旧序，上海古籍出版社）

傅增湘洵为专门研究古书的大家，一生研究目录、版本、校勘之学近五十年。生平藏书二十万卷，其中经过用善本手自校勘的约一万六千卷。每校勘一书，都在卷尾缀写小记，说明此书的学术渊源、版本源流和校勘的所得。撰写著述约三百万言，在同时代的藏书家和学者中声名显赫。他所撰写的大量题跋、游记、诗文和书目、日记等，具有珍贵的历史价值。尤其记载的古籍善本的版本传授渊源和留存亡佚等情况，对我国古籍整理和研究工作作出了重要的贡献。他有关校勘学思想及藏书理念有独到的见解，他提出了“重视而不迷信古本和前人”的校勘学主张，又指出“藏书不为书所役”和“藏书而为刊布传播”。其倡导的“校勘不拟古”和“藏书而为用”之理念，产生了开时代新风气的积极影响。笔者真感叹其藏书之宏之富；校雠之精之细，数量之巨，创意之多；又著述之丰之盛，实为书界奇迹，巍巍丰碑，令人敬仰！

藏书家与藏书楼摭谈

为学、治学、研究学问都离不开书，大学问家更是如此，且每每藏书甚多，不是炫耀书多，而是为了更有利于学习与研究！当然也有专门为藏书而藏书的，古今的藏书楼也不少。历史上人与书的事迹，真是不胜枚举，令人敬佩的藏书家和说不尽的藏书楼，是“学”之记、“学”之文脉绵延的美丽风景线。在此笔者略述数例，已颇见藏书之艰辛与不易，因而也充满着对藏书家的感动与钦佩。

一、钱谦益与藏书楼

钱谦益（1582—1664），明末清初江南常熟人，字受之，号牧斋，晚号蒙叟。明代万历进士。授翰林院编修。天启五年（1625），因名列东林党同志录，罢归。

崇祯元年（1628）复官，不数月，擢礼部侍郎。因与礼部尚书温体仁等争内阁权力，而革职归家。十七年，李自成农民起义攻克北京，钱谦益暗中拥戴潞王，及福王由崧立，又上书颂马士英功，得为礼部尚书。顺治三年（1646），清将多铎率师南下，迎降。次年，以礼部侍郎兼管秘书院事，充《明史》副总裁。不久即乞假回籍。

此人博学工词章，以诗文负盛名。家有绛云楼，藏书丰富，多宋刻孤本，后遭遇火灾而被焚毁。著有《初学集》《有学集》《牧斋集》《投笔集》等，另外选辑有明一代人诗为《列朝诗集》。

这里要说说钱谦益藏书的故事，饶有趣味。曹溶《绛云楼书目题词》（见叶昌炽《藏书纪事诗》）有一生动记载，钱谦益的大批宝贵藏书曾被焚烧——

虞山（在常熟）宗伯，生神庙盛时。早岁科名，交游满天下。尽得刘子威、钱功父、杨五川、赵汝师四家书，更不惜重赀购古本。书贾奔赴捆载无虚日，用是所积充牣（充满；牣，rèn），几埒（liè，相等）内府。视叶文庄、吴文定及西亭王孙或过之。中年构拂水山房，凿壁为架庋（guǐ，保存）其中。晚岁居红豆山庄，出所藏书，重加缮治，区分类聚，栖绛云楼上，大椟七十有三。顾之自喜曰："我晚而贫，书则云富矣！"

甫（刚刚）十余日，其幼女中夜与乳媪嬉楼上，翦烛灺（xiè，蜡烛的余烬）落纸堆中，遂燧。宗伯楼下惊起，焰已张天，不及救，仓皇出走，俄顷楼与书俱尽。余闻骇甚，特过唁（慰问）之，谓余曰："古书不存矣！。"宗伯每一部书，能言旧刻如何，新板若何，中间差别几何，验之纤悉不爽。盖于书无不读，去他人徒好书、束高阁者远甚。然大偏性，未为深爱古人者有二端：一所收必宋元板，不取近人所刻及钞本；虽苏子美、叶石林、三沈集等，以非旧刻，不入《目录》中。一好自矜啬，傲他氏以所不及，片楮（chǔ，指纸）不肯借出；尽有单行之本，烬后不复见于人间。余深以为鉴戒。

此真可叹息！一个偶然的灯火坠落，好端端的藏书楼被焚毁，不少珍贵的书籍化为灰烬。这是书籍的不幸，也是藏书家的不幸，更是文明的不幸！觅书既难，藏书之难也是难上难！古人不知有多少藏书被火吞没了，当然比此种家居失火更甚者，当是遭遇战火的焚烧，那是书籍、文献的大规模的毁灭性的灾难了！眼前又似乎掠过秦始皇焚书坑儒的历史画面，数不尽的典籍就在大火里煨为灰烬！

《牧斋遗事》有一则生动有趣的记事——

大江以南，藏书之富无过于钱，自绛云灾后，其宋元精刻皆成劫灰。世传牧斋《绛云楼书目》乃牧斋平日想念其书，追录记之，尚遗十之三。惟故第在东城，其中书籍幸无恙，北宋板前后《汉书》幸存焉。

初，牧斋得此书，仅出三百馀金，以《后汉书》缺二本，售之者故减价也。牧翁宝之如拱璧，遍嘱书贾，欲补其缺。一书贾停舟于乌镇，买面为晚餐，见铺主人于败簏中取书二本作包裹，谛视则宋板《后汉书》也。贾惊，窃心喜，出数文钱买之，而首页已缺。贾向主人求之，主人曰："顷为对邻裹面去，索之可也。"乃并首页获全，星夜来常。钱喜欲狂，款以盛筵，予以廿金，是书遂为完璧。其纸质墨色炯然夺目，真藏书家不世宝也。入本朝，为居住要津者去。

此段落真是文字生动有趣，细节描述如画，而且故事曲折，波澜起伏，层层推进，简直就似一"折子戏"。这里大学问家钱谦益的博览以及讲究版本、癖好宋板（版）的情态，毕现而出，得书而"欣喜若狂"，且盛宴款待书商。书商的职业敏感、贱买贵售的精明，以及要价的技巧与情态刻画无遗。

二、叶昌炽藏书与古籍研究

叶昌炽与书之结缘事迹与精神，常为后人所钦敬，赞扬，并继承。

叶昌炽（1847—1917），清末苏州长洲（今苏州）人，字鞠裳。光绪进士，选庶吉士，授编修，充会典馆帮总纂、国史馆提调，迁国子监司业、翰林院侍讲。光绪二十八年（1902）督甘肃学政，后任礼学馆顾问、存古学堂史学总教习。

叶氏学问渊博，不仅善词，且尤长金石、版本、校勘之学。他曾馆于清末大藏书之家潘祖荫家，接触过很多名贵旧籍，潘氏的《滂喜斋藏书记》即出自他之手。他著有《藏书纪事诗》《语石》《邠州大佛寺题刻考》等。辛亥革命以后，以"遗老"身份居于上海，后逝世于吴县。

叶昌炽富藏书，精校勘，还遍访大江南北藏书家，囊读历代藏书目，由光绪十年至十六年，历时七年，撰作《藏书纪事诗》，专述历代藏书故事。其书以年代为序，以人系事，上自五代、北宋，下迄清末，收录1175人，其中五代15人，宋184人，辽1人，金4人，元35人，明427人，清497人，朝代不明者2人。每条分诗、事二部，纪事为主，前缀以七言绝句，扼要叙述藏家特征及其珍爱之本，后故事或记一人，或录数人，其年代、字号、爵里、室名、印鉴也予载录，详考其收藏授受、撰作刊刻、抄校考订、存佚聚散之梗概，间抒己见，所论多有卓见。

叶昌炽又曾手订《铁琴铜剑楼书目》等，复广采正史、方志、笔记、言私簿录、古今文集。叶昌炽于藏书目、野史稗乘等，悉心考订，所涉及版本、校勘、著录、存佚、印鉴、人物传记诸方面，汇录千年藏书概略，价值尤高。其征引繁富，体例完备，考订典校，书成即为学术界所重，谓其“详述典籍之源流，阐扬藏书之潜德，洵为不朽之作”。

后人仿其例，相继撰写《辛亥以来藏书纪事诗》《藏书纪事诗补续》《续藏书纪事诗》《广东藏书纪事诗》等。近人王欣夫又撰作《藏书纪事诗补正》，后再经学者整理点校，而成《藏书纪事诗附补证》本。（参见《清代学术辞典》）

三、藏书楼景点透视

笔者仅去过两处藏书楼：一处是宁波的著名藏书楼天一阁，一处是南浔的嘉业堂藏书楼。现在作为一处旅游名胜，人们只见楼，而未能一睹藏书的情况。宁波的著名藏书楼天一阁，我去过几次，但作为一个景点，也只是见了景观，而未能一睹藏书。当然，藏书楼确实也不是任何人随意可去的，书籍的安全及维护是煞费苦心的。在此我们还是通过文字介绍来领略这两处藏书楼的风采。

（一）天一阁藏书楼

“天一阁”藏书楼，位于浙江省宁波城西的月湖之畔，是我国现存历史最久的私家藏书楼之一，建于明嘉靖四十年至四十五年（1561—1566）之间。距今已近500年的历史，现为全国重点文物保护单位。2007年12月19日星期日，我从浙江余姚讲学返回宁波，由柳汀街转入一巷，而见天一阁之乌黑大门矣。开放时间已只1小时，傍晚4点开放，至5点即闭馆，正好可利用此时间参观一下。

余与培训中心周世兵同入，先见陈列室，有官帽、大理石长桌案、官服、世系表、书籍（均为复制品）。匆匆至藏书宝楼，内里漆黑一片，庭外小池、假山，一个“寿”字形小山头，又有“九狮”象，意为九进士之意。楼有防盗架，为民国所立。后转至大楼另一面，有假山等。有学经阁，碑林等。再转至麻将陈列馆，见有一氏祠，一戏台金碧辉煌。再转至大门，司马第，再顺次序看了一遍。

建造“天一阁”藏书楼的主人名范钦，字尧卿，号东明，浙江鄞县人。明嘉靖十一年（1532）进士，后仕途顺达，宦迹踏遍半个中国。最后官至明兵部右侍郎，同年辞官回乡。范钦生性喜欢藏书，任官其间，就悉心求购书籍。回乡后经多年访求、互抄及朋友相赠，藏书量已达7万余卷，为蓄其所藏，建造了“天一阁”藏书楼。据传“天一阁”取名的由来，是范钦在批阅藏书时，见到古书中有“天一生水，地六成之”的说法。因藏书楼最怕火，而水能制火。所以，他在建藏书楼时，上通为一取“天一生水”之意；下分六间取“地六成之”之意。同时在楼前挖掘一蓄水池，池中的水与东面的月湖相通，久旱而不干，池名为“天一池”。可见楼主构思精巧，匠心独运。

“天一阁”藏书楼在漫漫历史长途中历经沧桑变故，存有诸多有趣有味的佳话传说，此不能一一详说。此楼因藏书丰富，为清政府设立四库全书馆，进呈了638种稀有藏本。其中被收录在《四库全书》里的有96种，列入存目的有377种，居全国各家藏书之冠，对《四库全书》的编成是一大贡献，后乾隆皇帝对范氏进呈藏书之功，特颁旨嘉奖。但进呈的珍贵古籍却归还的很少，这对天一阁藏书却是一次较大的打击。又经历几次战火劫难，至解放初期虽只剩下1.3万卷藏书，但仍价值连城。

宁波人杰地灵，历代藏书家之多且富，在全国罕见。20世纪50年代至70年代，许多著名藏书家将毕生的收藏捐赠天一阁藏书楼。书楼现藏各类古籍近30万卷，其中珍椠善本7万余卷，尤以明代地方志和科举录最为珍贵。今日天一阁，已成为国家集中保存宁波地区历代私家藏书的一座宝库。天一阁藏书楼本建造在幽雅静谧的假山花园中，现在又设立了“天一阁书画馆”等等文化景点，吸引着无数文人雅士前往观光。

（二）嘉业堂藏书楼景点

嘉业堂藏书楼，位于浙江省湖州市南浔镇西南郊，是我国近代著名的私家藏书楼之一，系国家级重点保护文物。

嘉业堂藏书楼的主人为“江浙巨富”刘承干（1881—1963），字贞一，号翰怡，南浔人，清末秀才，系清朝著名商人刘镛之孙。南浔为丝绸重镇，刘墉因经营蚕丝致富后，竭力鼓励子孙念书做官。其子刘锦藻精文史之学，光绪二十年（1894）中进士，撰有《续皇朝文献通考》《南浔备志》《坚匏庵诗文抄》等著作。

刘承干曾长期与著名考古学者王国维、罗振玉、版本目录学家叶德辉、缪荃孙等相交往，爱好古籍赏鉴，并有承袭其父史学及继父刘安澜（刘锦藻的长兄）藏书遗志。1920年，他在南浔故居小莲庄的西侧，始建这座藏书楼，历时四年竣工。因纪念清帝溥仪曾赠“钦若嘉业”九龙金匾而取名“嘉业堂藏书楼”。后宣统又送一块“抗心希古”的匾，故楼上又称为“希古堂”。楼下窗格都用“嘉业堂藏书楼”篆字作为装饰，廊外铁栏用“希古”两字作花饰。嘉业堂藏书楼，呈回廊式两进两层砖木结构，是中西合璧的两层楼房。整幢楼匠心巧思，设计别致，建造考究。共计52间，均为藏书之库房。每间书库，地板坚固，书架整齐，两面均装有铁皮、玻璃双层窗户。为了便于晒书，两进房屋中间有一大天井，平铺方砖，不生杂草。楼上“希古堂”存放经部古籍。外面一间为“黎光阁”，存珍本《四库全书》1954册。里面正房名“求恕斋”，原存放史部古籍。藏书楼鼎盛时期的藏书全部为五十几万卷，号称六十万卷，共十六、七万册，至1949年藏书仅存十万册左右。新中国成立后，刘承干将书楼与四周空地并藏书，书版连同各项设备等，悉以捐献当地政府图书馆永久保存。接收时藏书有十一万册左右，杂志三千余册，红梨木书版三万余块。改革开放后，藏书楼又经修葺，成为名扬中外的文化旅游景点。(《浙江著名景点导游词》，浙江人民出版社)我于20世纪90年代末，曾去南浔，想参观一下，可惜那天嘉业堂不对外开放，只见楼而未能上楼看到书，很是遗憾。

以上藏书家与藏书楼之摭谈，笔者也感悟良多，诚如黄宗羲曾感叹：“读书难，藏书尤难，藏之久而不散，则难之难矣。”藏书有散佚、毁坏，甚至付之一炬的诸多风险。此忆及白居易有一书库，命为“池北书库”，清代王士禛，拥有数千卷书，庋置宅西一池之北，也随从白居易有“池北书库”之意。他有一本著作也就取名为《池北偶谈》。不过因为书库旁边有石帆亭，常与宾客聚谈其中，并由儿辈记录整理，后再编次而成《池北偶谈》，又称《石帆亭纪谈》。“池”字与水有关，书楼旁也确实都有池，匠心都在防灾护书。为了规避藏书风险，白居易将其著作抄写5部，分藏给家人和多处收藏。他在《白氏集后记》中说：“诗笔大小凡三千八百四十首。集有五本，一本在庐山东林寺经藏院，一本在苏州南禅寺经藏内，一本在东都胜善寺钵塔院律库楼，一本付侄龟郎，一本付外孙谈阁童，各藏于家，传于后。其日本、暹罗诸国及两京人家传写者，不在此记。”可谓安排精心周密。想如今电脑复制原件多轻松，电子书籍储存也快捷。笔者感觉书香味也已经变淡了，读书者也少了。但是真正做学问，还是离不开书籍的。

藏书洞·敦煌遗书·国家图书馆

关于书籍的美好传说，古今中外都道之不尽。在我们有几千年读书和藏书传统的国度里，有关藏书的传说美妙纷呈。由藏书洞、藏书楼、藏书库到现代国家图书馆，藏书形态的变化发展，记载着书籍与世事人生的复杂关系，凝聚着人类和社会文明发展的智慧，也展现出国家物质文明与精神文明在不同历史时期的风貌。敦煌遗书更是世界文化遗产，是我国传统文化的载体，需要我们去保护、传承和发扬。

一、二酉藏书洞传说

传说中的二酉藏书洞，位于沅陵县城西北二十里处二酉山上。二酉藏书的梦寐传说，数千年来对藏书经过众说纷纭。《辞源》有明确的注释：二酉，“指大酉小酉二山。在今湖南沅陵县西北。《太平御览》四九《荆州记》：‘小酉山上石穴中有书千卷，相传秦人于此而学，因留之。’后称藏书多曰二酉，本此。”（《辞源》，商务印书馆）二酉山，因山下有酉水和酉溪交汇而得名。又有说山梁起伏，状如书页，所以又称万卷岩。

大酉小酉二山皆有洞穴。相传上古时黄帝曾于此山藏书。武陵人善卷因避舜帝禅让，隐于此山守护黄帝藏书，并以之教化当地百姓。周朝时，周穆王又在此山中收藏异书。秦始皇焚书坑儒时，咸阳儒生惨遭坑戮。博士官伏胜偷偷将家存书籍，从咸阳经河南，水舟陆车，日夜南奔，把1000多卷竹简书籍藏在二酉山古洞里。直至秦亡，刘邦建汉以后，竹简木牍、经典书籍重新得到重视。博士官伏胜把竹简书籍献给汉高祖刘邦，满朝文武无不感动！

二酉山因藏书而建立了功德，被文人墨客视为天下名山而敬仰崇拜。历代达官显贵，文人墨客，都专程到二酉山访古朝圣，顶礼膜拜。清朝光绪年间，湖南督学使张亨嘉，奉朝廷圣旨，到二酉藏书洞树碑立传。从此，每年到二酉山朝拜的书生、秀才络绎不绝。如今，清张亨嘉所题的“古藏书处”和民国时期的“古藏书处”碑刻还伫立着。从《辞源》等书籍所载，都证实了二酉藏书的事实存在。二酉藏书洞，已成为民间宝贵的精神和物质财富，是楚湘文化、五溪文化的源头，对中华文化历史研究有着十分重要的价值。

二、敦煌莫高窟藏经洞

藏经洞的发现，被视为20世纪人类文化史上的重大事件，博大精深的中国古代文明引起世界瞩目。以藏经洞出土文书与敦煌石窟艺术为主要研究对象的“敦煌学”在全世界兴起。

公元1900年6月，敦煌莫高窟道士王圆箓，率人“以流水疏通三层洞沙”时，无意间发现了秘室“藏经洞”。此洞已封闭了近900年，洞内收藏有的在当时已是古物珍品。可能是僧人为避战乱藏大批经卷、佛像及各种文字资料于此，并将洞口封死后在上面画上壁画作掩饰。故出土发现了4—11世纪初的文书，有佛教经卷、社会文书、刺绣、绢画、纸画、法器等文物5万余件，世称“敦煌遗书”。其中文书大部分为汉文写本，少量为刻本。汉文写本中约90%为佛教经典文献，尤其禅宗经典和三阶教经典的发现，使已消失的“三阶教”得以复原。其次，还有《大藏经》未收的藏外佚经被发现，为佛教史的研究开辟了道路。同时，还保存着我国传统的道教文献，还有摩尼教、袄教、景教等经典文献。除汉文外，还有古藏文、梵文、回鹘文、于阗文、龟兹文等多种文字的文书，都是十分珍贵的历史证据遗存。

文献中还有天文、历法、历史、地理、方志、医书、民俗、名籍、账册、诗文、辞曲、方言、游记等，均是研究近两千年前社会物质文明和精神文明发展的珍贵史料。敦煌遗书以卷轴装为主，又有梵箧装、经折装、蝴蝶装、册子装和单页等多种形式，还有一些拓本、印刷本和刺绣本，在书籍发展史及书籍装帧史、印刷史上都是难得的实物资料。

文献中传统的经史子集和“官私文书”，对研究古代思想、文化、民俗、地理和名物制度等都有重要意义。只可惜许多第一手资料，都被那时窜入西北地区正在考古的外国学者劫掠而去。英国人斯坦因是盗取敦煌文物的始作俑者，他又把得到的简牍交给法国学者沙畹去研究。沙畹凭借981枚简牍的第一手资料，写出了有关中国古代边疆历史、地理文化的文章。这是中国学者的不幸和屈辱，本国的资料自己看不到。后沙畹寄其校订未印成之本子于罗振玉校阅，罗与王国维当即决定重新考订。他们分工合作，奋战三四月，写出《流沙坠简》。他们仅从沙畹手稿中出现的533枚简牍中进行考释，就获得了诸多方面的突破。如：考定了汉朝玉门关的位置、古楼兰遗址以及汉代烽燧设置的相关问题。又发现前人未发现的在“制度名物”方面的内容，提出了自己的观点并加以阐述。试想，如果这些出土的实物能由中国学者自己掌握研究，那会有更多有价值的成果留存下来。

1908年，法国学者伯希和将所得敦煌书籍装箱寄到巴黎，其人回国时路经北京，与罗振玉、王国维等学者会面，仅翻看了伯希和的目录和一些随带实物，颇为震惊。罗振玉因在清政府学部任职，经他的竭力反映，清政府才去敦煌运回剩余的文物。因运输路途中及回京后管理不善，文物又有流失和毁坏。直到1922年，在新任京师图书馆馆长陈垣主持下，才整理堆放了十余年的珍宝，1931年出版了《敦煌劫余录》。其后又派人从伦敦、巴黎抄录或利用照相等技术整理了那些敦煌文物，历经艰辛磨难。

莫高窟藏经洞的“敦煌遗书”辉煌富足，历史之积淀，后世之瑰宝，是研究我国历史和学术文化发展的宝贵文献。她的发现发掘，修复利用和曾经的流失散佚，值得我们思考的问题是多方面的。我们不能忘却历史，只有坚持重视文物的保护和研究利用，才能使文化传承工作一代代延续下去。

三、近现代图书馆的发展点滴

学习、研究都少不了书籍，但书籍的收藏保管十分艰辛，风险极大。古人的藏书楼有说不尽的心酸故事。前文笔者已有阐述，真叹惜历史上那些毁于一旦、化为灰烬或书去楼空之悲惨结局。其实，以一家一族之力藏书，毕竟条件和能力都有限制，随社会发展，各级图书馆应运而生。

图书馆，或被称为人类文明的守望者，对保存与传播文化起着十分重要的作用。对爱书者来说，更是乐园，是天堂。尤甚者，或如阿根廷诗人、小说家博尔赫斯所说："我猜想，天堂应该是图书馆的模样。"我国现代图书馆规模最高的当属国家图书馆，这也是一个国家软实力的体现，而我国走过的步履是极其艰难蹒跚的。若回顾中国国家图书馆的历史，真是令人感慨万千，然而终于在漫漫的跋涉里走向今日的辉煌。

在此，先略说一下历史上曾有的"类似宫廷图书馆"，也可作"书院"定名的缘由溯源。顾名思义，书院是离不了书的。书院之名，"始于唐中叶贞元年间（785—805）官方设立的丽正书院和集贤殿书院，其职责为收集整理、校勘修订图书，供朝廷咨询，兼作皇帝侍读、侍讲，类似宫廷图书馆。"后又以名师大儒聚书授徒讲学之地称为书院。

书院大都建造在依山傍水的风景秀丽处，许多书院专建藏书楼、藏书阁或藏书库，这是书院建筑的重要特色。因为，搜集、收藏图书也是书院的一项重要工作。由此，各地的书院也都成为当地藏书丰富的场所，体现书院读书求知，研究学问和修身养性的文化氛围。"不少书院还自行刊刻图书，书院主持者或主讲人的讲义和研究成果、书院生徒的听讲笔记、读书日记，经过整理，刊刻成书，既保留了教学科研的成果，又扩大了社会影响。现今图书馆收藏的善本书、珍本书中，就有不少是'书院本'。这种将图书馆、学校教育、研究机构集于一体的独特组织形式，对后世颇有启迪之效。"（王炳照著《中国古代书院》）清末废除科举后，书院大都改为了新式学堂。下面再叙近现代国家图书的艰难发展。

1909年9月9日，晚清重臣张之洞（1837—1909）抱病奏请建立京师图书馆。张之洞上奏当日，清政府即下旨准行。同时，将翰林院所藏《永乐大典》、避暑山庄文津阁《四库全书》以及各殿藏书等移送京师图书馆。使此馆一建立就拥有了这些珍贵馆藏。

1912年8月27日，京师图书馆在北京广化寺正式开馆。通过调拨内阁大库、国子监、南学典籍，采进、抄录江南私家藏书，拨入敦煌遗书，征集金石拓本等，此时京师图书馆馆藏，也已经小有规模，计有善本书880部28412卷10822册、阅览书4544部122963卷41505册、敦煌石室唐人写经长短卷8662卷。这是中国第一所国立图书馆，实现了从传统藏书楼向近代图书馆的重要转变。然而在众多的原因下，仅仅维持了一年零两个月，京师图书馆不得不又闭馆。直至1917年，辗转迁至方家胡同国子监南学旧址再度开放。

1929年，当时已改名的国立北平图书馆与中华教育文化基金所属北平北海图书馆合组。因为有了后者提供的稳定经费来源，新成立的国立北平图书馆进入了快速发展期。

1931年，文津街新馆落成开放，结束了国立北平图书馆自成立以来二十余年没有专用馆舍的历史。有意思的是新馆采用国际竞标的方式，作品密封后交由美国建筑学会组织的专家组提出评审意见。最终，丹麦人莫律兰的方案入选。

有意思的是，鲁迅作为教育部佥事、社会教育司第一科科长，一度参与管理。譬如京师图书馆催调各省官书，请领文津阁《四库全书》，申请接受《古今图书集成》等，都有鲁迅的斡旋与操办。

这里再从图书馆选址及馆舍面积等硬件设施方面看其发展：

1917年1月26日，京师图书馆迁入方家胡同国子监南学旧址重新开馆。这一馆舍所处地点同广化寺一样，对读者来说仍属偏僻、交通不便，加上部分房屋陈旧，房间过于分散，不便管理。

1929年1月10日，国立北平图书馆在居仁堂举行开馆典礼。居仁堂原为1900年后慈禧饬建的西式两层楼建筑，现已无存。其建筑尚新，且有消防设备，不需要太多的修缮改造费用。更重要的是，城内读者到此阅书路程都不远，较适宜改作图书馆之用。

1931年5月，国立北平图书馆文津街新馆舍落成，成为当时地标性建筑，由此结束了国立北平图书馆自成立以来没有专用馆舍的历史。此馆按照图书馆典藏图书、提供服务的需要设计建造，比以前借用、租用的寺院、官房、宫殿等建筑更适合图书馆业务的发展。如今，该馆舍为国家图书馆古籍分馆。

新中国建立之后，国立北平图书馆更名为北京图书馆，此后发展迅猛。1974年，在周总理的指示下，北京图书馆提出了一个长达75年的长期建设规划：一期工程满足2000年前的需要——藏书二千万册，读者座位三千个；1999年前扩建二期工程，建成后可适应其50年的需要。规划变成了现实，1987年10月6日，北京图书馆14万平方米新馆投入使用。由于条件与环境的极大改善和各种高科技手段的运用，北京图书馆跨入了当时世界先进图书馆的行列。

2008年，已经更名为中国国家图书馆的二期暨国家数字图书馆正式开馆对外接待读者。新馆将图书馆的传统文献服务与数字信息相融合，集查询、阅览、咨询、典藏和网络服务于一体。其大量采用新技术手段提供服务，无线网络覆盖整个管区，除了配备数百台计算机，读者可以方便地阅读中外电子图书、电子期刊和特长数字资源；同时专门设置了视觉障碍人士服务区，视觉障碍人可以通过“盲人数字图书馆”获得数字信息。国家图书馆第25任馆长詹福瑞在“国图”百年之际所作赋中有说：“塑人魂，若春风化雨，润物无声；启民智，若熹光初照，群类熙康。以是知民之有国图，乃民之幸也；国之有国图，乃国之祥也。国图之血脉，固与民与国共流淌也。”（以上参见《光明日报》，记者邢宇皓之文《国家图书馆建馆百年回顾：保国粹，与文明进步相追逐》）国家图书馆是榜样、典范，也带动着地方图书馆不断地与时俱进。国家图书馆的命运，其生成，或遭不测，或更新，在时代的洪流里、社会发展的前行中经历着蜿蜒曲折的前行之路。

读书方法采撷观览

读书在人生成长过程中必不可少，为学者一生用以读书的精力与时间是十分可观的。因此，掌握读书方法尤为重要。好的读书方法会启发你，指引你一条前行的路，或指明一个方向，提高你读书的功效而终身受益。读书的方法多种多样，可从各种维度切入探讨。这里主要从如何加强对读书文本的记忆和理解的角度，散点采撷几端古人及现代学者行之有效的读书方法，以供爱读书者观览品鉴，或有一得启迪你而终身受用。

一、熟读之法

古人重视熟读。人皆知者，有曰：“熟读唐书三百篇，不会作诗也会吟。”古时读书背诵成风气。我国传统社会的私塾学校，称之为“学堂”，就是一屋子的孩子在一起读书。教学主要过程就是督促学生自习，即读书、背书。每天放学前背完当天读的书，就是完成了一天学习任务。记得我们上学时，在小学至初中阶段，还有每天放学前要背书完成才能回家的习惯。往往是同学之间相互背，没有背出来的才告诉老师。很有意味的是，因为上学就是去读书，所以“读书”这词深入人心，至今的遗存犹在。如大人或家长和孩子们打招呼，往往会问：“你读书了吗？”意思是“你已经上学了吗？”或问：“你今天去读书了吗？”此意思是“你今天去上学了吗？”这里都以“读书”代替了“上学”这词。值得注意的是，“读书”此用法正呈弱化趋势，“去学校”“去上学”的用语已经逐渐多起来了，有点现代气息，“读书”用在这里显“老土”，或不合时宜了。“读书”在学校也真少了，打电脑，看录像的多了。但书还是要读的，读书的传统我们还是要继承发扬。这是因熟读联想起的插话。

如何熟读背诵？各人有适合自己的方法。元代程端礼《程氏家塾读书分年日程》云：“每大段内，必分作细段，每细段必看读百遍，倍读百遍，又通倍读二三十遍。”此“倍读”，即背诵；倍，通“背”。先大段分成若干细小段，先看读，再背读，都是以百遍为要求。最后是整合起来的通篇的背读，此二三十遍，让学习者，贯通起来。这样最终效果当是绝佳的，张口就来，朗朗上口，乃至终身不忘！

古人有“五车书”“日诵五车”之说。“五车书”，出自《庄子·天下》：“惠施多方，其书五车。”后来形容读书多，学问渊博。又有“五车腹笥”之说，比喻读书多学识渊博。《警世通言·钝秀才一朝交泰》：“说其聪明，就如颜子渊闻一知十；论起他饱学，就如虞世南五车腹笥。”朱熹《答陈师德书》：“抑读书之法要，当循序而有常，致一而不懈，从容乎句读文义之间，而体验乎操存践履之实，然后心静理明，渐见意味。不然，则虽广求博取，日诵五车，亦奚益于学哉？”清代方苞《左华露遗文序》：“年十二能倍诵五经，遊庠序有闻。”十二岁一个孩童，能背诵五经，真是难得！今天大都是看书，可以一目数行，但心中留存却很少，记忆浅，也容易很快就忘记。

二、强记之说

强（qiǎng）记，是硬记。王阳明的读书法，其《传习录》卷下有言：“且如读书时，良知得强记之心不是，即克去之；有欲速之心不是，即克去之。”清代叶命澧《桥西杂记·读书法》：“叶奕绳昌言强记之法：某性甚钝，每读一书，遇所喜即劄录之，录讫朗读十余遍。”现代学者鲁迅先生读书也运用此方法，在《朝花夕拾·五猖会》中说道：“但是，有什么法子呢！自然是读着，读着，强记着——要背出来。”至今电脑信息搜索功能强大，确实能减少一些记忆负担，但是总有需要自己头脑记忆的东西，哪些可搜索哪些须记忆，也是考验你读书的智慧层次。

朱熹曾总结推介荀子读书之方法。《朱子语录》：“温公答一学者书说为学之法，举《荀子》四句云：‘诵数以贯之，思索以通之；为其人以处之，除其害以持养之。’荀子此说亦好。诵数云者，想是古人诵书，亦记遍数。贯字训熟，如习惯如自然；又训通，诵得熟方能通晓，若诵不熟，亦无可得思索。”这里也谈到了诵读遍数，读熟了，记住了，才能进而思考。朱熹还批评借口“从容玩味”而放下书本的“自怠”者，其《朱子语类》有说：“人言读书当从容玩味，此乃自怠之一说。若是读此书未晓道理，虽不可急迫，亦不放下，犹可也。若徜徉终日，谓之从容，却无做工夫处。譬之煎药，须是以大火煮滚，然后以慢火养之，却不妨。”读书是需要花功夫的，不可懈怠，若一曝十寒，必读不成书的。

三、精细之法

读书亦须多种方法的结合互补。有快读、粗读、诵读，也有精读、细读，字字析疑穷理之读，真正的读书也都要这样。“愈细密，愈广大；愈谨确，愈高明。”(《朱子语类》)朱熹在《读书作文谱》有说：“某自二十时看道理，便要看到那里面精微处。尝看《上蔡语录》，其初将红笔抹出，后又用蓝笔抹出，复又用黄笔抹出，三番之后，更用黑笔抹出。其精微处，自然瞒我不过，渐渐显露出来。”这样的读法，才能字字有着落，不会对字句或含义误读误判。如何理解？这里举出个例子。

《孟子》七篇，首篇是《梁惠王》，而开头的第一句话是“孟子见梁惠王”。这是说孟子去谒见梁惠王。这里的一个“见”字，却大有文章，然而大多数人都不会太注意，一下子滑过去了。周振甫在《文章例话》里有个分析，读来很受启发。

《孟子·滕文公下》：“公孙丑问曰：‘不见诸侯，何义也？’孟子曰：‘古者不为臣不见。’”那么孟子不是梁惠王的臣子，他为什么去见梁惠王呢？再看，“陈代曰：‘不见诸侯，宜若小然……’”陈代认为不见诸侯是小节，应该去见一下。孟子讲到诸侯召见臣子有一定的礼节，比方召见虞人（管动物苑的小官）用皮冠，不用皮冠虞人就不去见。再联系《史记·魏世家》，梁惠王三十五年，卑礼厚币以招贤者，而孟轲至梁。原来，孟子是梁惠王用谦恭的礼节、丰富的财物去聘请来的。所以这个“见”字的意义，只看“孟子见梁惠王”这句话或只看本篇并不清楚，还要结合本书中有关的话来回环解释才能明白。——周振甫的这一分析很能启发人：一是学习书本要心细如发，细咀慢嚼文句；二是能够敏锐发现问题，善于揭出矛盾；三是前后对照文句，反反复复研习；四是回环解释，是有效的方法之一。

四、读书须诚心专一

《学记》指出“学者有四失”，“知其心，然后能救其失也。”这里强调了心理状态的重要作用，读书也得谈“心法”，立“诚”之意，便是诚心专一之精神。

《朱子语类》有言："修辞便立成（诚），如今人持择言语，丁一确二,一字是一字，一句是一句，便是立诚。""丁一确二"，"丁"是钉，此成语形容确凿不移。《朱子语类》有说："阳气发处，金石亦透；精神一到，何事不成。"这里强调"丁一确二"的钉子精神，以及金石可镂的穿透精神，都源于专静纯一的"诚"之心。

由此诚心才能读书，才不会望文生义，节上生枝。朱熹《答吕子约书》："读古人书，直是要虚着心，大着肚，高着眼，方有少分相应，若左遮右拦，前拖后拽，随语生解，节上生枝，则更读万卷书，亦无用处也。"又《与魏应仲书》："大抵所读经史，切要反复精详，方能渐见旨趣。诵之宜舒缓不迫，令字字分明；更须端庄正坐，如对圣贤，则心定而义理易究。不可贪多务广，涉猎卤莽，才看过了，便谓已通。小有疑处，即更思索；思索不通，即置小册子逐日抄记，以时省阅，俟归日，逐一理会。切不可含糊护短，耻于咨问，而终身受此黯暗以自欺也。"

"为学读书，须是耐心去体会"，"今日去学一重，又见得一重，明日又去学一重，又见得一重。去尽皮，方见肉；去尽肉，方见骨；去尽骨，方见髓。"（朱熹《学规类编》）此读书之法需要层层深入，深而透彻地进入事理内层，这也许也是很多读书人的切身体会。如果精进不已，必至于"方见髓"，且必得其人生妙谛的精髓、真髓！又有说："今须且将此一段反复思量，涣然冰释，怡然理顺，便自会浃髓沦肤。"（《朱子全书》）浃髓沦肤，此指渗入骨髓，浸透肌体。"浃"，通，湿透。"沦"，沉没，渗入。此也作"浃髓沦肌"，比喻所指范围、程度极为深广。

读书之"诚"，由"丁一确二"，直至于"浃髓沦肌"的地步，此等境界何不高明，何不艰辛？何人能至于此？然至者，必读书有成矣。

五、不同书籍不同读法

说到读书之法，既有相通的基本读法，也有不同书籍的不同读法。譬如读文学著作诗经、唐诗、宋词、元曲、《红楼梦》《水浒》《三国演义》等古典名作，与读《老子》与《庄子》等著作就很不一样了。

譬如读《庄子》，清代林云铭《增注庄子因序》有一段话很有心得："盖凡读书家，必先识得字面，而后能分得句读；分得句读而后能寻得段落；寻得段落而后能会得通篇大旨，及篇中眼目所注、精神所汇；此不易之法也。《庄》之为文，其字面有平易醇雅者，即有生割奇创者；其句读有径捷隽爽者，即有艰涩纠缠者；其段落有斩截疏明者，即有曼衍错综者。若不逐字训诂，逐句辨定，逐段分析，如前此注《庄》诸家，解其可解而置其不可解，甚至穿凿附会，颠倒支离，与作者大旨风马无涉；凡篇中眼目所注，精神所汇，悉付之云雾惝恍，虽极口嘉赞，无殊醉呶梦呓，庄必不受也。（谢祥皓《庄子导读》）能真正读懂一本书是很不容易的，由字句至于义理，及至全文意旨，或再探其写作动机、前因后果，这些都要搞清楚绝非易事。当然也要看阅读书目的不同类型与不同要求。现在能直接阅读先秦以前的古籍者已经不多了，至今能读古文的可能比能读外文的更少。又如《庄子》之类较为高深难读的书，许多人穷其一生或几代人也未能全弄明白。这是指学术的研究，本是无止境的。读书有不同的层次和境界，各人要按照自己的需求选读合适的书与采用恰当的研读方法。当然，最好的方法，也只是指引你一条路，到达成功的目的地，还是要靠你自己的功夫和功力。

六、唐君毅研读古籍方法启示

此忆及唐君毅谈研读古籍方法的一段议论，而于人们读书、学术研究都很有启迪之效。此见其所撰《李源澄〈诸子论文集〉序》（唐君毅《中华人文与当今世界补编》，广西师大出版社）。

诸子之学，清儒量理之功限于辑佚考证、校勘训诂。逊清之末，学者乃喜言诸子大义，然当时学者如章太炎、梁任公之诠释诸子学说，皆以梵土或西方之学为据。民国以还，西方之哲学、社会科学日益输入，而言诸子者更几无不以中西之思想较论，其中固多以参证而会通者，然持其先入见，美之曰执假设以求证，摘零篇断句以相附会者，遂不可胜数。余昔尝泛览中西哲学之旧典，而持中西哲学殊途之论。十年前曾有所述作，谓较论中西思想，宁较其异，毋较其同。盖深病附会之言滋蔓无已，而中国学术将永沦成附庸而沉沦也。近年以来，虽于中西之正统思想之最胜义仍以为多可持以证人类之心同理同，然亦未敢轻抒所见。

常念读古人书，有自外入者，有自内出者。此所谓自外入者，先于理有见，而求印证于古人，而逐渐去其成见，留其真知，以通古人之心者也；自内出者，先虚怀若无知，优柔厌饫（yù）于古人之书，而豁然贯通，得其旨归者也。自外入者知其所见之未必合古人之意，则更迭诸见以测之，此今所谓尝试错误法也。诚所见广大后，能更迭诸见，不执一以求通，固可与古人觌（dí）相遇矣！然所见广大谈何容易，见与执俱，执一而强古人同我，遂所难免。此昔贤教人读书之必以虚怀涵泳为训也。夫虚怀涵泳之中，非无尝试、探测也，唯其探测恒在有意无意之间。陆象山言“深山有宝，无心于宝者得之”，其言可味也。有心于宝，则或以石为宝，如不以石为宝，则觅宝而不得，视伤而神滞，虽有宝不识矣！唯宅心于有意无意之间，其探测之机斯常活常灵，无所固滞，精义所存，常目在之，一有不合，过则舍之，其参伍会通之功，行于微隐而神不劳。此则读书自内出者之用心之圆而神，异于读书自外入者方以智也。

西方学人之用心方式恒偏于方以智，故其立论，多先提出问题，叙可能之诸见，评异见之难通，再陈其所见。既陈述史事与古人学说，亦纲目整齐，期于方智。中国哲人、史家之用心，则偏于圆而神，故其立论，多直抒所见，剪除枝叶，称心而谈；而陈述史事，亦重曲畅旁通，随人顺事而婉转，而以方以智之表志为辅；叙古人学说，亦期得神髓，罕事排比，以要言不烦，留人自悟为贵，皆圆而神之用心方式之表现也。当今之世，方以智之用心读书、著作方式，固人皆知之，而多本之以论中国固有之学术矣！然抑知圆而神之用心读书、著作方式之更与中国学术之精神相应而尤不可废乎？

吾平昔之用心读书写作之方式，亦近乎方以智，读古人书恒亦为自外入。尝欲求用心之圆而神而未之能逮，盖亦由素习使然，而欲由方智之极以达圆神也。

此段议论内涵富足。先从诸子之学说起，则其研究方法不断随时代之更换而变化。清儒集中在“辑佚考证、校勘训诂”，侧重于典籍文本的阅读与校理。清末则侧重古籍义理的研读，并引进梵土与西方之学来诠释。民国以后，则更多地引进西方哲学、社会科学来作解读，比较研究。唐君毅则“虽于中西之正统思想之最胜义仍以为多可持以证人类之心同理同，然亦未敢轻抒所见”。

由此，他论说了常见的读古人书的两种方法：其一，是自外入者。这是自己先有见于理，再去古人那里求证，而后逐渐去掉自己原有的成见，留下那些真知，再进而沟通古人之心。这种方法虽然最后可以就像与古人面对面那样，但是要不执一以通，不强求古人同我，而一一消除自己原先的诸见，实在不容易。此种读书自外而入者，可谓之“方以智”。其二，是自内出者。这是先虚怀若谷般的无知，探测也常在有意无意之间，因此探测之机反而常活常灵。没有固执凝滞，故能具参悟会通之功，虽行于微小隐蔽而神不劳弊，终于豁然贯通，得其旨归。此种读书方法异于与前者的从外入者，而是从内而出，其用心圆而神，故成为“圆而神”。唐君毅又评论自己平昔用心读书写作之方式亦近乎“方以智”，而期盼“欲由方智之极以达圆神也”。

要之，读书的切入方法很多，个人可根据不同情况下的不同所需，选择合适的方法。宏观上概括而言，大体有这几个层次：喜欢读书是一层。读书而能纵观大意是为一层。读书而能知晓源流得失之故为一层。读书得其要领为一层。读书能析义理于精微，辨字句于毫发之间是一层。“超越文本能读字外之字，懂句外之意，味篇外之味，参通悟彻文外之道，独能够会心，是为一层。”（古文观止序言）读书而能继承前人、他人并能实践、运用、开拓、光大、创造，为一层。此必须潜心力学，砥砺奋发，才能逐一进入高层次。

《传家宝》之读书“药方”

学习要读书，论学必读书，学习书本是一个重要的途径。如何读书，古往今来的人不知谈了多少，笔者这里要介绍一下《传家宝》一书中的读书“药方”，颇有其独特之处。“良药苦口利于病”，在此是否也能获得非同一般的读书感悟和收获?

一、石成金与《传家宝》

清代有一位颇负时望的人物石成金，据《中国人名大辞典》载：“石成金，清扬州人，字天基，号惺斋。事亲孝，重然诺，著有《传家宝》四集，都百余种。取居家寻常事，演以俚俗语，意存激劝，颇行于是世。乾隆初卒，年八十余。”石氏“著书甚富，皆大有益于身心之言”。（石成金编撰，喻岳衡校订《传家宝》前言，岳麓书社）

《传家宝》原名《重刻添补传家宝俚言新本》，简称《传家宝》，重刻本刊行于乾隆四年。此书于康熙中期曾刊行过，于32年后，在多种刻本的基础上汇编重刻刊行。作者于81岁高龄手书自序：“于人情世事，无论大小雅俗，但有利益者，俱以浅言刊书行世。”此书内容多为劝世良言，既吸取前人经验成果，又多有自己躬行践履的心得体会。“他存心利人济世，情见乎辞，而且讲求实效，如书中收有不少治疗顽疾和不育的药方，有的还是他以重金访求得来的，他不秘以谋利，而是刊示出世人，公之于世，这种做法也是难能可贵的，‘端方长厚’决非虚誉”。此书第三集中有《读书要》一文，很有意趣地揭示了读书常见的弊病，且开列出十大“药方”，于今人或许也不无裨益。

二、《读书要》之“药方”及按语简评

下面即是《读书要》开列的读书“药方”，每一“药方”后括号内语，原文中是以小号字体出现的。笔者在此以加括号的形式示之。“药方”序号为笔者所加。“姚按”为笔者所作简要点评，以助读者理解。

（一）陶谦年十四，尚骑竹马儿戏。后举出茂才，位至牧伯。陈子昂年十八从博徒游，后精经史，为唐大儒。凡少恃中堕而不终、开始成名以及暮年不学而以颓老自废者，当服此药。（老学更易成名。）姚按：此第一“药方”，主旨是读书为学任何年龄都不晚，只是不可半途而废。且自古以来，大器晚成者不在少数。

（二）司马迁游江淮，探禹穴，窥九疑，浮三湘，北涉南略，足迹几遍天下，而文始奇。扬雄合天下上计孝廉郡会之闻见，尽得其异语，又加之二十七年铅画椠（qiàn），而字始奇。吴莱尝谓腹中无万卷书，眼中无天下奇山川，未必能文；纵能，亦儿女语。凡未开大心胸而拘守耳目之近者，当服此药。（聚古今比较伎俩，安得恃管中之睨？）姚按：此第二“药方”，主旨是读书为学须增进阅历，丰富知识，心胸开阔，而后著文，方有大手笔。读万卷书，行万里路，是之谓也。

（三）徐庶少时任侠击剑，几死人手，折节学问，遂与卧龙齐名。胡安国少时桀骜不可制，其父锁之空室，辄戏刻小木为人形；父乃置书万卷其中，三月尽览，为世大儒。张仲举少时蹴鞠（cù jū）、走马、作音乐，父兄以为忧。一旦翻然易业，竟以诗文名海内。凡有豪气而不知学问文章惮于自新者，当服此药。（达人回头，岂易与敌？）姚按：此第三“药方”，是谓豪气达人初虽游敖无羁，若翻然自新，专注学问文章，其成功之势锐不可当，无可匹敌。

（四）匡衡引光邻壁，王克（充）入市阅书，倪宽带经而锄，李密挂角以读；路温舒牧羊山泽间编蒲写书，吕伯恭新婚一月撰博议数帙。何地非书室乎？凡怀居释僻而不随处用工者，当服此药。（孤恃此心，何处非学？）姚按：此第四“药方”，以上举数例，均为非凡之时、之地的勤学苦学者，主旨在于人若有志于向学，何时何地均可学。

（五）董仲舒读书不窥园三年。法真、赵至皆历年，桓荣十五年，何依十七年。杨龟山举两肘示胡澹庵曰：“我此肘不离案三十年。”张无垢晚谪浦宝界寺，每日未爽，辄抱书立窗下就明而读。如是者十四年，石山双趺隐然。凡攻苦未久而辄欲取偿者，当服此药。（最可恨的是取急效，终身无成。俗云：“若得工夫深，铁杵磨做针。”此言不可忽。）姚按：此第五“药方”：旨在读书学习必须勤苦发愤。学习要成功，刻苦的钻研精神是必具的，而且贵在坚毅而有恒，才能学必有成。读书学习如急功近利，或浅尝辄止，没有专心致志的苦学精神，是不可能成功的。

（六）宋穆耽学，锐意讲诵，或时思至不自知，亡失衣冠，颠坠坑岸。其父尝以为专愚，几不知数马足。葛洪少好学，家贫，躬自采薪以贸纸笔，夜辄写书读诵。性寡欲，无所爱玩，不知棋局几道、樗蒲齿名。凡驰逐外务而分心本业者，当服此药。（驰遂固是病，即学中无定，更是大病。）姚按：此第六“药方”，旨在读书为学须专诚务本，心无旁骛。学者若是心念杂乱不纯，驰逐外务而分心，则必心散神飞，事必难成。纵然成而必不能至于精详、精粹之境界，断然成不了大器。

（七）秦少游自言少时读书，有强记之力而常废于不勤。及长，聪明衰退，有勤苦之劳而常废于善忘。因读《齐史》见孙搴（qiān）答刑词云：“我有精骑三千，足敌汝羸卒数万。”心善于其说，因取经传子史事之可为文用者，得若干条，为若干卷，题曰《精骑集》。凡务博少精而致用无当者，当服此药。（不如此则下笔不悍，非谢博也。）姚按：此第七“药方”，读书为学须求精当致用，不能贪多求广，虽博而不精，更不善运用。少读而能运用者，胜于博而不善运用者。“兵在精而不在多”，此兵法之理，亦通于读书之法。

（八）严仪卿论诗谓非读书穷理，不能极其至。盛唐诸公，惟在兴趣，羚羊挂角，无迹可求。究其妙处，透彻玲珑，可凑泊，如空中之色、水中之月、镜中之象，言有尽而意无穷。又以禅喻诗，禅则以悟之后，万法皆空，棒喝怒呵，无非至理，诗则一悟之后，万象冥会，呻吟咳唾，动触天真。然禅必深造而后能悟，诗虽悟后仍须深造。凡不从自心求悟，而惟钻故纸者，当服此药。（穷理极至，自然有悟。一味兴趣，又成虚劳。）姚按：此第八“药方”，读书为学须用心自悟，穷理致其极。真读书者能自通、深悟、善解，闻一知十，触类旁通。诗文自然天成、自成一家者为上乘。

（九）谢公深为宋公垂，常在史院。每走厕，必挟书往，讽诵声琅然闻远近。欧公因谓布深曰：“予平生作文，多在三上：马上、枕上、厕上。惟此犹可以属思耳。”凡倏忽度日居肆而不用功者，当服此药。（他来寻我，安得分手？）姚按：此第九“药方”，旨在告诫世人当惜时勤奋，手不释卷，用功读书，不可懈怠度日。若是虚度光阴，到皓首无成时，悔也晚矣。

（十）昔子贡问子石子学诗乎？子石子曰：“吾暇乎哉！父母求吾孝，兄弟求吾悌，朋友求吾信。吾暇乎哉！”子贡曰：“当投吾诗，以学于是子。”公明宣学于曾子，三年不读书。曾子曰：“宣而居参之门，三年不学，何也？”对曰：“安敢不学？宣见夫子居亲庭，叱咤之声未尝至于犬马。宣悦之，学而未能。宣见夫子之应宾客，恭俭而不懈惰。宣悦之，学而未能。宣见夫子之居朝廷，严临下而不毁伤。宣悦之，学而未能。宣安敢不学而居夫子之门也？”凡有愧学问行谊而不识“忠孝仁义”等字者，当服此药。（此是病根，不独文士为然，世人俱可服也。）姚按：此第十“药方”，劝勉世人，不独限于读书人，对于求学认知的功夫，都要坚持“学、问、思、辨、行”的全过程。天下学问博大精深，世事万物纷杂繁忙，人生却有涯。时光岁月匆匆过，为学困知勉行者，都须好学不倦，审察穷理，辨析是非，扬美弃恶，切实践行学问行谊之方。

以上开列的十则读书“药方”，内容涵盖了读书人常见的诸多方面坏习惯坏毛病，今人亦可对照检视而“服之”，必定能提高读书之成效，也能增强人生事业之成功效率。《读书要》是《传家宝》中之一篇，其余还有《读书心法》《师范》《学训》《神童诗》《正学歌》等篇目，也多有读书学习方面有趣有味的故事教言，可参照阅读，以悉心体会此书“人情世事须知，修身齐家要法”之妙道。

篇七

《学记》文脉智慧

《学记》所言“善歌者使人继其声，善教者使人继其志”，启发我们对《学记》这一经典的传承，不仅限于接受文本的教学理论知识，更重在追求其深层的教育智慧，代代相承其内在的文脉精神。教育文化与整个民族文化相形并随，历史文化环境对人的塑造作用强大而显明。我国古代及近现代涌现出的大批名师硕儒，专家通人，留下无数精彩纷呈的“学记”丰碑。他们的人生际遇、应对智慧与励志笃行，铸就了人文精神之魂，夯实了地域文化之基，汇成了中华文明之光！既是启迪人生的教科书，亦可从中感悟时代风云激荡、变幻瑰丽之景观。这里采撷的每一江南地域文脉，无不浓郁馨香，审美与睿智并存，令人回味无穷、遐思无限。

三生花草梦苏州

南宋苏州诗人范成大在《吴郡志》中曾说："天上天堂，地下苏杭。"人们习惯上常说"上有天堂，下有苏杭"。清代诗人龚自珍在《己亥杂诗》中有诗云："凤泊鸾飘别有愁，三生花草梦苏州。""三生花草梦苏州"，此语恰合笔者对苏州故乡的情思与抒怀。

笔者出生在水乡古镇震泽，初中在吴江县城就读，高中进入苏高中（现称"苏州中学"）。又曾在吴江水乡插队落户多年，后又在苏州铁道师范学院任教近二十年。笔者生于斯，长于斯的这片江南故土，是"山温水暖"的温柔富贵之乡，田畴丰腴，民物富饶。尤其文化积淀深厚，书香门第棋布星列，崇学读书和为学治学之风浓郁馨香。

一、学脉世泽绵延

地域文化的发展，是与经济、政治、文化，包括血缘和人文传统密切结合的综合效应。人们生活安定后，才能读书办教育。自魏晋南北朝时，北方人为避战乱到江南，促进江南经济快速发展。至两宋以后经济中心南移，江南成为经济发展中心。苏州富庶之地，以商业经济发达的地域优势，吸引了不少宦官士族在此栖居生息，形成不少名门望族，进一步促进了苏州文化的繁荣发展。

范仲淹"忧乐"精神绵延。现苏州市中心有一小巷，名为"范庄前"，即是宋代范仲淹所办的"范氏义庄"旧址。范仲淹（989—1052），苏州人，北宋杰出思想家、政治家、文学家。其《岳阳楼记》中名言："先天下之忧而忧，后天下之乐而乐。"影响了一代又一代世人。范氏义庄是范仲淹于1050年被贬后，在原籍苏州捐资购置田地1000多亩设立的，用于赡养同宗族的贫穷成员。如今的景范中学所在地即为范氏义庄旧址。公元1346年（元至正六年），范氏后人在此兴办文正书院，后曾开办私立崇范中学、私立景范中学。新中国成立后，学校几经更名。1989年，在范仲淹诞辰1000年之际，为弘扬中华传统文化，继承"先天下之忧而忧，后天下之乐而乐"的崇高精神，再次启用"景范中学"之校名，以表达对先贤范仲淹的景仰之情。至今校园内依旧保留着义庄元代的建筑文正殿，其承载积淀的历史文化传统成为学校源远流长的文脉。文正殿内展览范仲淹生平事迹，并把主要事迹刻成石碑，让学生感受文脉的蕴含。范庄前曾有一座雕饰精美的巨型石坊"先忧后乐"坊，已经在"文革"中被毁。

俞樾家学传承。在市中心马医科巷坐落的曲园，是俞樾故居，承载的文脉宏深且显赫。俞樾（1821—1907），号曲园居士，浙江德清人。清末著名朴学大师、文学家、经学家、古文字学家、书法家。俞樾为清道光三十年（1850）进士，曾任翰林院编修，官至河南学政，后因谓其所出“试题割裂经义”而贬官移居苏州，从此潜心于学术，却因祸得福，誉满天下。俞樾治学长于经学，在诸子学、史学、训诂学，乃至戏曲、诗词、小说、书法等方面均有建树。学问博大精深，著有五百卷学术巨著《春在堂全集》，成为晚清声名卓著的学者。“春在堂”的取名，源于俞樾曾以“花落春仍在，天时尚艳阳”的诗句，得到阅卷官曾国藩的赞赏，便将曲园内的堂命名为“春在堂”，他就在那里著书讲学，所以他的著作总集也命名为《春在堂全集》。

俞樾晚年又主讲杭州“诂经精舍”，海内外慕名求学者甚多，号称“门秀三千”。章太炎、吴昌硕、日本的井上陈政皆出其门下。国学大师章太炎即是他“诂经精舍”门生。俞樾多有书法题字传世，寒山寺内“枫桥夜泊”的诗碑，留下他墨迹。另有《雄震仙潭》刻石，《仙潭书院碑记》等。其年逾八旬后，还隶书《敬业乐群》匾额，隶书雄健豪迈。“敬业乐群”就是引录《学记》中的原文，亦见《学记》的影响与精神传衍无处不在。

俞樾之孙俞陛云（1868—1950），出生于苏州，字阶青，号乐静居士。1898年光绪二十四年，中进士后参加殿试，以一甲三名赐探花及第，授编修。后任四川副主考等职。民国时曾任浙江省图书馆馆长，后因编修清史移居北京。俞陛云幼承家学，受祖父俞樾的亲自训导，于文学书法方面均有很高造诣，尤其精于诗词，有多部诗词集传世。

俞樾之曾孙、俞陛云之子俞平伯（1900—1990），中国现代著名学者、文学家，尤以《红楼梦》研究轰动全国，亦由此遭受批判冲击。1988年，77万字的《俞平伯论红楼梦》巨著得以出版，是学术界的盛事。俞氏家族有如此久远而显赫的家学传承，可谓苏州文脉的靓丽一笔。

“章氏国学会”师承讲学。苏州锦帆路有章太炎故居，门前有“章太炎故居”匾牌。此处曾是章太炎讲学的热闹之地。章太炎曾在日本、北京举办过国学讲座，钱玄同、鲁迅兄弟等众多学生中很多成为学者名人。这里是章太炎晚年在此创办的“章氏国学会”，有学生五百余人。因有从四方慕名远道而来者，故还建有宿舍安排，可见办学规模之盛。

章太炎本出身于经学世家，笔者在前文已有述，此则略说其师承。章太炎在杭州诂经精舍8年研习，是俞樾的高足，同学夸其“俞门第一流”。俞樾在晚清学坛蔚为儒宗，在杭州诂经精舍31年山长任内，造就了诸多名师硕儒。章太炎推重本师俞樾“每下一义，泰山不移”。后因政治理念方面的差异，俞、章师生不睦，但是师承渊源与学术影响并非一纸解约所能了断的，俞樾对章太炎学问的形成起着至关重要的作用。

以上简述苏州学脉之绵延数例，皆为名家名典，人物是为大师级的国学瑰宝。以蠡测海，已可见苏州文化底蕴之渊源宏博。

二、苏州状元文化

苏州人才辈出，名人雅士丛集。苏州曾经出过的文、武状元众多，数量遥居全国各城市领先地位，因此苏州的状元文化很有特色。这里的“状元”，有特定的涵义，也是状元之本义：“按状元之称始于唐，因唐制举人赴礼部试者，皆需投状，殿试第一谓为状元。”按严格意义上说，状元是在科举考试中，通过殿试获得的第一名。“严格的殿试，应是在天子殿廷进行的，由天子（至少在名义上）命题、亲试、亲阅和亲定录取的进士考试，而且要将所录取的进士分为‘三甲”：一甲三人，为‘赐进士及第’；二甲若干（一般为七名）人，为‘进士出身’；三甲为余下之人，为‘赐同进士出身’。而一甲又分为第一名、第二名、第三名，分别称为状元、榜眼、探花。”（李继新等主编《天下第一策·历代状元殿试对策观止序》中州古籍出版社）可见状元之选拔何等不易！而苏州状元却屡见不鲜，清人钱泳在《履园丛话》中说：“清代鼎甲之盛，莫盛于苏州一府，而状元尤多于榜、探。”这可谓苏州江南文化之奇迹。

道光十二年（1832）壬辰恩科状元吴钟骏，苏州吴县人。其殿试对策具有很高的水平：“吴氏对策阐述问题见识高远，一言九鼎。殿试对策由皇帝钦定，反映中央政权最为关注的社会问题，答对难度相当大。另一方面，阅卷官都是朝中重臣，经学泰斗。状元的殿试对策要具备宰辅的政治见识和翰林院掌院学士的学识文才，阐述问题才能新人耳目，出人意想之外，才能鼎甲题名第一。”这里让我们了解了殿试对策的相关知识，是何等的高难度啊！吴钟骏状元及第后，授职修撰，出任浙江、福建学政，后因病免职。吴钟骏是嘉庆七年（1801）状元吴廷琛的堂侄子，叔侄状元也是科举史上之美谈。

苏州市为弘扬城市“崇文”精神，建立了苏州状元博物馆，这是一个介绍姑苏状元历史，研究状元文化的专题类博物馆。科举与状元已成历史陈迹，不复存在，但是那些留存的状元文物，还具有珍贵的历史价值，对于我们回顾历史，了解状元赖以生存、成长的社会生活与经济政治环境，具有重要的文献史料价值。

三、苏州中学名师荟萃

久负盛名的苏州中学，是苏州文化教育的一张亮丽名片。苏州中学办学历史久远，历经岁月沧桑，几经易名，笔者那时最为熟悉的称呼是“苏高中”，即是“苏州高级中学”的简称。莘莘学子都以能进入苏州中学为荣，歆羡其悠久的历史文化和优良的学风，更是向往得到那些名师的指点与教诲。历史上一些著名的学术大师，如王国维、钱穆等都曾执教于苏州中学。仅钱伟长一人的回顾，就能领略那时荟萃的胜景，学术层次之高，影响之大，真令人赞叹不已！

科学家钱伟长毕业于苏州中学，他晚年有一段对那时苏中教师的深情回忆：

1928年，钱伟长只读了一年的初中，却考取了江南名校苏州中学。苏州中学具有悠久的历史，各科师资质量都很高。校长汪茂祖、国文教师钱穆（四叔，后历任燕京大学、北京大学教授）、西洋史教师杨人楩（新中国成立后任北大教授）、中国史教师吕叔湘（历任清华大学、北京大学教授、新中国成立后任中国社会科学院语言研究所所长）、地理教师陆侃舆（主编我国第一本全国分省地图）、生物教师吴元迪（编著了我国第一本高中生物学教科书）、英文教师沈同洽（新中国成立后任南京大学西语系主任）、音乐教师杨荫柳（新中国成立后任北京国乐研究所所长）、数学教师严晓帆（后任中学校长），诸位都是有关方面卓有成就的专家学者。老师们钻研学术的精神和丰富的知识，深有内涵的教育，精湛的讲课，对钱伟长培养积极探索文化宝库的能力和涉猎科学知识的兴趣，都产生了极大的影响。（《钱伟长教授论终生学习·钱伟长传略》）

钱伟长当年领到苏州中学高中毕业文凭后，到上海去参加大学升学考试。在一个月时间内，接连参加了清华大学、唐山交通大学、南京中央大学、武汉大学和厦门大学的升学考试。那时各大学分别自设考场自出考题，文科和理科都是相同的试卷。结果，他得到了这5所大学的录取通知书，同时还得到了一份“清寒奖学金”，使他喜出望外！钱伟长这一成功，也使苏州中学高中教学的质量得到了检验。成功的因素固然是多方面的，但高质量的师资还是关键因素。

钱伟长忆及的苏中母校教师名录，简直都是一流大学之名师，是各学科专业的开创者或领军者。能有这么一个强大的教师阵容，不得不佩服那时教育当局重视师资质量的办学水准之高，延揽到这么多教学一流人才，真是大格局、大气象。同时，也折射出苏州人文氛围、教育环境之适宜，能吸引高层次人才来此生活工作。大概钱伟长所处的这一时段，正是学校发展的辉煌阶段，名师集聚该是学校兴旺发达的标记。有了高质量的师资，才能培养出高质量的人才啊！

学校发展与个人成长成才，都离不开社会环境的影响，教育必然会受到社会政治制度等各方面因素的制约。笔者想到当年进入著名的苏州高级中学时，有想在科学领域发展的愿望。因为我当时喜欢数理化，尤其喜欢数学，那时教我数学的是一位优秀的女教师，我们学生都很敬仰她，喜好上她的数学课。课余或星期日还常常钻研数学习题，在教室黑板上一遍又一遍演算。人生不测，高三遭遇了“文革”，于是取消高考，并到农村插队。此间限于学习数理化条件没有，于是喜好转向了文科，所以以后的人生就转向与文科打交道了。有意思的是，时隔数十年之后，我与莫砺锋教授曾两度同学，先是在苏州高级中学，且同为六六届毕业生，后在南京大学读研究生时再度同学，不过他是博士生，我是硕士生。莫砺锋说到自己的专业转向，也是由下乡插队后数理化转向文科研究的，路径与原因，居然不谋而合。我们还是幸运者，转向后还获得了学习深造的机会，绝大多数的同学，那时代的青年与高等教育永远失之交臂了。这是一个沉重的历史话题，但愿那一段历史不再重现。

苏州位于江南地区中心区域，苏州古城，太湖古镇、古村落，在吴地文化的孕育和滋养下，不仅传统文脉积淀深厚，而且较早能与外来新鲜文化交汇融合，苏州的文化教育始终处在时代前列。现当代的苏州籍的文化名人、院士似群星闪烁，不乏朱棣文、贝聿铭、钱伟长等大师级人物。无数文人墨客、名流雅士，对苏州赞美颂扬之诗之文美不胜收，不绝如缕，笔者在此仅述之一二，以抒发对苏州文脉的感怀之情。

无锡望族与东林书院

江南水乡无锡，是笔者第二故乡，山清水秀，风光旖旎；书香盈门，文脉悠久。无锡的名门望族绵延流长，名家名流英才蔚然，他们与时俱进地谱写着诗书相继、实业兴家和科教兴邦的传奇历史。“风声雨声读书声，声声入耳；家事国事天下事，事事关心”的东林文化，载誉史册。无锡文脉学脉的地域特色浓厚，留下无数“资政育人”的珍贵精神财富。

一、无锡望族与名人文化

无锡望族的兴衰更替，正是无锡数百年社会转型期的历史缩影。无锡市档案馆与图书馆等联合编纂的《无锡望族与名人传记》一书，对无锡望族与名人文化进行了梳理汇集，功德无量。其研究全面深入，资料丰富精详，笔者甚为无锡望族与名人之璀璨靓丽而感动，特从无锡文脉与学脉的视角，参阅或引录，结合其他相关资料，选择有代表性的望族名家名流宣扬之广大之。

（一）著姓望族文化

无锡旧式望族多因科举仕途而兴；新兴家族多由工商实业而成。明清著姓望族多以科举进士名录来衡量。从“历代进士名录”来看，《无锡市志》第四卷有述：“无锡县（自清雍正二年后包括金匮县）学子在京试中，文科共考中进士540名。”“无锡武科共考中武进士8名。”“在历代科举考试中，无锡曾有‘六科三解元，一榜九进士’的盛事。”（《无锡望族与名人传记·前言》）因科举仕途兴起的无锡望族世家甚多，此简述有影响的大者要者，以窥一斑。

李氏，以李绅于唐元和元年（806）第一个考中进士而成名。李绅官至宰相，其《悯农》诗：“锄禾日当午，汗滴禾下土；谁知盘中餐，粒粒皆辛苦。”妇孺皆知而世代传诵。自唐至清，李氏考中进士8名。近代则有实业家先驱李金镛、实业家李国伟、社会活动家李惕平、刺绣专家李佩黻、历史学家李文海、政论家李慎之。

孙氏，有《唐诗三百首》作者孙洙。到清末孙氏共有进士12名。近代有实业家孙鹤卿，政治活动家孙九录、孙翔风，历史学家孙毓棠，儿童文学家孙毓修等。

尤氏，居于尤渡里。到明朝共有进士9名。有宋代大诗人尤袤，其积书甚富，嗜书尤笃，留有佳话。

钱氏，为吴越王钱镠后裔，到明末共有进士8名。近代无锡钱氏家族鼎盛，主要以城中七尺场钱基博、钱基厚（孙卿）兄弟一家与鸿声七房桥钱挚、钱穆兄弟一家为盛，院士就达9名。钱基博与钱钟书父子，钱穆与侄子钱伟长均声名卓著。

王氏，到清末共有进士32名。明有书画家王问、王纹。近代王氏有社会活动家及红学家王昆仑、院士王补宣、王序和王迅、王选兄弟，经济学家王寅生，音乐家王莘。

秦氏，为高邮秦观之后。到清末共有34名进士。无锡小娄巷秦氏宅第，惠山的寄畅园，均为秦氏遗迹。近代秦氏有政治活动家秦毓鎏、秦邦宪、秦瑞玠、书画理论家秦炳文、秦祖永，画家秦古柳，经济学家秦柳方，院士秦伯益，但无人创办实业。

华氏，自追随宋高宗南渡后，到清末共中进士36名。有大富豪华麟祥，谚云："安国、邹望、华麟祥，日月金银用斗量。"近代华氏有著名数学家华蘅芳、华世芳兄弟，实业家华绎之，民间音乐家华彦钧（阿炳），漫画家华君武等。

吴氏、侯氏也为无锡望族。吴氏近代有著名画家吴观岱和半个无锡人吴稚晖。江阴、宜兴有院士吴中伟、吴中如及吴文藻、吴研因、吴树青、吴冠中等。侯氏近代有作家、教育家侯学愈、侯鸿鉴，化学家侯毓汾，书法理论家侯镜昶（笔者研究生导师）。

此说与"东林书院八君子"相关的望族。

张泾顾氏，顾宪成、允成兄弟，因为东林党领袖人物而流名后世。到清末，顾氏共有进士26人。近代著名人物有科学家、教育家顾毓琇，科学家顾谷成、顾谷同，钢琴家顾圣婴，院士顾真安、顾夏声。

坊前高氏，因高攀龙与顾宪成同为东林党领袖人物而成为望族。高氏只有高攀龙、高世泰2名进士。高攀龙后裔继承东林遗风，修复并主讲东林书院，影响很大。

堠阳安氏，中进士者3名。安氏望族奠基人安国，为明嘉靖时无锡三大富豪之首。安希范是东林八君子之一，在无锡地方文化史上具有重要的地位。

（二）新兴家族文化

无锡由一个普通小县城，一跃而为著名工商业都市，这是近代社会经济发展的成果，记录着一大批新兴家族创业崛起的辉煌历史。新兴家族的勃兴，创造了无锡发展的奇迹，对我国民族工业的发展影响巨大。在无锡经济发展舞台上，创业成功的家族很多，在此略作概述。

杨氏和薛氏两家族，均与当时重臣曾国藩、李鸿章相识，参与洋务运动而使子孙进入仕途和实业界。杨氏在无锡创办了第一家现代企业，有业勤纱厂、广勤纱厂、润丰油厂、电话公司等。薛氏第二代在洋务运动中建功立业，第三代和第四代在锡创办了永泰丝厂等，成为著名的"丝茧大王"。

唐氏家族，从创办米行、堆栈、布行、砖窑起家。后创办庆丰纱厂、润丰油厂、锦丰丝厂。后又创办丽新纺织整染厂、协新毛纺织厂，成为无锡纺织业巨子。

无锡毗邻上海，工商业发展较多与上海有千丝万缕的联系。周氏、祝氏均在上海滩起家，周氏成为著名的"煤铁大王"，祝氏成为有名的"电机大王"。无锡在沪著名企业家还有南乡沈氏父子，在沪开设沈源来油麻号，人称"桐油大王"。西郊丁氏在沪创办福新烟草公司，生产"红金牌"香烟，名闻一时。西郊陆氏，在上海杨树浦经营铁行，资本百万。还有洛社丁氏，在沪创办大无畏电筒厂，称之为“电筒大王”。还有青祁陈氏，在沪经营呢绒业，人称“呢绒大王”。还有众多在沪经营的实业家，后来都成为无锡地区新兴家族，生生不息。

在此再说无锡荣氏家族。以荣宗敬、荣德生、荣毅仁为代表的荣家，是中国近代民族工业发展的典型。荣宗敬、荣德生兄弟被誉为中国“纺织面粉大王”，也是热心公益、奉献桑梓的爱国爱乡实业家，荣毅仁曾任国家副主席。他们从寒门素族开始的传奇奋斗史，深具智慧与教育意义。

荣氏兄弟在锡沪等地经营茂新、福新面粉厂和申新纺织厂，到20世纪二三十年代，面粉、纱布占全国三分之一。荣氏家世与创业之路历经劫难，真可谓顽强地经受了一次次的惊涛骇浪，生死搏斗，逞勇前进。企业几经战火毁坏，又多时局艰难，乃至遭绑架勒索，坚持在危机频仍中前行。这与两兄弟从小受父亲荣熙泰《易》学精神的影响有关。父亲深通《易》学，对《易》中“剥”“复”之间的转承很有研究，两兄弟继承父志，以《易》学精神作为立身敬业的基础，在企业发展过程中不断吸取《易》学智慧。

（三）科教世家文化

徐寿、徐建寅父子在我国近代科技史上留有灿烂浓重的一笔，他们的典型事迹非常感人，令人敬钦。他们在洋务运动中，制造了中国第一艘轮船、军舰，制造了第一代近代枪炮、火药；创建了我国近代最早最大的翻译馆，为促进我国科技发展贡献巨大。徐建寅就是在制造火药时以身殉职，年仅56岁。徐寿无意于科举仕途，尽管经史根柢很好，却立志研究自然科学与工程技术。当他“卓然大成，声誉四起”后，他不慕荣利，为将西洋科学技术介绍到中国来而潜心译著。与英人傅兰雅等合作，先后译述了西方科技图书17部，专论9篇。内容包括化学、物理、数学、军事、工艺等方面，其中《化学鉴原》等译著，对我国近代化学科学发展起了很大作用。他翻译的化学元素符号名称，一直沿用至今。

徐寿心忧国事，担心“我四万万人民，子子孙孙常作他人奴隶，永无出头之日矣”，故奋发撰写兵书，为自强图存而练兵备战，爱国精神可歌可泣。其孙辈和曾孙辈也研求西学，翻译西方近代科技知识。或有在京师大学堂、书院等担任化学教习，传授科学知识；有对祖孙三代研究火药炸药的经验总结，著成《徐氏火药学》22卷。徐氏还有对天文学和无线电专业方面都有重要贡献。徐氏后代子孙也有从事政治、经济、军事、外交和医学、音乐工作的，还有子孙散居海内外，很多为各领域的杰出人物。徐氏家族因在科学上的巨大成就，被誉为“科技世家”“兵工世家”“化学世家”，做出了不起的功绩，是无锡人的骄傲！

华氏望族，以著名科学家、数学家华蘅芳、华世芳为代表。其父华翼纶早年曾办团练，抵抗太平军，后来主持东林书院，工文善画。华蘅芳曾和徐寿父子一起制造中国自制的第一艘轮船——黄鹄号。

胡氏，胡和梅曾任湖南桃源教谕，两子胡壹修、胡壹人均为教育家，胡雨人还是水利专家和社会活动家。胡壹修三子胡敦复、胡明复、胡刚复，是著名的数学家、物理学家，称为“一门三博士”。其子孙也多著名人士。

薛氏，薛明剑为著名的实业家和社会活动家，孙冶方为著名的经济学家。他们的第三代禹字辈，也多院士、教授、研究员等高级专家。

钱氏家族，在近现代勃兴，院士达9名，即钱临照、钱令希兄弟，钱伟长、钱易兄妹，钱钟韩，钱逸泰，钱鸣高。另有中国科学院哲学社会科学部委员钱俊瑞，还有台湾中央研究院院士钱穆。钱伟长是与钱学森、钱三强并称的“江南三钱”之一。

仅无锡“钱绳武堂”一脉，有文化教育与学术名人钱基博、钱钟书父子。钱基博勤奋笔耕，是以中文教学为毕生职责的淳朴学者。钱钟书则是学贯中西的学者，所著《围城》提高了无锡的知名度。《围城》有“钱绳武堂”的历史背景。《围城》中介绍方鸿渐的父亲在本乡江南一个小县城里做大绅士，那县里人侨居在大都市的，干三种行业：打铁，磨豆腐，抬轿子，土产中以泥娃娃为最出名，年轻人进大学，以学土木工程为最多，铁的硬，豆腐淡而无味，轿子的容量小，还加上泥土气，这算他们的民风。这里把家乡无锡的特产和民风描述得非常风趣。另有教授学者钱钟毅、钱钟鲁、钱钟泰；有著名工商人士钱基厚和钱钟汉父子。他们的下一代也有众多教授学者，如钱钟书女儿钱媛等。

近代无锡科技文教医务卫生世家还有很多，如杨荫杭（杨绛之父）家族等，有的在著姓家族文化中已有述，可参见。无锡望族名家发展史精彩纷呈，内涵富足，是中国社会近现代发展史的形象展现。

二、东林书院与东林文化

上文望族文化中已有与东林书院相关人物介绍，东林书院由无锡本邑名贤创建，为我国古代著名书院之一。黄宗羲在《明儒学案·东林学案》中指出：“东林讲学者不过数人，其为讲院亦不过一郡之内耳……若是乎东林榜标，遍于域中，延于数世。东林何不幸而有事也，东林何幸而有事也。”东林之幸与不幸，确是耐人寻味的文化现象，是无锡人文精神的折射与彰显。

东林书院创建于北宋政和元年（1111），位于无锡城中东南隅，原是当时程颐门人、北宋理学家杨时讲学之地，他在此讲学前后有18年（1111—1129）之久。杨时去世后，其学生在此遗址上建了“道南祠”纪念他，后来书院年久失修而荒废。

明朝万历三十二年（1604），由无锡学者顾宪成、高攀龙等人重新修复，并在此聚众讲学。形成由本邑顾宪成偕弟允成、同乡高攀龙、安希范、叶茂才、刘元珍，及武进薛敷教、钱一本讲学团体，时称“东林八君子”。“岁两大会，月一小会，各三日，一切仿效白鹿洞书院学规，‘远近名贤，同声相应，天下学者，咸以东林为归’。”（《中国古代书院》）无锡东林书院在明代后期的书院中最为著名。

东林书院倡导“读书、讲学、爱国”的精神，反对空言虚文。顾宪成亲自制订《东林会约》。讲学“以道义相切磋，使人耳目一新，精神振奋，广见博闻，预筹未来，起旧图新。”东林书院志在世道，指陈时弊，关心民生国事，主要评议朝廷盐监、矿监政策等。由此以“讽议朝政，裁量人物”而一时名声大振，海内皆以东林为归。《明史·顾宪成传》有载：“当是时，士大夫抱道忤时者，率退处野林，闻风响附，学舍至不能容。其讲习之余，往往讽议朝政，裁量人物。朝士慕其风者，多遥相应和，由是东林名大著，而忌者也多。”由此倾动朝野，引起了当权者的忌恨和反对。天启五年（1625）八月，诏毁天下书院。十二月，阉党魏忠贤专权，罗织东林罪名，制造了震惊全国的东林党案。致使一大批正直官员被通缉逮捕，惨遭杀戮。高攀龙也因不屈逮捕而投水自尽。天启六年（1626）四月，除道南祠外，东林书院被强行拆毁。崇祯时阉党失势，东林冤案昭雪，又下诏修复书院。崇祯初年（1628），朝廷为高攀龙平反。高攀龙墓几经迁葬，“文革”初期墓遭掘毁。现存高攀龙墓为1985年重建，墓地位于市区青山公园内。

东林书院不但坚持自由讲学风气，更是开创了文人讲实学、重实用，关心国事的先河。顾宪成所撰名联“风声雨声读书声，声声入耳；家事国事天下事，事事关心”，既诗意浓郁，又富有深意，为世人称道，千古流传，也体现了民心所向往。

东林书院在历史上多次修复。1956年10月列为省级文物保护单位，2006年6月入选全国重点文物保护单位。1982年对外开放，先贤遗风令人景仰。院内现存石碑坊、仪门、丽泽堂、碑亭、道南祠等建筑。近年来，东林书院常开展文化交流与讲座以及尝试恢复书院传统礼仪等活动，书院已成为乡土文化与传统教育的基地。

三、文化之根源

无锡望族文化与东林文化渊深而璀璨，其文化根源是无锡人抓准了发展经济与兴学育才两大问题，是对孔子“先富后教”思想的成功演绎。

无锡为江南富庶之地，较早的富裕之家率先投资教育，将兴学育才视为经世之本，形成“书包翻身”的共识与民风。无锡望族均有文化型特征，家族人员坚持儒家处世立身之道，普遍以崇尚先贤懿范，关注民生实业，发展文化教育为追求目标，这在望族文化与东林书院文化中体现得颇为一致。家族发达后，都能造福乡里，以修路、架桥、办学等形式惠及民生福祉，荣氏家族即是其中的代表。

荣氏家族于1947年10月创办江南大学，由荣家独资兴办，开设与民生相关的工学、农学专业，培养机电、化工、农艺、农产制造加工等方面的人才。同时设立文学院，包含中文、外语、史地等系，钱穆曾任文学院院长。荣德生认为，中国文学、史学有极其深邃的内涵，体现了中国数千年文化的精髓。他曾批评轻视国文的倾向：“蔑视国文，置古代典籍于高阁，而奉外国之‘一鳞半爪’为秘宝，无异墨子所云‘舍文轩而窃敝舆，舍粱肉而窃糟糠’，可笑孰甚。我国文艺，西人尚知宝重……，而我国人反不知阅读。总之，无论科学技术，一切皆须有文学为之根底。”（《荣德生与兴学育才》，上海古籍出版社）他又在《梅园豁然洞读书处文存序》中说：“欲求生活，必先具生活之知能，故常识不可不充足，文字不可不通顺，以达意志，以记事物，则国学实为民生之宝筏。”荣德生在当年就认识到中国传统文化的价值，曾指出：“近闻欧美各国，颇重阳明良知之学。按良知之说，肇于《孟子》，简要易行。又巴黎、罗马，均设汉文、汉学博士，翻译中国‘四子’‘五经’，各国深识之士，心悦诚服，翕然无间言，经学暨讫寰球，会当不远。”（《荣德生文集》，上海古籍出版社）此语充满着荣德生对传统文化在全球弘扬的深情期盼。当然，他未能料到新中国成立后的国学文化却磨难多劫，直至改革开放后才得以重光！至今，无锡的望族文化与东林文化还是富有生机，顺应人心的，足以让人回味、反思，并将光照千秋，绵延永恒！

无锡国专与唐文治

在中国现代教育史上，无锡国专甚为特殊。因其创办在特殊年代，办学时间并不长，无锡国专之名，现代人大多不熟悉，但是其很多学生却声名远扬，如冯其庸、王蘧常、唐兰、吴其昌、蒋天枢、钱仲联等一流文史学者都驰名中外。其国学“种子”遍及大江南北，名人成才率之高实属罕见。其在中国教育史上有重要而特殊的地位，亦是无锡地域文化的骄傲，更当是今人需要传承与弘扬的国学文脉学脉。

一、无锡国专的特殊地位

无锡国专，即无锡国学专修学校。从开办至结束，为时仅三十年，又几经易名，甚至变更体制，且又异地办学。抗战时期，无锡沦陷，国专远迁广西等地艰苦办学8年。学校招生人数不多，第一班招了30人，以后每班也就在30—40人之间，最多一次招了50人。学生毕业后大都在中国现代大学的中文和历史系任教，也有在编辑、书画等领域发展，出了很多文史方面的著名学者。如唐兰、吴其昌、蒋天枢、钱仲联、王蘧常、陈钟凡等，这些学者的知名度大都耳熟能详。“早期的校友不多，但探讨学术、驰名中外的，如王瑗仲（蘧常）的诸子、群经研究，钱仲联（萼孙）的诗词骈文研究，兼工赋诗，有‘江南二仲’之称。瑗仲先生所撰《严几道年谱》和诗集《抗兵集》，曾为学林转相称引。最近法国卡里诺夫斯基博士来中国，执贽于王先生之门，学阴阳五行之说。唐兰的古文字研究论著，为世界各国普遍译印。吴其昌的考古学撰述，亦远播海外，推为一代巨擘。毕寿颐邃于经学、段氏说文，有《度帆楼文集》，识者推为乾嘉学者，允无多让。余如两汉书专家蒋庭曜、楚辞专家蒋天枢、《星预诗钞》作者朱星预、史学家魏建猷，等等，都是早期校友。”（钟叔河等编《过去的大学》，长江文艺出版社）

四十年代前后，同样是人才济济。新中国成立后，有影响的教授、研究员、编审、特级教师更是星光熠熠：“马茂元的唐诗研究，卓有成绩。周振甫的诗文评述和古籍整理，腾誉士林。鲍正鹄致力于文史和图书馆学，成绩斐然。冯其庸的红学研究，著述宏富，独到之见，为国际学者所推崇。汤志钧的近代史和经学史的探索，赢得学林的佳评。徐兴业娴熟宋史，近撰《金瓯缺》一百二十万言，推为历史小说中的翘首。陈祥耀致力古典文学，颇具灼见。朱星的《金瓶梅考证》，蹊径独辟。江辛眉于修辞、校雠之学，造诣颇深。他和沈熙泉、李孟尉、严古津的诗学研究与创作以及吴雯的词作，具见才思。再如杨康年、王绍曾的擅长版本目录、兼精史学，陆成侯的潜研辛弃疾和明史，陆以鸿的科学译著，翁闿运的金石、书学，周坚白的书画，周慧珺的书法，均见称于世。在中学语文教学研究上，作出优异成绩，并有著述传世的如唐尧夫、沈蘅仲、张执之、何以聪、姜烈、许威汉等等，不再赘述。至于中学特级教师中，国专校友也占了一定比例。”不厌其烦地引录了这么多知名学者，他们确实都在国学方面有建树。这些名字，笔者几乎对每位都知晓一二，大多见之于书籍报刊。学校总计招生约一千七八百人左右，却是“江山代有才人出”，成大才之率如此高，令人赞叹不已！

说到无锡国专，自然会联想到清华国学院。此一南一北两所国学院，前者是私立，后者为公立。前者在当今基本销声匿迹，无人知晓，清华国学院则在知识界仍有知名度。就办学宗旨与培养人才的维度，两者有颇多契合相应之处。

无锡国学专科学校，是研习国学的高等专门学校，培养国学人才。其初创于1920年12月，时名为“无锡国学专修馆”。清华国学院，1925年由吴宓主持创办。本名为“清华研究院国学门”，因研究院初创时只开设国学一科，人们习惯称之为“清华国学研究院”，同样是以专门培养国学人才为宗旨。但当时“清华原名为清华学校。这个名字不表示学校的性质。1928年起正式改名为国立清华大学，确定清华已由留美预备学校改为正规的大学。”（冯友兰《过去的大学·五四后的清华》）可见清华国学院成立时，以及王国维、梁启超、赵元任、陈寅恪四大导师的全盛时期，也是清华学校内的一个研究机构。后因导师王国维自沉于颐和园、梁启超在北京病逝，清华国学研究院于1929年即宣布停办。从1925年到1929年仅存在五年左右的时间，却培养了大批国学人才。

就创立时间来说，无锡国专要比清华国学院早五六年，这样正好无锡国专毕业的学生，可以到清华国学研究院继续深造，如吴其昌和蒋天枢。就毕业学生的去向，几乎都毕生献身于文史工作，从事国学教学或以著述为终生事业。纵观以后几十年的文史哲舞台，几乎都是由这两所国学院培养的学生在坚守和支撑。专业内的学者都认识到，如果没有这两个国学院培养的文史哲“种子”，中国的国学研究将是更不可设想的局面。

还有共同的一点，它们都是五四运动后创办的。无锡国专即是在五四运动后一年就开办起来，不能不说创办者的识力、魄力与能力之高远明晰，力挽狂澜，振兴国学的精神可嘉；重视教育，培养人才，传承国学命脉的努力更是令人敬仰！无锡国专以其重要而特殊的地位，亦当永载史册。但是这两个机构却都没能长期坚持下来，留下的思考也是深沉的。

二、唐文治与无锡国专

唐文治任无锡国专校长，且与无锡国专相始终，其对国专的作用与影响，当是无锡国专办学精神的重要组成部分。

唐文治（1865—1955），字蔚芝，江苏太仓人，父亲唐受祺是一生以教书为生的穷秀才。祖父唐学韩为他取名“文治”，寓意“通经治国”；取字“蔚芝”寓意“德馨芝兰”。唐先生从小刻苦用功，十六岁入州学，十八岁中举人，二十八岁进士及第，终于不负祖父所望。

1898年，唐文治调任总理衙门章京。1901年秋，曾随户部侍郎那桐出使日本。1902年唐文治以三等参赞衔随镇国将军载振赴英国，参加新君爱德华七世的加冕典礼。去英之后，又出访比、法、美、日等国。两次出国，他对日本和欧、美各国的政治、经济、文化教育等领域进行了考察。所见到资产阶级革命成就，对他很有启迪。四十二岁升左侍郎，署现尚书。在国势危殆中，步履维艰地通商惠工。四十三岁那年，以忤权贵，调任上海实业专门学校（原名南洋公学，即后来的交通大学）监督。辛亥革命后，学校改称南洋大学，任校长，直到1927年创办无锡国专才离职，为国家培养了第一批理工科专业人才。（参见《过去的大学·无锡国专杂忆》）

无锡国专，最初创办时名为“无锡国学专修馆”，由施肇曾（曾任陇海铁路局局长、交通银行董事长）等捐资，于1920年底在无锡惠山之麓开办，聘请时任南洋大学（上海交通大学前身）校长唐文治先生为馆长。1927年更名为“无锡国学专门学院”，以区别于私家学馆。唐文治离开南洋大学，专职于国专。1930年1月，才正式名为无锡国学专修学校。

1937年11月，日军侵占无锡前夕，国专被迫迁移至湘乡、桂林等内地租民屋上课。唐先生此时年岁已高，患病后返沪治疗。因江浙学生请求复课，为避免向当时敌伪登记，只得沿用私塾形式办学，便又改名“私立国学专修馆”，在上海暂借校舍创办国专分校，复课。此为何等艰难的办学环境与条件，不仅浪迹异乡，还有转换更名之无奈与烦恼，该花费多少心血啊！唐先生却在这样艰难困苦的十年中，培育出像唐兰、王蘧常、吴其昌、蒋天枢、钱仲联、蒋庭耀、夏君虞等学有专长的学者。国专已赢得社会声誉，成为民国时期著名私立学校。1949年新中国成立后，无锡国专改名为中国文学院，唐先生为院长。随着全国大专院校院系调整，于1952年并入江苏师范学院，1982年改名为今天的苏州大学。唐先生于1955年在沪去世，时年91岁。

唐先生后半生致力于教育事业，留下不朽精神与功业。1935年12月，师生为庆贺先生70寿辰，交大校友和国专同学集资，在无锡五里湖畔宝界山边建筑了“茹经先生纪念堂”，今为“唐文治纪念馆”。馆内现在陈列着先生代表作：《茹经堂文集》4册，《十三经读本》6册。另有《南菁书院日记》《农曹日记》《志学录》《思辨录札记》《续思辨录》《蓄艾编》等手稿以及《六十年来国政记》《四十年来士风采略》《英轺杂咏》等，可见其著述之丰厚。

唐先生因长期在无锡办学，声名卓著。无锡著名人士曾于抗战胜利后发起重修东林书院时，推举唐先生撰写碑文，他写了“发明性理之根源”之碑文，并略述书院建置始末，碑后列有发起人姓名，此碑今仍存于无锡东林书院内，亦为传世之纪念。交通大学的师生缅怀唐先生，在上海交通大学内筹建了“文治堂”，十年浩劫中曾被毁，后已重新恢复，作为对先生永久的纪念。

三、无锡国专的教学特色与启示

无锡国专能够在艰苦险恶的环境中，培养出大批学有专长的人才，此为办学成功的最有力说明。其鲜明的教学经验值得总结传承。

其一，书院传统与现代学校制度完美融合。这是当时与时俱进的先进办学理念，没有远见卓识，没有对传统文化资源和近代科学教育两方面的深刻认识，是万万办不到的。唐先生以传统书院模式创办无锡国专，以使人信服的“成才率”，证明了书院传统与近代西学结合的尝试成功，也是历史转型期的创获成功，价值意义重大。

其二，礼聘一流名师学者讲课。唐先生认为学生的质量，取决于教师的水平。一批一流国学专家，如陈衍、章太炎、辜鸿铭、饶宗颐、吕思勉、郭绍虞、朱东润等都曾来校讲学。清末民初陈石遗（衍）先生声名卓著，长期主讲《通鉴》和诗学等课。“那时陈衍住在苏州每星期五来无锡讲课，星期一返苏州。每课时的代价是大洋二十元（约合白米三百斤），这样高昂的钟点费，超过全国任何一个名教授。可是区区的私立无锡国专却是不惜工本的。当时名师还有金松岑、李详（审言，文选专家）、孙德谦、钱基博、顾实、陈柱、朱文熊，等等。”

同时聘请学术大家做专题讲座，“当时章太炎先生在苏州，经常来讲国学。章先生一口余杭土话，又是烟卷不离口，讲时详征博引，很不易懂。有随从弟子作快速板书和记录（记录即印发），才解决了一些听众的困难，不少专家的讲座，开拓了同学的视野。”另外，还请学有专长的学者作文史方面的专题讲演，“如周谷城（中国通史）、王蘧常（诸子概论）、周予同（经学通论）、蔡尚思（中国思想史）、钱萼孙（诗学研究）、胡士莹（词学研究）、王佩争（曲学研究和版本目录）、朱东润（历代文选）、唐庆诒（中西文艺批评）、郝昺衡（中国文学史）、胡曲园（中国通史、逻辑学）、徐震（三礼研究）、鲍鼎（甲金文研究）、张世禄（音韵学）、朱大可（基本文选，经学概论）以及赵泉澄、蒋祖诒、吴丕绩、葛绥成、许国璋、金德建等在学术上均有成就。”（《无锡国专杂忆》）这些讲座琳琅满目，涵盖国学诸多方面，如此专业务实的知识熏陶，日积月累，才能成就一个国学人才啊！

四、继承弘扬《学记》等传统教学经验与方法

无锡国专的办学十六字诀：“熟读精审，循序渐进，虚心涵咏，切己体察”，无不是《学记》精神的传承再现。对教学要求严格，对学生引导有方。厚植基础、由博返约；因材施教，经典训练。唐先生亲自教授《论语》《孟子》《周易》

等经典原著。重视读和写的基本能力训练。学生书声琅琅，在抑扬顿挫、缓急轻重中涵咏文意之深；体察文辞构思之美。吟诵熟背历代诗词，以学会赋诗填词，能写各种体裁文。正因为有了这些功底，国专的学生大都能诗善文，并有著述传世。唐先生朗诵古文，吟诵诗歌的方式，时称“唐调”，并录制成唱片等形式传扬，现已入选多地非物质文化遗产。

这里再一说钱伟长得益于国专而打下文史根柢的实例，以见国专教学质量之实效。1926年，钱伟长在父亲任教导主任的无锡荣巷公益学校就读，后因学潮停课辍学。恰逢无锡国学专修馆开办，钱伟长前往就读。在馆长唐文治先生的亲自指导下，他开始接触到古代文化的精粹，培养了对古典文学和历史的浓厚兴趣。到1928年，他只读了一年初中，竟被苏州中学的高中录取。而且在以后大学入学考试中又发挥出文史专长。清华大学的历史试卷有一道出人意料的题目，很多考生被难住了，钱伟长却得了满分。故先被清华大学文科录取。这是他在多次演讲中都提到的。(参见《钱伟长教授论终生学习》)

无锡国专的教育精神与教学质量在当时独树一帜，在国内有很高口碑，也得到国际组织的赞赏。1931年冬，国际联合会教育科考察团的外国专家，曾到无锡国专考察后评价说：“我们来中国看过很多学校，读的是洋装书，用的是洋笔，充满洋气。这里才看到纯粹中国化的学校，才看到线装书和毛笔杆，并希望这所继中国文化的学校能够发扬光大。”国际友人都盛赞无锡国专保存文化的可贵精神。随着以上所列名家名师的故去，国专的学生确实是起到了文史人才的传承接续作用。至今他们大多也已逝去，能再接续上去的人才可能寥寥无几了。电脑手机时代，加上十年浩劫荒废学业的一代，“古文盲”多了，会一手毛笔书法好字的也不多了，该不该反思改进呢？不胜感慨良多。

常州家族之学与学脉传承魅力

长忆常州，因近十年来我常去那里讲课，对常州有了新的了解。原以为常州学术无甚于苏州、无锡，其实常州文化之渊源颇深，其中的学术传统大可体味。因八桂堂而久负盛名的青果巷，名流雅士丛集，名门望族汇聚。著名的常州学派，学脉世泽绵延，优秀子孙续振家声；亦有乡贤士人效仿继起，人才卓然蔚然，声名远播，可道可说者尽是名家名流，名人名典。

一、常州学派：家族之学的传承

富庶的江南地区物产丰饶，风俗醇厚。无论都邑乡里均有书香门第，名门望族馨香一方。特别是明清以来，较多文化型家族出现人才群体效应，产生世族化、近亲化的特征，常州学派即是一个典型例证。常州学派是清代学术史上精彩一笔，出现在清代乾隆、嘉庆年间，由以庄存与、庄述祖、庄绶甲、刘逢禄、宋翔凤为代表的学者，因研究《春秋公羊传》而形成的今文经学派。由于他们都是清代常州府人，故名谓“常州学派”。而且，他们竟然还是“一家人”，其成员多为近亲关系。由血缘的纽带联结而成一个学派，该是世上罕见的了。

庄存与（1719—1788），武进（今江苏常州）人。字方耕，号养恬。乾隆进士。他与祖父、父亲均曾任清朝官府要职。他本人历任浙江乡试正考官，曾督直隶、河南学政，屡迁内阁学士，礼部侍郎等职。这位经学家，是今文经学在清代复兴的创始人。他治学不同于戴震等重于名物训诂之类，他“于六经皆能阐扶奥旨”，“独得先圣微言大义于语言文字之外。”（阮元《庄方耕宗伯说经序》）庄存与兼治六经，尤精于《春秋公羊传》，推崇汉代今文经学家何休对《公羊传》的解说。其代表作《春秋正辞》，依据西汉董仲舒、东汉何休对《公羊传》的解说，专力发挥《春秋》中的“微言大义”，是清代今文经学的第一部著作。引宋儒理学解《春秋》，但不专为汉、宋笺注之学，不拘于分别汉、宋之学，而求其融通圣奥。由此，在清代重新开启了今文经学的门径，成为常州学派的开创者。

庄存与研究广博，于《易》《书》《诗》《周礼》等均涉足，并都有研究成果留世。其论《易》有《彖传论》《象传论》《系辞传论》《序卦传论》等。研究《书》，则有《尚书既见》《书说》，专门剖析经义。研究《诗》，有《毛诗说》。研究《周礼》，有《周官记》《周官说》等。所撰各书，后人汇为《味经斋遗书》。另有《味经斋文稿》，已佚。著述可谓蔚为壮观，从中亦可看到，庄存与虽为清代今文经学的创始者，著有今文经学的著作《春秋正辞》，但也有《周官记》《毛诗说》等古文经学的著述。这是初创时期的特征，以后清代的今文经学受其影响很大，或多有师承关系。

庄存与勤政清廉，品性清淡，虽长期任侍郎之职，却从不以经学自夸。直至死后40年，其代表作《春秋正辞》才由其孙庄绶甲刻印行世。由此，他的经学理论开始了家学传承。居然有如此壮观的家学传承阵容：侄儿庄述祖、庄有可；长孙庄绶甲；外孙宋翔凤、刘逢禄等继承发扬。他们都以卓有成效的著书立说，形成广泛的社会影响，以至继起者甚多。

庄述祖（1750—1816），清代经学家，字葆琛，学者称之为珍艺先生。庄存与之侄，庄培因之子。乾隆进士，历官昌乐知县、潍县知县等。受经术于伯父庄存与，研求以精密著称。于世儒所不经意者，能独辟蹊径，独树一帜。他通六经，兼治古文经学，尤其长于《尚书》，著有《尚书既见》《尚书说》等。于说文之学也多有创见，以为转注谐声最繁而无定说，遂用《尔雅》之例，编《说文转注》，用广韵例，又博考三代、秦、汉有韵之文，著书疏通难解难辨之文字，使周秦之书易于读懂。其治学旁及《逸周书》《尚书大传》《史记》《白虎通》等。著作宏富，遗书数百卷。

庄述祖在家学传承中起着承上启下之关键作用，对子女、族孙、后辈多有讲论与教益。尤对庄存与之孙庄绶甲寄予厚望并精心培育。庄绶甲于《尚书既见跋》中说："从父于诸兄子中，尤好为绶甲讲论，令为《尚书考异》；绶甲又私述所闻，为《尚书集解》，以《诗》《书》通《春秋》之大义，冀承先业而未能也。"另对庄有可、庄隽甲、刘逢禄、宋翔凤等都有教诲提携。

庄绶甲（1774—1828），字卿珊。庄存与之孙。少时受业于叔庄述祖。自小颖悟敏达，庄家后辈中其学术最为突出。与刘申受等朝夕研咏，好学不倦，于经义娴熟，多具精诣。深通祖父方耕《公羊春秋》《毛诗》《周官》之学，而于《尚书》尤精。因得之述祖者最多最深，故继其志，于《尚书》与小学都有深研，著有《尚书考异》与《释书名》等。可惜五十五岁卒，继志竟未能遂。

庄培因（1723—1759），中状元后，授职翰林院修撰，掌修国史。为庄存与之弟，庄述祖之父。虽英年早逝，但因其崇尚气节而名垂千古。曾出任福建乡试主考官、福建学政，后官至翰林院侍读学士。诗文、书法均精妙，尤以楷书闻名于世。有《虚一斋集》传世。庄培因中状元之后，不忘先辈遗训，特地从江苏前往惠安县崇武山霞大淡村拜祖，反映出强烈的宗族观念。

刘逢禄（1776—1829），字申受。嘉庆进士。官礼部仪制司主事。大学士刘纶之孙。年少从外祖父庄存与、从舅庄述祖学经术。其舅曾有赞说："刘甥可师"。又曾与张惠言共同研究《周易》、"三礼"之学。又承继外祖父之志，推崇《春秋公羊传》，谓《春秋》"垂法万世"，"为世立教。"（刘逢禄《刘礼部集·释九旨》）还著有《公羊何氏释例》《公羊何氏解诂笺》等。其义理阐述对近代改良主义思潮颇有影响。刘逢禄本意虽无对封建腐朽统治的抨击，但其内振朝纲的主张，却对正在寻求改革的进步思想家产生了重大影响。

刘逢禄是清代今文经学家的重要代表，龚自珍、魏源曾一起向刘逢禄学习今文经学，援引《公羊春秋》“微言大义”来阐发变革思想。龚自珍在诗中说：“从君烧尽虫鱼学，甘作东京卖饼家”，意指要抛弃训诂考据之学，要随刘逢禄去致力于被奚落为卖饼家的今文经学。龚自珍又在给宋翔凤的诗中说：“万人丛中一握手，使我衣袖三年香。”（参见王俊义注《清代学术探研录》，中国社会科学出版社）宋翔凤与刘逢禄同为庄存与之外孙。刘逢禄之祖父刘纶也是大学士，世家子，年十九补诸生。入两江总督尹继善幕，擅古文辞，亦能诗。与大学士刘统勋同辅政，有“南刘东刘”之称，足见这一家族血缘纽带之广之源远流长，家学传承魅力之内涵至深至巨！

学者邓实于1905年《国粹学报》指出：“自武进庄方耕始治《公羊》，作《春秋正辞》，其学能通于经之大谊，不落东汉以下，其徒阳湖刘申受传其学，为《公羊何氏释例》，始专主董仲舒、李育，以明三科九旨之例。凡张三世，存三统，新周故宋，以春秋当兴王，而托王于鲁诸义，皆灿然昭著。由是今文之学大昌，仁和龚定庵，从申受受公羊《春秋》之学，著《春秋决事比》，又撰《五经大义终始答问》，以推阐三世之说。”后又有说：龚定庵“每有新理远识，皆得于公羊《春秋》为多。”（《近代中国学术思想史》，中华书局）这里概述了自庄方耕始治《公羊》后的传承，直至龚自珍治《公羊》。继有魏源，直至晚清的康有为、梁启超，清代今文经学一派得以传承广大。

清代今文经学的复兴，始于乾嘉，盛于道光年间；是对当时经学研究一尊东汉古文经，重视训诂名物，以字解经之学风的反拨。常州学者的《公羊》学研究，是纯汉学研究的地域性学术流派。因其处于重要的历史转折点上，在中国学术思想史上起着承前启后，继往开来的重要作用。

二、史学家吕思勉传薪授徒

一代之治有一代之学，也有一代之学者，但其治学精神与方法却薪火相传。现代史学家吕思勉治史学，基本上运用了清乾嘉学者的治学方法，注重排比史料，分类札记，长于综合研究和融会贯通，清代朴学对他影响很大。使之学术传承与开拓并进，传薪授徒，成为国内屈指可数的著名史学家。其早年在常州的学生钱穆受吕思勉影响特深，其一生治学路子和著述方法，与吕思勉全相似，不过在新形势下也作出新的阐述。

吕思勉（1884—1957），常州府阳湖县（今常州市）人，字诚之，中国历史学家。吕思勉在其《自述》中说：“家世读书仕宦，至予已数百年矣。”此见吕思勉家学渊源之深，亦见常州读书仕宦风气之盛，绵延深且广。

吕思勉自从六岁开始，皆延师于家中。十二岁时，原先生离去后，因生活拮据无力延师，由父母及姊自行教授。但也将自己所作文字就正于塾师。十五岁，考入阳湖县学。“名义上为旧式之县学生，然旧式学校，从无入学读书之事，实系科举之初阶而已。”（《自述》）故“初能读书时，先父即授以四库全书提要。此为旧时讲究读书者常用之法，俾于问津之初，作一鸟瞰，略知全体学科之概况及其分类也。”此吕先生之“学记”自述，实为学习经验与方法之要诀，亦可窥见此一时代学者成长之教育环境之一斑。

吕思勉十六岁后，已能自学古史典籍，以求系统了解古代政治历史和政治经济制度等，同时寻求自己的人生方向。吕先生又自述：“予论政治利弊，好从发展上推求其所以然，亦且性好考证，故遂逐渐走入史学一路。自二十三岁以后，即专意治史矣。”他坚持不懈地涉猎古文献，又广泛阅读新出版的报刊。“甲午战时，予始知读报，其后则甚好时务报”，此便于及时了解当时新文化、新思想和研究新方法。

吕思勉虽然在当时有从政的机会，但考虑自己性格所好，选择了从教和编辑工作。1905年起，始执教于常州私立溪山小学堂。先后在苏州东吴大学、南通国文专科学校、江苏省立师范学校、上海私立甲种商业学校、沈阳高等师范学校等任教。其间也曾任中华书局、商务印书馆编辑。1926年起，任上海光华大学国文系教授。上海租界沦陷，光华大学迁川时则闭户著书。抗战胜利后，重返光华大学。1949年后，任华东师范大学历史系教授。

吕思勉毕生从事教学与史学研究。著述宏富，主要代表作有《白话本国史》《吕著中国通史》《先秦史》《秦汉史》《两晋南北朝史》《隋唐五代史》《历史研究法》《史学四种》《中国民族史》《中国制度史》《先秦学术概论》等重要著作，其价值有为通史写作开辟新路；有为断代史研究立下开拓之功，对中国学术界贡献巨大。于经学、文字学、文学亦有独到见解，有《经子解题》《理学纲要》《宋代文学》《文字学四种》《吕思勉读史札记》等著作传世。

钱穆先生十三岁入常州府中学堂，得遇史地老师吕思勉先生，结下深厚师生情。钱穆在晚年所著《师友杂忆》中有一段回忆：“后诚之师已成名，余获与通信，曾为经学上今古文之问题，书问往返长函几达十数次。各累数万字，惜未留底，今亦不记其所言之详。惟忆诚之师谨守其乡前辈常州派今文学家之绪论，而余则多方加以质疑问难。诚之师最后一书，临了谓‘君学可比朱子，余则如象山，尽可有此异同。’”两位成名的老师生如此认真切磋学术，吕先生谨守并弘扬常州学派之志甚为感人，其对学生问难所持包容并存之气度更令人敬钦。

钱穆又忆及三十年后，吕思勉为其在沪付印的《国史大纲》校稿，并对钱穆大加赞赏："诚之师盛赞余书中论南北经济一节。又谓书中叙魏晋屯田以下，迄唐之租庸调，其间演变，古今治史者，无一人详道其所以然。此书所论诚千载只眼也。此语距今亦逾三十年，乃更无他人语余及此。我师特加赏识之恩，曷可忘！"这又是一师生研究学问之佳话。吕先生若没有对这些历史以及研究现状的熟悉了解，如何能作出这样精彩的高度评价而使钱穆终生不忘呢?

钱穆又忆及诚之师收集留存报纸，给自己带回苏州阅读之事。"余是年居苏州奉母，每隔一两月必去沪。去沪必谒诚之师。""诚之师必留每日报纸，为余寓苏不易见者，一大束，或用朱笔标出其要点。见面即语余别后大事变经过之要略。由余返旅馆，再读其所留之报纸。一年中，如是相晤，可得六七次。"此寥寥数语，吕先生如此有心人，阅报、关注国事、勤学批注、爱生护生之情之景一一跃然纸上。

钱穆再忆及抗战胜利后，在无锡江南大学任职时，曾赴常州，吕思勉领他去访常州府中学堂旧址，并命其作一演讲之事。"余告诸生：'此为学校四十年前一老师长，带领其四十年前一老学生，命其在此讲演。房屋建筑物质方面已大变，而人事方面，四十年前一对老师生，则情绪如昨，照样在诸君之目前。此诚在学校历史上稀遘难遇之盛事。今日此一四十年前老学生之讲辞，乃求不啻（chì）如其四十年前老师长之口中吐出。今日余之讲辞，深望在场四十年后之新学生记取，亦渴望在旁四十年之老师长教正。学校百年树人，其精神即在此。'"此真为杏坛盛事佳话，名师与名学生联袂演绎"继其志"的教育精神正在代代传扬！两位大师级学者的师生情谊与常州情结，再添常州学脉辉煌篇章！

福州"三坊七巷"美富文脉

每座城市几乎都有一条历史文化深厚的古街老巷，福州市则因"三坊七巷"古朴繁盛的街坊特色而气韵生动。一栋栋古色古香的老宅深院，一块块古朴静雅的铺地石砖，见证着这里朝政更替，文化兴衰，家族枯荣的历史轨迹，蕴藉着这座城市美富而多姿多彩的文脉。

一、"三坊七巷"古春秋

"三坊七巷"位于福州市中心城区，被称为福州的历史之源，文化之根。这里自古就是名门望族的集聚地，古往今来，沧桑变幻，总是人杰地灵，民族融合，文化繁茂，人才辈出之地，清至民国最为昌盛。历代众多著名的政治家、军事家、文学家、诗人等从这里走向辉煌，一些坊名、巷名就映照出当年的风姿和荣耀。坊巷街里的每一片瓦，每一抔土，都层积着历代春秋故事。

2015年，笔者曾去闽都福州讲学，一下飞机就急于在第一时间去游览观赏著名的“三坊七巷”。这里被誉为“中国城市里坊制度活化石”“中国明清建筑的博物馆”。我穿行在一条条巷街，低头细察曾经由车辚碾过的无数辙迹，仰望体味那些大门上的匾额与对联，边流观边遐想着那旧宅里的厅堂书房，一切似乎俱往矣，一切又恰在时光倒流中！

有人说，“一片三坊七巷、半部中国近代史”。在闽都2200年的文脉流传中，这里的街坊建筑很有特色，由此成为福州文脉的代表、福州人的文化图腾。这里有林则徐的古宅。林则徐被称为“开眼看世界第一人”，一生“历官十四省，统兵四十万”。忧国忧民，虎门销烟一振清史，师夷长技矢志报国，成为民族英雄。这里也想起他的老师是陈若霖，累官刑部尚书，执法严明，刚正不阿。据说他曾顶住压力判处贝勒死刑，闽剧《陈若霖斩皇子》就据此创作的。陈若霖是福州螺洲人。林则徐一生甘为陈若霖学生，曾写有对联：“三十州都督，文武兼资，王命秉钺临天府，五百里德星，恩威并济，老尚成篇对古人。”

福州是中国近代史的人才发源地之一，吸引着无数海内外游客瞻仰，熙熙攘攘，人声鼎沸。仓山有帝师文化、螺女文化、书院文化。报载福州的螺洲以及其他不少的古镇古村也有丰富的文化底蕴。譬如螺洲为帝师故里，文儒之乡，千年文化的风水福地，仓山出过1位状元、27位进士、108位举人，11位武举人。这里还有沈葆祯的不朽之功，沈葆桢是清末官员，他筹办了近代海军的摇篮——福州船政学堂。邓世昌、刘步蟾、叶祖珪等北洋水师大将，以及民国的海军将领，几乎都出自船政学堂。还有修铁路的詹天佑，翻译《天演论》的思想家严复也是此校毕业的。这里还有林长民奋笔疾书的宅院；有林徽因、冰心的童年家园。

二、“三坊七巷”文化蕴含

福州市三坊七巷，作为中国在都市中心保留的规模最大、最完整的明清古建筑街区，其文化蕴含层积丰厚，内涵富足。街坊里巷的名称都是传统文化的彰显，文脉之道千丝万缕，宗亲文化千姿百态，成才佳话琳琅满目，重学旺家兴邦的“学记”故事纵横交错，传神生动。在此将“三坊七巷”的主要文化传统略作梳理，以品其文化韵味。

第一坊：衣锦坊。衣锦，顾名思义即是衣锦荣归，光宗耀祖之意。《榕城考古略》记载：宋朝的“陆蕴、陆藻兄弟典乡郡居此，名禄锦，后王益祥致江东提刑任，更名衣锦。”此短短数语，说明了由宋时称“禄锦”至明朝定名为“衣锦”的缘由经过，点明此坊内衣锦还乡，荣耀乡里的“两陆兄弟”。

第二坊：文儒坊。以文儒辈出而闻名。《榕城考古略》载：“初名儒林，以宋祭酒郑穆居此，改今名。”清代“民进士”之家（五代都中进士），陈承裘故居在此坊内。陈承裘的长子即清宣统帝师陈宝琛。清代著名诗人陈衍故居也在此坊内。陈衍（1856—1937），号石遗老人。近代著名学者、诗人、教育家、朴学家，以其精深的诗学、儒学、经学、史学造诣誉满当时文坛。陈衍故居深藏文儒坊内的幽深小巷，为“福州首屈一指的诗楼”，颇具诗情画意的特色。陈衍主要以诗闻名，“身前身后事”都与诗结缘，一生宣扬“同光体”，对近代旧诗坛影响深远。园内的小楼名为“花光阁”，“花光”二字取自“挹彼花光，熏我暮色”之诗句，由陈衍妻、晚清才女萧道管所作。末代帝师陈宝琛书写对联：“移花种竹刚三径，听雨看山又一楼。”郑孝胥所书的“花光阁”三字匾，都曾悬挂阁间。此阁即是其为入室弟子课业之地。陈衍晚年寓居苏州，与章太炎等共倡办“章氏国学会”。同时在无锡国学专修学校任教，国专校长唐文治高薪礼聘他长期主讲《通鉴》和诗学等课程，常往来于苏州无锡之间。钱钟书之父钱基博十分敬重陈衍，让儿子拜陈衍为师。陈衍曾对青年时代的钱钟书传授“为学总须根柢经史”之要诀。陈衍诗句：“谁知五柳孤松客，却住三坊七巷间。”此诗句最早让“三坊七巷”美名远播海内外。

第三坊：光禄坊。光禄坊内有一座法祥院，俗称“闽山保福寺”。当时曾任过光禄卿的福州郡守程师，常到此吟诗游览，僧人就刻了“光禄吟台”四字于石上。为了感谢僧人，郡守吟诗酬谢：“永日清阴喜独来，野僧题石作吟台，无诗可比颜光禄，每忆登临却自回。”光禄坊的名称即由此而来。“光禄吟台”是坊内最闻名的胜迹。花木亭台，池鱼水榭，摩崖石刻均古朴静美。

这里再说几条文化蕴藉深厚的老巷。杨桥路，古名登俊坊，因西能通杨桥而改名“杨桥巷”，民国时扩建为马路，故后称“杨桥路”。有林姓大宅，是林觉民烈士生前的住处，这一烈士故居，也是林长民之女儿林徽因的祖宅，后来卖给作家冰心的祖父谢銮恩。冰心小时候曾在此居住过。郎官巷，《榕城考古略》载：宋刘涛居此，子孙数世皆为郎官，故名为郎官巷。中国近代启蒙思想家、翻译家严复的故居也坐落在巷内。西头巷口立有牌坊，上书对联：“译著辉煌，今日犹传严复宅；门庭鼎盛，后人远溯刘涛居。”塔巷，《榕城考古略》载：“旧名修文，宋知县陈肃改名兴文，后改文兴。今呼塔巷，以闽国时建育王塔院于此也。”此大塔被视为福州文运兴盛的象征。南宋淳熙九年（1182）塔还在，以后未见记载。

塔巷旧有旌孝坊，并流传一首诗，纪念并赞扬明代孝子高惟一，诗曰："三年流水如君少，一片天然孝子心。昨夜三山明月照，不知甘露洒幽人。"此诗至今流传。黄巷，历代有几位黄姓名人居住。据闽志载，晋永嘉二年间（308）固始人黄元方（280—375），又名允，字彦丰，避乱入闽，落户于此。故称黄巷。黄巷名声大振，还因"灭烛而过"一说。谓唐朝末年，崇文官校书郎黄璞（837—920）退隐归居于此，黄巢军入福州，因闻黄璞名而命令兵士夜过黄巷，"灭烛而过"，勿惊扰其家。安民巷，由原"锡类坊"改名而来。据《福州地方志》载："因唐代农民起义军黄巢入闽时，到此巷即出示安民，故名。"历史上巷内人家多为社会贤达，元行省都事贾讷居之。抗日战争时期，新四军驻闽办事处设在其间，今列为革命文物保护单位。

以上所见三坊七巷雍容深厚的历史沉淀，人杰地灵。古代、近代、现代；政界、军界、文化界，文儒武将，各式人才具备。尤其是近代，名流俊贤灿若群星。

三、近世西学第一人严复

近代以来，中国经历了数千年未有之大变局，社会发生剧烈变化，历史出现重大转折，福州成为中国近代史的人才发源地之一。林则徐为"开眼看世界第一人"，严复则为近世西学第一人，其卓有成效的"严译名著"，为中国近代社会与科学的发展作出了重要贡献。

严复（1854—1921），字几道，福建侯官县人，近代极具影响的资产阶级启蒙思想家，翻译家和教育家，是中国近代史上"睁眼看世界"的先驱人物之一。他先后毕业于福建船政学堂和英国皇家海军学院。曾担任过京师大学堂译局总办，在编译西方名著、译介西方思想中起着先导作用。于高等教育也倾注了精力，先后短期任过上海复旦公学校长、北京大学校长等职。在李鸿章创办的北洋水师学堂任教期间，培养了中国近代第一批海军人才，并翻译了《天演论》等世界名著，创办了《国闻报》，系统地介绍西方民主和科学，曾轰动当时社会。

《天演论》影响之大，梁启超、康有为、鲁迅等社会名流都称羡不已。胡适在《四十自述》中曾说道："《天演论》出版之后，不上几年，便风行到全国，竟做了中学生的读物了。读这书的人，很少能了解赫胥黎在科学史和思想史上的贡献。他们能了解的只是那'优胜劣败，适者生存'的公式在国际政治上的意义。在中国屡次战败之后，在庚子辛丑大耻辱之后，这个'优胜劣败，适者生存'的公式，确是一种当头棒喝，给了无数人一种绝大的刺激。几年之中，这种思想像野火一样，延烧着许多少年的心和血。'天演''物竞''淘汰''天择'等等术语，都渐渐成了报纸文章的熟语，渐渐成了一班爱国志士的'口头禅'。还有许多人爱用这种名词做自己或儿女的名字，陈炯明不是号竞存吗？我有两个同学，一个叫孙竞存，一个叫孙天择。我的名字也是这种风气底下的纪念品。”译著有这样的知名度和影响力，这是多么了不得啊！胡适之名，亦取“适者生存”之意蕴。可见严复译著在近代文化史上的影响与地位是何等广泛与显赫。

人们大都由《天演论》而知严复之名，但不知严复还翻译了多种世界名著。梁启超在《清代学术概论》中指出：19世纪末20世纪初，“时独有侯官严复，先后译斯密亚丹《原富》，穆勒约翰《名学》《群己权界论》，孟德斯鸠《法意》，斯宾塞尔《群学肄言》等数种，皆名著也。虽半属旧籍，去时势颇远，然西洋留学生与本国思想界发生关系者，复其首也。”胡适在《五十年来之中国文学》一文中也说：“严复是介绍西洋近世思想的第一人”。严复共翻译了八部西方名著，其作用不仅在于移植外来文化，而深具再创造的中国化过程。胡适又说：“严复的英文与古中文的程度都很高。他又很用心，不肯苟且，故虽用一种死文字，还能勉强做到一个‘达’字。他对于译书的用心与郑重，真可佩服，真可做我们的模范！”并认为严复译的书：“原本有文学价值，他的译本在古文学史上也应该占一个很高的地位。”

严复译著将西方社会学、政治学、经济学、哲学和自然科学等知识介绍到中国来，为国人打开了一扇瞭望世界的窗口，对国人有振聋发聩的思想启蒙作用，因为那时还未曾有适应那一时代需要的西学或称“新学”的书可读。严复的译作，既引进了西学的内容，又承继了中学的根柢。他古雅的文笔，吸引了那些对西学不屑一顾者进入阅读角色，对于西学的输入吸纳起了很好的促进作用。严复译著花足气力，也颇见功力，得益于他深邃的思想识见和深通的中西文字功底，尤其是深厚的旧学根柢。只有在传统学术的基础上，才能有比较，有鉴别，才有于旧事赋出新义，达到反观自身，为我所用的目的作用。故胡适所说“严复是介绍西洋近世思想的第一人”，用语精当恰切，严复并非仅是一个翻译家而已。

严复在翻译界地位卓著，贡献不小。严复在《天演论》卷首的《译例言》中明确提出了“信、雅、达”的翻译标准，并践履力行，在近现代翻译界树立了楷模与标杆，至今起着重要作用。尽管在意译与直译两种倾向中，总有不同的声音。但是严复译文之审慎精当，殚思竭虑的精神得到普遍认同。严复在中国近百年的翻译史上是系统译介西方近世名著的第一人，名至实归。他的译著与翻译理论观点，是留在我国翻译史上浓墨重彩的一笔。

严复临终前曾立下遗嘱，录其有关思想学术方面数言：一、须知中国不灭，旧法可损益，必不可叛。二、须知人要乐生，以身体健康为第一要义。三、须勤于所业，知光阴时日机会不复更来。四、须勤思，而加条理。五、须学问，增知能，知做人分量，不易圆满。六、事遇群己对待之时，须念己轻群重，更切毋自造孽。遗嘱内涵深刻，是他晚年思想的彰显，隐含着他对中国传统文化的前瞻思考及坚定信念。

晚清内阁学士陈宝琛为严复撰写《清故资政大夫海军协都统严君墓志铭》。《墓志铭》曰："君子学无所不窥，举中外治术有理，靡不究极原委，抉其失得，证明而会通之。六十年来治西学者，无其比也，所译《天演论》《原富》《群学肄言》《穆勒名学》《法意》《群己权界论》《社会通诠》，皆行于世。杂文散见，不自留副，仅存诗三百余首。其为学，一主于诚，事无大小无所苟。虽小诗短札，皆精美，为世宝贵。而其战术、炮台、建筑诸学，则反为文学掩矣。"《墓志铭》内容尚概述了严复为学志业的一生，但其题名《清故资政大夫海军协都统严君墓志铭》似与严复近代启蒙思想家的形象不甚相符。

提及陈宝琛，即为儒林坊中陈承裘的长子，刑部尚书陈若霖曾孙。陈宝琛同治戊辰科进士，授翰林院庶吉士、编修、侍讲等，是末代皇帝溥仪小时候的老师，他创办了很多教育机构。曾任福州师范学校第一任校长。1903年成立的福建省立福州师范学校，一进校门就有这样一副对联：上联为"化民成俗，其必由学"；下联为"温故知新，可以为师"。这是该校第一任校长陈宝琛，集《学记》和《论语》的句子书写成。亦为《学记》精神的传承，是福州崇文重教文脉的具体再现。

武汉琴台之记与思

《学记》的教学要求，将教学与教养相结合，关注学生音乐素质的培养，如有："不学操缦，不能安弦"；"不兴其艺，不能乐学"。同时还指出："君子之于学也，藏焉，修焉，息焉，游焉"，提出"藏""修""息""游"需要相互配合，学习中要适当地休息与游乐，以调节精神，提高学习效率，这在两千多年前的理念是很了不起的。行文至此，说到音乐教学或休闲游乐，便想到美妙的乐曲，又总会联想到武汉的名胜之地琴台。

一、汉阳古琴台

这几年，我常去武汉讲学，而且每年总安排在樱花盛开的时节，曾多次经过，也曾去看过汉阳古琴台。印象深刻的是汪中代两江总督毕沅所作的《汉上琴台之铭并序》，文辞古雅，所叙情与景清丽脱俗，尽显独特之美，值得一读。为便于读者理解，括号内为笔者所作注解。

自汉阳北出二里，有邱（土山）焉，其广十亩。东对大别（即汉阳东北的鲁山），左界（以为界）汉水（源出陕西，至汉阳入长江），石堤亘（横亘）其前，月湖周（四周）其外。《方志》（地方志）以为伯牙鼓琴，钟期听之，盖在此云。居人（本土居民）筑馆其上，名之曰琴台。通津（渡水处）直道（前行），来止近郊。层轩累榭，迥出尘表（地面）。上多平旷，林木翳然（茂盛样子）。水至（很，极）清浅，鱼藻（水草）交映；可以栖迟（止息），可以眺望，可以咏游。无寻幽陟远之劳，靡（无）登高临深之惧。懿（好，美）彼一邱，实具二美。桃华（花）渌（水清）水，秋月春风，都人冶游（挟妓为冶游，此泛指游览），曾无旷日。夫以夔（帝尧乐官）襄（师襄子，孔子尝从其学琴）之技，温雪（姓温名伯，字雪子，孔子谒见他，而温雪不言。孔子称之："若夫人者目击而道存矣，亦不可以形容矣。"见《庄子·田子方》。一说，温伯、雪子为两人）之交（交情），一挥五弦（乐器，如琵琶而小），爰（便）擅（长）千古。深山穷谷之中，广厦细旃（zhān，通"毡"，地毯）之上，灵踪所寄，奚事刻舟（喻固执不化）？胜地写（抒写）心（心怀），谅（谅来，相信）符（符合）元（玄妙）赏（鉴赏）。余少好雅琴，犕（cū，粗）谙操缦（操弄琴弦），自奉简书，久忘在御。弭节（同按辔，即按节徐步）夏口（汉口），假馆（借用馆舍）汉皋（汉口别称），岘首（岘山别名，在湖北襄阳，用羊祜登此山之典）同感，桑下是恋。于以濯足沧浪，息阴乔木。听渔夫之鼓枻（yì，船桨），思游女之解佩（用《列仙传》"江妃二女"之典），亦足高谢尘缘，希风往哲。何必抚弦动曲，乃移我情？

铭曰：宛（宛然）彼崇邱，于汉（汉水）之阴（南），二子（伯牙、钟子期）来游，（名声）爰迄于今。广川人静，孤馆天沉。微风永（常）夜，虚籁（指音响）生林。泠泠（泉声泠泠如弦）水际，时汎（浮出）遗音（伯牙弹琴声）。三叹应（应弦）节（合节），如彼（好像那样）赏心。朱弦已绝，空桑（空桑出善木，可为琴瑟）谁抚？海忆乘舟（乘船想到大海），岩思避雨（避雨想到山岩）。邈矣高台，岿然旧楚。譬操南音（南方国风之音），尚怀吾土。白雪（阳春白雪）罢歌，湘灵（《楚辞》"使湘灵鼓瑟兮"）停鼓，流水高山（喻乐曲高妙），相忘终古。

这琴台上延展开来的伯牙与钟子期的故事，是我国千百年来流传的美谈佳话，“高山流水觅知音”在民间广为传诵并多加传奇色彩。高超琴艺与崇高友情，都是中华民族优良传统的美好象征。

汉阳古琴台，由武汉市政府于1957年和2002年两次修葺，比较全面地汇集相关史料，并很有创意地进行了艺术化的形象展现。琴台的碑文，以大型浮雕描述了伯牙钟子期的故事，碑文内容颇具艺术感染力，语言美、书法美和意境美浑然一体，使人流连忘返。还有其他诸碑，或叙伯牙学琴；或议伯牙之技艺、子期之灵犀；还有“子期听琴图”“伯牙绝弦图”等等，各有侧重地组合，较完整地再现了历史人物故事，留下了伯牙和钟子期不朽精神的永恒丰碑。

二、大自然的灵感杰作

《学记》一文最后总结有言：“大德不官，大道不器，大信不约，大时不齐。”这是极富深意的，有大德的圣人，不会局限于一官一职；有大道的圣人，不会像器物一样各施其用；有大信义的圣人，不会受到盟言誓约的限制；伟大的天时，不会是整齐划一的。这四者，都是追求本源之盛大，而体用没有不具备的，激励有志者在学习中要从根本上去弘大。大道无言，但无所不能；大教无言，却灵感无穷，创造无限！我们再仔细回味“高山流水觅知音”的传奇故事，无不渗透大道与大教之大智慧。

荀子《劝学》篇中说道：“伯牙鼓琴，而六马仰秣。”伯牙优美的琴声，竟然吸引一群马都仰起头来边吃草边聆听。形容伯牙所作乐曲与弹奏技巧都是超群绝伦，美妙无比，故伯牙被称之为“琴仙”，果然名不虚传。如此美妙的乐曲，伯牙是如何创作出来的呢?

相传伯牙是春秋时代楚国人，童年就对音乐有兴趣，年轻时跟随先生学弹古琴。伯牙想作一首反映海上狂风暴雨的曲子，可是一直苦于找不到理想的旋律。有一天，伯牙在海滩上突遇到一场狂风暴雨。先是天空乌云密布，继而狂风大作，电闪雷鸣，接着倾盆大雨直泻而下。顿时，风声、雨声、雷鸣声，夹杂着巨浪拍岸声和松涛树木碰撞撕裂的倒塌声，这一切组合而成的大自然乐曲，不就是自己理想中想要的那种气势磅礴而又雄壮美妙的旋律吗？于是他抓住这一大自然的灵感契机，很快就创作成了一首反映海上狂风暴雨的乐曲，名曰《高山流水》。这是充满诗意与深意的创作传说，也具有符合事实逻辑的真实性，大自然确实是人类创造的大本大源。只有符合自然天地大道的大格局、大手笔，才能创造出流传千古的大杰作。《高山流水》就是由此大自然的灵感激荡、迸发而成的杰作，也印证了《礼记·乐记》所反

复强调的“大乐与天地同和”，“盛大的音乐具有自然的和谐。”（姚淦铭《礼记译注》，台湾建安出版社）

三、灵犀相通的乐曲奥妙

《列子·汤问》记载：

伯牙善鼓琴，钟子期善听。伯牙鼓琴，志在登高山。钟子期曰：“善哉！峨峨兮若泰山！”志在流水，钟子期曰：“善哉！洋洋兮若江河！”伯牙所念，钟子期必得之。

伯牙游于泰山之阴，卒逢暴雨，止于岩下：心悲，乃援琴而鼓之。初为霖林之操，更造崩山之音。曲每奏，钟子期辄穷其趣。伯牙乃舍琴而叹曰：“善哉！善哉！子之听夫！志想像犹吾心也。吾于何逃声哉？”

这一史料记载，反映了伯牙善于鼓琴奏曲，钟子期善于听琴辨曲。伯牙琴曲中的所思所想，钟子期都能心领神会，灵犀相通。伯牙在泰山北麓漫游，突遇暴雨，就在岩石下躲雨，即取琴弹奏。开始弹奏的是雨声连绵的琴曲，接着又奏出似高山崩塌般的狂风暴雨声。每奏一曲，钟子期都能明白其中的旨趣。伯牙十分庆幸找到了知音。此故事的后续延展，是以后两人常在一起切磋琴艺，激发伯牙创作了很多好琴曲，盼望能与钟子期共同欣赏。当伯牙得知钟子期不幸病逝后，悲愤地断弦摔琴，从此不再作曲弹琴，因为没有知音再能欣赏他的乐曲了。《高山流水》的名曲则永远地流传在民间。“高山流水”也作为成语典故流传下来，比喻知音难得或乐曲的高妙。“知音难觅”的蕴含也是很丰富的，此对灵犀相通的乐曲奥妙略作分析。

其一，乐曲是人性相通的语言。从乐曲的维度看，在诸多艺术中，乐曲是最直接诉之灵魂的、没有国界的世界语言。乐曲能表达人的内心情感，可以传达人类灵魂中普遍而亲近的感受。乐曲比文字更富弹性，有着妙不可言的特殊表现力与感染力。其通过旋律流露的真情，往往增添韵味，古今中外都有类似富有神话色彩的传说。

其二，“乐不可以为伪”。《乐记》中《乐象》篇指出：“德者，性之端也。乐者，德之华也。金石丝竹，乐之器也。诗，言其志也。歌，咏其声也。舞，动其容也。三者本其心，然后乐器从之。是故情深而文明，气盛而化神，和顺积中，而英华发外，唯乐不可以为伪。”乐曲所表现的人生，是真情实感的流露。因为“乐不伪”，故“乐”与“仁”在真诚上相沟通。《论语·述而》记载：“子曰：‘仁远乎哉？我欲仁，斯仁至矣。’”孔子认为“仁”也是从心里发出来的，所以仁不与人相远。仁就在自己心里，你想要自然也就有了。此可见“乐”与“仁”都有发自内心的共同点。因而，喜欢音乐也几乎是一种人类的天性。人们会不由自主地喜欢音乐。音乐的奇妙之处，还表现在人们不识字不能读小说等文字书籍，但是不识谱却能大体领略音乐的主要精神。

其三，“阳春白雪和者寡”。茫茫人海，人心百态，风情万种，性情相投者不易寻觅。伯牙自从找到钟子期的知音后，创作激情高涨，作曲与弹琴技巧都进入炉火纯青的境界，这一文化与心理现象是耐人寻味的。然而，“曲高和寡”也是一种文化现象与规律，战国时即有《阳春》《白雪》之说。战国楚宋玉《对楚王问》记载：“客有歌于郢中者，其始曰《下里》《巴人》，国中属而和者数千人……其为《阳春》《白雪》，国中属而和者数十人。”可见对音乐的领悟需要境界，需要灵性相投的默契。

了解一些乐曲的奥妙，既是音乐知识，也富有哲思，有助于我们对人生、人性的理解。优美健康的乐曲能澄净心灵，升华精神，激励士气；魔性的乐曲会毁坏人性，这是音乐教学的意义作用。故《学记》遵循儒家教育传统，重视弦乐、声乐与礼节等的训练是富有深意的。

港台学者：钱穆与饶宗颐

钱穆与饶宗颐都是在大陆出生，也是在大陆成长成名的国学大家。他们均于20世纪40年代末，去香港办学或任教。钱穆后来又去台湾定居，生前想回大陆故土看看的愿望也未能实现。然两位名至实归的国学大师，他们的高寿及著述之宏富高产，令人歆羡与赞叹。这一特殊的文化现象，不无特定时代的地域文化因素。他们各自成就的宏富巨著，臻至国学研究的极致，其大境界、大气象，也值得一睹风采。

一、钱穆：港台新儒学第一人

钱穆（1895—1990），江苏无锡南乡七房桥人，字宾四，著名历史学家。出身于贫寒的书香门第，早年丧父。其母遵夫遗志，要为钱氏家族保留读书种子，送钱穆与兄（钱伟长之父）去常州府中学堂读书。史学家吕思勉为钱穆当年的史地老师，对钱穆有很大思想影响。钱穆中学毕业即工作谋生，为家庭分忧，于18岁始，先后在多所乡村小学任教。授课之余就开始了自学苦读，博览群书，为一生的学术打下了基础。以后又经历了在中学及师范学校任教的生涯，这期间便进入了著述阶段。钱穆因发表《刘向歆父子年谱》成名，被顾颉刚推荐，聘至燕京大学任教，后历任北京大学、北平师范大学、西南联大、齐鲁大学、华西大学、四川大学、云南大学、江南大学教授。钱穆以中学毕业的学历，从小学教师到大学名教授，确实是自学成才之典型，励志自强的楷模。

1947年无锡荣家创办私立江南大学，钱穆回到故乡，任江南大学文学院院长。1949年春应邀往广州华侨大学讲学，秋天随校迁香港，创办新亚书院，宗旨为复兴儒学，使儒家文化能薪火相传。钱穆任新亚书院院长，兼任新亚研究所所长。新亚书院成为新儒家的大本营，后并入香港中文大学。钱穆于1967年起定居台湾，任中国文化学院史学教授。1990年在台北逝世，享年95岁，1992年归葬苏州太湖之滨。

这位杰出的国学大师，既享得长寿，又学术浩瀚，著作等身。《钱穆先生全集》里的著作，就其总数目，已经使人钦佩不已。此或可稍做浏览，一悟大师风采的点滴。《全集》分三编，连《总目》共57种，有的一种著作里或含二册，有的一种著作全五册，甚至有一种著作全十册。此真令人高山仰止！这么多的著作篇目，该是要多少的时间与精力乃能成啊！那时也无电脑，抄写修改是何等艰难啊！笔者常以钱穆勤勉著述的精神激励自己努力前行。

钱穆被学术界尊之为“一代宗师”，与吕思勉、陈垣、陈寅恪并称为“史学四大家”。笔者可谓钱穆故乡人，都曾在无锡苏州工作过。钱穆在我母校苏高中任教过，又曾任老江南大学的文学院院长。现在新江大文学院门口亦有其一尊塑像矗立，每见之总生景仰之情。想到其著《湖上闲思录》，即是1948年春，在江南大学任教时，利用课余之暇，徜徉在湖山胜景处，时有闲思遐想的灵感，随感而写。作者虽拈出了一个“闲”字，闲时、闲思、闲情、闲散。闲情逸致中，思考的却是“人文与自然”“精神与物质”“无我与不朽”等内涵深邃的问题，哲思灵动，而又沉潜缜密。历时约四月，积成三十篇，留下“湖上闲思”的永恒结晶与记忆。

2003年金秋，笔者与江南大学文学院院长徐兴海教授，一起去台北参加钱穆思想学术研讨会，与台湾学者共同研讨两汉经学文化问题。笔者曾做了兴味盎然的发言。令人印象深刻的是对钱穆与王国维的经学研究方法做了比较研究。一个大师必有其制胜的方法论。钱穆与国学大师王国维同为大师，同样对两汉经学有深湛研究，还同在苏州中学教过书。两位有何同、何不同呢？方法论与其生命情调有何不同？他们的自然生命与学术生命都浸润着水的滋养。钱穆乐山乐水，新亚书院建筑在山而面水。钱穆的创作风格如太湖水。就如《湖上闲思录》在太湖上扬帆，在太湖水上、岸边思考。王国维的风格如潮，如壮美的浙江钱塘潮；同样是江南水，这里的美与王国维家乡那种大潮奔流的壮美又不同，是另一类型的美。

会议活动期间我们去瞻仰钱穆故居，并于户外茶叙，缅怀其人、其书、其事。钱穆故居名“素书楼”，是坐落在台北外双溪东吴大学校园西南角的一栋二层小楼，院落幽静，周围环境山清水秀。此是钱穆及夫人自港返台后居住之处。钱穆取名为“素书楼”，倾注了对父母双亲和家乡的怀念。钱穆出生地无锡七房桥之故居，原有素书堂，是其父亲幼年读书处，后为父亲授徒讲学之地。钱穆在《八十忆双亲》中有述：“先父设馆授徒，弟子自远方来，群住素书堂后进西边空屋，即先父幼年读书处。”同时，也是对母亲的思念，忆及先母对他病中的照料：“此病不啻余之再生，皆先母悉心护养之赐。其时居素书堂东侧房，今名所居台北外双溪屋‘素书楼’，以志先母再生之恩于不忘。”钱穆晚号素书老人、七房桥人，斋号素书堂、素书楼，均见其思亲之深，思乡之切。“素书楼”的名称，即是学脉衍传的生动体现，凝聚着时光流转、生命延续与地域迁徙的沧桑之感。

钱先生在素书楼讲学著述二十年，成就甚高。学生听成教授后，再带学生来听，将中国文化之博大精深传扬广大。1986年6月，钱先生给史学研究所博士班上完“最后一课”。告别杏坛的寄语是：“你是中国人，不要忘了中国，不要一笔抹煞中国的文化。做人要从历史里探求本源，在大时代的变化里肩负维护历史文化的责任。”（《江南大学五十年校友纪念文集》）将史学家的责任与担当坚守至最后一课。

二、饶宗颐：二十世纪国学研究丰碑

在前文“读书天下第一好事”中，笔者已从读书奠基成功人生的视角，简述了饶宗颐幼年朝夕浸泡在自家藏书楼读书，以及家学训练的经历。这里再述饶宗颐成功的人生奋斗及辉煌成就。

饶宗颐（1917—2018），广东潮安人。字固庵，号选堂。饶宗颐出生于富商之家，但他却选择了走做学问之路，成为二十世纪享誉世界的学术文化大师。饶宗颐的学问起步于编著乡邦文献，弱冠即尝试手辑《韩山志》。16岁编撰父亲未完成的《潮州艺文志》，后因《潮州艺文志》见重士林，19岁时受聘为中山大学《广东通志》馆专任纂修。抗战后期任西迁广西的无锡国专教授，后先后任广东文理学院教授、汕头华南大学教授。1949年10月起定居香港。“五十年代后，先后在香港大学、印度班达伽东方研究所、法国科学中心、法国远东学院、新加坡国立大学中文系、中央研究院史语所、香港中文大学中文系研究员、教授，并曾兼任美国耶鲁大学、法国高等研究院宗教部、京都大学等客座教授。”（饶宗颐著《固庵文录》）饶宗颐通晓梵文、英文、法文、德文、日文等多种外语。迄今已出版著作60种，发表论文400余篇。2009年9月，由中国人民大学出版社出版《饶宗颐二十世纪学术文集》，共14卷，20册，近1200万字。涉及先生自己归类的敦煌学、甲骨学、词学、史学、目录学、楚辞学、考古学、金石学、书画等门类。学术领域如此浩瀚广博，多姿多彩，实在令人叹为观止。

饶宗颐纵横经史子集，知古而不泥古，能以自己的博闻广识，会通古今中外。因其史识广博，了解东西方国家的历史文化，在古今中外文化的碰撞交汇中，以天赋慧心与躬行践履，在学术与艺术上均有非凡造诣。能够在中西文化的比较、互动中去创新，不断发现并解决中国历史文化的新问题。如：参与并推动了甲骨学、敦煌学、简帛学的创建发展；促进中外文化交流的展开；用新的数据和方法丰富与改造传统学科等等。而且，他涉猎每一领域，都能取得超越前人的成就。学者钱仲联在饶宗颐《固庵文录序》中指出：“今选堂先生之文，既有观堂、寒柳融贯欧亚之长，而其精通梵文，亲履天竺，以深究佛学，则非二家之所能及。至于文章尔雅，二家更将敛手。斯录也，都俪体篇、散体篇于一帙，其为赋十三篇，皆不作鲍照以后语，无论唐人。其余颂、赞、铭、序、杂文、译文，皆能以古茂之笔，抒新纪之思……至其散体，所考释者，自卜辞、儒经、碑版以迄敦煌写本；所论说者，自格物、奇字、古籍、史乘、方志、文论、词学、笺注、版本、旁及篆刻、书法、绘画、乐舞、琴艺、南诏语、蒙古语、波斯语，沉沉夥颐，新解澜翻，兼学术文美文之长，通中华古学与四裔新学之邮。返视观堂、寒柳以上诸家，譬如积薪，后来居上。九州百世以观之，得不谓非东洲鸿儒也哉！”这一点评概括了《固庵文录》的总体特点，也有助于我们对饶宗颐先生学术成就与文章风格、地位的大体了解。

饶宗颐尤能躬行践履，集学术与艺术于一身，于绘画、书法均有造诣。绘画擅山水画，写生及于异域山川，绘人状物，无不自有面目，开一代新风。书法植根于文字，而行草书、篆书兼采众家而自成一格。书作气息空灵，濡染翰墨，有赞曰：“笔走时篇篇锦绣，墨动时字字珠玑”。其于音乐、韵学诸方面也都有了不起的成就，在海内外享有崇高声誉。这样多样而高超的艺术造诣，足以引领国际汉学研究及中华文化传承发展的时代潮流。

饶宗颐先生是当代以中外古今文字考据见长的著名学者，何以能取得如此多姿而卓著的学术成就，从其所著《选堂清谈录》中，颇可窥见其学术渊源与影响，笔者梳理全文后，集萃出六方面要点归纳于下：

（一）父亲期望。父亲为我取名“宗颐”，是期望我师法宋五子之首周敦颐，希望我像周敦颐一样。

（二）家学法门。我认为，家学是做学问的方便法门。要做成学问，“开窍”十分重要，要让小孩心里天地宽广，让他们充满幻想，营造自己的世界，同时要注意引导他们少走弯路。

（三）学问指路人。除了家学，少年时对我影响很深的还有两个人：一是孙诒让，另一个是顾炎武。我治甲骨文的动机来自孙氏，他是我学问最早也是恒久的指路人；而我肯钻进去，肯走艰辛的学术之路，顾氏对我的影响最大。

（四）治学格局。我看了王国维的书受到他的影响。我从他的治学规模与识见中，懂得治学的格局应该是开阔轩昂的。只有这样才使学问做得圆融、有通识，才能开拓学术之区，补前修之未逮。

（五）治学方法。对我影响最大的还有一位印度人，印度汉学家白春晖的父亲白老教授。在印度见到他的时候，他已经90岁了，他治学的精神和方法，令我震动。他著了一本印度文化史，里面每个概念都穷追到底，追到源头，给人非常透彻的感觉。后来我做学问也这样“溯源”不已，然后再“缘流”而下。

（六）作文正途。我的古文老师王慕韩有一个主张对我影响极大，就是做古文要从韩愈文入手，先应其大，养足其气，然后由韩入古文，化百炼钢为绕指柔，这是作文正途。（参见饶宗颐《选堂清谈录》，紫禁城出版社）

以上归纳饶宗颐的学术渊源与影响：从父亲给他取名所蕴含的期望，成为饶宗颐的人生方向；由家学法门中知道少走弯路的窍门；以学问指路人作榜样引导；再悟到治学的格局应该开阔轩昂；治学方法要穷追溯源；做古文要从韩文入手才是正途。这几方面是大师一生成长之路的回顾与经验总结，很是系统、全面而到位。方向、方法都要学习大家，有了高起点；再下决心肯钻研，走艰辛的学术之路；确立大格局、大目标，从难处严处着手，用上化百炼钢为绕指柔的作文功夫。这一“饶氏学记”，是成功者的不二法门，内涵是扎扎实实打基础，步步为营去攀登的科学精神。饶宗颐循此努力，经由一生的奋斗，终以宏富的学术成果与精湛的艺术作品，矗立起二十世纪国学研究的丰碑！

三、思考与体悟

饶宗颐的学术成就博大多姿，又融通和谐，是值得思考的文化现象。他的文化世界里，东方与西方没有鸿沟，古代与现代相互融洽。有研究认为，饶宗颐的学术与艺术成就，与香港地域文化亦有一定关系。在1949年至1978年的特殊时代，他受各种运动的干扰较少，思想少束缚，抓住了生命的时间和学术的精进期，使之能潜心于学术与艺术创造，成就其真正的大事业、大学问，并对人类文化做出了贡献。

19世纪末、20世纪初的中国，涌现出大批教育思想卓越，教学风格迥异，研究成果斐然的大师级教育学者，钱穆与饶宗颐即是其中的佼佼者。然在大陆则罕见有如此宏富著述者，可能以后也很难出现，这与时代学术环境密切相关。新中国成立后的教育之路，既壮观，也多曲折磨难。一大批中国学术界、高教界的学者，没有钱穆、饶宗颐这样可以安心治学的环境，个人的学术专长没能得到应有的发挥，这是国家与人类文化的损失。笔者阅读学者张世英的回忆录，颇多感慨，以下摘录一段文字，可作为特定时代的历史留痕，当是有价值的资政教材。

汤先生融合古今，博贯中西，连通梵华，其开设的课程几乎遍及哲学和哲学史各部门。我念联大哲学系期间，就选修了三门：印度哲学史、魏晋玄学与大陆理性主义。

汤先生已和众多从旧社会过来的知识分子一样，接受思想改造运动，面目远非昔日可比。据说汤先生是分管总务的副校长，却放下大学问家的架子，经常与工人亲切交谈，有时在工地上劳累到深夜。另一位副校长江隆基，是党员，老干部，实际的北京大学最高领导人，称赞汤先生是“忠厚长者”，是“最听党的话的人”。我闻听之余，既有敬美之情，又不免为他惋惜。汤先生的学问成就，均在新中国成立以前，新中国成立后实无可观者。汤先生个人之过欤？时代已不可能为汤先生提供做学问的条件，耽误了汤先生的后半生，也为中国哲学界造成了无可弥补的损失。然而我这种惋惜之情在当时也只是转瞬即逝，因为在那个时代，评价一个人的标准主要在政治而不在学术。（《张世英回忆录》）

这段文字写了北京大学老教授汤用彤先生的学术际遇，代表了那一时代学者的生存境况，耐人寻味。且具有很典型的史证价值，经过那个时代的人都耳熟能详。这段文字可展开来做的文章很多很长，笔者不再铺陈，仅作反思与体悟，提醒人们不能随意忘却这段历史。现代年轻人已读不懂“白专道路”“又红又专”此类词汇，但作为文化教育史上曾有的这一页不宜轻易翻过，其中的教训是惨痛而深刻的。钱穆与饶宗颐所树立的成功标杆，对现在和未来中国学术发展都具有重要启示意义。

篇八

《学记》原文注译

《学记》原文

发虑宪，求善良，足以谀闻，不足以动众；就贤体远，足以动众，未足以化民。君子如欲化民成俗，其必由学乎！

玉不琢，不成器；人不学，不知道。是故古之王者，建国君民，教学为先。《兑命》曰："念终始典于学。"其此之谓乎！

虽有嘉肴，弗食不知其旨也；虽有至道，弗学不知其善也。是故学然后知不足，教然后知困。知不足，然后能自反也；知困，然后能自强也。故曰：教学相长也。《兑命》曰："学学半。"其此之谓乎！

古之教者，家有塾，党有庠，术有序，国有学。

比年入学，中年考校：一年视离经辨志，三年视敬业乐群，五年视博习亲师，七年视论学取友，谓之小成。九年知类通达，强立而不反，谓之大成。夫然后足以化民易俗，近者说服而远者怀之。此大学之道也。《记》曰："蛾子时术之。"其此之谓乎！

大学始教，皮弁祭菜，示敬道也。《宵雅》肄三，官其始也。入学鼓箧，孙其业也。夏楚二物，收其威也。未卜禘不视学，游其志也。时观而弗语，存其心也。幼者听而弗问，学不躐等也。此七者，教之大伦也。《记》曰："凡学，官先事，士先志。"其此之谓乎！

大学之教也，时教必有正业，退息必有居学。

不学操缦，不能安弦；不学博依，不能安《诗》；不学杂服，不能安礼；不兴其艺，不能乐学。

故君子之于学也，藏焉，修焉，息焉，游焉。夫然，故安其学而亲其师，乐其友而信其道，是以虽离师辅而不反也。《兑命》曰："敬孙务时敏，厥修乃来。"其此之谓乎！

今之教者，呻其占毕，多其讯言，及于数进，而不顾其安，使人不由其诚，教人不尽其材，其施之也悖，其求之也佛。夫然，故隐其学而疾其师，苦其难而不知其益也。虽终其业，其去之必速，教之不刑。其此之由乎！

大学之法，禁于未发之谓豫，当其可之谓时，不陵节而施之谓孙，相观而善之谓摩。此四者，教之所由兴也。

发然后禁，则扞格而不胜；时过然后学，则勤苦而难成；杂施而不孙，则坏乱而不修；独学而无友，则孤陋而寡闻；燕朋逆其师；燕辟废其学。此六者，教之所由废也。

君子既知教之所由兴，又知教之所由废，然后可以为人师也。故君子之教，喻也：道而弗牵，强而弗抑，开而弗达。道而弗牵则和，强而弗抑则易，开而弗达则思。和、易、以思，可谓善喻矣。

学者有四失，教者必知之。人之学也，或失则多，或失则寡，或失则易，或失则止。此四者，心之莫同也。知其心，然后能救其失也。教也者，长善而救其失者也。

善歌者，使人继其声；善教者，使人继其志。其言也，约而达，微而臧，罕譬而喻，可谓继志矣。

君子知至学之难易，而知其美恶，然后能博喻；能博喻，然后能为师；能为师，然后能为长；能为长，然后能为君。故师也者，所以学为君也。是故择师不可不慎也。《记》曰："三王四代唯其师。"此之谓乎！

凡学之道，严师为难。师严然后道尊，道尊然后民知敬学。是故君之所不臣于其臣者二：当其为尸，则弗臣也；当其为师，则弗臣也。大学之礼，虽诏于天子无北面，所以尊师也。

善学者，师逸而功倍，又从而庸之。不善学者，师勤而功半，又从而怨之。善问者如攻坚木，先其易者，后其节目，及其久也，相说以解。不善问者反此。善待问者如撞钟，扣之以小者则小鸣，扣之以大者则大鸣，待其从容，然后尽其声。不善答问者反此。此皆进学之道也。

记问之学，不足以为人师，必也其听语乎。力不能问，然后语之，语之而不知，虽舍之可也。

良冶之子，必学为裘；良弓之子，必学为箕；始驾（马）者反之，车在马前。君子察于此三者，可以有志于学矣。

古之学者，比物丑类。鼓无当于五声，五声弗得不和；水无当于五色，五色弗得不章；学无当于五官，五官弗得不治；师无当于五服，五服弗得不亲。

君子曰："大德不官，大道不器，大信不约，大时不齐。察于此四者，可以有志于学矣。"三王之祭川也，皆先河而后海，或源也，或委也，此之谓务本。

《学记》注译

1

发虑宪[①]，求善良，足以谀闻[②]，不足以动众；就贤体远[③]，足以动众，未足以化民。君子如欲化民成俗，其必由学乎！

【注释】 ①发虑宪：郑玄注："宪，法也。"虑，同"宪"义。

②谀闻：有小的名声。谀，xiǎo，小。闻，wèn，名声，声闻。

③就贤体远：亲近于贤者，体谅远方的来人。就，接近，亲近。体，关怀，体恤。

【译文】 发布好的施政纲领，广求贤能的人才，能小有声誉，但还不能感动众人。延揽贤良的人，关怀远方的来人，能感动众人，但还不能教化全体人民。君子如果想要教化人民，移风易俗，那一定要从教育上入手！

2

玉不琢，不成器；人不学，不知道。是故古之王者，建国君民，教学为先。《兑命》[①]曰："念终始典于学[②]。"其此之谓乎！

【注释】 ①《兑命》：即《说命》，《尚书》中篇名，相传为殷高宗之臣傅说所作，今亡。《伪古文尚书》有《说命》三篇。兑，《经典释文》："兑（说）音悦yuè。"

②典：历来有从"主"、从"常"两说，"主定""经常"两义都通。

【译文】 璞玉不经过一番雕琢，就不能成为玉器；人不学习，就不能懂得道理。因此古代的帝王建设国家和统治人民，总是先从教育人民着手。《尚书》说："统治者应该自始至终地重视教育。"说的就是这个意思吧。

3

虽有嘉肴，弗食不知其旨也；虽有至道，弗学不知其善也。是故学然后知不足，教然后知困。知不足，然后能自反也[①]；知困，然后能自强也[②]。故曰：教学相长也[③]。《兑命》曰：“学学半。[④]”其此之谓乎！

【注释】①自反：反躬自问，求诸己。

②自强：勉励自己进德修业，不断提高。

③教学相长：教与学两者相互促进提高。长，音zhǎng。

④学学半：前一个“学”(敩)指教人，音xiào；后一个“学”指向人学，音xué。半：有分与合两重义，意指教与学相辅相成。

【译文】虽然有美味的菜肴，不品尝就不知道它的美味。虽然有极好的道理，不学习就不明白它的奥义。因此，学习了以后才知道自己知识不够；教学实践以后，才知道自己学识还有未通达的地方。知道自己知识不够，就能自我反省而更多反求诸己，努力学习。知道自己的学识还有待提高，就能自强不息地去努力进修。所以说，教和学是相互促进提高的。《尚书》说：“教与学是相辅相成的两方面组成之整体。”就是这个意思吧。

4

古之教者，家有塾[①]，党有庠[②]，术有序[③]，国有学[④]。

【注释】①家有塾：古代二十五家为闾，所设学校称“塾”。郑玄注：“古者仕焉而已者，归教于闾里，朝夕坐于门，门侧之堂，谓之塾。”

②党有庠：五百家为党。党设立学校称“庠”，xiáng。

③术有序：“术”当为“遂”。遂是在远郊之外，一万二千五百家为遂。

④国：国都。

【译文】古代施教场所，民在闾巷就读于“塾”，五百家组成的党里设立学校称“庠”，一万二千五百家的遂(术)里设立“序”，天子的王城和诸侯的国都设立大学。

5

比年入学[1]，中年考校[2]：一年视离经辨志，三年视敬业乐群，五年视博习亲师，七年视论学取友，谓之小成。九年知类通达，强立而不反，谓之大成。夫然后足以化民易俗，近者说服而远者怀之[3]。此大学之道也。《记》曰："蛾子时术之[4]。"其此之谓乎！

【注释】①比年：每年。

②中年：隔一年。

③说服：即悦服。说，yuè，通"悦"。

④蛾子时术：蛾，yǐ，与"蚁"同音同义。术，通"述"，遵循之意。术，路径。后以"蛾术"比喻勤学。

【译文】每年入学一次，每隔一年考查一次。第一年考察学生经文句读的能力，辨别他的志向所趋。第三年考察学生是否专心致志于学业，亲爱同学乐合群体。第五年考察学生是否广博地学习，敬重师长。第七年考察学生能否讨论学问上的深奥道理和选择益友。这些都考查合格，可称为"小成"。九年以后，就能闻一知十，触类贯通，临事独立判断而不惑，不再违背师道，这可以称为"大成"。只有做到这样才有能力去教化人民，移风易俗，附近的人心悦诚服，而远方的人也都来归附。这就是大学教育的目的要求。古书上说："小蚂蚁时时跟随大蚂蚁引导的路径走。"就是这个意思吧。

6

大学始教，皮弁祭菜[1]，示敬道也。《宵雅》肄三[2]，官其始也[3]。入学鼓箧[4]，孙其业也[5]。夏楚二物[6]，收其威也。未卜禘不视学[7]，游其志也。时观而弗语，存其心也。幼者听而弗问，学不躐等也。此七者，教之大伦也。《记》曰："凡学，官先事，士先志。"其此之谓乎！

【注释】①皮弁祭菜：皮弁，biàn，用皮革制成的帽子。祭菜，指用芹藻之类祭先圣先师。

②《宵雅》肄三："宵"，xiǎo。《宵雅》，即《小雅》，是《诗经》三百首

中的篇名。“肄”，是学习。“肄三”，学习《小雅》中的三首诗歌。

③官其始也：开学之始，就以以后当官来勖勉学生。

④鼓箧：击鼓并打开书箱，表示郑重。

⑤孙：xùn，古时通“逊”，恭顺。

⑥夏楚二物：夏，jiǎ，同槚。楚，荆条。指用槚木和荆条做成的鞭棒，体罚不上进学生。

⑦卜禘：禘，dì，最高统治者专属的大祭之礼。祭前须先卜，禘，在夏天举行。

【译文】 大学开学时，主持开学典礼的教学官员穿戴皮制弁帽的朝服，带领师生陈列芹菜之类，祭祀先圣先师，表示尊师重道。学生吟诵《诗·小雅》中的《鹿鸣》《四牡》《皇皇者华》三首反映君臣宴乐和相互鼓励的诗歌，使学生在开始学习时就以当官来各自勉励。学生听到击鼓声，打开箱箧拿出书本，以示恭顺学业，认真学习。并摆出用槚木和荆条做的鞭棒警示学生，收得整肃秩序的威仪。夏天还没有禘祭之前，官员不要到学校去视察，使学生能够优游宽缓地用心学习。老师在教学中要对学生静观默察，不必多干涉，培养学生独立思维的能力。年幼的学生先听讲，不要多发问，因为学习要按部就班，循序渐进。这七项，是大学教学的要旨。古书上说：“凡教育学生，学做官先要学习办事；做学问先要坚定志向。”就是这个意思吧。

7

大学之教也，时教必有正业①，退息必有居学②。

【注释】 ①时教：“时”有的承上断句，“大学之教也时”，旧注“时”为“四时”。陈澔集说：“谓四时之教各有正业，如春秋教以礼乐，冬季教以《诗》《书》，春诵夏弦之类是也。”采用此说者颇多。后“时”启下句，解释为每“日”。正业，旧注有正统、先王正典之说。现在“时教必有正业”，即指每日授予的正课。

②退息、居学：与上句相对成文，即指退课之余的课外学习。

【译文】 大学的教学形式，每天按时进行正规的课业教学，课后还要课外学习。

8

不学操缦①，不能安弦；不学博依②，不能安《诗》；不学杂服③，不能安礼；不兴其艺④，不能乐学。

【注释】 ①操缦：操，cāo，调拨、调音练习。缦，弦乐演奏。

②博依：有两说。一说“广譬喻”（郑玄注）；一说“声依永”（《尚书·舜典》），即“依五声之清浊，而高下其音节”。

③杂服：也有两说。一说“服”为服饰，即“冕服皮弁之属”的各种服饰制度。一说依张载解释，为“洒扫应对投壶沃盥细碎之事”。《尔雅·释诂》：“服，事也”，杂服，即杂事、杂役。

④不兴：兴，xìng，喜欢，感兴趣。

【译文】 不先练习好缦乐的基础知识，就不能学好声乐；不学好声律，就不能很好地体悟《诗》意；不学好洒扫应对之事，就不能很好地行礼；不引起对六艺的兴趣与重视，也就不能完成乐、《诗》、礼的教学任务。

9

故君子之于学也，藏焉，修焉，息焉，游焉①。夫然，故安其学而亲其师，乐其友而信其道，是以虽离师辅而不反也②。《兑命》曰：“敬孙务时敏③，厥修乃来④。”其此之谓乎！

【注释】 ①藏、修、息、游：“藏、修”，指学习过程中已知（藏）与未知（修）；“息、游”指学生学习精神兴奋与抑制的调节作用。

②辅：原意为辅助，引申为朋友。

③敬孙务时敏：敬，敬重；孙同逊，循序前进；务，务求。时敏，及时努力。

④厥修乃来：厥，其；意指所修之业会得到成功。

【译文】 所以，君子对于学习，心里要常想着巩固已知的学业，修习未知的；同时要作好紧张学习与闲暇游乐的调节。这样，就能安然顺利地完成学业而且亲近师长，团结朋友，信守道义。即使离开了老师和同学，亦不会退步。《尚书》说："敬重道义，恭顺学业，努力专心，精进不已，那么所修习的学业也就成功了。"就是这个意思吧。

10

今之教者，呻其占毕[①]，多其讯言[②]，及于数进[③]，而不顾其安，使人不由其诚，教人不尽其材，其施之也悖，其求之也佛[④]。夫然，故隐其学而疾其师，苦其难而不知其益也。虽终其业，其去之必速，教之不刑[⑤]。其此之由乎！

【注释】 ①呻其占毕：呻，哼、吟诵。毕，泛指古代学校课本。

②讯言：同训告；或问难之言。

③数进：一说繁琐；一说快速。郑玄注："数读速。"故从后说。

④佛：fú，同拂。

⑤刑：一说"犹成也"，成就、成效；一说"犹仪刑"，效法、表率。均言之成理，此从前说。

【译文】 现在的教师，只是看着书本照本宣科，自己并不深通里面的精义；不能推究义理的根本，而提出很多难题，求躁进而不顾及学生能否安然接受。教学生不能竭尽自己的忠诚，又不量度学生材性的高下。施行的方法是悖谬的，对学生要求也不合理。这样，学生学得幽隐难明，以至于痛恨老师；苦于学习的艰难，而不知道学习的好处；即使结束了学业，也一定会很快地忘掉。教育之所以不成功，就是这个缘故吧。

11

大学之法，禁于未发之谓豫[①]，当其可之谓时，不陵节而施之谓孙[②]，相观而善之谓摩。此四者，教之所由兴也。

【注释】 ①豫：yù，同预，预防，预先。

②陵节：超越节次。孙，顺，循序。

【译文】 大学教育的方法：在错误行为还没有发生之前就加以防范，叫作

“豫”；抓准有利时机适时地进行教育，叫作“时”；不超越学生接受程度进行教学，叫作“孙”；同学间互相学习取长补短，叫作“摩”。这四者，就是教育兴盛与成功的方法。

12

发然后禁，则扞格而不胜[①]；时过然后学，则勤苦而难成；杂施而不孙，则坏乱而不修；独学而无友，则孤陋而寡闻；燕朋逆其师[②]；燕辟废其学[③]。此六者，教之所由废也。

【注释】 ①扞格：hàn，“扞”，拒。“格”，坚。郑玄注：“扞，坚不可入之貌。”孙希旦集解：“孔氏曰：‘扞，谓拒扞也。格，谓坚强。’譬如地冻则坚强难入，情欲既发而后禁教，则扞拒坚强，强之不复入也。”

②燕朋：损友，安于朋比为奸。

③燕辟：便辟，损友。清任启运说：“燕朋，所与非正人；燕辟，所为非正事。”

【译文】 错误行为发生了再去加以制止，会受到学生的抵触而不易矫正。错过了适宜的学习时机再去学习，即使勤苦用功也难有成效。施教不按节度等次，教学就杂乱无条理。自己单独学习不与同学相互切磋，就会孤陋寡闻，知识不广。结交不正当的朋友，就会违背老师的教诲。沉湎在放荡游乐中，就会荒废自己的学业。这六项，就是教育所以失败的根由。

13

君子既知教之所由兴，又知教之所由废，然后可以为人师也。故君子之教，喻也[①]：道而弗牵[②]，强而弗抑[③]，开而弗达。道而弗牵则和，强而弗抑则易，开而弗达则思。和、易、以思，可谓善喻矣。

【注释】 ①喻：晓喻，开悟。姚舜牧说：“喻有不言自契之意。”

②道：同导，引路。

③强：qiǎng，勉励。

【译文】

教师既已知道了教育成功的方法，又知道了教育所以失败的原因，这就可以做学生的老师了。有经验的教师善于启发诱导学生，引导而不强迫；激励而不压抑；启发而不越俎代庖。引导而不强迫，师生关系就亲近融洽；激励而不压抑，学生就感到轻松愉悦；启发而不包办到底，学生就会自己去独立思考。师生关系亲近融洽，学生轻松乐学，而且能主动深入思考，这就可以称为善于启发诱导的教学方法。

14

学者有四失[①]，教者必知之。人之学也，或失则多，或失则寡，或失则易，或失则止。此四者，心之莫同也。知其心，然后能救其失也。教也者，长善而救其失者也[②]。

【注释】 ①失：过失，偏向。

②长善：长，zhǎng，发扬优点。

【译文】 学生学习存在四种过失，老师必定要知道。学生在学习中，有的贪多务得，但不求甚解；有的知识面窄，不善于广博地学习；有的把学习看得太容易，浅尝辄止；有的畏难退缩，半途而废。这四种过失，都因学生不同的心理状态造成的。老师要了解学生不同的心理个性，才能因材施教，矫正这些过失。良好的教学方法，在于老师能够发扬学生的优点长处，并善于矫正和补救学生的过失。

15

善歌者，使人继其声；善教者，使人继其志。其言也，约而达，微而臧[①]，罕譬而喻，可谓继志矣。

【注释】 ①臧：zāng，善。

【译文】 善于唱歌的人，能使人不由自主地跟着他唱。善于教学的教师，能使学生跟随教师指引的方向前行。教师的语言简洁而使人明白，含蓄而精善，举例少而能使人知晓通达，这样就可以使学生实现教师的意愿，达到预期的教学效果。

16

君子知至学之难易[①]，而知其美恶[②]，然后能博喻[③]；能博喻，然后能为师；能为师，然后能为长；能为长，然后能为君。故师也者，所以学为君也。是故择师不可不慎也。《记》曰："三王四代唯其师[④]。"此之谓乎！

【注释】 ①至学：学习的深度。

②美恶：有从教师教学学识优劣与学生学习情性高下两方面理解。此从前说。恶，è，劣。

③博喻：多方面启发引导。

④三王四代唯其师：三王，夏、殷、周；四代，虞、夏、殷、周。指人称王，指世则曰代。

【译文】 教师知道了做学问的难易，也知道学生资质的高下，才能用广博的知识教育引导学生；善于引导学生，才能担负教师责任；能担负教师责任，才能担任一地之长官；能担任一地之长官，才能担任一国之君。所以教师要学为一国之君。因此，选择教师就不可以不慎重。古书上说："夏、商、周三个帝王和颛顼、帝喾、尧、舜四个朝代对选择老师都很慎重。"就是这个意思吧！

17

凡学之道，严师为难[①]。师严然后道尊，道尊然后民知敬学。是故君之所不臣于其臣者二：当其为尸[②]，则弗臣也；当其为师，则弗臣也。大学之礼，虽诏于天子无北面[③]，所以尊师也。

【注释】 ①严师：严，是尊与敬之意。严师，尊师。

②尸：古代祭祀时，代表死者受祭的祭主。

③北面：面朝北。古代君臣相见，君面朝南，臣面朝北。

【译文】 大凡求学中，尊敬老师是最难做到的。老师受到尊敬，他讲授的道才会被尊重；讲授的道被尊重，民众才知道崇尚学习。因此君主在两种情况下，才不以君臣尊卑关系施行礼节：一是当臣子装扮成受祭的“尸”时，就不把他当臣子看待；当臣子做君主的老师时，也就不把他当臣子看待。在大学的礼节中，老师被召见到天子那儿授课，也不朝北处在臣位，这是表示帝王也对老师的尊敬。

18

善学者，师逸而功倍，又从而庸之[①]。不善学者，师勤而功半，又从而怨之。善问者如攻坚木，先其易者，后其节目[②]，及其久也，相说以解[③]。不善问者反此。善待问者如撞钟，扣之以小者则小鸣，扣之以大者则大鸣，待其从容，然后尽其声。不善答问者反此。此皆进学之道也。

【注释】 ①庸：功，归功。

②节目：指木枝的关节处。

③相说以解：说，tuō，同脱。因脱落而迎刃而解。

【译文】 善于学习的学生，老师教得很轻松，自己能得到加倍的成绩，又把成绩归功于老师；不善于学习的学生，老师教得很辛苦，但自己只得到一半的成绩，又埋怨老师教学不得法。善于发问的教师，就像砍削坚硬的木头，先从较容易砍的部位下手，然后再着手于较难的结节部位，等到时间一长，木头自然脱落砍开。不善于发问的教师却与此相反。善于答问的教师，就像撞钟一样，撞得轻就响得小，撞得重就响得大，从容不迫，余韵悠扬，才能让学生回味不尽。不善于答问的教师则与此相反。这些都是提高教学效果的好方法。

19

记问之学[①]，不足以为人师，必也其听语乎。力不能问，然后语之[②]，语之而不知，虽舍之可也[③]。

【注释】 ①记问：郑玄注：“记问，谓豫诵杂难杂说。至讲时为学者论之。

此或时师不心解，惑学者所未能问。”记诵古书，以对付学生发问，教师自身知识有限。“记问之学”后来成为成语，指谓应付他人之问而预为之记诵之学，自己无真知才学。

②语之：语，yù，告诉，讲解。

③舍：搁置。

【译文】 只是记诵一些古书而等待学生来发问的教师，是不能够做老师的，一定要能够倾听学生各种提问而给予解答才行！有的学生没有能力发现问题提出疑问，教师要善于诱导；讲解以后却还不明白的，可以暂时搁置，留待适当时再讲解。

20

良冶之子，必学为裘①；良弓之子，必学为箕②；始驾（马）者反之③，车在马前。君子察于此三者，可以有志于学矣。

【注释】 ①为裘：缝制皮革的鼓风裘。

②为箕：用柳条编织箭袋子。箕，jī，柳箕。

③始驾者：小马驹始学驾车。

【译文】 有精良冶铁技艺的技工后代，一定要先学会缝制用皮革制成的鼓风裘；有精良制弓技艺的技工后代，一定先学会用柳条编制的箭袋子；训练小马驾车，要先由大马在前面带，小马要反过来拴在车后面，跟着大马跑。教师审察了这三件事的道理，就懂得了教学的方法途径。

21

古之学者，比物丑类①。鼓无当于五声②，五声弗得不和；水无当于五色③，五色弗得不章；学无当于五官④，五官弗得不治；师无当于五服⑤，五服弗得不亲。

【注释】 ①比物丑类：郑玄注：“以事相况而为之。丑犹比也。”比，bǐ，

《韩非子·难言》有“连类比物”句。丑类，归类之意。此处不是同类之比，有合同异、举统类的深层思考。

②当：这里及以下几个“当”均是主、作主的意思。五声：宫、商、角、徵、羽，亦称五音。

③五色：青、赤、黄、白、黑。

④五官：旧注有多种解释，有五行之官：金、木、水、火、土（孔颖达）；有人身的五官：耳聪、目明、貌恭、言从、思睿（王夫之），等等。

⑤五服：亦有多种解释，大多从孔颖达说：“五服：斩衰、齐衰、大功、小功、缌麻也。”斩衰至缌麻之亲，宗法社会所规定的五种丧服，标志亲疏的等差。

【译文】 古代的学者，还善于比较辨别不同类的事物，并能归纳出其中起统摄作用的根本。鼓声并不属于五声中的一声，但五声要是没有鼓的节奏就不会和谐；水并不属于五色中的一色，但五色要是没有水的润泽，就不会鲜明；学习并不属于五官中的一官，但五官不通过学习训练，就不会得到发展；老师并不属于五服中的一服，但五服不经过师教，就不能起到维持尊卑关系的作用。

22

君子曰：“大德不官，大道不器，大信不约，大时不齐。察于此四者，可以有志于学矣。”三王之祭川也，皆先河而后海，或源也①，或委也②，此之谓务本。

【注释】 ①源：水的发源处。

②委：水的汇聚处。

【译文】 君子说：“最有道德修养的人，不会局限于一官一职；掌握普遍真理的人，不会像器物一样只有一种用途；有大信义的人，不会受到盟言誓约的约束；伟大的天时，不会是整齐划一不变的。（这四项，都是因为本源盛大，而体用没有不具备的。）因此明察了这四方面道理，就可以有志于在学习的根本处着力了。”三王在祭祀河川时，都是先祭河，后祭海，因为河是水的本源，海是水的汇聚处，这就是要先抓住根本。由此，人也就是要以学为本。

代后记

万万没想到父亲撰作的“国学智慧系列”会以如此方式终止，父亲竟猝然离去。他已付出大量心力的《易经智慧》《荀子智慧》《鬼谷子智慧》《鹖冠子智慧》等，都只能永远留存在电脑和其重重叠叠的笔记本中了。书本中那么多他亲笔书写的题记、批注、考证、按语，一一留下他勤奋苦读的踪影与“日日新”的思想火花。目睹遗文断篇，深感痛惜万分。

《学记智慧》父亲已基本完稿。从他已经写就的前言和书稿内容看，《学记》是父亲尊奉的教学元典。他对《学记智慧》的阐发，是他教学生涯的实践体悟，每有偶得即于记载，由一生之积累而成。他常说不能看轻古人古籍，认为古书上的就是老旧的，不合时宜的。其实，凡是顺应自然之道，符合人情常理的思想，是与天地并存，万古不灭的。他赞叹《学记》提出的“教学相长”与“教学十二字诀”，认为古今中外都尚未有能超越的。他在病中还与母亲一起论析“君子之教，喻也”的“喻”字，对“善喻”“博喻”妙解纷呈，足见他对《学记》的钟爱与精研，以及他对教学工作的一往情深。也许正是我国深厚传统教育文化的浸润，使他一直成为深受学生喜欢的老师。

最近有深化新时代教育评价改革方案出台，其中“立德树人”的基本精神，竟与两千多年前的《学记》一脉相承，与《学记》明道崇德、塑造君子人格的“育人”之道遥相呼应。《学记》将“敬业乐群”“辨志”“亲师”和“取友”等，都列为教育评价的内容，不正是今天的教育有所缺失，正需要借鉴弥补的吗？教育，首先应该是心灵与人格的教育，然后才是知识的传授。《学记》教育评价能如此精准聚焦于人格塑造的核心素养，奠定学生道德品质之基础，值得令人敬钦与反思。及早摒弃全国上下愈演愈烈的应试教育之“术”，回归真正的育人之“道”，扭转目前严重的社会教育危机已刻不容缓。缺乏人格尊严与道德良知的社会，是无法可持续发展的。现今各年龄段学生的心理、生理疾患越来越多，是亟须解决的大问题。《学记智慧》重在教育务本的精神，正是新时代“立德树人”需要弘扬彰显的重要教育价值。

《学记智慧》也是父亲一生为学、治学的经验结晶与心声。书中所及的历代教育名家，则是他行动的榜样楷模。他心仪王国维、梁启超的治学境界；追慕钱穆、饶宗颐的著述宏富；学习钱钟书、杨绛爱书如命，利用一切时间看书写作。《学记智慧》中所提到朱熹、梁启超、吕思勉等学者，无不将学术视作生命的重要组成部分，他们都将学术研究做到生命最后一刻。此时，我悟通了父亲勤奋刻苦的力量之源正在于此，他也是进入病房的最后一晚，才放下手中的书和笔。

父亲以“坚毅前行，日日新”激励自己勤勉不辍。他特别珍惜改革开放后的学习机遇，一心想弥补年轻时不能读书而荒废的岁月，始终拼搏，追赶在教学、读书和写作之路上。他制订了很多宏大规划，对古代文化、哲学、经学、文献学、语言学、文字学、书学、王学（王国维研究），都有浓厚兴趣，也均有研究成果，想写完“国学智慧系列”再更新以往著述。故晚年更是惜时如金，外出讲学所购大量图书都留有其笔迹，或书于旅途机场、车站、列车上；或记于宾馆房间昏黄的灯光下。为查核一字一句，他都要煞费苦心地翻阅多种词典、字典，逐一标号作注。书稿中的字字句句，都凝聚着他严谨缜密的治学精神和呕心沥血的困苦磨难。

回顾2008年金秋，山东人民出版社副总编李运才先生与编辑常纪栋先生，专程来无锡与父亲商谈约稿。他们策划的《国学智慧系列》，正合父亲心愿。有感于他同时代人基本读不懂古文，无法领略深藏在古籍中的文化瑰宝。自己身为古汉语教授，理应为普及国学尽力。出版社运作有方，常纪栋编辑敬业进取，“国学智慧系列”出版后，取得很好的社会效益，在台湾地区还出版了繁体字版本。父亲更充满信心，倾注全力投入，大量购书并收集整理资料，谋划着将“国学智慧系列”一本本写下去，为普及国学推波助澜。未料病魔无情，规划不能如愿，怅恨无奈，此痛何可言表！

父亲于2019年的春寒料峭中猝然离去，时值正月新年和寒假之际，父亲未及向他敬重的领导、长者、同事、同学、朋友，以及他深爱的学生、读者和听众们道别。在此，我转达父亲生前的遗愿，代他深深感谢中央电视台《百家讲坛》、上海电视台《文化中国》等媒体栏目，以及诸多出版界编辑、同道的厚爱与愉快合作。感谢众多大学、企事业单位的盛情邀请，给他搭建弘扬国学的平台。还要特别感谢几位企业家朋友对他多年的信任关爱，他们对国学的喜爱与热情，切磋交谈，常给父亲带来灵感启发与精神力量。还有他曾任教的黎里中学、洛社师范以及原苏州铁道师院、江南大学的同学们多年的问候祝愿，带给他快乐。一直保留着一些信件、贺卡等资料，期待以后能与你们再相聚，未能如愿为憾。我们永远不会忘记每一位带给父亲帮助与温暖的亲朋好友，对他们充满感念感恩之情。

痛惜父亲走得太早了，长辞于他学术成熟、正迈向更高新台阶的时候。但是父亲七十一个春秋没有虚度，生命之花已尽力绽放，并结出累累硕果。父亲心血凝结的二十多本著作，就是他一生留下的学术与思想之果，是有意义的文化奉献。他辛勤播撒的国学智慧种子，也必定会在子孙后学与广大的读者、听众朋友们心中勃发生机，薪尽火传。

再次感谢山东人民出版社领导的长期关心支持。常纪栋编辑对“国学智慧系列”精心策划，劳心费神，与父亲长达十年的愉快合作，深表诚挚的谢意！

姚　鹰

2020年深秋

编后记

2008年8月，我转岗做编辑后就一直想做些能让大众喜闻乐见、有文化底蕴且可以传承的图书。当时《百家讲坛》正在央视热播，我在节目里看到姚师讲的《老子与百姓生活》很生动活泼且切合大众，便找到了姚师表达了想与之合作一套国学传统文化图书的想法，姚师欣然接应允。于是国庆节后我与当时分管我的领导李运才副总编去姚老师家里登门拜访。大家一见如故，相谈甚欢，其间都想到了出本古代教育智慧的图书。今日《学记智慧》得以出版，也是国学智慧系列的收官之作。

“道而弗牵，强而弗抑，开而弗达”是古人的教学十二字诀：引导而不要强迫，鼓励而不要压抑，启发而不要灌输。弗牵、弗抑、弗达可以起到和、易、以思的效果，师生关系融洽和谐，学生就愿意去上老师的课程，也易于掌握理解老师的知识要点，也就可以独立思考，这样就使学生学习的积极性、主动性、思辨性可以大幅提升。《学记》确是我国两千多年前的教学方法。《学记》比夸美纽斯的近代教育奠基之作《大教学论》早了1500多年。世上任何一门技艺都需要老师的引领，这样才可以少走很多弯路，亦需要在实践中体验才能获得真滋味。笔者想起自己上初三时，英语、物理、化学老师对我很是关照，我与诸位老师相处得也很愉快，她们对我也是循循善诱，无私地把知识传授给我，后来我中考亦有收获，就与诸位恩师的教学方法有很大的关系。后来高中之时，一开始我学数学颇为吃力，也不愿意上数学课，感觉任课老师讲得太艰深。后来父亲见我成绩一般，他便教我一套学习方法，教我如何预习、如何听讲、如何做笔记、如何做作业、如何勤思不会之题目。后来我听数学课竟然兴致盎然，慢慢也喜欢上数学课了，并且还常常在休息日钻研数学难题，一个学期下来数学成绩最佳，几乎可以达到满分，整体成绩在全年级也名列前茅。今日再编此书，发现当年学习方法竟与《学记》所讲如出一辙，可见学习的方法和规律可以代代相传。同样，教学的方法和规律也可以薪火相传。

每次编辑新书，我都被姚师的治学精神所感动。姚师学养深厚，治学严谨，很多史料传承有序，各种资料收集完备，妙笔生花，写出的文字会让读者在心底发出莞尔一笑。同时，姚师还注重细节，有时经常为一个小问题次日一早发出信息，免得谬误读者。

当今时代科技发展日新月异，物质极大丰富，但其不足之处也非常明显。国家和民族要振兴，科技和经济固然不可或缺，但也离不开良好的心态和健全的人格的提升。在这个物质化时代，人们习惯以财富决定一切。很多人向往成功，但往往只关注外在条件，如文凭、能力、资金、人际关系等，却忽略了对内心的管理。今天这个社会虽然科技日益发达，但人对自己的迷失越来越深。当今社会“低头族”“某某控”“空心病”正大行其道。科技再发达也是人的问题，人的问题就是人心的问题，而解决这些问题是我们东方文化的强项。今天我们讲文化自信，这恰恰是经典不朽的源泉。

这套国学智慧系列自出版以来就广受社会大众喜爱，再加上姚老师每年都应邀去北京大学、清华大学、中国海洋大学、上海交通大学、复旦大学、浙江大学、武汉大学、厦门大学做讲座活动，各地是好评如潮。我曾亲自前往青岛、厦门陪同姚师一起做活动，姚师讲课娓娓道来，让人感觉如沐春风，妙语连珠，很多历史典故信手拈来，在轻松、和谐的气氛中将国学文化传授给大众，并且都可以应用到日常生活中去，参与培训的学员都被姚师渊博的知识、深厚的学养、幽默的语言所征服。这种教学关系更是将《学记》的理论应用到现实的完美展现，令我等后学敬仰。今日《孝经智慧》《大学智慧》《中庸智慧》《论语智慧》《老子智慧》发行量都已近3万册，这套国学智慧系列总发行量已经接近20万册。2015年与台湾龙图腾文化公司合作，在台湾出版了繁体字版。2021年《论语智慧》入选中宣部“中华文化走出去”重点项目，输出到韩国。从发行数量上也可以看出当今大众对国学传统文化的喜爱与需求。今日还走出了国门，飘洋过海。由此也可以看到中华优秀传统文化生命力是何等之壮哉！

笔者在前两年通过游学走访多个城市，所到之处皆是文风鼎盛。武汉九省通衢，武大狮子山上的老斋舍和图书馆建筑巧妙寓意深远，武昌首义敢为天下先，黄鹤楼上江山如画。惠山古镇祠堂成群，东林旧迹的牌坊屹立几百年，彰显古人的气节风骨，鼋头渚风光旖旎，太湖明珠耀人夺目。厦门大学群星璀璨，鳌园将陈嘉庚先生的“寓教于游，寓教于乐”的理念展现得淋漓尽致；集美学村完整保留下来，是陈嘉庚先生毕生以诚信办教育的思想的体现，他的品格值得我们后辈用一生去学习。三坊七巷中严复故居门前的对联“有王者兴必来取法，虽圣人起不复吾言”，展现出严复对我们自己文化的高度自信。浙江大学的之江学院竟与我所做的《西湖百象》《天城记忆》里的影像如此契合，刘庄历经世事变迁后成功举办了G20会议，实现了华丽转身，为后人留下宝贵的精神财富；六合听涛气象万千。苏州私家园林完美体现了我国的传统文人理想与现实生活的结合。昆明西山太华寺的徐霞客古道与龙门摩崖石刻谱写出人生的坚韧不拔、顽强不屈的奋斗之歌，云南大学的“会泽百家，至公天下”已传承百年，云南陆军讲武学堂培养出的将帅不可胜数（朱德、叶剑英皆在此学习），大观楼前的天下第一长联情景交融，文采飞扬，“从古未有，别创一格”。笔者的家乡更有“一山一水一圣人”的美誉……每到这些地方我都不禁为自己的国家而感到自豪和骄傲，这种游学不仅增长了我的知识和阅历，在开阔自己眼界和胸襟的同时也让我看到了自己的渺小和单薄。一副对联也可以让我重新审视自己的内心：我是一名小小的编辑，我应做些什么样的图书来传承文化。在人生的旅途中，我们既是收获者也是播种者，只有不停地播种收获，才能让我们自己身意牢固，恒怀欢悦，为未来积累足够的资粮服务于社会和大众。

2018年国庆前我又与姚师通话，得知姚师腰疼不舒服卧床在家休息。节后我便去无锡探望，这是10年后的第二次来姚师家中。楼前的那株近千年银杏高耸入云，需仰视才能见其顶端，但仍然生机盎然，枝繁叶茂。我们相谈得也很愉快，每每忆及当初合作及后来相互支持，往日美好时光历历在目……2019年春节过后上班不久，我竟收到师母的短信说姚师不幸离去，我震惊错愕不已，悲痛之心无以言说，本来还想春暖花开之时再去梁溪探望，与姚师合作情形恍如昨日一一浮现脑海之中……

本以为与姚师的合作也就戛然而止，不曾想师母竟然从姚师的电脑和笔记中将其以往整理的《庄子智慧》交付与我。在出版的过程中，师母竭尽全力核实校对引文出处，遇上现代人看不懂的繁体字也是耐心做出批注，付出普通人难以想象的心血，实在令我钦佩不已。每次与师母沟通都被其坚忍执着之精神感动，也明白了相濡以沫的含义，师母尽其所能来挽救姚师的文字，努力使姚师的思想可以让更多的人了解。今日再将《学记智慧》交付，当我看到姚师序言第一句：我一直想写本古人教育智慧的图书来了却我当了一生教师的心愿时，我就被其感动，我应尽心完成姚师的心愿。更不曾想到的是在出版这两本书的过程中，收获最大的竟然是自己，姚师将《庄子》解读得几乎可以到“化”的境界，庄周梦蝶可以化虚实、化阴阳；“用心若镜，故能胜物而不伤己”；不能心为物役、逐物伤己，“应物无方”，这些都让我如梦初醒；《学记》中的教学学习方法竟然又与自己的学习经历相契合，《学记智慧》中也将游学的益处层层缕出，我也去游历过很多书中所提及的城市，今日再读则如昨日浮现眼前更加真实生动。

通过这套国学智慧系列，让我收获更多的是精神财富。一开始我对国学的了解仅仅是些表面文字而已，后来通过做这套书也能背诵一些经典文章。经过游学与各种机缘巧合，我发现了一个更大的问题：就是如何把书中和姚老师所讲，应用到自己的生活中去才是最有意义和价值的。学而能用是真学，知而能行是真知，真知真学才是智慧！这才是开发每一个生命内在的价值宝藏。每一个生命都有无尽的宝藏，关键是如何开发出来。世事洞察皆学问，人情练达即文章。笔者也多次体会到在世间做事其实就是修心的过程。生命就是心性的累积。做事固然重要，但以什么样的心做事更加重要。不能因为做事做出了一堆烦恼，还把心做偏了，那就内外双失。君子务本，务本而道生。我们用什么样的心做事，就意味着与之相应的心性得到增长。做任何一件事都会有两种结果，一是外在的结果，即客观结果，还有一种就是内在的结果，即内在的体验，或者说起心动念所形成的心理记录，而这一内在的结果则对今后的生命发展产生巨大影响，其作用要远远超过外在的结果。当我们的内心出现烦恼时，当生活遭遇困境时，当人际关系产生隔阂时，我们不要一味寻找外在原因，还应将目光收回，看看自己的心处于什么状态，看看这位人生的导演是否存在问题。追根溯源，打开心结，才能从根本上瓦解烦恼，使自己的生命品质生生增上！

十年合作成果不菲，佛家有语：一期一会。今生有幸与姚师相遇，感恩姚师引领！先生所著留于世间，师母又从姚师的电脑中整理出书稿，古稀之人遇到各种现代通信工具操作难免吃力，背后还有其子的帮助才可以让姚师文字得以与读者面世。希望通过这本小书可以让为人师者更好地掌握教学方法和规律，去引导学生，去“化”学生那颗稚嫩的心；莘莘学子也可以更好地掌握学习方法和规律，懂得师道尊严，更可以青出于蓝而胜于蓝。当然时代发展了，今日的环境和科技早已不可和古人那时同日而语，我们也应师古而不泥于古，还要活学活用。我能做的就是让更多的人能有幸了解古人的智慧之光来调伏自己那颗无明的心。

人生总有始末，精神终可传承！人生在世总要用时间做些有意义和有价值的事情，只要有一颗为作者为读者服务的心就可以做出好的图书留存于世。如同姚师楼前的那株银杏树，愿其年年枝繁叶茂，给世间一份阴凉，结出的白果留给人间甜美滋味，任游人采撷。

借此机会也感谢那些一路走来曾给予我指点的诸位师长！

常纪栋

于泉城务本斋

壬寅年初春

姚淦铭国学智慧系列图书宣传海报

作者与金明善社长会面

作者与金明善社长、李运才副总编辑、责任编辑常纪栋合影

社内交流书稿（1）

社内交流书稿（2）

青岛书城新书发布会，李运才副总编辑介绍新书

作者介绍新书《孝经智慧》

作者接受青岛媒体记者采访

作者交流创作感受

青岛书城签售现场，读者提问，作者认真聆听、答疑

青岛书城签售现场

作者为媒体记者签名留念（1）

作者为媒体记者签名留念（2）

青岛书城签售会作者与李运才副总编辑、王伟副社长合影

作者在上海交通大学授课

课间答题

作者为学员签字留念

作者在复旦大学授课

作者在浙江大学授课

作者在南京大学授课

课间休息，作者为学员签字留念

姚淦铭国学系列图书中文繁体版出版

《论语智慧》韩语版在第 28 届北京国际图书博览会上举行新书发布式

作者与责任编辑常纪栋合影

明 道

常纪栋

一山一水一圣人，道载经典传于世。

且修天爵务践行，操存舍亡心所取。

为己重在修心性，务本道生枝叶荣。

万物皆备在运用，经权结合事善成。

筚路蓝缕传家宝，守分安时顺天命。

阴阳虚实世间修，内心明德是本手。

条达持福皆有序，万物并作以观复。

人间万事塞翁马，只生欢喜不生愁。

甲辰初秋应邀再访梁溪，见姚师之手稿《隶变》及“知青”照片与在南京大学求学时照片，深受触动。姚师从一名“知青”考入南京大学，师从侯镜昶先生，成为国学大师胡小石再传弟子，继承书学理论，国学功底深厚，登上《百家讲坛》将博大精深之国学活泼生动地呈现于大众面前，并运用到日常生活中，姚师真正做到了“点亮自己，照亮他人”。观姚师往昔留影亦有“人生天地之间，若白驹之过隙，忽然而已”之感。

次日与其子姚鹰于舒天阁一览鼋头渚胜景：陟飞云之阁，登澄澜之堂，俯瞰重湖万顷，一碧波涛。渺然目极千里之外，静观天地变化之道。填清平乐一首，以做留念。

清平乐·鼋头渚

常纪栋

鼋渚春涛，莫道君来迟。舒天阁中览湖山，风景这边独好。遍访梁溪贤达，后学景行仰止。包孕吴越山水，钟灵毓秀辈出。

甲辰初秋临太湖谒朱瑞芬师母

常纪栋

甲辰初秋访惠山，来试人间第二泉。
石路萦回九龙脊，水光翻动五湖天。
跹跹稚童身未远，踏遍青山正壮年。
少时饱经磨砺苦，老来不怕风霜打。
犹忆姚师嫣然笑，玄之又玄众妙门。
孔孟之言世间立，八十一章化乾坤。
万物皆备于吾身，自弃外寻良可伤。
吾心悟道方为宝，鸢飞鱼跃自升沉。